Kaare Christian

UNIX

Eine Einführung

**Aus dem Bereich
Computerliteratur**

Kaare Christian

UNIX
Eine Einführung

Übersetzt und bearbeitet von Udo Peters

Friedr. Vieweg & Sohn   Braunschweig / Wiesbaden

Dieses Buch ist die deutsche Übersetzung von
The UNIX operating system
© 1983 John Wiley & Sons, Inc.
A Wiley-Interscience Publication
New York, Chichester, Brisbane, Toronto, Singapore

Übersetzung aus dem Amerikanischen
Udo Peters, Bremen

UNIX is a trademark of Bell Laboratories.

Der Verlag Vieweg ist ein Unternehmen der Verlagsgruppe Bertelsmann.

ISBN-13:978-3-528-04308-7   e-ISBN-13:978-3-322-83685-4
DOI: 10.1007/978-3-322-83685-4

Inhaltsverzeichnis

Vorwort

UNIX ist ein Rechnerbetriebssystem. Viele Experten betrachten UNIX als eine der wichtigsten Entwicklungen der letzten zehn Jahre auf dem Gebiet der Betriebssysteme. Die Entwicklung und Implementation des Systems wird häufig verglichen mit der Einführung von FORTRAN, der ersten,wichtigeren übertragbaren höheren Programmiersprache, oder dem Betriebssystem des IBM Systems 360. Die Bedeutung von UNIX nimmt aufgrund der Portabilität immer mehr zu.

Ursprünglich wurde UNIX auf Minirechnern der Digital Equipment Corporation zur Forschung, Programmentwicklung und Dokumentenerstellung eingesetzt. Neuere Versionen sind sowohl für kleine Rechner, die auf dem Zilog Z-80 basieren, als auch für Großrechner wie dem Amdahl 470/V7 verfügbar. UNIX wird heute in einem weiten Bereich der wissenschaftlichen Anwendungen und im kommerziellen Bereich eingesetzt.

In der Funktion als Betriebssystem erleichtert es die Arbeit mit einem Rechner und ermöglicht, durch Aufteilung der verfügbaren Rechenzeit, daß mehrere Benutzer einen Rechner gleichzeitig benutzen können. Es kontrolliert den Informationsfluß zwischen dem Rechner und den Peripheriegeräten (Platten, Bändern, Terminals und Druckern).

UNIX als Betriebssystem besteht darüber hinaus aus einer Ansammlung einzelner Programme, die auf die Funktionen des Basis-Betriebssystems zurückgreifen und diese miteinander verknüpfen. Die Programme erlauben es den Benutzern, Dateien zu erzeugen und zu bearbeiten, Programme zu schreiben und zu testen und umfangreiche Dateien zu bearbeiten.

Einer der Vorteile von UNIX ist die Tatsache, daß es auf vielen Rechnertypen läuft. Programme, die unter UNIX auf einem Rechnertyp erstellt wurden und ablauffähig sind, können normalerweise auch auf anderen Rechnern mit wenigen oder ohne Änderungen laufen. Software kann somit standardisiert werden und wird auf vielen verschiedenen Rechnern eingesetzt werden können. Zugleich muß der Benutzer nur einmal das Betriebssystem erlernen und kann damit auf vielen Rechnertypen arbeiten.

Die Arbeit von Ken Thompson und Dennis Ritchie von den Bell Laboratories zu Anfang der siebziger Jahre hat eine Bewegung ausgelöst. In der Mitte der siebziger Jahre wurde das UNIX System zwar fast nur an den Universitäten eingesetzt. Mittlerweile - besonders durch die billigere und leistungsfähigere Hardware - wendet sich auch die Industrie UNIX mehr zu und benutzt es, um Software unter UNIX zu erstellen.

Ursprünglich war es Ziel von Thompson und Ritchie, eine optimale Programmentwicklungsumgebung zu schaffen, mit der in der Forschungsabteilung und den akademischen Instituten gearbeitet werden konnte. Diese Zielsetzung wurde weit übertroffen. UNIX ist ein universelles Betriebssystem geworden.

UNIX weist zwei Schwächen auf. Es arbeitet solange problemlos und schnell, wenn die Benutzer unterschiedliche Aufgaben abwickeln lassen; es hat aber Verarbeitungsschwierigkeiten, wenn alle Benutzer das Gleiche tun. Dieser Nachteil liegt in der Auslegung als ein allgemeines Betriebssystem begründet; ist das Anwendungsgebiet eingeschränkt, kann man ein Betriebssystem aufgabenspezifisch optimieren. Ein allgemeines Betriebssystem erfüllt aber viele Aufgaben und kann daher nicht auf eine Abwicklung bezogen optimiert werden.

Die zweite Schwachstelle des Systems liegt in seinem Echtzeitverhalten. Echtzeitsysteme werden für Maschinensteuerungen, Industrieprozesse und ähnliches benutzt. Der Rechner muß schnell auf die arbeitende Anlage, auf fortentwickelnde Prozesse und diverse Labordaten reagieren. Es ist sicherlich möglich, UNIX diesen Abläufen anzupassen, so daß es die meisten dieser Operationen optimal ausführen kann. Es gibt jedoch andere Betriebssysteme, die für Echtzeitverarbeitung besser geeignet sind.

Die Bell Laboratories haben UNIX mit dem "UNIX Programmer's Manual" dokumentiert. Diese Bedienungsanleitung ist weitgehend vollständig, aber sie ist zu knapp, um Anfängern und gelegentlichen Benutzern von großem Nutzen sein zu können. Zusätzlich kann man sich noch über UNIX in wissenschaftlichen Artikeln informieren.

Teil 1 des Buches vermittelt das Grundwissen und die grundlegenden Ideen, die Anfänger und gelegentliche Benutzer des Systems benötigen, um UNIX effektiv nutzen zu können. Die Kapitel im ersten Teil führen in die Arbeit mit UNIX ein, erklären die einfache Benutzung der Shell und des Editors, erläutern einige der Grundlagen, die das Dateisystem beschreiben, und geben eine Übersicht über die nützlichsten Hilfsprogramme. Hier wird die Flexibilität von UNIX an Beispielen verdeutlicht. Diese Beispiele sollten Sie nachvollziehen. Nur mit dem Ausprobieren und dem Arbeiten mit den Befehlen gewinnt man eine gewisse Vertrautheit im Umgang mit UNIX.

Das UNIX-Manual ist zwar ein gutes Nachschlagewerk, aufgrund seiner knappen Erläuterungen als Einführung aber nicht geeignet (In meinem Manual lautet zum Beispiel die gesamte Beschreibung des pwd-Kommandos (engl. print working directory): "pwd druckt den Pfadnamen des Arbeitsdirectory". In diesem Buch werden Pfadnamen erklärt, der Begriff der Arbeitsdirectory erläutert, und erklärt, warum und wann man den Namen der Arbeitsdirectory wissen möchte; es gibt zugleich Anwendungsbeispiele für das pwd-Kommando). Sobald Sie UNIX etwas kennengelernt haben, können Sie das Wissen mit dem Lesen des Manuals erweitern; am Anfang ist jedoch eine Einführung zu empfehlen.

Eine andere Funktion dieses Buches ist es, die alltäglichen und allgemeinen Möglichkeiten des UNIX Systems darzustellen. Das UNIX System ist mit über 200 Hilfsprogrammen ausgestattet. In diesem Buch wurden von den über 200 verfügbaren Hilfsprogrammen 40 ausgewählt und diese individuell beschrieben. Die Kapitel 7, 8 und 9 beschreiben die Hilfsprogramme. Diese Hilfsprogramme sind in alphabetischer Reihenfolge in einer Kurzform des UNIX-Manuals am Ende des Buches aufgelistet.

Teil 2 des Buches ist für den fortgeschrittenen Benutzer. Der wichtigste Abschnitt ist die Beschreibung der Shell der Version 7 des Systems, des Standard-Kommandointerpreters von UNIX. Dieser Kommandointerpreter wurde bisher in der Literatur noch nicht in angemessener Form beschrieben. Andere Themen im zweiten Teil des Buches befassen sich zum Beispiel mit der internen Organisation von UNIX; hier werden Informationen für Programmierer und Systemverwalter wie auch einige UNIX-Programme beschrieben, die für die UNIX-Anwender von Interesse sind.

Das Glossar zur UNIX-Terminologie im Anhang wird für die meisten Anfänger von Nutzen sein.

Ich möchte mich bei Robert Schoenfeld, Owen Smith und Paul Rosen von der Rockefeller Universität für ihre Ermutigung, ihre Kommentare und Kritik bedanken, bei Tom Krausz und Eric Rosenthal von IMI Systems für ihre äußerst hilfreichen Kommentare, wie auch bei Edward Gerschey von der Rockefeller Universität für seine Unterstützung. Schließlich möchte ich Jim Gaughan und Jenet McIver für ihre Ermutigung und Hilfe während dieses Projektes danken.

Kaare Christian

New York, New York

KAPITEL

1

Die Geschichte des UNIX Systems

Mit der Entwicklung des Betriebssystems UNIX wurde gezeigt, daß es möglich ist, ein leistungsfähiges Betriebssystem maschinenunabhängig zu gestalten. UNIX bietet grundsätzlich die gleichen Dienste wie andere Betriebssysteme auch: es erlaubt die Ausführung von Programmen, es bietet eine bequeme und einheitliche Schnittstelle zu einer Vielzahl von Peripheriegeräten wie Druckern, Bändern, Platten, Terminals usw., und es bietet ein Dateisystem zur Informationsverwaltung. Der Stellenwert des Betriebssystems liegt darin begründet, daß es das erste portierbare Betriebssystem war.

Die Popularität des UNIX Systems entspringt der Übertragbarkeit, seinen vielfältigen Verwendungsmöglichkeiten und der Struktur. Ungewöhnlich ist auch die Herkunft des Systems: es wurde in den Bell Laboratories entwickelt, der Forschungsabteilung von AT&T (American Telephone & Telegraph). Dies ist von daher eine Besonderheit, da die meisten Betriebssysteme von Rechnerherstellern in dem Bemühen entwickelt wurden, ein spezielles rechnerspezifisches Betriebssystem zu entwickeln. Das UNIX System wurde ursprünglich nicht kommerziell angeboten. Es verbreitete sich einzig aufgrund der sich schnell einstellenden großen Nachfrage der Universitäten.

In den späten sechziger Jahren waren die Bell Laboratories an dem Unternehmen zur Entwicklung des Betriebssystems Multics beteiligt. Multics ist ein interaktives Mehrbenutzersystem, das auf einem Großrechner der General Electric installiert ist. Die Firma Bell zog sich von dem Multics-Projekt 1969 zurück, trotzdem aber übte Multics Einfluß auf die Entwicklung von UNIX aus. Multics ist ein sehr komplexes System. UNIX ist demgegenüber relativ einfach aufgebaut - also genau das Gegenteil zu Multics.

Etwa zur Zeit, als Bell sich von Multics zurückzog, begann Ken Thompson an einem nicht mehr verwendeten Digital Equipment Corporation PDP-7-Minirechner "herumzubasteln". Er versuchte ein Betriebssystem zu entwickeln, das die Programmiererarbeit unterstützen sollte; dieses Ziel wurde auch erreicht. Um das Management zu besänftigen, schlug Thompson vor, daß die weitere Entwicklung des UNIX Systems von Bell finanziert werden soll, um der Patentabteilung ein Werkzeug zur Dateiverwaltung zur Verfügung zu stellen. Eine frühe Version des UNIX Systems, die noch auf einer PDP-10/20 lief, wurde schließlich an die Patentabteilung der Bell Laboratories ausgeliefert, dort erprobt und eingesetzt.

Von den ersten Anfängen an waren zwei scheinbar unvereinbare Disziplinen die Eckpfeiler des UNIX Systems, nämlich die Programmerstellung und eine umfangreiche Dateiverwaltung. In der Praxis hat UNIX gezeigt, daß Datei- und Textverwaltungswerkzeuge in vielen Gebieten eine zentrale Rolle spielen, die Programmierung eingeschlossen. Auch wenn viele UNIX als "lediglich ein gutes Textverarbeitungsprogramm" bezeichnet haben, hat doch die allgemeine Ausrichtung auf Textbearbeitung als Ergebnis gehabt, daß es ein äußerst vielseitig verwendbares Betriebssystem geworden ist.

Ken Thompsons ursprüngliche Anstrengungen schufen ein Betriebssystem, einen PDP-7-Assembler und mehrere Assembler-Hilfsprogramme. 1973 übertrug Dennis Ritchie UNIX in die Programmiersprache C.

C ist eine allgemeine, höhere Programmiersprache, die von Dennis Ritchie entwickelt wurde. Sie ist auf viele verschiedene Rechnerarchitekturen übertragbar. Wäre UNIX nicht in einer höheren Sprache neugeschrieben worden, hätte es höchstwahrscheinlich nie die heutige Bedeutung erlangt. Nachdem das ursprüngliche Assembler-Programm in die Programmiersprache C übertragen worden war, konnte UNIX ohne größere Schwierigkeiten von seiner Geburtsstätte (der PDP-7) anderen Rechnerarchitekturen angepaßt werden.

Betriebssysteme waren bis zu diesem Zeitpunkt an einen Rechner oder eine Rechnerfamilie gebunden, da sie in den jeweiligen Assemblersprachen der Rechner geschrieben waren. Obwohl UNIX nicht darauf ausgelegt war, übertragen zu werden, konnte es, sobald es in C umgeschrieben war, auf andere Systeme übertragen werden. Die erste Übertragung auf einen anderen Rechner erfolgte 1976. Dies wurde von Ritchie und Stephen Johnson auf einer Interdata-8/32 durchgeführt. Seitdem wurde UNIX auf viele andere Rechnerarchitekturen übertragen; es ist lauffähig auf den Einchip-Mikroprozessoren wie dem Zilog Z-80 und Z-8000, dem Motorola MC68000 und dem Intel 8086, aber ebenso auf Großrechnern wie der IBM 370 und Amdahl 470.

Seitdem den frühen siebziger Jahren wurde das UNIX System überall im Bell System verwendet. Nachdem es als Betriebssystem bekannt wurde, entwickelte sich eine zunächst nur akademische Nachfrage.

1975 begann Western Electric mit der Lizenzvergabe für UNIX. Bedingt durch die niedrige Lizenzgebühr für akademische Institutionen wurde UNIX dort oft benutzt und weiterentwickelt. Seit den späten siebziger Jahren ist ein neuer Industriezweig entstanden, der sich auf Hardware, Software und dazugehörige Dienstleistungen für das UNIX System spezialisiert hat.

UNIX hat mehreren wichtigen Ideen den Weg geebnet. Eine davon ist die Fließbandverarbeitung (Pipelining). Die Idee einer Pipe entstand aus der Vorstellung, eine komplizierte Funktion als eine Folge zusammenarbeitender Programme zu programmieren. Die Aufbereitung eines Textes zum Druck ist das beste Beispiel hierfür. Das System bietet mehrere Schreibprogramme an: eines für die konventionellen, kleineren Aufgaben, eines für mathematische, eines für tabellarische und eines für Diagrammdaten. Die Verbindung der Programme mittels einer Pipe erlaubt es dem Benutzer, beliebig viele dieser Programme zu benutzen. Jedes Textverarbeitungsprogramm bietet unterschiedliche Möglichkeiten an. Eine Verknüpfung der Einzelprogramme bewirkt eine erhöhte Benutzerfreundlichkeit. Die Methode, komplizierte Probleme mithilfe verknüpfter Programme zu lösen, hat sich sowohl für Programmentwickler als auch für Programmbenutzer als bequem erwiesen.

Eine weitere Idee, die UNIX auszeichnet, ist die Verwendung von Software-Werkzeugen. Der Einsatz von Tools ist nicht mehr nur Merkmal von UNIX, wurde hier aber weiter entwickelt als in anderen Systemen. Um kleinere Programmieraufgaben bis hin zur Erkennung einer Kommandosprache zu vereinfachen, enthält UNIX die Programme yacc und lex. Diese beiden Tools erlauben dem Programmierer die Implementierung eines Kommandospracheninterpreters durch Eingabe der zu erkennenden Kommandosprache in Tabellenform im Gegensatz zur Implementierung eines speziellen Interpreters. Lex und yacc eröffnen einen bequemen Weg, neue Anwendungen zu programmieren und auch Kommandosprachen zu entwickeln. Zwei andere Beispiele anspruchsvoller Werkzeuge sind make und das Source Code Control System (SCCS, Quellkodekontrollsystem). make wird benutzt, um Abhängigkeiten innerhalb eines Software-Systems zu beschreiben, so daß das System automatisch gewartet werden kann. SCCS wird benutzt, um die weitere Entwicklung eines schon existierenden Software-Systems zu verfolgen: man kann ältere Versionen wiederaufbauen und neue Versionen damit dokumentieren.

Im Moment erweist sich UNIX als ein Standard-Betriebssystem auf einer Vielzahl von Rechnern. UNIX wird nicht eingesetzt, wenn eine spezielle Aufgabe den Einsatz eines speziellen Betriebssystem erfordert (z.B. eines Transaktions-, Bestell- oder Echtzeitsystems). Vom praktischen Standpunkt aus gesehen wird UNIX in den kommenden Jahren aufgrund seiner starken Verbreitung im technischnaturwissenschaftlichen Bereich wichtig werden; die UNIX-Industrie steckt zwar im Augenblick noch in ihren Kinderschuhen und kann nicht mit der Großrechnerindustrie und derem Umsatzvolumen gemessen werden. Jedoch zeichnen sich hier für UNIX-Entwickler und Programmierer positive Tendenzen ab.

KAPITEL

2

Grundlegendes

Der Unterschied zwischen einem Computer und den meisten anderen industriell eingesetzten Maschinen besteht in seiner universellen Verwendbarkeit. Es ist nicht einfach, die vielfältigen Funktionen und Nutzungsmöglichkeiten, die ein solcher Universalrechner anbietet, zu beherrschen. Um nun UNIX oder auch ein anderes Betriebsystem zu verstehen, sollte man sich zunächst die Grundlagen der einzelnen Computerbausteine angeeignet haben. In diesem Kapitel werden einige Computerbausteine und deren Arbeitsweise kurz erläutert.

Das Überlagern der Computerbausteine ist die wichtigste Funktion des Betriebssystems. Um einen Computer zu benutzen, ist es jedoch nicht erforderlich, die gesamte Architektur und Bauweise zu verstehen; denn man muß auch Motoren oder Schaltungstheorie nicht begriffen haben, um eine elektrische Anlage zu bedienen. Die Computerbausteingrundlagen erleichtern jedoch das Nachvollziehen der in diesem Kapitel vorgestellten Aspekte eines Rechners. Wenn Sie schon einige Erfahrung mit Rechnern haben, können Sie dieses Kapitel überspringen und mit Kapitel 3 fortfahren.

2.1 Grundlegende Funktionen

Eine Schreibmaschine zum Beispiel ist leicht zu benutzen, da es für jeden Buchstaben eine spezielle Taste gibt. Das Weiterdrehen der Walze und das Zurücksetzen zum Zeilenanfang sind in den Mechanismus eingebaut, auch wenn es sich um recht komplizierte Vorgänge handelt. Die Schreibmaschine besitzt einen Mechanismus, der das Anschlagen einer Taste in eine Reihe von mechanischen Ereignissen umsetzt, die das gewünschte Ergebnis produzieren. Der Zweck dieses Umsetzmechanismus liegt im "Verstecken" der grundlegenden mechanischen Ereignisse, um die Benutzung der Schreibmaschine zu vereinfachen.

Wenn man zum Beispiel den Buchstaben "a" auf einer typischen Schreibmaschinentastatur drückt, werden folgende Ereignisse eintreten: (1) das Farbband hebt sich; (2) der Typenhebel mit dem "a" schlägt gegen die Walze; (3) das Farbband senkt sich; (4) der Walzenwagen rückt zur nächsten Schreibposition vor (falls das Zeilenende noch nicht erreicht ist) und (5) die Glocke ertönt, falls die aktuelle Schreibposition eine bestimmte Anzahl von Leerzeichen vom rechten Rand entfernt ist. Der Schreibmaschinenmechanismus setzt einen Tastendruck in eine Reihe von internen Aktionen um, die dazu führen, daß ein Buchstabe auf ein Blatt Papier gedruckt wird.

Gäbe es eine Schreibmaschine ohne diesen Umsetzmechanismus, eine Protoschreibmaschine, die zwar alle grundlegenden Funktionen einer Schreibmaschine ausführen kann (das Farbband heben und senken, den Wagen vor- und zurückfahren, die Typen auf die Walze schlagen lassen und ähnliches), der aber die Funktion einer Schreibmaschine fehlt, aufgrund eines einzelnen Tastendrucks einen Buchstaben zu drucken, so müßte man sich aller nacheinander auszuführenden einfachen Aktionen erinnern, um eine höhere Funktion (z.B. ein "a" drucken) ausführen zu können. In gewissem Sinne ist eine Protoschreibmaschine vielseitiger als eine normale Schreibmaschine, da sie allgemeiner verwendbar ist; sie könnte von rechts nach links, diagonal oder vertikal schreiben. Sie wäre jedoch recht kompliziert zu bedienen und deshalb nicht wirtschaftlich.

Ein Universalrechner ähnelt im gewissen Sinn einer Protoschreibmaschine. Er ist sehr nützlich, aber nicht mit einem zufriedenstellenden, höheren Kontrollmechanismus ausgestattet. Es ist einfach, aus einer Protoschreibmaschine ein zufriedenstellendes, brauchbares Gerät herzustellen, da eine Schreibmaschine auf eine Anwendung beschränkt ist. Demgegenüber ist es sehr viel schwieriger, einen Rechner mit einer zufriedenstellenden Menge von Operationen auszustatten, denn Rechner sind Vielzweckgeräte. An dieser Stelle muß das Betriebssystem angesiedelt werden, das den vielseitigen Rechner in ein komfortabler benutzbares Gerät umwandelt.

2.2 Typische Rechner

Es werden viele verschiedene Rechnertypen hergestellt. Trotzdem hat sich für die wichtigen funktionalen Einheiten der Rechner eine Standardisierung herausgebildet, die in der Hauptsache auf den Konkurrenzdruck des Marktes und die technologische Entwicklung zurückzuführen ist.

Grundsätzlich ist der Rechner eine Maschine, die eine Folge von Instruktionen ausführt. Die Instruktionen sind Operationen wie das Addieren zweier Zahlen, das Verschieben von Information an eine andere Stelle im Speicher oder das Ändern der Instruktionsfolge. Der

Teil des Rechners, der die Instruktionen ausführt, heißt Prozessor (die zentrale verarbeitende Einheit, engl. central processing unit, abgekürzt CPU), und die Stelle, an der die Instruktionen gespeichert sind, heißt Speicher (engl. memory). Die CPU ist der Teil des Rechners, in dem Information verarbeitet wird. Es werden aber nur selten Daten in ihr gespeichert. Der Speicher ist die Stelle, an der Information langfristig abgelegt werden kann; jeder Speicherzelle ist eine eindeutige Nummer, ihre Adresse, zugeordnet. Der Speicher wird auch als Primär- oder Hauptspeicher bezeichnet, da es die Stelle ist, von der die CPU ihre Instruktionen bezieht.

Der Hauptvorteil des Hauptspeichers ist die Zugriffsgeschwindigkeit der zur Verarbeitung dort gelagerten Informationen. Die Nachteile des Hauptspeichers sind seine begrenzte Kapazität, sein relativ hoher Preis und die Tatsache, daß auf den meisten Rechnern die Information im Hauptspeicher beim Ausschalten des Gerätes verloren geht.

Sekundärspeicher wurden entwickelt, um das Einsatzgebiet der Speicher zu erweitern und nun die Nachteile des "flüchtigen" Hauptspeichers auszumerzen. Der Sekundärspeicher hat eine relativ hohe Kapazität, ist relativ billig und Informationen gehen nicht verloren, wenn der Rechner ausgeschaltet wird. Auf den meisten mittelgroßen Rechenanlagen, die UNIX benutzen, stehen als Sekundärspeicher (auch Massenspeicher genannt) Platten und Bänder zur Verfügung. Platten und Bänder speichern Daten magnetisch, ähnlich wie Tonbänder. Der Nachteil des Sekundärspeichers liegt darin, daß auf Information, die dort gespeichert wird, langsamer zugegriffen werden kann als auf die Daten, die im Primärspeicher abgelegt wurden. Daten werden fast immer vom Sekundärspeicher in den Primärspeicher bewegt (z.B. wenn ein Programm diese Information benötigt oder die Information ein Programm darstellt, das ausgeführt werden soll).

Es gibt viele Wege, um die Arbeitsweise eines Rechners zu erklären. Mein Lieblingsvergleich ist eine Kochbuch-Geschichte. Ein Rezept ist eine Folge von Instruktionen, mit denen man etwas kochen kann. Folgt man einem bestimmten Rezept, macht man das gleiche wie eine CPU, wenn sie ein Programm abarbeitet. Genauso, wie es viele verschiedene Rezepte in einem Kochbuch gibt, lagern in einem Rechner viele verschiedene Programme, Informationen und Daten.

Eine Menge zusammenhängender Daten auf einer Platte oder einem Band wird Datei genannt; Dateien werden über ihren Namen identifiziert. Die Art, wie Dateien in einem Rechner organisiert werden, ist von dem jeweils eingesetzten Rechner abhängig. Auf Platten und Bändern werden gewöhnlich sehr viele Dateien gespeichert (oftmals mehrere Tausende). Daher ist es wichtig, daß der Rechner eine bestimmte Datei schnell finden kann. Aus diesem Grund werden vom Rechner Listen mit der Speicherposition des Dateibeginns und des

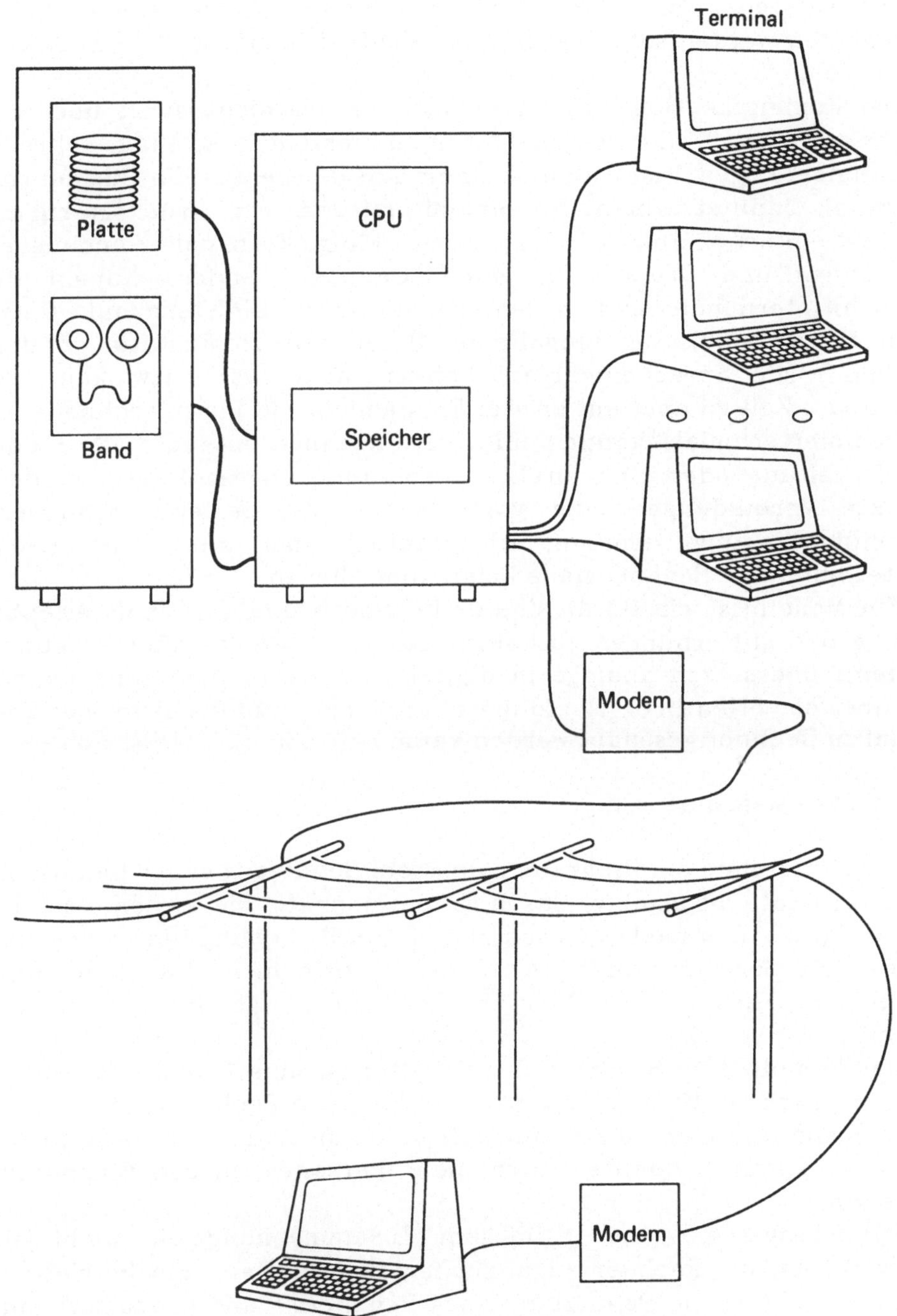

Bild 2.1: Ein typischer Rechner.

Dateiumfangs geführt. Man muß die grundlegende Organisation dieser Listen verstehen, um dem Rechner mitzuteilen, auf welche Datei zugegriffen werden soll. Dieses sehr wichtige Gebiet wird in Kapitel 6 behandelt.

Die Kommunikation mit einem Rechner geschieht meist über ein Rechnerterminal. Ein Rechnerterminal besteht aus einer schreibmaschinenartigen Tastatur und einem Ausgabegerät. Ein Bildschirmterminal benutzt einen Datenmonitor, und ein Druckerterminal benutzt ein druckfähiges Ausgabegerät. Einige Terminals kombinieren Bildschirm und Drucker in einem Gehäuse. Andere Namen für Bildschirmterminal sind Videoterminal und CRT-Terminal (engl. cathode ray tube). Zur Eingabe der Daten muß die Tastatur genutzt werden - die Spracheingabemöglichkeit wird zwar entwickelt, auf absehbare Zeit ist aber auf breiter Ebene nicht mit ihr zu rechnen.

Rechnerterminals können an einen Rechner entweder über eine Telefonleitung oder eine direkte Verbindung angeschlossen werden. Direkte Verbindungen sind vorteilhafter, da sie eine schnellere Datenübertragung zulassen, sie arbeiten aber nur, wenn Rechnerterminal und Rechner nahe beieinander liegen.

Ein Modem ist ein Gerät, das es Rechnern und Terminals erlaubt, über große Entfernungen zu kommunizieren (Datenfernübertragung). Modems übersetzen analoge in digitale Signale (ebenso umgekehrt), die über das öffentliche Telefonnetz von Rechner zu Rechner oder Terminal zu Rechner gesendet werden kann.

2.3 Nackte Maschinen

Ein Rechner ohne ein Programm, das dem Benutzer bei der Benutzung hilft, wird oft als nackte Maschine bezeichnet. Die ersten Rechner waren tatsächlich nackte Maschinen, deren Bedienung noch über eine Reihe von Schaltern erfolgte. Später wurde diese Handbedienung durch eine rechnernahe Benutzeroberfläche - das Betriebssystem - abgelöst.

Das komplizierte Bedienen der Schalter ist eine Aufgabe für Spezialisten gewesen. Mit der Weiterentwicklung von Rechenanlagen wurde auch mehr und mehr die Benutzerfreundlichkeit in den Vordergrund gestellt. Dadurch konnten auch mehr Personen an den Computern arbeiten.

Betriebssysteme sind in diesem Zusammenhang die wichtigste Entwicklung, die Rechner zugänglicher zu gestalten. Ein Betriebssystem erleichtert die Benutzung eines Rechners - und produziert eine neue Gruppe von Rechnerexperten: Spezialisten für Betriebssysteme.

Heute benutzen alle Rechner am Markt ein Betriebssystem. Das Ziel eines Betriebssystems ist die Effizienzverbesserung des Universalrechners. Rechner für Spezialaufgaben wie Rechner in Mikrowellenöfen, Saatmaschinen oder spezielle Prozeßrechner benutzen selten Betriebssysteme.

2.4 Betriebssysteme

Ein Betriebssystem ist ein Programm, das die Betriebsmittel eines Rechners verwaltet. Betriebssysteme senden Informationen zu den Kommunikationsgeräten, verwalten den Speicherplatz und laden Informationen in den Speicher. In Rechnersystemen, die es mehreren Benutzern gleichzeitig gestatten, das System zu benutzen, teilt das Betriebssystem die verschiedenen Anforderungen so auf, daß die Betriebsmittel fair und effektiv (je nach Prioritätenfestsetzung) verteilt werden.

Die Komplexität eines Betriebssystems hängt gewöhnlich von der Komplexität der Rechnersysteme ab; sehr einfache Rechner sind oft mit einfachen Betriebssystemen (Monitoren) ausgestattet, kompliziertere Computer hingegen durch aufwendigere Betriebssysteme komfortabel bedienbar gestaltet. Ein gut entwickeltes aufwendigeres Betriebssystem erfordert natürlich größeres Wissen zur Benutzung, darüber hinaus liegt jedoch nichts Geheimnisvolles in der Bedienung.

Die ursprüngliche Konzeption von UNIX setzte als Zielmaschine einen Minirechner voraus, einen Rechner mittlerer Komplexität und Leistung. Darüber hinaus gibt es mittlerweile UNIX Versionen für Mikrocomputer und auch für Großrechenanlagen. Die Unterschiede zwischen den Systemversionen liegen in den unterschiedlichen Leistungsmerkmalen der verschiedenen Rechner. Abwandlungen des Ursystems ergeben vereinfachte Systemausführungen für Mikrocomputer bis zu erweiterten UNIX Systemen für Großrechner. Einige Minirechner erlauben die Ausführung lediglich eines Programms zur gleichen Zeit, andere können mehrere Programme gleichzeitig und nebeneinander ausführen (Multiprogramming). Diesen Rechneranforderungen ist das jeweilige System von UNIX angepaßt.

2.5 Time-Sharing

Time-Sharing ist eine Arbeitsweise von Betriebssystemen, die entwikkelt wurde, damit mehrere Benutzer gleichzeitig auf einem Rechner arbeiten können. Rechner, die normalerweise nur ein Programm zur Zeit ausführen (z.B. PCs), benötigen kein Betriebssystem, das Time-Sharing oder eine andere Multiprogramming-Methode erlaubt. Das Ziel des Time-Sharing ist es, jedem Benutzer die Illusion zu vermitteln, er sei der einzige Benutzer des Computers. Dieses Ziel wird erreicht, indem jedem Benutzer während jeder Sekunde etwas Zeit zugeteilt wird, in der seine Anweisungen ausgeführt werden. Da moderne Rechner Millionen Operationen pro Sekunde abarbeiten können, entsteht für den einzelnen Benutzer der Eindruck, daß das System ausschließlich für ihn arbeitet.

Interaktive Systeme erlauben einen Dialog mit dem Rechner. Die Hauptaufgabe des Rechners liegt somit im Warten auf die Eingaben des Benutzers. Sobald dieser ein Kommando eingegeben hat, beginnt der Rechner mit der Abarbeitung des Befehls und ist erst nach der Befehlsausführung wieder bereit, das nächste Kommando entgegenzunehmen. Ein interaktives Time-Sharing System verhält sich ähnlich: nach Eingabe eines Kommandos wird dieses abgearbeitet. Aufgrund der hohen Rechnerverarbeitungsgeschwindigkeit wird aber erst ein Teil des eingegebenen Befehls bearbeitet, dann ein Teil einer weiteren Aufgabe und so weiter, bis die Anforderung beendet ist und eine erneute Eingabe erfolgen kann.

Einige Time-Sharing-Systeme werden sehr langsam, wenn die Benutzerfrequenz sehr hoch ist. Bei zu großen Befehlsanforderungen verbringt der Rechner fast seine ganze Zeit damit, zwischen den Aufgaben hin und her zu wechseln und hat nur sehr wenig Zeit für die wirkliche Ausführung der Benutzerprogramme.

2.6 Der Kern

Bestimmte Funktionen des Betriebssystems werden viele Male pro Sekunde beansprucht. Zum Beispiel wird der UNIX-Teil, der die Umschaltung von einem Programm zum nächsten durchführt, sehr oft pro Sekunde wirksam. Unter UNIX werden alle Funktionen, die dauernd eingesetzt werden, im Hauptspeicher gehalten (resident). Dieser Teil des Betriebssystems heißt Kern (engl. Kernel).

Andere Funktionen werden nur gelegentlich beansprucht. Das trifft z.B. auf die Betriebssystemteile zu, die die Datenspeicherung auf Massenspeichern organisieren. Diese Funktionen werden von Standard-Hilfsprogrammen zur Verfügung gestellt, die erst auf Anforderung des Benutzers ausgeführt werden.

Der Betriebssystemkern ist häufig mit sehr vielen Funktionen aussgestattet. UNIX hingegen bietet relativ wenig Funktionen an; weitergehende Anforderungen werden von Standard-Hilfsprogrammen (oder in seltenen Fällen selbstzuschreibenden Programmen) erfüllt. Der UNIX-Kern wird in Kapitel 19 beschrieben. In den Grundzügen sollte er von den meisten Benutzern zu verstehen sein.

2.7 Programme

Ein Programm ist eine Folge von Instruktionen, die der Rechner ausführt, um ein bestimmtes Ergebnis zu erreichen. Wenn ein Programm nicht ausgeführt wird, werden die Instruktionen in einem

Massenspeicher (meist Platte) gelagert. Um das Programm auszuführen, wird eine Kopie der Anweisungen in den Hauptspeicher geladen.

Ein unter UNIX laufendes Programm heißt Prozeß. Wenn mehrere Benutzer dasselbe Programm zur gleichen Zeit ausführen, dann gibt es mehrere Prozesse, aber nur ein Programm.

Programme sind wichtig, weil sie die einzige Schnittstelle zwischen dem Benutzer und dem Computer darstellen. Die meisten Programme benötigen Informationen vom Benutzer und liefern als Ergebnis selbst Informationen. Unter einem gut strukturierten Betriebssystem verbringt die Maschine mehr Zeit damit, die Benutzeranforderungen zu erfüllen, als der Benutzer aufwenden muß, um die Maschinenorganisation zu erledigen.

Gut aufgebaute Programme arbeiten flexibel. Es wäre unsinnig, ein Programm zu schreiben, das den Namen einer Datei von "alex" in "alicia" umändert. Das Programm würde einmal benutzt und danach abgelegt werden. Stattdessen gibt es ein Hilfsprogramm, das Dateinamen ändert, und es obliegt dem Benutzer, beim Aufruf des Programms die beiden Namen anzugeben.

Obwohl gut strukturierte Programme flexibel arbeiten, haben sie wie alle Programme ihre Grenzen. Manchmal sind diese nicht offensichtlich. Programmbeschränkungen ergeben sich oft aus der Struktur der Daten, mit denen das Programm arbeitet. Das Programm zum Ändern eines Dateinamens kann zum Beispiel aus diesem Grund nicht dazu verwendet werden, den Namen zu ändern, den man im Dialog mit dem UNIX System benutzt (den login-Namen). Wenn man ein Programm benutzt, ist es wichtig zu wissen, welche Informationen das Programm benötigt, was das Programm leisten kann und was nicht.

Die meisten UNIX-Programme führen nur eine Funktion aus. Eine komplexe Aufgabe, wie das Schreiben von Memos, erfordert eine Reihe von Hilfsprogrammen. Es liegt am Benutzer, derart komplizierte Anforderung in eine Reihe von Einzelschritten zu zerlegen, die den vorhandenen UNIX-Hilfsprogrammen entsprechen. In dem Moment, in dem man mit dem UNIX System vertrauter ist, wird man feststellen, daß es normalerweise mehrere Wege gibt, eine komplizierte Aufgabe aus unterschiedlichen Einzelschritten aufzubauen.

Programme lassen sich in zwei Gruppen einteilen: Hilfsprogramme und Anwendungsprogramme. Hilfsprogramme lösen allgemeine Aufgaben, während Anwendungsprogramme für eine spezielle Aufgabe geschrieben sind. Zum Beispiel würde ein Programm, das eine Firma zur Automatisierung ihrer Buchhaltung einsetzt, als Anwendungsprogramm klassifiziert werden. Ein Programm zur Ausgabe der Uhrzeit hingegen wird als Hilfsprogramm bezeichnet. Hilfsprogramme werden normalerweise zusammen mit einem Betriebssystem ausgeliefert, Anwendungsprogramme müssen separat bestellt werden.

Eine Aufgabe dieses Buches ist es, den Leser mit den nützlichsten Hilfsprogrammen von UNIX vertraut zu machen. Die Kapitel 7, 8 und 9 erläutern die meisten Hilfsprogramme des Systems. Der überwiegende Teil dieser Programme sind einfache, effektive Werkzeuge, die eine einfache Funktion erfüllen. Zu den Programmen werden in den Kapiteln typische Anwendungen beispielhaft angeführt. Der Leser soll dadurch mit den Programmen vertraut gemacht werden. Eine ausführliche Darstellung der einzelnen Programme erfolgt jedoch nicht. Nach dem Lesen der allgemeinen Beschreibungen in diesem Buch sollte der Leser in der Lage sein, sich die erforderliche Details der Hilfsprogramme aus der Systemdokumentation zu erarbeiten.

2.8 Die Shell und der Editor

Typische UNIX-Benutzer verbringen einen Großteil ihrer Zeit mit zwei Programmen: mit der Shell und dem Editor. Um UNIX zu benutzen, benötigt man ein Arbeitswissen für viele der anderen Programme, doch den größten Teil seiner Zeit wird man wahrscheinlich unter Benutzung dieser Programme zubringen.

Ein Editor ist ein Programm, mit dem man Textdateien erzeugen und verändern kann. Der Standard-UNIX-Editor ist ein interaktives Programm, das durch Eingabe von Kommandos gesteuert wird. Es gibt Editorbefehle, um Zeilen aufzulisten, um Text zu einer Datei hinzuzufügen und um Text, der bereits in einer Datei ist, zu ändern.

Beispiele mit dem Editor erzeugter Dateien sind Nachrichten, die mit dem mail-Programm als elektronische Post verschickt werden, oder Dokumente und Aufsätze, die formatiert, gedruckt und in Papierform verteilt werden.

Man kann sich das notwendige Arbeitswissen über den Editor in Kapitel 5 aneignen. Mit diesem Basiswissen kann man dann den Editor benutzen. Wenn man den Editor häufiger einsetzen will, sollte man sich mit den weiteren Funktionen vertraut machen; diese sind in Kapitel 10 beschrieben. Die Editorfunktionen, die in diesen beiden Kapiteln angeführt werden, sind unter den meisten UNIX-Editoren vorhanden.

Die Shell ist eines der wichtigsten Programme unter UNIX. Genau wie der Editor ist die Shell ein interaktives Programm, das die eingegebenen Kommandos interpretiert (entschlüsselt) und ausführt. Der Fachausdruck für die Shell ist Kommandointerpreter.

Ein Kommandointerpreter führt die eingegebenen Kommandos aus. Wenn man zum Beispiel ein Programm starten möchte, das Zeit und Datum auf den Bildschirm ausgibt, muß man das Kommando "date" eingeben. Die Shell sorgt dann dafür, daß dieses Programm ausgeführt wird.

In vielen Systemen ist der Kommandointerpreter Teil der internen

Struktur des Betriebssystems. Unter UNIX jedoch ist die Shell ein Programm wie jedes andere auch. Der einzige Unterschied zwischen der Shell und anderen Programmen besteht darin, daß die Shell eine zentrale Rolle in der Zusammenarbeit des Benutzers mit dem Kern von UNIX spielt. Als typischer Benutzer verbringt man die meiste Zeit mit der Eingabe von Kommandos. Die Shell hat viele Eigenschaften, mit denen man die Arbeitseffizienz steigern kann.

UNIX ist ein Werkzeug zur Informationsverwaltung. Seine Leistungsfähigkeit entspringt der Fähigkeit, verschiedene Programme zusammenarbeiten zu lassen, um ein gewünschtes Ergebnis zu erzielen. Auf den meisten Computern ist jedes Programmsystem eine Welt für sich. Unter UNIX sind die meisten Programme Werkzeuge, die mit anderen Werkzeugen kombiniert werden können. So werden immer wirkungsvollere Werkzeuge erzeugt.

Die Shell ist der Schlüssel, mit dem UNIX die Programme koordiniert und die Werkzeuge kombiniert werden. Mehrere Kapitel gehen auf die Shell ein, ungefähr die Hälfte von Kapitel 3 ist eine leicht verständliche Einführung zur Benutzung der Shell. Kapitel 4 beschäftigt sich ausführlich mit der Shell als interaktivem Kommandointerpreter.

Die Shell ist nicht nur ein interaktiver Kommandointerpreter, sondern kann auch als Programmiersprache eingesetzt werden. Die meisten Benutzer ignorieren die Shell als Programmiersprache deshalb, weil sie keine Programmierer sind. Um die Shell nutzen zu können, sollten Sie Kapitel 13 gelesen und die Beispiele in Kapitel 14 durchgearbeitet haben.

KAPITEL

3

UNIX Grundlagen

UNIX wurde als freundliches und einfaches Betriebssystem konzipiert, trotzdem wird man als Anfänger oft frustriert sein. Der Zweck dieses Kapitels ist eine Art Verständnishilfe für Ihre erste Begegnung mit UNIX.

Die Komplexität eines Rechnerbetriebssystems bedingt zwar, daß man zum Erlernen des Systems eine Menge lesen muß. Da die einzelnen Arbeitsschritte und Befehle von UNIX jedoch leicht verständlich sind, ist man mit etwas Geduld bald ein effektiver UNIX-Benutzer.

Am Anfang wird man feststellen, daß die Bedienung des UNIX Systems schwerer ist als die einer Schreibmaschine, man wird aber bald bemerken, daß UNIX auch sehr viel weitergehende Möglichkeiten anbietet.

In diesem Kapitel werden einige grundlegende Regeln des UNIX Systems erläutert. Es kann übersprungen werden, wenn der Leser UNIX bereits weitgehend kennt.

3.1 Einloggen

Bevor man UNIX benutzen kann, muß man sich einloggen. Einloggen muß man sich deshalb, damit UNIX die Benutzungsrechte abprüfen und die individuelle Benutzerumgebung einrichten kann. In Rechnersystemen, die den Zugriff über eine Datenfernübertragungsleitung erlauben, ist es wichtig, den Rechnerzugang auf autorisierte Personen zu beschränken. In Rechnersystemen, in denen dem Benutzer die Rechenzeit angerechnet wird, ist es wichtig, daß das System weiß, wer es benutzt, damit die Benutzerzeitberechnung ausschließlich die tatsächliche Rechenzeit widerspiegelt. Eine der Funktionen des UNIX Systems ist das Verwalten der Betriebsmittel derart, daß sich mehrere Benutzer den Rechner teilen können. Um dies zu bewerkstelligen, stellt UNIX jedem Benutzer eine eigene Umgebung zur Verfügung.

UNIX registriert, wer der Benutzer ist, wann dieser sich eingeloggt hat, wieviel Rechenzeit er verbraucht hat, welche Dateien von ihm angelegt wurden, auf welche Dateien sofort zugegriffen werden kann, das Terminal und vieles mehr.

Die meisten Einbenutzer-Systeme haben keine Einlog-Prozedur, da der Zugriff auf die Hardware das Recht der Benutzung des Systems darstellt. In Batch-Betriebssystemen gibt es ebenfalls keine formale Einlog-Prozedur, stattdessen wird jeder zugestellte Auftrag für die Abrechnung und Ausführung identifiziert. Unter UNIX braucht man sich nach der Vollendung der login-Prozedur in der Regel nicht mehr zu identifizieren, wenn man ein Programm ausführt.

Für jeden neuen Benutzer muß der Systemverwalter ein Abrechnungskonto einrichten. Es ist normalerweise einfach, ein solches Konto einzurichten, wenn die UNIX-Installation die verbrauchte Rechenzeit nicht abrechnet. Die Kontoeinrichtung in Installationen, die die Rechenzeit abrechnen, ist wesentlich komplizierter, da zusätzlich Informationen über die Abrechnungsart und die Zahlungsmodalitäten benötigt werden.

Vom Benutzerstandpunkt aus ist die wichtigste Angelegenheit beim Einrichten des Kontos die Auswahl des login-Namens. Der login-Name ist der Name, den man während der Arbeit mit UNIX verwendet. Kurze, kleingeschriebene Namen sind am günstigsten. Viele Personen verwenden ihre Initialen oder Spitznamen. Die Namen "Bernie", "kc" und "m" werden alle akzeptiert.

Sobald das Abrechnungskonto eingerichtet ist, kann man sich einloggen. Bei der Benutzung eines anwählbaren Terminals sollte der Schalter vollduplex/halbduplex auf vollduplex und die Übertragungsrate des Terminals auf den korrekten Wert eingestellt sein. Die Nummer des Rechners muß gewählt werden und ein Piepton ertönen. Sobald der Piepton zu hören war, sollte der Hörer in den Akustikkoppler gelegt werden oder die "HOLD"-Taste auf einer Mehrleitungstelefonanlage bzw. die "ONLINE"-Taste bei einem Datentelefon gedrückt werden. Das genaue Schema hängt von der benutzten Hardware ab. Der Ablauf ist einfacher, wenn man ein festverdrahtetes Terminal benutzt - lediglich die "RETURN"- oder Control-D-Taste muß ein- oder zweimal gedrückt werden, um eine "login:"-Meldung zu erhalten.

Sobald die Verbindung zum Rechner hergestellt ist, beginnt der Rechner auf das Terminal auszugeben. Ist die Meldung

`login:`

oder sehen Sie etwas ähnliches angezeigt, dann sind die Kommunikationsgeschwindigkeiten des Terminals und des Rechners synchronisiert und man kann mit der login-Prozedur fortfahren. Sollte jedoch irgendeine unverständliche Meldung (z.B. "x~xax~y~%xbhx~") erscheinen, dann muß die "BREAK"-Taste des Terminals gedrückt werden. Diese Unterbrechung bringt UNIX dazu, die eigene Kommunikationsgeschwindigkeit zu ändern, um sich mit dem Terminal zu synchronisieren. Sollte nach etwa vier oder fünf Versuchen immer noch keine vernünftige "login:"-Meldung erscheinen, muß ein Fachmann bemüht werden.

Wenn die "login:"-Meldung erscheint, muß der login-Name eingegeben und mit einem "RETURN" abgeschlossen werden. Nach einer kurzen Pause fragt das UNIX System dann nach dem persönlichen Kennwort (im UNIX-Jargon heißt dieses Kennwort Paßwort, engl. paßword). Ein Kennwort ist ein Schlüsselwort, das man eingibt, um seine Identität zu bestätigen. Auch hierbei muß die Eingabe mit einem "RETURN" abgeschlossen werden.

Während der meisten Arbeiten mit UNIX wird jedes Zeichen, das man auf der Tastatur schreibt, auch auf dem Bildschirm dargestellt. Bei der Eingabe des Kennwortes jedoch versucht UNIX die Geheimhaltung dieses Wortes dadurch zu wahren, daß es die eingegebenen Zeichen nicht auf dem Schirm darstellt. Das System liest die Zeichen zwar, gibt sie aber nicht aus. Das Kennwort muß daher richtig eingegeben werden, da die Eingabe nicht auf dem Schirm kontrolliert werden kann. Falls man bei der Eingabe einen Schreibfehler macht, muß man wahrscheinlich die login-Prozedur von vorn beginnen.

Sobald das Kennwort eingegeben wurde, wird es vom System überprüft. Verläuft die Überprüfung zufriedenstellend, fährt die Prozedur fort. Führt die Eingabe zu Beanstandungen, muß man nochmals seinen login-Namen und sein Kennwort eingeben.

Auf einigen Systemen wird das Kennwortsystem nicht benutzt. Einige Systeme bieten eine weitere Sicherheitsmaßnahme an: sie erfordern ein Anwählkennwort, bevor sie den login-Namen und das persönliche Schlüsselwort abfragen.

UNIX druckt am Ende der login-Prozedur eventuell einige Nachrichten aus. Diese Meldungen betreffen meist Neuigkeiten des Systemzeitplans, neue Programme, Benutzertreffen oder ähnliches. Nach diesen Meldungen gibt UNIX einen Prompt aus, um anzuzeigen, daß das System bereit ist, Kommandos entgegenzunehmen. Ein Prompt ist ein Zeichen, ein Wort oder eine Zeichenkette, die am Anfang einer neuen Kommandozeile steht. Der standardmäßige Prompt ist meistens ein Währungssymbol ($) (oder ein Prozent-Zeichen auf älteren Systemen). Man kann jetzt Kommandos eingeben und mit dem UNIX System arbeiten.

3.2 Einige einfache Kommandos

Der beste Weg, um UNIX kennenzulernen, ist, es zu benutzen. Auf die Eingabe

    date

(gefolgt von einem Return), sollte das System das Datum und die Zeit ausgeben. Auf der Zeile unterhalb des Datums erscheint ein neuer Prompt, der anzeigt, daß das System weitere Eingaben erwartet. Man sollte stets auf einen neuen Prompt warten, bevor man ein weiteres Kommando eingibt.

In diesem Buch werden Kommandos ohne den Prompt geschrieben, da sich der Prompt von System zu System unterscheiden kann und vom Benutzer nicht mit eingegeben wird.

Da jedes Kommando mit einem Return oder Newline abgeschlossen werden muß, wird dies nun nicht mehr erwähnt. Das bedeutet nicht, daß das Return oder Newline weggelassen werden kann. Immer wenn in diesem Buch ein Kommando angegeben ist, sollte sich der Leser des Returns (oder Newlines) am Zeilenende erinnern. Die umständliche Notation <CR> oder <RETURN> am Ende jedes gedruckten Kommandos zur Darstellung des Carriage Returns wird nicht verwendet.

Auf das Kommando

    who

sollte das System eine Liste der Personen ausgeben, die gegenwärtig das System benutzen, die Einlogzeit und den Namen des Terminals. Man sollte darauf achten, daß der eigene login-Name in dieser Liste enthalten ist. Nach der Eingabe des Kommandos

    echo hallo

sollte das System die Meldung "hallo" ausgeben. In diesem Kommando ist das Wort "echo" der Name des Befehls und das Wort "hallo" der Parameter des Kommandos. Kommandoparameter dienen der Angabe zusätzlicher Informationen für das Kommando. Andere Möglichkeiten zum Einsatz des echo-Kommandos sind weiter unten angegeben. Unter UNIX sind das Kommando und der Parameter (oder mehrere Parameter) durch ein Leerzeichen oder Tabulatorsprung (im folgenden Tab genannt) getrennt. Der freie Platz (Leerzeichen oder Tab) ist äußerst wichtig, denn auf die Eingabe

    echohallo

erfolgt eine Fehlermeldung.

UNIX unterscheidet zwischen Groß- und Kleinschreibung, die Namen der meisten UNIX-Kommandos sind aber klein geschrieben. Auf die Eingabe

```
Echo hallo
```

erfolgt deshalb eine Fehlermeldung, weil es kein Kommando namens "Echo" gibt.

Drei der meistverwendeten UNIX-Kommandos sind date, who und echo. Ein Kommando ist eine Anforderung an UNIX, etwas zu tun. Der UNIX-Dialog funktioniert in der Regel wie oben beschrieben. Nach einem Prompt gibt man ein Kommando und Return ein, und UNIX versucht, den Befehl auszuführen. Wenn UNIX das Kommando ausgeführt hat, erscheint ein neuer Prompt. Bild 3.1 zeigt den Anfang eines Dialogs unter UNIX.

3.3 Dateien und Directories

Eine Datei ist eine Datensammlung. Während der Arbeit mit UNIX werden immer wieder Dateien verwendet. Dateien haben Namen, eine bestimmte Länge und können größer oder kleiner, neu erstellt, untersucht oder abgelegt werden.

Dateien sind unter UNIX von herausragender Bedeutung. Jedesmal, wenn ein Programm abgearbeitet werden soll, wird auf eine Datei zugegriffen. Viele der Programme, die ein Benutzer ausführen läßt, verwenden mehrere Dateien - oftmals Dateien, deren Namen auf der Kommandozeile angegeben wurden.

Obwohl es mehrere tausend Dateien in einem bestimmten UNIX System geben kann, sind immer nur einige Dateien zu einer Zeit zu benutzen. Unter UNIX werden Dateien zu Gruppen zusammengefaßt. Eine solche Gruppe heißt Directory. Jede Directory hat einen Namen. Der volle Name der Directory, in der die meisten der Dateien, die in diesem Buch eingesetzt werden, enthalten sind, lautet '/usr/kc'.

Überall in diesem Buch sind die Namen von Dateien und Directories in einfache Hochkommata eingeschlossen (wie bei '/usr/kc'). Alle anderen Zitate sind mit An- und Ausführungszeichen gekennzeichnet. Das Dateisystem unter UNIX wird ausführlich in Kapitel 6 behandelt.

Einer der Gründe für den login-Prozeß ist die Einrichtung einer initialisierten Benutzerumgebung. Eines der Elemente dieser Umgebung ist der Name der gegenwärtigen Directory. Wenn man sich zum ersten Mal einloggt, macht das System die gegenwärtige Directory zur Home-Directory. Jeder Benutzer hat normalerweise eine andere Home-Directory. Wenn ein Abrechnungskonto gerade erst eingerichtet wurde, ist die Home-Directory des Benutzers wahrscheinlich bis auf ein paar administrative Dateien leer.

```
login: kc
Password:
ACHTUNG - Das System wird morgen wegen Software-
Wartung von 17:00 - 19:00 Uhr abgeschaltet.
Die monatliche Benutzerversammlung ist
an diesem Mittwoch um 17:00 Uhr.
% date
Thu Sep 6 11:28:53 MET 1984
% who
td          tty10    Sep 6      7:03
kc          tty18    Sep 6      8:18
heinz       tty11    Sep 6     11:03
karl        tty03    Sep 6     11:03
% echo hallo
hallo
%
```

Bild 3.1: Die ersten wenigen Kommandos eines UNIX-Dialogs. In diesem Bild eines UNIX-Dialogs sind die Zeilen, die vom Benutzer (kc) eingegeben worden sind, unterstrichen und die Antwort des Rechners nicht. Obwohl es nicht sichtbar ist, steht doch am Ende jeder Zeile ein Return.

Das pwd-Kommando (ausgeben der Arbeitsdirectory, engl. print working directory) gibt den Namen der gegenwärtigen Directory aus. Da unterschiedliche Dateien in unterschiedlichen Directories verfügbar sind, sollte man sich immer bewußt sein, in welcher Directory man sich befindet. Zum Erkennen der gegenwärtigen Directory kann man das Kommando

pwd

eingeben. Auf meinem System erscheint der Pfadname '/usr/kc', wenn ich das pwd-Kommando gleich nach dem Einloggen aufrufe. Jedem Benutzer wird der Name seiner eigenen Home-Directory ausgegeben. Die Organisation des UNIX-Dateisystems und die Verwendung von Pfadnamen (z.B. '/usr/kc') wird im nächsten Kapitel erläutert.

Neben dem Namen der gegenwärtigen Directory möchte man oft wissen, welche Dateien in der gegenwärtigen Directory sind. Das ls-Kommando (auslisten, engl. list) wird benutzt, um die Dateien in der gegenwärtigen Directory aufzulisten. Auf die Eingabe des Kommandos

ls

wird eine Liste der Dateien, die in der gegenwärtigen Directory stehen, ausgegeben. Wenn man als Neubenutzer das ls-Kommando aufruft, werden höchstens einige administrative Dateien aufgelistet (auf einige Systemen auch gar keine).

Es gibt auf den meisten UNIX Systemen bestimmte Standard-Directories. Die Directory '/bin' enthält gewöhnlich viele der Programme, die ein Benutzer braucht. Das Kommando

```
ls /bin
```

listet die Dateien der Directory '/bin' auf. Immer wenn das ls-Kommando eine Directory als Parameter erhält, werden die Dateien dieser Directory ausgegeben.

UNIX erlaubt es dem Benutzer, seine Umgebung zu verändern, so daß jede zugreifbare Directory die gegenwärtige Directory werden kann. Um in die Directory '/bin' überzuwechseln, kann man das Kommando zum Ändern der gegenwärtigen Directory benutzen. Nach Bestätigung des Kommandos

```
cd /bin
```

ist die gegenwärtige Directory die Directory '/bin' (auf älteren Systemen heißt dieses Kommando oft "chdir"). Mit dem pwd-Kommando kann man dies überprüfen.

Nachdem man jetzt in der Directory '/bin' ist, kann man das Kommando

```
ls
```

zum Auflisten der Dateien der Directory '/bin' benutzen.

Hieraus kann man ersehen, daß die Ausführung einiger Kommandos, je nachdem, in welcher Directory man sich befindet, zu anderen - unterschiedlichen - Ergebnissen führt. Viele Neubenutzer sind von der veränderbaren Umgebung unter UNIX eher verwirrt. Operationen, die in einer Directory das gewünschte Ergebnis erzeugen, tun dies in einer anderen Directory oft nicht mehr. Man sollte sich deshalb immer des Namens des gegenwärtigen Directory bewußt sein. Sobald man die Struktur der UNIX-Directories verstanden hat, wird man die veränderbare Umgebung als Gewinn und nicht als Hindernis ansehen.

3.4 UNIX-Dialoge

Benutzer beschäftigen sich mit UNIX im Dialog. Normalerweise gibt ein Benutzer ein Kommando ein und UNIX antwortet dann. Bei einfachen Kommandos erfolgt die Antwort innerhalb einer Sekunde. Die Verarbeitung komplizierter Kommandos dauert viel länger, und selbst einfache Kommandos können ewig dauern, wenn UNIX ernsthaft überlastet ist. Die Dialogregeln werden im folgenden einzeln besprochen, weil der Dialog bei einer effizienten Benutzung des Systems eine wesentliche Stelle spielt.

Die Eingabe eines Kommandos unter UNIX unterscheidet sich nicht von der Eingabe unter anderen Betriebssystemen. Wenn man ein Kommando eingibt, führt der Rechner eine Aktion für den Benutzer aus. Sie haben bisher gesehen, daß nach richtiger Befehlseingabe ein Programm im Rechner ausgeführt wird. Sobald Sie mehr über UNIX gelernt haben, ist festzustellen, daß eine Kommandoeingabe häufig umfangreichere Abläufe in Gang setzt als nur ein Programm laufen zu lassen. Man sieht daran, daß die UNIX-Umgebung mehr als die Summe der Einzelteile darstellt.

Als Erstbenutzer sollte man immer nur ein Kommando pro Zeile eingeben. In späteren Kapiteln werden wir zeigen, wie man mehrere Kommandos auf einer Zeile eingibt oder mehrere Programme gleichzeitig ablaufen läßt. Man gibt eine Eingabezeile ein, indem man eine Reihe von Zeichen schreibt und die Eingabe mit Return oder Newline abschließt. Return (oder Newline) zeigt das Ende der Eingabezeile an. Wenn man ein Kommando eingibt, bedeutet Return das Ende der Kommandoeingabe und sagt UNIX, daß es das Kommando ausführen soll.

Ein Unterschied zwischen einem Rechner und dem menschlichen Zuhörer besteht darin, daß der Rechner den Satz (das Kommando) solange ignoriert, wie Return nicht eingetippt wurde. Es ist einfacher, mit menschlichen Zuhörern zu reden, weil sie bereits reagieren, während man noch redet. Ein anderer Unterschied zwischen dem Rechner und einem menschlichen Zuhörer besteht darin, daß der Rechner sehr eigentümlich auf die Eingabe reagieren kann. Menschen verstehen normalerweise, was man meint, auch wenn Grammatik oder Betonung nicht stimmen. Ein Rechner jedoch stört sich hartnäckig an kleinsten Schreibfehlern. Man muß seine Kommandos fehlerlos eingeben, sonst verbringt man die meiste Zeit mit der Korrektur.

Sobald man Return getippt hat, interessiert sich das UNIX System plötzlich für das, was man eingegeben hat. UNIX versucht sofort herauszufinden, was man will. Das erste Wort des Kommandos ist immer der Kommandoname. Ein Programm, die Shell, versucht das angegebene Kommando in der Benutzerumgebung zu finden, um es auszuführen.

Angenommen, man möchte das ls-Programm laufen lassen, aber man tippt das Kommando

    lx

Da es kein Kommando "lx" gibt, erscheint eine Fehlermeldung

    lx: not found

oder vielleicht

    sh: lx: not found

In beiden Fällen zeigt das Programm "sh" (die Shell) an, daß es das
Kommando "lx" nicht finden kann.

Wenn das Kommando gefunden wird, übernimmt es die Ablaufkon-
trolle. Jedes Kommando hat sein eigenes Ausgabeformat, mit dem
Fehler gemeldet werden. Möchte man zum Beispiel eine Auflistung der
Dateien in der Directory '/bin', tippt aber

    ls /bum

dann wird das ls-Kommando u.U. melden

    /bum: not found

Wenn man sich beim Schreiben der Argumente einen Fehler gemacht
hat, wird eine entsprechende Fehlermeldung nicht vom Kommandointerpreter, sondern von dem angegebenen Kommando, in diesem Fall
vom ls-Kommando, ausgegeben. Obwohl versucht wurde, möglichst alle
UNIX-Fehlermeldungen zu vereinheitlichen, kann es passieren, daß
eine Fehlermeldung ausgegeben wird, die man nicht hilfreich findet.
Der einzige Trost ist dann die Tatsache, daß unter UNIX die Fehlermeldungen die Art des Fehlers weit besser anzeigen, als das unter den
meisten anderen Rechnersysteme erfolgt.

Die eingegebenen Zeichen werden nicht direkt von der Tastatur an
den Bildschirm gesendet (oder an den Drucker), sondern erst an das
UNIX System und von dort zurück auf den Bildschirm (den Drucker).
Dieses eher komplizierte Verfahren dient der Flexibilität. UNIX muß
jedes Zeichen verarbeiten, bevor es auf dem Bildschirm ausgedruckt
wird. Somit lassen sich u.U. erforderliche Umformungen vornehmen.
UNIX ersetzt zum Beispiel eventuell das Tabulatorzeichen durch eine
entsprechende Menge von Leerzeichen, oder es unterdrückt die Ausgabe der Zeichen auf dem Drucker, etwa bei der Eingabe des
Kennwortes.

Während der Eingabe von Zeichen ist UNIX die meiste Zeit mit
anderen Aufgaben beschäftigt. Es gibt aber zwei spezielle Zeichen, auf
die sofort reagiert wird, das Lösch- (engl. erase) und das Abbruchzeichen (engl. kill). Das Löschzeichen löscht jeweils das
vorangehende Zeichen, und das Abbruchzeichen löscht die gesamte,
bis dahin geschriebene Eingabezeile, so daß eine neue Zeile eingegeben
werden kann.

Man kann sich die Tasten auf der Tastatur aussuchen, die als Lösch-
bzw. Abbruchtasten gelten sollen. Auf vielen Systemen ist das

Löschzeichen mit dem Doppelkreuz (#) und das Abbruchzeichen mit dem at-Zeichen (@) belegt. Das Doppelkreuz und das at-Zeichen werden benutzt, weil sie auf den meisten Tastaturen existieren, aber ansonsten selten gebraucht werden. Falls ein Terminal über geeignetere Tasten verfügt, sollte man die Funktionen auf diese Tasten legen. Auf vielen Terminals wird die Control-H-Taste statt des Doppelkreuzes und die Control-U-Taste statt des at-Zeichens verwendet. (Ein Control-Zeichen erzeugt man durch gleichzeitiges Drücken der Control-Taste und der Taste mit dem entsprechenden Zeichen.)

Wenn Sie sich während der Eingabe des login-Namens verschrieben haben, können Sie den Fehler auf den meisten UNIX-Installationen nur unter Verwendung des Doppelkreuzes und des at-Zeichens beheben, da die Neuzuweisung erst gegen Ende der internen login-Prozedur ausgeführt wird.

Hier ein Beispiel, wie das Löschzeichen (mit dem Doppelkreuz belegt) benutzt werden kann. Bei genauer Betrachtung der Zeichenkette

```
qgi###wgo##ho
```

stellt man fest, daß das who-Kommando aufgerufen wird.

Hier nun ein Beispiel der Verwendung des Abbruchzeichens (mit dem at-Zeichen belegt):

```
echohallo@
echo hallo
```

Die genaue Plazierung der neuen Zeile nach der Eingabe des Abbruchzeichens hängt vom jeweiligen System ab. Auf einigen Systemen löscht das Abbruchzeichen bei Benutzung eines Bildschirmterminals die Eingabezeile. Dies ist in einem Buch jedoch schwer darzustellen. Auf anderen Systemen eröffnet das Abbruchzeichen automatisch eine neue Eingabezeile (wie im obigen Beispiel) unter der abgebrochenen Eingabezeile. Auf einigen älteren Systemen wird nur die logische Eingabe abgebrochen, ohne daß dies auf dem Terminal angezeigt wird.

Solange man eine Zeile eingibt, kann man mit dem Löschzeichen Teile der Zeile und mit dem Abbruchzeichen die ganze Zeile löschen und von vorn beginnen. Sobald Return eingetippt ist, kann an der Eingabe nichts mehr geändert werden. Es ist dann nicht mehr möglich, Zeichen in vorhergehenden Eingabezeile zu ändern. Man sollte daher die Eingabezeile überprüfen, bevor man mit Return die Eingabe bestätigt.

Viele Kommandos führen nur eine Funktion aus. Ein Beispiel dafür ist ein Programm, das eine Datei ausdrucken soll. Es druckt die Datei aus, und die Funktion ist danach beendet. Zur weiteren Systemaktivität müssen neue Kommandos eingegeben werden. Andere Kommandos arbeiten interaktiv. Ein Beispiel eines solchen Programms ist der UNIX-Texteditor. Der Texteditor erfragt interaktiv Kommandos vom Benutzer, ähnlich dem Kommandodialog des Systems. Ein Dialog ist in diesem Kapitel beschrieben.

Solange ein interaktives Programm ausgeführt wird, sind nur die Kommandos dieses aktivierten Programms verfügbar. Wenn ein interaktives Programm beendet wird, kommt man auf die Kommandoebene von UNIX zurück, und das System gibt einen Prompt aus, um anzuzeigen, daß es auf weitere Kommandos wartet.

Man muß sich also immer des Kontextes bewußt sein, in dem man gerade arbeitet. Sobald man sich an die Bedienung des Systems gewöhnt hat, wird ein häufig notwendiger Kontextwechsel ohne Schwierigkeiten bewältigt. Wenn die Dinge nicht so funktionieren, wie man vor der Eingabe angenommen hat, sollte man den Kontext, in dem die Befehlseingabe vorgenommen wurde, beachten. Vielleicht gibt man Editor-Kommandos auf der Kommandoebene der Shell ein, vielleicht gibt man auch Shell-Kommandos auf der Kommandoebene des Editors ein. Beides führt zu Problemen.

Gelegentlich aktiviert man ein Programm, das man nach kurzer Zeit abbrechen möchte. Unter UNIX bricht man ein Programm durch das Betätigen der Unterbrechungstaste ab. Das Unterbrechungszeichen ist den Lösch- und Abbruchszeichen ähnlich; es führt zu einer sofortigen Reaktion des Systems. Unter den meisten neueren UNIX-Systemen ist das Unterbrechungszeichen auf die DEL-Taste gelegt worden, auf älteren Systemen hingegen auf die Control-C-Taste. Prinzipiell gilt, daß das Unterbrechungszeichen jeder Taste der Tastatur zugewiesen werden kann.

Da einige Programme nicht unterbrochen werden dürfen, wenn sie sich an kritischen Punkten in ihrem Abarbeitungszyklus befinden, wird von UNIX die Möglichkeit angeboten, daß man die Unterbrechungsfunktion außer Kraft setzen kann. Wenn während des Programmablaufs die Unterbrechungsfunktion abschaltet ist, hat sie keinen Effekt. Der Editor zum Beispiel schaltet die Unterbrechungsfunktion ab, um zu verhindern, daß gerade bearbeitete Dateien durch zufälliges Tippen der Unterbrechungstaste verloren gehen. (Die Unterbrechungsfunktion der DEL-Taste darf nicht mit Hardware-Unterbrechungen verwechselt werden.)

3.5 Ausloggen

Die Auslog-Prozedur ist viel einfacher zu benutzen als das Einloggen. Nach Beendigung der Arbeit mit UNIX sollte man sich immer ausloggen. Das Ausloggen sagt dem System, daß keine weiteren Aufgaben gestellt werden sollen. In einem System, in dem die verbrauchte Rechenzeit bezahlt werden muß, ist es wichtig, sich nach der Arbeitssitzung so früh wie möglich auszuloggen. In einem System, in dem die Rechenzeit "frei" ist, stellt der Akt des Ausloggens eine Gefälligkeit den anderen Benutzern gegenüber dar.

Man kann sich durch das Drücken der Control-D-Taste ausloggen. Das Control-D ist das UNIX-Zeichen für das Ende einer Datei. Nach Eingabe dieses Zeichens können keine weiteren Kommandos zum Arbeiten eingegeben werden. Wenn man ein für DFÜ angeschlossenes Terminal benutzt, unterbricht dieses Zeichen nicht die Verbindung zwischen Rechner und Terminal. UNIX schreibt eine neue "login:"-Meldung aus und ist bereit, einen neuen login-Befehl entgegen zu nehmen. Bei Verbindungen per DFÜ zu einem System kann man sich auch durch Auflegen des Hörers ausloggen.

3.6 Das UNIX-Handbuch

Eines der wichtigsten Nachschlagewerke für jeden, der das UNIX System benutzt, ist das UNIX-Benutzerhandbuch, auch UNIX-Manual genannt (engl. UNIX Programmer's Manual , UPM oder UNIX User's Manual). Das UPM enthält Informationen zu den meisten Kommandos, die auf dem System verfügbar sind. Man sollte darauf achten, daß das Manual für die jeweils verwendete UNIX Version gilt.

Dieses Buch soll kein Ersatz für das UPM sein. Das UPM enthält spezielle Informationen über das benutzte System und viele der in diesem Buch nicht behandelten Kommandos und Besonderheiten der vorhandenen Anlage. Dieses Buch versucht im Gegensatz zum UPM allgemeine Informationen zu vermitteln, die für alle UNIX Systeme gelten. Zusätzlich soll mit dem Buch vermittelt werden, daß Sie unter UNIX allgemeine von speziellen Programmen unterscheiden lernen. Das UPM dahingegen behandelt alle Programme gleich.

Das Manual ist von und für Personen geschrieben, denen die grundlegenden Operationen und Leistungen des UNIX Systems bekannt sind. Als Anfänger wird man die meisten Beschreibungen im Manual zu knapp gehalten finden. Sobald man im Umgang mit UNIX Erfahrung gesammelt hat, wird man wahrscheinlich den knappen Stil des Manuals hilfreicher finden als den einer ausführlichen Anleitung.

Die meisten Kommandos sind im Manual hinreichend beschrieben. So lautet die Beschreibung des pwd-Kommandos in meinem Manual:

pwd druckt den Pfadnamen der Arbeits- (gegenwärtigen) Directory.

Die Manualeinträge vieler komplexerer Kommandos sind für den Anfänger wenig verständlich. Einige dieser schwierigen Kommandos sind in eigenständigen Aufsätzen ausführlich erläutert worden. Diese Artikel   bieten   eine   angemessene   Informationsgrundlage   für

Informatiker, für gelegentliche Benutzer jedoch sind sie oft nicht lesbar.

Das UPM ist in acht Abschnitte unterteilt. Der erste Abschnitt beschreibt die meisten der auf dem System vorrätigen Kommandos. Die Abschnitte 2 bis 8 beschreiben Aspekte des Systems, die speziell Programmierer interessieren. Für Nicht-Programmierer sind die Abschnitte 2 bis 8 mehr oder weniger Absonderheiten (außer Abschnitt 6, in dem die Spiele beschrieben sind).

Abschnitt 1 des Manuals enthält eine alphabetische Liste der Beschreibungen der UNIX-Kommandos. Es sollte für die meisten Kommandos, die in der Installation verfügbar sind, in diesem Abschnitt eine Beschreibung geben. Spezielle Kommandos der Anlage (z.B. grafische Kommandos in einem Grafiklabor) werden oft in Anhängen zum Manual beschrieben. Einige UNIX Systeme wurden aus Programmen aufgebaut, die von unterschiedlichen Herstellern stammen. Das UPM ist für diese Systeme keine gute Informationsquelle.

Eng verwandte Kommandos werden gelegentlich in einer gemeinsamen Beschreibung erläutert. In meinem UPM werden die Kommandos mv (engl. move, verschieben), cp (engl. copy, kopieren) und ln (engl. link, verweisen) in einem Abschnitt beschrieben. Wenn man den genauen Namen eines Kommandos nicht mehr weiß, sollte man ein verwandtes Wort im permutierten Index am Anfang des UPM suchen. Man kann zum Beispiel das Wort "move" im permutierten Index aufsuchen und feststellen, daß in der Beschreibung von cp erklärt wird, wie man Dateien verschieben, kopieren und auf sie verweisen kann. Der permutierte Index des UPM enthält neben der Manualseitenangabe für jedes Kommando einen nach den in der Kurzbeschreibung verwendeten Schlüsselwörtern geordneten Eintrag.

Im ersten Abschnitt des UPM hat jede Beschreibung die folgende Form (hier am Beispiel des ls-Kommandos aufgezeigt):

NAME
      ls - Auflisten der Dateien von Directories
SYNOPSE
      ls [-ltasdriu] Namen

Die Synopse beschreibt die Art und Weise, wie man das Kommando aufrufen kann. Die Synopse für ls zeigt, daß das ls-Kommando wahlweise mit einer Liste von Optionen (einem oder mehreren Buchstaben aus "ltasdriu") gefolgt von einer Liste von Directory- oder Dateinamen aufgerufen wird. Eckige Klammern in der Synopse bedeuten, daß die Optionen in den eckigen Klammern nicht angegeben werden müssen, aber angegeben werden können.

Die ausführliche Erläuterung des Kommandos folgt normalerweise nach der Synopse. Für das ls-Kommando ist die Erläuterung etwas länger als eine Seite. Die Erläuterung eines Kommandos umfaßt die grundlegenden Operationen des Kommandos und wie diese Operationen durch Angabe von Optionen verändert werden können. Das ls-Kommando hat zum Beispiel Optionen, um zusätzlich zum Namen noch weitere Informationen über eine Datei auszugeben.

Nach der Erläuterung folgen noch mehrere kurze Abschnitte: Der FILES-Absatz gibt die Dateien an, die von dem Kommando benutzt werden; der Absatz SEE ALSO listet verwandte Kommandos auf, in deren Beschreibung nützliche Informationen enthalten sein könnten; der BUGS-Absatz enthält eventuell nützliche Warnungen; der Absatz DIAGNOSTICS hilft, Fehlermeldungen zu verstehen. Jeder dieser vier Absätze kann in der Beschreibung eines Kommandos fehlen.

Die Beschreibungen in den Abschnitten 2 bis 8 sind in einem ähnlichen Format geschrieben. Die Beschreibungen in diesem Manual-Teil werden hier nicht erläutert. Als Anfänger sollte man lediglich den ersten Abschnitt verwenden. Die Beschreibung der Systemaufrufe in Abschnitt 2 des UPM wird nicht helfen, gleichnamige oder ähnlich lautende Kommandos des ersten Abschnittes zu benutzen.

KAPITEL

4

Die UNIX-Shell

Rechner sind sehr gut zur Verarbeitung großer Datenmengen mit hoher Geschwindigkeit einzusetzen. Der Rechner kann nicht zwischen nützlicher Arbeit und endloser Nichtstuerei unterscheiden. Da Rechner nichts von sich aus vorschlagen, muß man ihnen genau sagen, was sie tun sollen. Gelegentlich schreibt jemand ein Programm, das ein eigenständiges Handeln des Rechners vortäuscht, aber in Wirklichkeit ist der Rechner nur eine ausführende Maschine.

Es wurden Kommandosprachen entwickelt, die die Kontrolle eines Rechners vereinfachen. Die meisten Kommandosprachen sind so ausgelegt, daß für die gebräuchlichen Operationen einfach handhabbare Kommandos bereitstehen. Kommandos bestimmen genau, was der Rechner ausführen soll.

Rechner haben keine naturgegebene Fähigkeit, die eingegebenen Kommandos zu entschlüsseln. Die meisten Betriebssysteme stellen einen Kommandointerpreter bereit, der diese Funktion durchführt. Der Standard-Kommandointerpreter von UNIX heißt Shell. Um das UNIX System effektiv einzusetzen, muß man die Kommandoeingabe beherrschen. Die Shell umfaßt vielfältige Möglichkeiten, sehr leistungsfähige Kommandos zu spezifizieren. Es ist möglich, UNIX mit nur einem geringen Grundwissen über die Shell zu benutzen. Die Shell bietet aber die Möglichkeit, UNIX besser einzusetzen und optimal auszunutzen. Diejenigen Leser, die eine Menge über die Shell lernen wollen, können in den weiteren Kapiteln die Programmierung und weitere anspruchsvolle Befehlskombinationen der Shell-Kommandos nachlesen und erlernen. In diesem Kapitel wird die Shell auf einer allgemein verständlichen Ebene, die alle Benutzer gut verstehen sollten, erläutert.

4.1 Einfache Shell-Kommandos

Ein einfaches Kommando ist eine Reihe von (einem oder mehreren) Worten, die durch Leerzeichen oder Tabs (Tabulatoren) getrennt sind. Das erste Wort des Kommandos bestimmt den Namen des Kommandos, die weiteren Worte sind die Parameter des Kommandos. (Wie in Kapitel 3 beschrieben, werden Parameter benutzt, um zusätzliche Informationen an ein Kommando zu übergeben.) Ein einfaches Kommando ist ein einzelnes Wort. Das ps-Kommando gibt eine Liste der gegenwärtig existierenden Prozesse aus. Nach Eingabe des Kommandos

```
ps
```

sieht die Ausgabe, sofern nichts Ungewöhnliches passiert ist, ähnlich aus wie nachfolgend abgebildet:

```
PID   TTY   TIME   CMD
136    53   0:18   -sh
15390    53   0:04   ps
```

Die erste Spalte gibt die Identifikationsnummer des Prozesses, die zweite die Identifikationsnummer des Terminals, die dritte die bislang aufgelaufene Ausführungszeit des Kommandos und die vierte Spalte den Kommandonamen an. Die Ausgabe des ps-Kommandos zeigt zwei laufende Prozesse, -sh und ps, an. Das UNIX-Programm -sh wurde vom System zum Ende der login-Prozedur automatisch aufgerufen; das ps-Programm wurde durch Eingabe des ps-Kommandos gestartet.

Man kann mehrere Kommandos in einer Zeile eingeben, wenn man zwischen jedem Kommando ein Semikolon schreibt. Dies ist dann nützlich, wenn man die Reihenfolge der auszuführenden Programme kennt. Wenn man den Namen der gegenwärtigen Directory wissen und eine Liste der Dateien in dieser Directory ausgegeben haben möchte, kann man die Programme pwd und ls hintereinander ausführen lassen:

```
pwd ; ls
```

Wenn man zwei Kommandos in einer Zeile angibt, führt die Shell die Programme direkt hintereinander aus. Eine äquivalente Form dieses Kommandos wäre

```
pwd; ls
```

da die Metasymbole der Shell nicht von Leerzeichen umgeben sein müssen.

4.2 Kommandoargumente

In Kapitel 3 wurden Parameter zu Kommandos erwähnt. Parameter
(oder Argumente) werden benutzt, um zusätzliche Informationen an
ein Programm zu übergeben. Es wäre sinnlos, ein Programm zu
schreiben, das eine bestimmte Funktion (z.B. das Darstellen einer
Datei auf dem Bildschirm) nur für eine bestimmte Datei ausführt.
Stattdessen werden Programme geschrieben, um solche Leistungen
allgemein anzubieten.

Das ps-Kommando, das im ersten Beispiel dieses Kapitels benutzt
wurde, benötigte keinen Parameter, da nur die Standardfunktion von
ps gestartet werden sollte. Man kann die Operation von ps durch
Angabe von Argumenten so verändern, daß eine langformatige Auflistung der Prozesse erzeugt wird. Eine langformatige Auflistung
enthält ausführliche Informationen über jeden Prozeß. Parameter, die
die Operationen eines Kommandos ändern, heißen oft auch Flaggen
(engl. flags) oder Optionen (engl. options). Unter einigen Betriebssystemen heißen die Optionen auch Schalter (engl. switches) oder Kon-
trollmechanismen (engl. controls). Man erzeugt eine langformatige
Auflistung der Prozesse durch Angabe des Optionsarguments "-l" bei
ps:

```
ps -l
```

Der Kommandoname und der Parameter müssen durch ein oder
mehrere Leerzeichen oder Tabs getrennt sein (ohne eine solche Trennung würde eine Fehlermeldung erzeugt: "ps-l: not found").

Die neuerliche Bildschirmausgabe sollte immer noch nur zwei Prozesse umfassen, jedoch erhält man diesmal mehr Information über
jeden einzelnen Prozeß angegeben. Unter UNIX ist es üblich, Optionen
mit einem Bindestrich zu versehen; diese Konvention wird jedoch nicht
bei allen Kommandos eingehalten.

Kommandoparameter bestimmen oft Dateinamen. Das Programm
cat (abgeleitet von dem englischen Wort concatenate, aneinanderhängen) kann benutzt werden, um Dateien auf einem Terminal
auszugeben. Man bestimmt die Datei, die ausgegeben werden soll,
durch Angabe eines oder mehrerer Parameter. (Andere Verwendungen
von cat werden in Abschnitt 8.2 erläutert.) Die einfachste Anwendung
von cat ist das Ausgeben einer einzelnen Datei auf dem Terminal. Das
Kommando

```
cat /etc/motd
```

bringt die Tagesmeldung (engl. motto of the day) auf das Terminal.
Wenn man das Kommando "cat /etc/motd" eingibt, führt die Shell

mehrere Funktionen aus. Das Kommando besteht aus den zwei Worten "cat" und "/etc/motd". Zuerst überprüft die Shell, ob es das Kommando "cat" gibt. Bei positivem Resultat führt sie eine Reihe von Aktionen mit den Kommandoargumenten aus. Nach diesen Aktionen (mehr darüber in Abschnitt 4.8) wird die vollständige Liste der Kommandoteile (der Kommandoname und die Kommandoargumente) an das Programm übergeben und das Programm gestartet.

Der erste Begriff eines Kommandos ist der Kommandoname. Die folgenden Worte des Kommandoteile sind die Parameter (der Kommandoname wird auch als nullter Parameter bezeichnet, da er vor einer Reihe numerierter Parameter 1, 2, 3... steht). Parameter in einem Kommando sind durch Leerzeichen oder Tabs zu trennen. Ein in Anführungszeichen gesetztes Wort kann Leerzeichen oder Tabs enthalten. So ist '"das Ende"' ein einzelnes Wort, das aus acht Zeichen von "d" bis "e" besteht (inklusive eines Leerzeichens). Das Klammern mittels Anführungszeichen (engl. quote/unquote) wird in Abschnitt 13.5 behandelt.

Die Shell weiß nichts über die einzelnen Argumente, die ein Programm benötigt. In dem angeführten Beispiel überprüft die Shell nicht, ob das Argument "/etc/motd" eine Datei bezeichnet. Das cat-Programm erwartet jedoch, daß seine Parameter Dateien bezeichnen und gibt eine Fehlermeldung aus, falls einer der Parameter keine Datei bezeichnet. Die Shell ist lediglich für die Übergabe der Parameterliste an das Programm verantwortlich; das Programm seinerseits muß überprüfen, ob die angegebenen Argumente sinnvoll sind.

4.3 Prozesse im Hintergrund

Manchmal laufen Programme sehr lange. Wenn das Programm keine Eingabe vom Terminal erwartet, kann es unbeaufsichtigt ablaufen. Die Shell stellt eine spezielle Möglichkeit zur Verfügung, ein Programm zu starten und dann laufen zu lassen, während die Shell weitere Eingaben entgegennimmt. Das Programm, das ohne Kontrolle arbeitet, bezeichnet man als im Hintergrund ablaufend, während die nachfolgend eingegebenen Kommandos im Vordergrund laufen. Hintergrund- und Vordergrundprozesse laufen gleichzeitig. Normalerweise führt die Shell die eingegebenen Kommandos nacheinander aus. Hängt man allerdings ein Und-Zeichen (&) an den Kommandoaufruf an, started die Shell das Programm im Hintergrund und gibt sofort einen neuen Prompt aus, um das nächste Kommando anzunehmen.

Angenommen, man möchte das zeitverschlingende Programm acctxx laufen lassen. Da das acctxx-Programm vermutlich sehr lange laufen wird, möchte man vielleicht bis zu seiner Beendigung etwas anderes tun. Die genaue Funktion von acctxx ist für das Beispiel hier nicht weiter wichtig. Wenn man das Kommando

        acctxx &

eingibt, startet die Shell das Programm acctxx im Hintergrund, gibt
die Prozeßidentifikationsnummer von acctxx aus und erwartet sofort
die nächste Eingabe. Falls acctxx Ausgaben produziert, die an das
Terminal geschickt werden, kann man schnell feststellen, daß acctxx
wirklich läuft. Falls jedoch die Ausgabe, die das Programm acctxx
erzeugt, in eine Datei umgeleitet wird, möchte man sich überzeugen,
ob acctxx tatsächlich aktiv ist. Durch das Kommando

        ps

erhält man eine Liste der eigenen Prozesse auf dem Terminal ausgegeben. Auf meinem System wurde folgendes ausgegeben:

```
    PID   TTY   TIME   CMD
    136    53   0:39   -sh
  15388    53   0:14   acctxx
  15390    53   0:04   ps
```

Anders als im vorherigen Beispiel sind diesmal drei statt zwei Programme aktiv. Es laufen die Programme acctxx und ps gleichzeitig.
Mit der normalen Ausgabe des ps-Programms kann man nicht erkennen, welcher Prozeß im Vordergrund und welcher im Hintergrund
läuft. Die langformatige Ausgabe von ps stellt dagegen diese Unterscheidung dar.

Man sollte kein Programm im Hintergrund arbeiten lassen, das
Eingaben vom Terminal erwartet, da sowohl die Shell als auch das Hin-
tergrundprogramm auf das Terminal zugreifen. Es ist zwar möglich,
einen Prozeß im Hintergrund auszuführen, der Meldungen zum Terminal ausgibt, es ist aber nur schwer möglich, die Meldungen des
Hintergrundprozesses von denen des Vordergrundprozesses zu unterscheiden. (Wahrscheinlich werden die beiden Meldungen sogar
miteinander vermengt, so daß überhaupt keine sinnvolle Informations-
darstellung auf dem Terminal möglich ist.)

Dies wirft eine Frage auf: Während der Eingabe eines Kommandos
läuft die Shell im Vordergrund. Was passiert mit der Shell, wenn das
Programm läuft? Unter UNIX ist es möglich, daß ein Programm
solange schläft, bis ein bestimmtes Ereignis eintritt. Wenn man ein
normales Vordergrundkommando eingibt, schläft die Shell während
der Ausführung des Programms. Wenn das Kommando beendet ist,
wacht sie auf und erwartet eine weitere Eingabe. Die schlafende Shell
und das laufende Programm sind beide Vordergrundaufgaben, sie
konkurrieren aber nicht um das Terminal, da die Shell während der

Ausführung des Kommandos schläft. (Die Termini schlafen, warten und aufwachen sind alles UNIX-Termini. Die UNIX-Sprache ist meistens sehr beschreibend.)

Ein anderer Weg, das acctxx-Programm im Hintergrund zu starten und dann das ps-Kommando im Vordergrund aufzurufen, ist:

```
acctxx & ps
```

Nachdem ps beendet ist, schreibt die Shell einen neuen Prompt aus und erwartet weitere Befehle. Das Programm acctxx läuft währenddessen noch im Hintergrund. Es gibt gewöhnlich eine Begrenzung der Anzahl (meistens 20) der gleichzeitig laufenden Hintergrundprozesse.

4.4 Die Standard-Eingabe und -Ausgabe

Das Rechnerterminal (Bildschirm und Tastatur) ist das Kommunikationsgerät zwischen Rechner und Benutzer. UNIX erleichtert den Zugriff auf das Rechnerterminal dadurch, daß die meisten Hilfsprogramme ihre Ausgaben auf das Terminal schreiben und viele Eingaben über das Rechnerterminal durchgeführt werden können. Wenn ein Programm etwas auf das Terminal schreibt, führt das Programm (meistens) Ausgabeoperationen auf die sogenannte Standard-Ausgabe aus. Wenn man etwas am Terminal eingibt, liest ein Programm (meistens) die getippten Zeichen von der sogenannten Standard-Eingabe. Die Standard-Eingabe und die Standard-Ausgabe sind UNIX-Vereinbarungen, die Programmabläufe vereinfachen (auf das Terminal kann auch ohne Benutzung der Standard-Eingabe oder Standard-Ausgabe zugegriffen werden. Die meisten Programme verwenden allerdings die Standard-Eingabe und die Standard-Ausgabe).

Programme wie ps, ls, who, date, pwd und echo benutzen zum Beispiel die Standard-Ausgabe, um ihre Informationen abzuliefern. Interaktive Programme (z.B. der Editor oder die Shell) lesen die Kommandos von der Standard-Eingabe und schreiben ihre Antworten auf die Standard-Ausgabe. Diese Standardisierung unter UNIX ermöglicht eine hohe Bequemlichkeit und Arbeitseffizienz.

4.5 Umlenken der Ausgabe

Die Standard-Eingabe und Standard-Ausgabe sind normalerweise mit dem Terminal verbunden (Primärzuweisung). Da aber die Standard-Eingabe und die Standard-Ausgabe von der Shell zugeordnet werden, ist es möglich, sie von der Shell umlenken zu lassen. Die Möglichkeit der Shell, die Standard-Eingabe und Standard-Ausgabe umlenken zu können, ist mit eine der wichtigsten Eigenschaften des UNIX Systems.

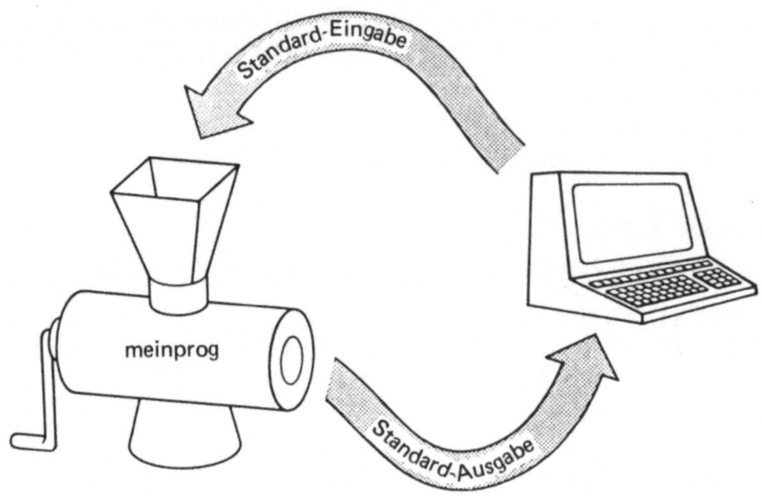

Bild 4.1: Die Standard E/A-Verbindungen. Die Standard-Eingabe und Standard-Ausgabe eines Programms sind gewöhnlich mit dem Terminal verbunden.

Angenommen, man möchte die Ausgabe eines Programms in einer Datei abspeichern. Wenn man das Kommando

```
ps
```

eingibt, schreibt das Prozeßstatusprogramm seine Informationen auf die Standard-Ausgabe: das Terminal. Das Kommando

```
ps > derNachwelt
```

ergibt ein anderes Ergebnis, da die Standard-Ausgabe umgelenkt wird. Das Prozeßstatusprogramm wird weiterhin seine Informationen auf die Standard-Ausgabe schreiben, durch die Umlenkung "> derNachwelt" aber verbindet die Shell die Standard-Ausgabe mit der normalen Datei 'derNachwelt'. Man wird keine Ausgabe auf dem Bildschirm sehen. Das ">" ist ein spezielles Shellzeichen, das die Shell veranlaßt, die Standard-Ausgabe des Kommandos in die angegebene Datei umzulenken. Der Dateiname steht als nächstes Wort im Kommando. Das Kommando könnte auch durch

```
ps>derNachwelt
```

eingegeben werden, da die Metasymbole der Shell nicht von Leerzeichen oder Tabs umgeben sein müssen. In beiden Fällen enthält die Datei 'derNachwelt' den Text, der normalerweise auf dem Terminal

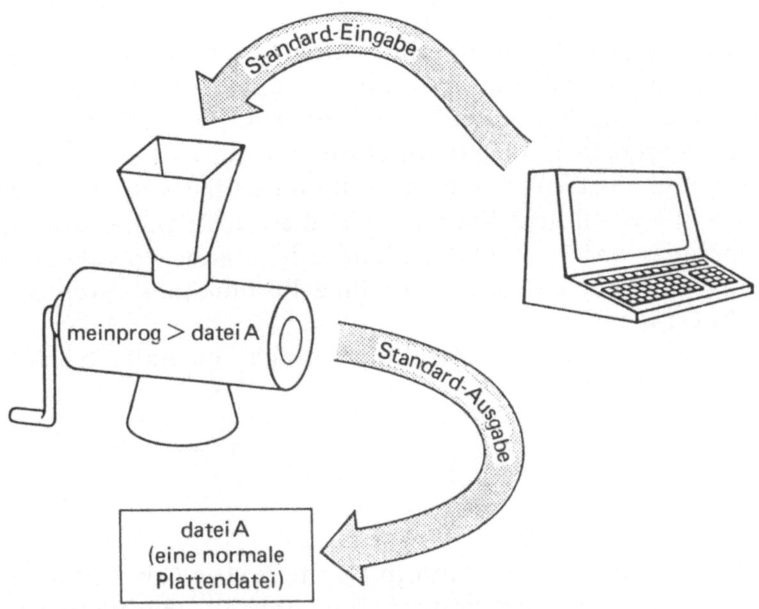

Bild 4.2: Umlenkung der Ausgabe. Die Ausgabe eines Programms kann in eine normale Datei umgelenkt werden. In diesem Beispiel bewirkt das UNIX-Kommando "meinprog > dateiA", daß die Ausgabe des Kommandos meinprog in die normale Plattendatei 'dateiA' umgelenkt wird.

erschienen wäre. Man kann dies überprüfen durch die Eingabe

```
cat derNachwelt
```

Die gezeigte Ausgabeumlenkung überschreibt die Ausgabedatei vollständig; der bisherige Inhalt der Datei 'derNachwelt' geht vollständig verloren. Man kann aber die Shell anweisen, die Ausgabe eines Kommandos an das Ende einer Datei anzuhängen. Das Kommando

```
ps >> ps.logbuch
```

hängt z.B. die Ausgabe des ps-Kommandos an das Ende der Datei 'ps.logbuch' an. Man kann dies auch durch mehrere Kommandos erreichen (ps>tmp1; cat ps.logbuch tmp1>tmp2; mv tmp2 ps.logbuch; rm tmp1), es ist aber einfacher, das Kommando wie angegeben einzugeben.

4.6 Umlenken der Eingabe

Die Standard-Eingabe kann ebenfalls umgelenkt werden. Bis jetzt ist aber das einzige erwähnte Programm, das Informationen von der Standard-Eingabe liest, die Shell. Die anderen Programme (ls, who, ps und pwd) erzeugen ihre Ausgaben, ohne von der Standard-Eingabe zu lesen. Die Shell liest normalerweise Kommandos von der Standard-Eingabe, d.h. die Shell liest Kommandos, die am Terminal über die Tastatur eingegeben werden. Da die Standard-Eingabe umgelenkt werden kann, ist es möglich, daß die Shell ihre Kommandos auch aus einer normalen Datei bezieht.

Angenommen, die Datei 'shellkommandos' enthält die folgenden drei Zeilen:

```
ps
who
ls
```

(Die Datei 'shellkommandos' kann mit dem Texteditor erzeugt werden; s. Kapitel 5). Die Datei 'shellkommandos' enthält drei bekannte Shell-Kommandos, die man am Terminal eingeben kann. Wenn man diese Kommandofolge häufiger ablaufen lassen muß, ist es günstig, sie in eine Datei zu schreiben und die Shell diese Datei lesen zu lassen. Die

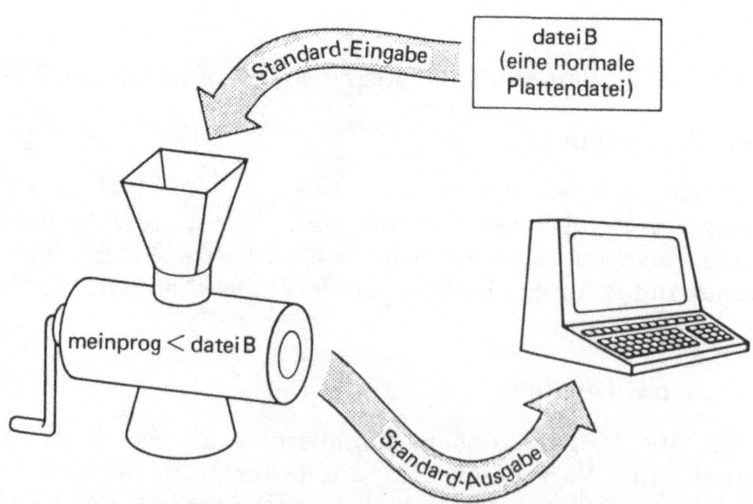

Bild 4.3: Umlenkung der Eingabe. Die Eingabe eines Programms kann von der Shell auf eine Datei gelegt werden. Im Beispiel bewirkt das UNIX-Kommando "meinprog < dateiB", daß die Eingaben des Kommandos meinprog aus der Datei 'dateiB' gelesen werden.

Shell ist ein Programm, das seine Eingabe von der Standard-Eingabe
einliest. Wenn man das Kommando sh eingibt, wird eine Kopie der
Shell ausgeführt, die ihre Eingaben von der Standard-Eingabe liest.
Man kann die Eingaben der neuen Shell umlenken und sie zwingen,
ihre Eingaben von einer Datei statt vom Terminal zu lesen. Das folgende Kommando erzeugt eine Kopie der Shell mit der auf die Datei
'shellkommandos' umgelenkten Eingabe:

```
sh < shellkommandos
```

Die Ausgaben dieser Shell und aller Kommandos, die sie ausführt, werden auf das Terminal geschrieben. Wenn die neue Shell das Ende der
Datei 'shellkommandos' erreicht, schließt sie ihre Arbeit ab und gibt
die Kontrolle an die ursprüngliche Shell zurück (andere Methoden der
Ausführung von Kommandodateien werden in Abschnitt 13.1
erläutert).

Mit Eingabe der vorangehenden Kommandos auf einem System wurden die Ausgaben von ps, who und ls auf dem Terminal dargestellt.
Danach schrieb die interaktive Shell ein neues Promptzeichen und
erwartete weitere Eingaben. Die Ausgaben von ls und who wurden
bereits erläutert, deshalb werden sie hier nicht weiter betrachtet. Die
Ausgabe des ps-Kommandos ist jedoch sehr interessant:

```
  PID  TTY  TIME  CMD
  136   53  0:39  -sh
14248   53  0:02  sh
14250   53  0:04  ps
```

Diese Ausgabe soll genauer betrachtet werden:

1. Die erste Zeile der Ausgabe von ps enthält Informationen über
   den Prozeß "-sh". Der Bindestrich vor dem "sh" bedeutet, daß
   diese Shell als Teil der login-Prozedur gestartet wurde. Dies ist
   die interaktive Shell, die während einer Sitzung unter UNIX
   benutzt wurde.

2. Die zweite Zeile gibt Informationen über den Prozeß "sh". Dies
   ist die Shell, die als zweite gestartet wurde, um die Kommandos
   in der Datei 'shellkommandos' auszuführen.

3. Die dritte Zeile besteht aus Informationen über den Prozeß
   "ps". Da das ps-Programm läuft, während es den Status der
   Prozesse bestimmt, steht es selbst ebenfalls in der von ihm
   erzeugten Prozeßliste. In diesem Fall ist der Elternprozeß von
   ps die Shell, die als zweite gestartet wurde, und deren
   Elternprozeß ist die Shell, die beim Einloggen gestartet wurde.

Die Kommandos who und ls werden nicht in der Liste aufgeführt, da

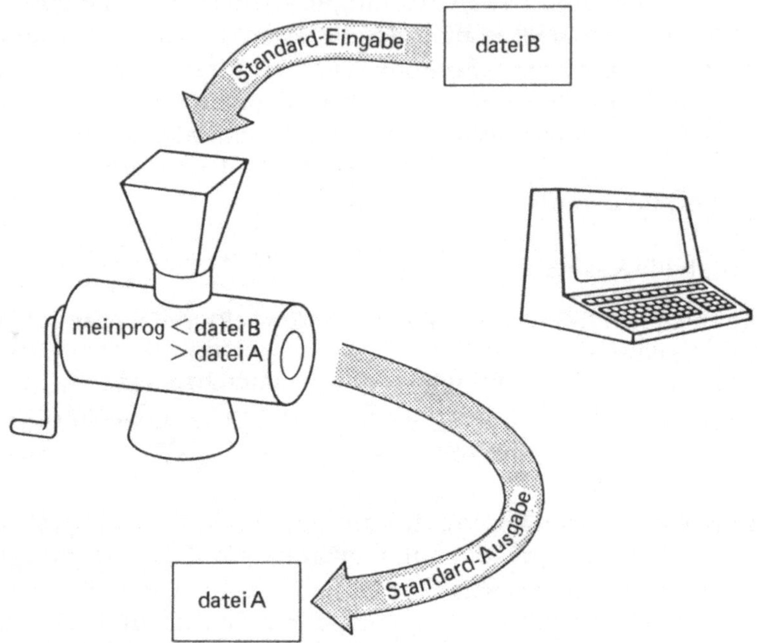

Bild 4.4: Umlenkung der Ein- und Ausgabe. Sowohl die Eingabe als auch die Ausgabe können gleichzeitig umgelenkt werden. In Beispiel bewirkt das Kommando "meinprog < dateiB > dateiA", daß die Ausgabe in die Datei 'dateiA' umgelenkt und die Eingabe aus der Datei 'dateiB' gelesen wird.

sie noch nicht gestartet wurden.

Die oben beschriebene Prozedur ist nicht die einzige Möglichkeit, die Shell-Kommandos aus einer Datei abarbeiten zu lassen. Andere Methoden spiegeln jedoch nicht grundlegende Möglichkeiten einer Umlenkung der Ein- und Ausgabe allgemein wider, sondern sie beziehen sich auf spezielle Fähigkeiten der Shell. Diese alternativen Möglichkeiten werden in Abschnitt 13.1 behandelt.

4.7 Pipes

Eine Pipe verbindet die Standard-Ausgabe eines Programms mit der Standard-Eingabe eines anderen Programms. Eine Pipe ist etwas anderes als einfach das Umlenken der Ein- und Ausgabe. Sie erlaubt eine derart enge Verbindung von zwei unabhängigen Programmen, daß der Eindruck entsteht, es handele sich um ein einziges Programm.

Die Umlenkung der Ausgabe schreibt die Ausgabe eines Programms in eine Datei. Die Umlenkung der Eingabe bewirkt, daß die Eingabe aus einer Datei gelesen wird. Eine Pipe hingegen verbindet die Ausgabe eines Programms direkt mit der Eingabe eines anderen Programms.

Angenommen, man möchte wissen, wieviele Dateien in der Home-Directory (z.B. '/usr/kc') sind. Mit dem Kommando ls werden die

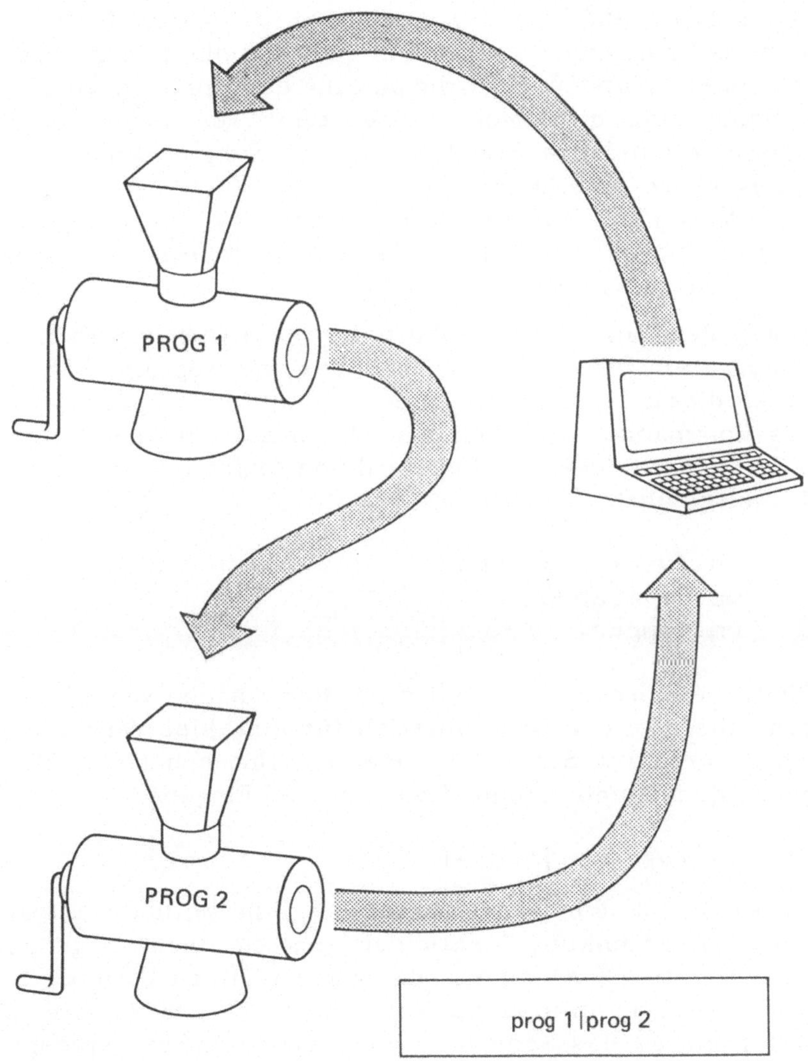

Bild 4.5: Pipes. Eine Pipe ist eine Verbindung der Standard-Ausgabe eines Kommandos mit der Standard-Eingabe eines anderen Kommandos. In diesem Beispiel bewirkt das Kommando "prog1 | prog2", daß die Ausgabe des prog1 als Eingabe an das prog2 geschickt wird. Pipes können aus mehr als zwei Stationen aufgebaut werden, obwohl im Beispiel lediglich zwei Stationen angegeben sind.

Namen der in einer Directory enthalten Dateien ausgegeben. Man kann also ls ausführen und die Anzahl der aufgelisteten Dateien zählen. In einer Directory mit nur wenigen Dateien mag das funktionieren, in einer Directory, die viele Dateien enthält, hat diese Methode Nachteile. Glücklicherweise enthält UNIX ein Kommando zum Wortzählen (, Zeilen und Zeichen), genannt wc (s. Abschnitt 8.5).

Mit dem ls-Kommando kann man eine Dateiliste der Directory '/usr/kc' erstellen und mit wc die Anzahl der Worte in einer Datei zählen. Damit sind die Kommandobausteine vorhanden, aber wie können diese verbunden werden? Wie bei den meisten Arbeiten unter UNIX, gibt es mehrere Methoden.

Die erste Methode benutzt die Technik der E/A-Umlenkung, wie sie oben erläutert wurde; eine zweite Methode verwendet eine spezielle UNIX-Eigenschaft, die Pipes.

1. E/A-Umlenkung: Die Ausgabe des Programms ls wird in einer temporären Datei gespeichert. Das wc-Programm zählt die Zeilen dieser temporären Datei. (die Option "-l" veranlaßt, daß das Kommando wc Zeilen zählt.) Zuletzt muß die temporäre Datei gelöscht werden. Dies wird von folgenden drei Kommandos ausgeführt:

```
ls /usr/kc > tempdat
wc -l tempdat
rm tempdat
```

2. Pipes: Die Ausgabe von ls wird mit der Eingabe von wc verbunden. Die spezielle Shell-Notation für eine Pipe-Verbindung ist ein senkrechter Strich ("|") oder ein Hütchen ("^"). Das folgende Kommando verbindet die Aus- und Eingabe:

```
ls /usr/kc | wc -l
```

Wie man sieht, ist die Verwendung der Pipe-Methode effektiver. Obwohl die E/A-Umlenkung funktioniert, hat sie doch einige unliebsame Nebeneffekte. Wenn man in der gegenwärtigen Directory keine Schreibrechte hat, kann man das Kommando "ls /usr/kc > tempdat" nicht ausführen, da das Kommando die Datei 'tempdat' erzeugt und schreibt. (Da die Shell die Datei 'tempdat' erzeugen und die Standard-Ausgabe in sie umlenken muß, bevor das ls-Programm laufen kann, ist die Datei 'tempdat' in der Liste enthalten, wenn die gegenwärtige Directory '/usr/kc' ist. Die Anzahl der Dateien kann darum zu groß sein.)

Eine Pipe ist eine Verbindung zwischen Standard-Ausgabe und Standard-Eingabe zweier Programme. In der gezeigten Pipe erzeugt das ls-Programm eine Liste der Dateien der Directory 'usr/kc'. Es

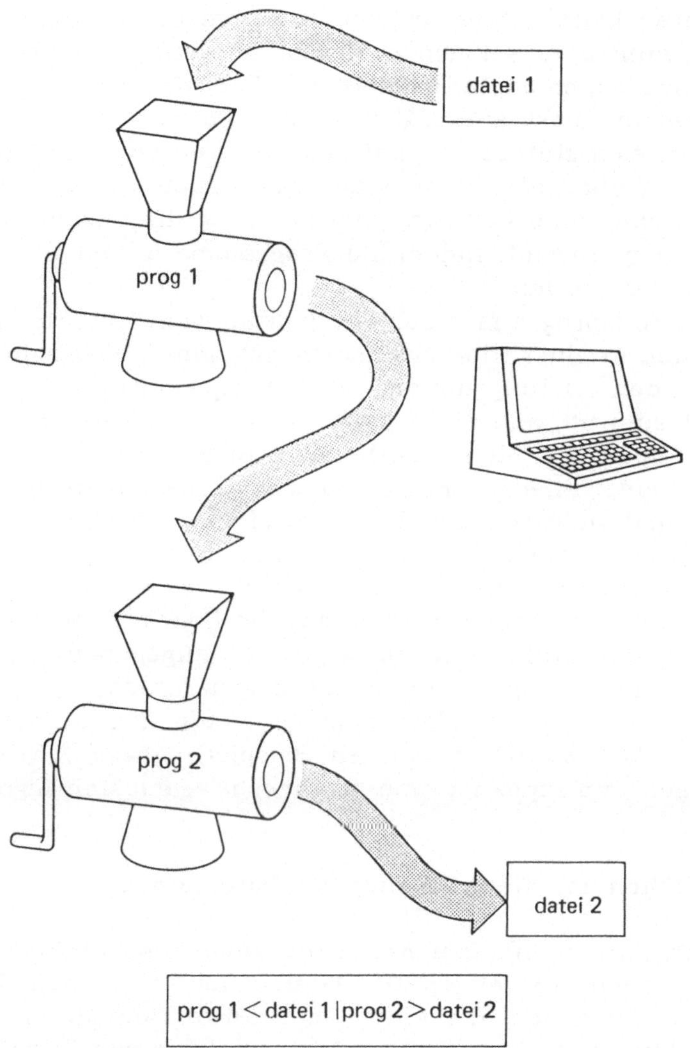

Bild 4.6: E/A-Umlenkung und Pipes. Es ist möglich, die Umlenkung der Ein- und Ausgabe mit Pipes zu kombinieren. Das Kommando "prog1 < datei1 | prog2 > date2" zum Beispiel liest die Eingabe von prog1 aus der Datei 'datei1', schreibt die Ausgabe von prog2 in die Datei 'datei2' und verbindet die Ausgabe von prog1 mit der Eingabe von prog2.

übergibt diese Liste an das wc-Programm. Das wc-Programm zählt die Worte in der Liste und schreibt die Anzahl zur Standard-Ausgabe (Terminal). Die Ausgabe ist die Angabe der Dateienanzahl und nicht die Liste des ls-Programms.

Pipes machen viele Prozeduren konzeptionell einfacher. Da sich jedes einzelne Programm einer Pipe auf einen Teilaspekt der Aufgabe

konzentrieren kann, ist es möglich, zusammenhängende, vereinheit-
lichte Programme zu schreiben. Es ist aufwendig, das ls-Programm
neu zu schreiben, so daß alle denkbaren Operationen auf der Ausgabe
vom Programm selbst ausgeführt werden können. Das ls-Programm
konzentriert sich stattdessen auf das Auflisten von Dateien, und das
wc-Programm konzentriert sich auf das Abzählen. Jetzt kann man
unter UNIX eine neue Funktion erzeugen, die die Anzahl der Dateien
einer Directory ausgibt, indem die Programme ls und wc durch eine
Pipe verbunden werden.

Viele der Hilfsprogramme zur Bearbeitung von Textdateien (s. Kapitel 8) können in einer Pipe zusammen mit dem ls-Programm benutzt
werden, um den Leistungsumfang des ls-Programms zu vergrößern. Es
wäre nicht sinnvoll, alle diese Leistungen in das ls-Programm einzubauen, da diese über den Pipe-Mechanismus bereits eingebaut sind.
Wenn ls Teil einer Pipe ist, muß es immer das erste Element sein, da es
keine Informationen von der Standard-Eingabe liest und somit auch
keine Ausgabe aus einer Pipe empfangen kann.

Das Kommando wc auf der anderen Seite ist ein typisches Beispiel
für ein Textbearbeitungprogramm, das die Bearbeitung entweder auf
den Dateien durchführt, die als Argument angegeben sind (wie das
Kommando "wc -l tempdat" im obigen Beispiel), oder die Daten manipuliert, die über die Standard-Eingabe empfangen werden (wie das
Kommando "ls | wc -l" im letzten Beispiel). Diese Flexibilität der
Umlenkungen und Pipes ist eine der herausragendsten Eigenschaften
von UNIX.

4.8 Metazeichen und die Erzeugung von Dateinamen

Die meisten Parameter einer Kommandozeile sind Dateinamen. Es ist
allgemein üblich, artverwandte Dateien mit ähnlichen Namen zu
bezeichnen. So enden alle Namen der C-Programmdateien auf ".c".
Alle Kapitel eines Buches könnten in einer Reihe von Dateien mit den
Namen 'Kap1', 'Kap2' usw. gespeichert sein. Wenn man eine Operation
auf der Liste aller Dateien einer Directory, die ein C-Programm enthalten, ausführen möchte, wäre es sehr mühsam, alle Namen in der Kommandozeile als Parameter anzugeben.

Unter UNIX kann man sich mit Metazeichen die Eingabe von Kommandos erleichtern. Wenn man ein Kommando eingibt, untersucht die
Shell die Eingabe, um festzustellen, ob man die Abkürzungen für Dateinamen verwendet hat. Man ergänzt den Dateinamen durch Angabe von
Sonderzeichen im Dateinamen. Die Shell vergleicht die Eingabe mit
allen Angaben in der gegenwärtigen Directory. Wenn einige Namen auf
die Eingabe (Zeichenfolge mit Sonderzeichen) passen, wird eine alphabetische Liste der gefundenen Namen an das Programm übergeben.
Wenn kein passender Name in der Directory gefunden wird, geht das

Muster unverändert mit den Sonderzeichen an das Programm über.

Eine Zeichenfolge besteht aus Zeichen ohne Sonderbedeutung und solchen mit Sonderbedeutung, den Metazeichen. Die Metazeichen werden besonders behandelt. Eine Zeichenfolge, die nur aus normalen Zeichen besteht (z.B. 'einedatei'), löst die Dateinamenerzeugung nicht aus.

Man muß den Prozeß der Dateinamenerzeugung verstehen, da er bei jeder Kommandoeingabe auftreten kann. Dabei muß zunächst darauf geachtet werden, daß in den Dateinamen die Metazeichen "*", "?" und die eckigen Klammern nicht vorkommen sollten. Nachdem man mit UNIX einigermaßen umgehen kann, sollte man die Metazeichen einsetzen; sie sind einfach zu benutzen, und man sollte wissen, wie man sie ohne ihre besondere Bedeutung verwenden kann.

Die meisten UNIX Beschreibungen verwenden die Bezeichnung "regulärer Ausdruck", um Zeichenfolgen für Dateinamen zu bezeichnen. Ich ziehe die Bezeichnung "Muster" (Zeichenfolge mit regulären Zeichen und Metazeichen) vor, da sie zu einem (besseren) intuitiven Einblick verhilft, was mit der Dateinamenerzeugung gemeint sein könnte. In einigen anderen Betriebssystemen wird die Bezeichnung "wildcard" (Joker) für die Zeichen benutzt, die den Prozeß der Dateinamenerzeugung steuern.

Die folgenden Metasymbole werden auf den meisten UNIX Systemen zur Kontrolle der Dateinamenerzeugung benutzt:

*   steht für eine beliebige Zeichenfolge

?   steht für genau ein Zeichen

[leitet eine Zeichengruppe ein

]   beendet eine Zeichengruppe

-    steht für einen Zeichenbereich

Der Stern und das Fragezeichen sind sehr leicht zu benutzen. Ein Stern steht für eine beliebige Zeichenfolge, auch für eine leere Folge. Das Muster "*.c" steht somit für Dateinamen wie '.c', 'a.c' und 'aaaaaaa.c', aber nicht für den Dateinamen 'a.ca'.

Ein Fragezeichen steht für ein einzelnes Zeichen. Das Muster "??.c" würde also für die Dateinamen 'ab.c' oder '77.c' passen, nicht aber für 'a.c', 'abc.c' oder 'bc.cc'.

Die eckigen Klammern und der Bindestrich werden benutzt, um Muster für Gruppen von Zeichen zu bilden. Die Zeichen in einer Gruppe werden mit eckigen Klammern umschlossen. Das Muster "abc[aieou]" paßt auf jeden Namen, der mit "abc" beginnt und mit einem der in den Klammern stehenden Zeichen endet. Der Bindestrich kann innerhalb der eckigen Klammern eingesetzt werden, um einen Zeichenbereich anzugeben. Das Muster "def[0-9]" paßt auf jeden Namen, der mit den

Buchstaben "def" beginnt und als weiteres (letztes) Zeichen eine beliebige Ziffer enthält. Der Bereich gilt inklusive der angegebenen Zeichen (sowohl 0 als auch 9 sind in dem im Beispiel verwendeten Bereich enthalten) und ist durch die numerische Reihenfolge der Zeichen im ASCII-Zeichensatz definiert.

Der Bindestrich verliert seine Bedeutung als Metasymbol, wenn er außerhalb der eckigen Klammern verwendet wird. Der Stern und das Fragezeichen verlieren ihre Bedeutung innerhalb der eckigen Klammern. In dem Muster "-[*?]" sind lediglich die eckigen Klammern aktive Metasymbole. Somit paßt das Muster "-[*?]abc" nur auf die Dateinamen '-*abc' und '-?abc'.

Manchmal sind die Möglichkeiten der Shell eine wertvolle Bereicherung, und man möchte die speziellen Eigenschaften wie Metasymbole, E/A-Umlenkung, Pipes und Hintergrundausführung anwenden. Es gibt aber Anwendungen, bei denen man die spezielle Bedeutung der Metazeichen der Shell nicht gebrauchen kann. Wenn man die Metazeichen der Shell ohne ihre Bedeutung benutzen möchte, kann man sie mit einem Backslash (\) versehen. Das Kommando

```
ls *\*
```

listet alle Dateien der gegenwärtigen Directory aus, die mit einem Stern enden.

Ein anderer Weg, die spezielle Bedeutung der Metasymbole zu unterdrücken, ist Quoting. Das Muster "antworten\?" paßt auf den Dateinamen 'antworten?', nicht aber auf den Dateinamen 'antworten1'. Das Muster "antworten?" würde auf beide Dateinamen, 'antworten?' und 'antworten1', passen. Wenn sowohl 'antworten1', als auch 'antworten?' Textdateien in der gegenwärtigen Directory wären, würde das Kommando

```
ls antworten?
```

beide Dateien ausgeben, das Kommando

```
ls "antworten?"
```

hingegen nur die Datei 'antworten?'. Man kann ebenfalls das Kommando

```
ls antworten\?
```

benutzen, um die Datei 'antworten?' zu erhalten. Wenn es nur darum geht, ein Metazeichen umzuwandeln, ist es einfacher, es mit dem Symbol \ zu versehen. Wenn man jedoch mehreren Metazeichen ihre Bedeutung nehmen möchte, ist das Quoting-Verfahren einfacher.

(Quoting wird ausführlich in Abschnitt 13.5 behandelt.)

Metazeichen und ihre Einsatzmöglichkeiten sollte man verstanden haben. Es gibt noch andere wichtige Aspekte. Beim Vergleich eines Musters mit einem Dateinamen muß jeder führende Punkt im Dateinamen ausdrücklich angegeben werden. Auf den Dateinamen '.unsichtbar' würde das Muster "*unsichtbar" nicht passen. Das Muster ".*sichtbar" paßt jedoch auf den Dateinamen '.unsichtbar'. Das Muster ".*" paßt auf alle Namen, die mit einem Punkt beginnen.

Ein weiterer Aspekt der Dateinamenerzeugung, der Verwirrung stiften kann, ist die Tatsache, daß der Slash (/) in einem Pfadnamen ebenfalls ausdrücklich angegeben werden muß. Ein Pfadname ist ein Pfad von einer Directory zu einer anderen Directory, der zu einer Datei führt. Der bereits erwähnte Name '/etc/motd' ist ein einfacher Pfadname, der in die Directory '/etc' zur Datei 'motd' führt. Pfadnamen werden in Abschnitt 6.4 behandelt.

Metazeichen werden nur dazu benutzt, Dateinamen in einer Directory zu erzeugen. Das Muster "/etc*.c" würde nicht auf Dateien mit dem Suffix ".c" in der Directory '/etc/' passen. Das Muster "/etc/*.c" würde diese Dateien erfassen. Die Tatsache, daß die Slashes einen Pfadnamen eingrenzen müssen, ist eine vernünftige Übereinkunft, weil die Directory, in der man sich z.Zt. befindet, die Dateinamen vorgibt, auf die ein Muster passen kann; somit muß eine andere Directory angegeben werden, wenn man ein Muster für Dateien einer anderen Directory angibt.

Angenommen, die gegenwärtige Directory umfaßt die folgenden Dateien:

```
ch1      ch2      ch3      ch4
33.doc   abc      ab.c     ch3.a
```

Das Kommando

```
ls ch*
```

listet die folgenden Dateien auf: 'ch1', 'ch2', 'ch3', 'ch3.a' und 'ch4'. Die alphabetische Reihenfolge kommt von der alphabetischen Erzeugung der Dateinamen.

Das Kommando

```
ls *3*
```

listet diese Dateien auf: '33.doc', 'ch3' und 'ch3.a'. Der Stern kann für eine leere und eine beliebige Zeichenfolge stehen.

Das Kommando

        ls ch?

gibt die Dateien 'ch1', 'ch2', 'ch3' und 'ch4' aus. Da das Fragezeichen
lediglich auf ein beliebige Zeichenfolge der Länge 1 paßt, wird 'ch3.a'
nicht aufgeführt.
    Das Kommando

        ls ch[2-9]

listet die folgenden Dateien auf: 'ch2', 'ch3' und 'ch4'. Die Datei 'ch1'
wird nicht aufgeführt, da "1" nicht im Bereich "2-9" liegt. Die Datei
'ch3.a' wird weggelassen, weil nach der Ziffer noch die Zeichenfolge
".a" folgt.
    Hier ist ein Beispiel für Könner. Das Kommando

        ls ch[0-15]

listet die Datei 'ch1' auf. Obwohl der Zeichenbereich von null bis
fünfzehn zu reichen scheint, enthält er doch nur die Zeichen "0", "1"
und "5". Ein Zeichenbereich wird aus einer Gruppe von Zeichen gebildet. Die Folge "15" sieht wie die Zahl fünfzehn aus, in einer Zeichengruppe besteht sie aber nur aus den zwei Zeichen "1" und "5".

4.9 Schlußfolgerungen

Um UNIX effektiv zu benutzen, muß man die grundlegenden Operationen der Shell beherrschen. Man sollte wissen, wie man einen normalen Prozeß im Vordergrund und wie einen anderen im Hintergrund
ausführen kann. Man sollte ebenfalls die Idee der Komman-
dozeilenargumente verstehen und die Suchstrategie der Shell zum
Auffinden der Kommandos verstanden haben. Die E/A-Umlenkung und
der Einsatz der Pipes sind für jeden wichtig - warum sollte man das
UNIX System benutzen, wenn man seine leistungsfähigsten Eigenschaften nicht verwendet? Jeder sollte sich auch der Methode der
Dateinamenerzeugung bewußt sein und sie beherrschen, um optimal
mit UNIX arbeiten zu können.
    Die angesprochenen Bereiche sind nur eine kleine Auswahl aus der
Vielseitigkeit der Shell. Für Benutzer, die die Shell als interaktiven
Kommandointerpreter benutzen wollen, reichen die in diesem Kapitel
vorgestellten Bereiche aus, um UNIX effektiv einsetzen zu können. Die
Shell ist einer der beeindruckendsten Teile des UNIX Systems, deshalb
sind ihr in diesem Buch noch weitere Kapitel gewidmet.

KAPITEL

5

Der UNIX-Editor

Rechner beziehen ihre Daten aus unterschiedlichen Quellen, manchmal auch von anderen Rechnern. Das ist zur Informationsverbreitung ideal, es wird aber keine neue Information entstehen. In vielen Anwendungen werden Daten auch wie bei einer Registrierkasse oder einem Laborrechner automatisch gesammelt.

Wenn man die Daten nicht automatisch in den Rechner eingeben kann, muß man dies per Hand tun. Die einfachste und allgemeinste Methode, Daten in einen Rechner einzugeben, ist, sie in Form von Textdateien abzulegen. Ein Texteditor ist ein Programm, das man benutzt, um Informationen in Textdateien einzugeben oder um Informationen in Textdateien zu untersuchen. Das Editieren von Text ist äußert wichtig, da es die hauptsächliche Methode ist, mit der die meisten UNIX-Benutzer Informationen eingeben. Um UNIX für eine spezielle Aufgabe zu nutzen, muß man nicht Editieren. Für die meisten Benutzer ist das Texteditieren aber von zentraler Bedeutung.

Stellen Sie sich einen Texteditor vor, der ebensoviel kann wie eine Schreibmaschine - nicht mehr und nicht weniger. Wir nennen diesen Texteditor "uff". uff liest den Text so, wie er eingegeben wird, und legt ihn in einer Datei ab. Das uff-Programm kann keinen bereits eingegebenen Text verändern, verschieben, löschen oder von anderen Dokumenten lesen. Der Vorteil von uff ist seine Einfachheit; er enthält nur wenige Funktionen, die beherrscht werden müssen.

Natürlich sind alle Texteditoren umfangreicher und leistungsstärker als der hypothetische Texteditor. Sobald aber ein Texteditor eine Vielzahl von Funktionen anbietet, wird es schwerer, ihn zu benutzen. Die meisten UNIX-Texteditoren erlauben es, Text zu verschieben, zu löschen, anzufügen und zu kopieren. Man kann ein Wort (oder einen Teil des Wortes) durch ein anderes ersetzen - an einer Stelle oder an allen Stellen, an denen es in der Datei auftritt. Man kann auch durch Dateien streifen und alle Zeilen eines Abschnitts ausgeben, oder alle Zeilen, die ein bestimmtes Wort enthalten usw. Man muß jedoch Zeit investieren, um einen vielseitigen und leistungsstarken Texteditor zu erlernen.

Der Texteditor ist ein interaktives Programm. Man steuert den Editor durch Eingabe von Kommandos. Die Editorkommandos erlauben es, Textmanipulationen vorzunehmen. Der Dialog mit dem Texteditor besteht aus der Eingabe Ihrer Kommandos und den Antworten des Editors.

Unglücklicherweise gibt es keinen Standard-Editor unter UNIX; auf jedem System steht ein anderer Texteditor zur Verfügung. Die meisten Systeme bieten mehrere Texteditoren an. In diesem Buch wurden die Texteditoren in zwei Kategorien unterteilt:

1. die, die ähnlich oder verwandt mit dem UNIX-Editor sind;

2. solche, die einer anderen Familie von Texteditoren angehören.

In diesem Kapitel wird der UNIX-Editor und seine Verwandten und Imitatoren beschrieben; die anderen Editoren werden nicht behandelt.

Es werden die grundlegenden Kommandos beschrieben, die beherrscht werden müssen, um den Texteditor zu benutzen. Wenn man umfangreiche Textteile editieren will, sollte man sich mit dem Befehlsumfang des verwendenden Editors beschäftigen. In Kapitel 10 werden anspruchsvollere Kommandos erläutert. Das Reference-Manual jedes Systems beschreibt den speziellen Leistungsumfang der benutzten Editoren. Der schwierigste Teil, bevor man tatsächlich zum Editieren vordringt, ist das Verstehen des grundlegenden Aufbaus des Editors und seiner Arbeitsweise; ist diese Hürde genommen, ist der Rest eher einfach.

Die ersten Abschnitte in diesem Kapitel führen einige der allgemeinen Konzepte ein, die man kennen muß, um einen Texteditor zu benutzen. Wenn Sie bereits Texteditoren benutzt haben, können Sie mit Abschnitt 5.3 fortfahren.

5.1 Textdateien

Ein Byte ist eine binäre Ziffer, die 256 verschiedenen Werte annehmen kann. Eine Datei ist eine Ansammlung von Bytes. Eine Standardmethode, um Text zu kodieren, ist ASCII (American Standard Code for Information Interchange). Die ASCII-Kodierung benutzt rund 100 verschiedene Werte. Dateien, deren Bytes nur die ASCII-Werte annehmen können, heißen Textdateien. Dateien, die Bytes enthalten, die keinem ASCII-Wert entsprechen, heißen Binärdateien.

Textdateien werden zur Speicherung vieler Typen von Information benutzt. Die folgenden drei allgemeinen Kategorien beinhalten die meisten Anwendungen von Textdateien:

1. Schriftstücke
   Schriftstücke wie Briefe, Handbücher, Manuskripte und Bücher
   können als normale Textdateien gespeichert werden. Die rech-
   nergestützte Erstellung von Schriftstücken ist vorteilhaft, weil
   der Text nur einmal eingegeben werden muß; Änderungen
   können ohne Neueingabe des Textes ausgeführt werden.
   Darüberhinaus kann der Rechner zur Überprüfung der
   Rechtschreibung und Grammatik, zur Indexerzeugung und
   Versionen- und Überarbeitungskatalogisierung benutzt werden.
   Der folgende Text ist ein Beispiel für ein Schriftstück, das in
   einer Textdatei gespeichert ist:

   Lieber Michael,

   komm doch mal rüber und
   teste unsere neuen Spiele.
   Irgendwann nächste Woche nach 17 Uhr.

   Conny

2. Quelltexte von Programmen
   Rechnerprogramme sind in Sprachen geschrieben, die entwikkelt wurden, um Problemlösungen darzustellen. Programme
   werden als Textdateien erzeugt, die die Programminstruktionen
   enthalten. Die Datei 'ich.c' enthält den Quellkode eines Programms, das die Meldung "Ich bin ein C-Programm" ausgibt.

```
main()
{ printf("Ich bin ein C-Programm\n"); }
```

3. Textdateien
   Einfache Datenlisten werden oft als Textdatei gespeichert. Hier
   ist eine Textdatei 'einkaufsliste':

   Schinken
   Eier (halbes Dutzend)
   halbes Pfund Mehl
   Waschmittel

Diese Einkaufsliste ist in einer Textdatei gespeichert. Eine
umfangreiche Einkaufsliste ist zu groß und zu kompliziert, um
in einer Textdatei gespeichert zu werden.

Diese Kategorisierung dient dazu, die verschiedenen Einsatzmöglichkeiten von Textdateien zu zeigen. Natürlich könnte die Einkaufsliste Teil eines Berichts sein, der die Eßgewohnheiten in der Industriegesellschaft beschreibt. Das C-Programm könnte Teil eines Buches über UNIX sein. Es gibt auf der Ebene des Dateiformats keine Unterscheidungsmöglichkeit zwischen Schriftstücken, Programmtexten und Datenlisten.

Es gibt viele Situationen, in denen Daten nicht in Textdateien gespeichert werden. Textdateien verschwenden Platz, da nur etwa 100 der 256 möglichen Werte eines Bytes benutzt werden. In Fällen, in denen man eine Menge über das Datenformat weiß (z.B. ein System zur Scheckverarbeitung, zur Buchhaltung, zur Flugreservierung oder ein Datenbankensystem), kann man effizientere Kodierungstechniken verwenden. Wenn Daten kompakt gespeichert oder schnell abgerufen werden sollen, werden sie meist in Binärdateien gespeichert.

5.2 Das Editieren von Zeilen

Eine Textdatei ist in Zeilen unterteilt. Einfach ausgedrückt ist eine Zeile in einer Textdatei der Teil, der normalerweise in einer Zeile auf dem Bildschirm erscheint. Gelegentlich enthält eine Textdatei Zeilen, die zu lang sind, um auf dem Terminal in einer Zeile dargestellt werden zu können. Einige Terminals sind nicht in der Lage, den Rest der überlangen Zeile auszugeben, andere hingegen schreiben den Rest der überlangen Zeile in die nächste Bildschirmzeile. Das Umbrechen überlanger Zeilen auf dem Terminal nennt man wrap-around (Man kann sich die beschreibbare Fläche des Terminals als Trommel vorstellen und die zu schreibenden Zeilen als Papierstreifen, wobei die linke Kante der Trommel an die rechte Kante geklebt wird, so daß die Außenseite als Schreibfläche dient. Die Klebekante ist dann die letzte Position in einer Zeile, auf die ein Papierstreifen geklebt wird. Daß der Rest eines überlangen Papierstreifens (der Zeile) nicht dargestellt wird, heißt, daß er abgeschnitten wird; ansonsten wird der Rest des Papiersteifens einfach weiter um die Trommel gewickelt). Obwohl es keine festen Regeln gibt, enthalten Zeilen selten mehr als 256 Zeichen.

Die meisten UNIX-Texteditoren werden als "Zeileneditor" bezeichnet (sie heißen aber anders), da ihre Arbeitsweise zeilenorientiert ist. Wenn man Text mit Papier und Bleistift editiert, konzentriert man sich auf einen bestimmten Teil des Textes. Dieselbe Vorgehensweise gilt für das Editieren mit einem Rechner. Wenn man eine Textdatei editiert, gibt es immer eine "gegenwärtige Zeile". Die gegenwärtige Zeile ist der Bereich des Textes, der gewöhnlich von den Editierkommandos betroffen ist.

Bei einem Zeileneditor ist es möglich, ein einzelnes Zeichen in der Datei zu ändern, allerdings nur durch Angabe der Zeile, die das

Zeichen enthält, und der gewünschten Veränderung. Obwohl das nach viel Aufwand für ein kleines Ergebnis aussieht, wird man feststellen, daß es einfach ist, mit den eingebauten Beschränkungen eines Zeileneditors zu arbeiten.

Die anderen Typen des interaktiven Editierens sind zeichenorientiertes Editieren und bildschirmorientiertes Editieren. Bei einem zeichenorientierten Editor bewegt man zeichenweise einen Zeiger auf ein Zeichen durch die Datei. Alle Änderungen werden relativ zur gegenwärtigen Position des Zeigers ausgeführt. Zeichenorientierte Editoren sind sehr leistungsstark, aber oft schwer zu bedienen. TECO (Texteditor und -korrigierer) ist wahrscheinlich der bekannteste zeichenorientierte Editor.

Bildschirmorientierte Editoren können nur mit einem Bildschirmterminal benutzt werden. Ein solcher Editor stellt ein Fenster in der Textdatei bereit. Der Schirm enthält ständig ein aktuelles Bild des Textes im Fenster. Ein Cursor ist ein kleiner, meist blinkender Strich oder Kasten auf dem Bildschirm, der die gegenwärtige Bildschirmposition anzeigt. Ein bildschirmorientierter Editor ist einfach zu bedienen, weil der Cursor auf dem Bildschirm mit einfachen Steuerkommandos bewegt werden kann und die Änderungen relativ zur Cursorposition erfolgen.

Der Nachteil bildschirmorientierter Editoren ist die hohe Belastung des Rechners. Eine einfache Veränderung kann dazu führen, daß der gesamte Bildschirm aufgefrischt werden muß. Wenn einfache Änderungen zu langen Verzögerungen führen, während der Bildschirm neu geschrieben wird, dann wird die Benutzung des Editors unpraktisch. Aus diesem Grund lassen sich diese für den Benutzer bequemeren Editoren über die langsamen Datenübertragungsleitungen nur schlecht betreiben. Wenn Terminals jedoch über ein System mit hoher Datenübertragungsgeschwindigkeit mit dem Hauptrechner verbunden sind, dann bietet ein bildschirmorientierter Editor die bequemste Möglichkeit für den Benutzer, Text zu bearbeiten.

Neben der Anforderung einer hohen Übertragungsrate benötigen bildschirmorientierte Editoren viel Rechnerkapazität. Wenn eine Änderung zu einer komplizierten Abwandlung des Bildschirminhaltes führt, muß der Prozessor viel tun. Viele UNIX-Installationen erschweren oder vermeiden bildschirmorientiertes Editieren wegen der resultierenden hohen Belastung des Systems. Die starke Beanspruchung des Rechners durch diese Editierart wird durch die hohe Benutzerfreundlichkeit ausgeglichen. Bildschirmorientierte Editoren bieten eine sehr angenehme Arbeitsumgebung, da sie einfach zu bedienen sind.

5.3 Das Starten des Editors

Um den UNIX-Texteditor zu starten, muß man in einem UNIX System eingeloggt sein. Der Editor wird durch die Eingabe des Namens und der zu editierenden Datei gestartet. Das Shell-Kommando

```
ed erstesitzung
```

weist zum Beispiel die Shell an, den Texteditor ed zu starten, um die Datei 'erstesitzung' zu bearbeiten. Wenn man mit der Datei 'erstesitzung' noch nie gearbeitet hat, erzeugt der Editor die Datei. Sobald das Kommando eingegeben wurde, steht der Dateiinhalt sofort zur Verfügung. Die gegenwärtige Zeile wird auf die letzte Zeile gesetzt und der Editor ist bereit, Kommandos zu verarbeiten.

Während der Editor-Sitzung sollte man lediglich Editor-Kommandos eingeben, auch wenn Shell-Kommandos indirekt verfügbar sind. Zum Verlassen des Editors benutzt man ein spezielles Editor-Kommando, das bewirkt, daß der Editor die Kontrolle wieder an die Shell zurückgibt. Die Shell meldet sich dann mit einem Prompt und erwartet weitere Kommandos. Da sich die Kommandos des Editors und der Shell unterscheiden, wird man auf Kommandos des Shell im Editor Fehlermeldungen erhalten, andererseits auf Editor-Kommandos von der Shell Fehlermeldungen bekommen. Nach ein wenig Übung wird man aber die Umstellung vom Shell-Modus zum Editor-Modus ohne Schwierigkeiten vollziehen können.

Der Editor arbeitet mit einer Kopie der Datei; wenn man einen groben Fehler gemacht hat, ist die ursprüngliche Datei noch verfügbar. Die Änderungen müssen am Ende der Editor-Sitzung auf die tatsächliche Datei übertragen werden, falls man nicht beide Versionen erhalten möchte. Versucht man den Editor zu verlassen, ohne vorher die Änderungen auf die Datei zu übertragen, erinnert der Editor den Benutzer daran, daß die Kopie sich von der Datei unterscheidet.

Der Editor hat zwei Arbeitsmodi; den Kommandomodus und den Texteingabemodus. Im Kommandomodus erwartet der Editor die Eingabe von Kommandos. Jede Eingabe im Kommandomodus wird als ein Editorkommando interpretiert. Editorkommandos können Zeilen ändern und ausgeben, Dateien von der Platte lesen, sie auf die Platte schreiben oder den Texteingabemodus einleiten. Im Texteingabemodus wartet der Editor auf die Eingabe von Textzeilen. Alles, was man in diesem Modus eingibt, wird zu der Datei hinzugefügt. Man kann den Texteingabemodus verlassen und auf die Kommandoebene zurückkehren, indem man eine Textzeile eingibt, die als erstes und einziges Zeichen einen Punkt enthält.

Im Kommandomodus wird jede Eingabezeile als Editorkommando interpretiert, im Texteingabemodus werden alle Eingabezeichen zur

Datei hinzugefügt. Man sollte sich immer des Modus bewußt sein, unter dem man gerade arbeitet. Das häufigste Problem von Benutzern, die den Editor noch nicht beherrschen, ist die Eingabe von Kommandos im Texteingabemodus oder Text im Kommandomodus.

5.4 Einfache Editorkommandos

Die folgenden Abschnitte dieses Kapitels führen in die grundlegenden Editorkommandos ein (s. Bild 5.1). Das Beherrschen dieser Kommandos ermöglicht die Editorbenutzung; Benutzer, die häufig den Texteditor einsetzten, sollten zusätzlich die Kommandos aus Kapitel 10 beherrschen. In jedem Fall sollte man die Dokumentation der Kommandos lesen.

Alle Editorkommandos werden durch Eingabe einer Zeichenfolge mit einem Zeichen aufgerufen. Die meisten Kommandos beziehen sich entweder auf eine bestimmte Zeile in der Datei oder auf einen Zeilenbereich. Zum Beispiel kann das Kommando "p" eine oder mehrere Zeilen der Datei ausdrucken. Durch das Kommando

```
20p
```

wird die zwanzigste Zeile ausgedruckt. Die Zeilen 20 bis 30 können durch das Kommando

```
20,30p
```

ausgegeben werden.

Der Punkt ist ein spezielles Editorsymbol, das die gegenwärtige Zeile bezeichnet. Das Kommando

```
.p
```

druckt die aktuelle Zeile aus. Derselbe Effekt kann durch Eingabe von

```
p
```

erreicht werden, da die gegenwärtige Zeile die Zeile ist, die bei einem nicht angegebenen Bereich ausgedruckt wird.

5.5 Text zur Arbeitsdatei hinzufügen

Das append-Kommando "a" (engl. für anfügen, anhängen) wird benutzt, um vom Kommandomodus in den Texteingabemodus des Editors zu wechseln. Im Kommandomodus wird jede Zeile als Kommando aufgefaßt. Nach der Eingabe des append-Kommandos ändert sich dies: jede Zeile wird als Text aufgefaßt, der zur Arbeitsdatei hinzugefügt werden soll. Das Kommando

    a

versetzt den Editor in den Texteingabemodus. Alle nachfolgend eingegebenen Zeilen werden zur Textdatei hinzugefügt, bis eine Zeile eingegeben wird, die nur einen Punkt enthält:

Das append-Kommando weist den Editor an, den Modus zu wechseln;
einer der häufigsten Fehler hierbei ist das Eingeben von Editorkommandos im Texteingabemodus bzw. die Eingabe von Text im Kommandomodus. Wenn das Verhalten des Editors nicht dem entspricht, was
Sie erwarten, sollten Sie einen einzelnen Punkt eingeben. Falls Sie im
Eingabemodus waren, kommen Sie in den Kommandomodus zurück;
wenn Sie schon im Kommandomodus waren, wird die gegenwärtige
Zeile ausgegeben.
    Das folgende Beispiel zeigt einige Textzeilen, die nach Zeile 10
eingefügt werden:

```
10a
UNIX ist ein allgemein verwendbares
Betriebssystem fuer kleine und grosse Rechner.
UNIX ist beruehmt fuer seine
einfache Konstruktion, Uebertragbarkeit
und leistungsstarke Kommandosprache.
```

5.6 Zeilen der Datei ausdrucken

Das print-Kommando wird benutzt, um Zeilen der Arbeitsdatei auf dem
Terminal auszugeben. Das print-Kommando kann benutzt werden, um
eine Zeile oder einen Bereich von Zeilen auszudrucken. Zum Beispiel
drucken die Kommandos

```
p
1p
1,$p
```

die gegenwärtige Zeile, die erste Zeile und alle Zeilen der Datei aus.
    Das list-Kommando ("l") ist eine Variante des print-Kommandos.
Das list-Kommando wird verwendet, um alle in einer Zeile gespeicherten nicht darstellbaren Zeichen (Spezialzeichen) auszugeben. Spezialzeichen sind Zeichen (z.B. Tab oder Backspace), die beim Ausdrucken

Editor-Kommandos, die keine Adressen verwenden

q   Verlassen (engl. quit) des Editors. Die Arbeitsdatei wird NICHT automatisch auf die Plattendatei zurück geschrieben.

w   Schreiben (engl. write) der Arbeits- auf die Plattendatei.

Kommandos, die eine Adresse verwenden †

.a   Betreten des Eingabemodus; der neue Text wird hinter die angegebene Zeile geschrieben. Im Eingabemodus wird jede Eingabe zur Arbeitsdatei hinzugefügt. Man verläßt den Eingabemodus durch Eingabe einer Zeile, die nur einen Punkt enthält.

.i   Das insert-Kommando bewirkt einen Wechsel in den Eingabemodus; der eingegebene Text wird vor der angegebenen Zeile eingefügt.

$=   Ausgaben der Zeilennummer der angegebenen Zeile.

Kommandos, die zwei Adressen verwenden ††

.,.c   Das change-Kommando löscht den angegebenen Bereich und versetzt den Editor in den Eingabemodus; der Eingabetext wird an die gelöschte Stelle geschrieben.

.,.d   Der angegebene Bereich wird aus der Arbeitsdatei gelöscht.

.,.l   Das list-Kommando druckt den angegebenen Bereich aus. Alle Control-Zeichen werden als Escape-Sequenz dargestellt.

.,.m a   Das Kommando zum Verschieben (engl. move) verschiebt den angegebenen Bereich hinter die Zeile mit der Adresse a.

.,.t a   Das Kommando zum Übertragen (engl. transfer) plaziert eine Kopie des angegebenen Bereichs hinter die Zeile a.

.,.p   Der angegebene Bereich wird ausgedruckt (engl. print).

.,.s/regaus/ersatz/
   Das Ersetzungskommando (engl. substitute) ersetzt im angegebenen Bereich das auf den regulären Ausdruck passende Textstück durch den angegebenen Text.

1,$w   Die angegebenen Zeilen werden auf die Platte geschrieben.

---

† Die angenommene Adresse ist dargestellt: 1 ist die erste Zeile im Textpuffer, "." ist die gegenwärtige Zeile und "$" ist die letzte Zeile.

†† Die angenommenen Adressen sind dargestellt.

Bild 5.1: Die grundlegenden Editor-Kommandos.

der Zeile nicht direkt sichtbar sind. Angenommen, eine Zeile der Datei
enthält die folgenden acht Zeichen:

```
a,b,c,<backspace>,d,<tab>,e,f
```

Durch das print-Kommandos erscheint folgendes:

```
abd      ef
```

Das c ist nicht sichtbar, da es durch das folgende Backspace gelöscht
wurde. Der Tab wurde in die entsprechende Anzahl von Leerzeichen
umgesetzt. Bei der Verwendung des list-Kommandos werden die
Zeichen Backspace und Tab jedoch sichtbar:

```
abc\bd\tef
```

Die Notationen "\b" und "\t" bezeichnen Backspace bzw. Tab.

5.7 Die ursprüngliche Datei aktualisieren

Wann immer eine Veränderung an einem Text stattgefunden hat, sollte
man das write-Kommando ("w") benutzen, um die Änderungen in die
Datei zu übertragen. Verläßt man den Editor ohne Datenspeicherung,
enthält die Datei den ursprünglichen Text.

Das write-Kommando wird verwendet, um eine Zeile (oder häufiger
eine Bereich von Zeilen) auf eine Plattendatei zu schreiben. Die allgemeine Form des write-Kommandos ist

```
n1,n2w Dateiname
```

wobei "n1" und "n2" Zeilen bezeichnen und "Dateiname" der Name der
Plattendatei ist. Wenn keine Zeilen angegeben sind, werden alle Zeilen
geschrieben; wenn kein Dateiname angegeben wird, benutzt der Editor
den Namen der gerade editierten Datei. Das Kommando

```
w
```

schreibt alle Zeilen der Arbeitsdatei in die ursprüngliche Datei zurück.

Manchmal möchte man lediglich eine bestimmte Gruppen von Zeilen
abspeichern oder in eine andere als die ursprüngliche Datei schreiben.
Das Editorkommando

```
10,20w sicherheit
```

schreibt die Zeilen 10 bis 20 in eine Datei mit dem Namen 'sicherheit'.
Im Fall größerer Änderungen in diesem Textbereich sollte man aus
Sicherheitsgründen eine Kopie des Bereiches anlegen.

5.8 Das Beenden der Editor-Sitzung

Nachdem man alle Textänderungen ausgeführt und die ursprüngliche
Datei aktualisiert hat, benutzt man das quit-Kommando ("q") zum Verlassen des Editors. Es gibt keine Optionen oder Zeilennummern für
das quit-Kommando.

```
      q
```

Man muß aufpassen, daß auch alle Änderungen, die erhalten bleiben
sollen, abgespeichert sind, bevor man das quit-Kommando ausführen
läßt, der Editor schreibt den Textpuffer nicht automatisch auf die ursprüngliche Datei zurück.

Die meisten Editoren erinneren den Benutzer an eine fehlende Aktualisierung, das Übertragen der Änderungen muß mit dem write-Kommando erfolgen. Wenn man das Kommando

```
      q
```

```
%                      [ Shell-Kommando zum ]
% ed sitzung1          [ Editieren von 'sitzung1' ]
a                      [ Editor-Kommando zum Textanfuegen ]
Dies sind              [ die erste, zweite ]
einige ange-          [ und dritte Zeile ]
haengte Zeilen.       [ des angehaengten Textes ]
.                      [ verlasse Eingabemodus ]
1,3p                   [ drucke die Zeilen 1 bis 3 ]
Dies sind              [ diese drei Zeilen ]
einige ange-          [ werden vom ]
haengte Zeilen.       [ Editor ausgedruckt ]
w                      [ Sichere den Text auf Platte ]
62                     [ Anzahl der gesicherten Bytes ]
q                      [ Beende die Editor-Sitzung ]
%                      [ Die Shell gibt neuen Prompt aus ]
```

Bild 5.2: Eine kurze Editor-Sitzung. Während dieser kurzen Editor-Sitzung wurde
der Editor aufgerufen, die Datei 'sitzung1' zu editieren, einige Zeilen Text wurden
an die Arbeitsdatei angefügt, die Arbeitsdatei unter dem Namen 'sitzung1' auf die
Platte geschrieben und der Editor verlassen. Die Kommandos und der Text für
diese Sitzung sind auf der linken Hälfte der Seite und die Kommentare in eckigen
Klammern auf der rechten Hälfte der Seite.

eingibt und der Editor mit einem "?" antwortet oder eine Meldung ähnlich "No write since last change" ausgibt, dann weiß man, daß die in Arbeit befindliche Datei noch nicht gespeichert wurde. Um die Aktualisierung noch auszuführen, ignoriert der Editor das quit-Kommando. An diesem Punkt kann man ein write-Kommando eingeben, um die temporäre Datei zu sichern oder das quit-Kommando ein zweites Mal zur Bestätigung eingeben, um den Editor zu verlassen, ohne die Änderungen zu übertragen.

Normalerweise wird das Kommando

Q

benutzt, um den Editor ohne diese Überprüfung zu verlassen.

5.9 Zeilen und Zeilennummern

Die meisten Editorkommandos betreffen Zeilen oder Zeilengruppen. Das print-Kommando zum Beispiel kann eine gegebene Zeile oder eine Reihe von Zeilen ausgeben. Das append-Kommando hängt Text hinter einer bestimmten Zeile an, das write-Kommando schreibt eine Gruppe von Zeilen in die Ausgabedatei.

Da Zeilen in den UNIX-Texteditoren so wichtig sind, gibt es verschiedene Wege, eine Zeile auszuwählen. Natürlich kann man eine Zeile durch ihre Zeilennummer angeben. Die erste Zeile des Textes ist Zeile 1, die zweite Zeile ist Zeile 2 und so weiter. Das Kommando

2p

fordert vom Editor, daß die zweite Zeile ausgedruckt werden soll (und nicht zwei Zeilen).

In einer kleinen Datei ist es einfach, die Zeilen über ihre Zeilennummern zu identifizieren, da es nur wenige Zeilen gibt. Die Verwendung von Zeilennummern ist jedoch sehr umständlich, wenn die Datei mehrere Dutzend (oder gar Tausend) Zeilen umfaßt.

Eine Möglichkeit, Zeilen in umfangreichen Dateien zu identifizieren, ist die Verwendung von relativen Zeilennummern. Der Editor interpretiert eine Nummer, vor der ein Plus- oder Minuszeichen steht, als eine relative Zeilennummer. Eine relative Zeilennummer bezeichnet eine Zeile relativ zur gegenwärtigen Zeile. Die Nummer "-1" bezeichnet die Zeile vor der gegenwärtigen Zeile; wenn zum Beispiel die gegenwärtige Zeile Zeile 3 ist, dann bezeichnet "-1" Zeile 2 und "+2" Zeile 5.

Das Kommando

-5,+5p

druckt die fünf Zeilen vor der gegenwärtigen Zeile, die gegenwärtige
Zeile und die fünf Zeilen hinter der gegenwärtigen Zeile aus. Nach
Ausführung des Kommandos ist die gegenwärtige Zeile um fünf Zeilen
weiter zum Ende der Datei verschoben.

Wenn man eine Textdatei verändert, konzentriert man sich
meistens auf einen kleinen Teil der gesamten Datei. Relative
Zeilennummern ermöglichen die Angabe der Zeilen in unmittelbarer
Nachbarschaft.

Ein anderer Weg zur Zeilenidentifikation ist eine Angabe einer
Zeichenfolge, die gesucht werden soll. Die Zeichenfolgesuche ist ein
sehr wirksames Verfahren. Die erste Zeile nach der gegenwärtigen
Zeile, die das Textstück "hallo" enthält, kann durch

```
/hallo/
```

herausgesucht werden (statt durch die Zeilennummer). Man darf die
Zeichenfolgesuche anstelle von Zeilennummern verwenden. Wenn man
die erste Zeile nach der gegenwärtigen Zeile ausdrucken möchte, die
die Zeichenfolge "program" enthält, kann man das Kommando

```
/program/p
```

benutzen. Wenn man alle Zeilen ausdrucken möchte, die zwischen der
ersten Zeile, die "program" enthält, und der ersten Zeile nach einer
Zeile, die "PASCAL" enthält, liegen, kann man das Kommando

```
/program/,/PASCAL/p
```

verwenden.

Wenn man eine Zeichenfolge statt einer Zeilennummer benutzt,
sucht der Editor diese Folge ab der ersten Zeile nach der
gegenwärtigen Zeile. Wenn das Muster bis zum Ende der Datei nicht
gefunden wurde, wird die Suche am Anfang der Datei fortgesetzt. Die
Suche endet in der gegenwärtigen Zeile. Die erste Zeile, in der die
Folge gefunden wurde, wird als Zeilennummer benutzt. Wenn das
Textmuster nicht gefunden wird, schreibt der Editor ein Fragezeichen
oder eine kleine Fehlermeldung aus.

Neben der beschriebenen Vorwärtssuche kann man den Editor
anweisen, eine rückwärtige Suche auszuführen. Das Editorkommando
enthält das Zeichen ? anstelle von /. Dann sucht das Kommando

```
?welt?p
```

rückwärts von der gegenwärtigen Zeile aus nach der Zeile, die die
Zeichenfolge "welt" enthält und bei der Suche als erste gefunden
wurde. Wenn der Editor am Anfang der Datei anlangt, ohne eine Zeile

gefunden zu haben, in der diese Folge vorhanden ist, springt er an das
Ende der Datei und sucht von dort bis zur gegenwärtigen Zeile.

Der Begriff "wrap-around" wird zur Beschreibung des Sprungpro-
zesses vom Anfang zum Ende (oder vom Ende zum Anfang) während
einer Suche benutzt. Man sollte sich die Datei als Liste von Zeilen
vorstellen, die zu einem Kreis miteinander verbunden sind. Die letzte
Zeile ist in der Kreisanalogie gerade die Zeile vor der ersten Zeile.
Natürlich ist die Datei nicht in einem Kreis gespeichert, aber die Funktionsweise der Textsuche läßt sich in der Kreisanalogie gut erklären.

Man kann eine Zeichenfolgesuche mit relativen Adressen kombinieren:

```
?welt?-3,.p
```

Es wird rückwärts nach einer Zeile gesucht, die das Wort "welt"
enthält; anschließend wird drei Zeilen zurückgegangen und von dort
bis zur gegenwärtigen Zeile die Zeilen ausgedruckt.

Der Editor erlaubt es ebenfalls, Plus- und Minuszeichen an eine
Zeilenspezifikation anzuhängen. Das Kommando

```
?welt?---,.p
```

löst dieselbe Aktion wie das vorhergehende Kommando aus. Man kann
ebenso in der Datei einige Zeilen zurückgehen durch

```
----
```

oder vorwärts mit

```
+++
```

Die Verwendung der Plus- oder Minuszeichen ist nützlich für das kurze
Anschauen einer Datei.

Gelegentlich muß man die bei einer Zeichenfolgesuche gefundene
Zeilennummer in eine absolute Zeilennummer umwandeln. Das
Editorkommando

```
.=
```

zeigt die absolute Zeilennummer der gegenwärtigen Zeile. Man kann
auch eine Zeichenfolgesuche wie

```
/PASCAL/=
```

verwenden, um die absolute Zeilennummer einer Zeile zu bestimmen,
die das Muster "PASCAL" enthält.

Man kann im Editor absolute, relative und Kontextzeilennummern abwechselnd benutzen, je nach dem, welches Verfahren am wenigsten Aufwand und die größte Sicherheit bietet, das die aufgefundene Textstelle diejenige ist, die der Benutzer suchen wollte. Absolute Zeilennummern haben relativen Zeilennummern gegenüber den Vorteil, daß die gefundene Zeile bestimmt die ist, die den erwarteten Text enthält, wohingegen bei relativen Zeilennummern die Gefahr besteht, daß die augenblickliche Position nicht mit der vermeintlichen übereinstimmt. Kontextzeilennummern ermöglichen ein bequemes Aufsuchen einer bestimmten Textstelle, nur ist nicht sichergestellt, daß diese Stelle diejenige ist, an der zum Beispiel eine Änderung ausgeführt werden soll.

5.10 Textzeilen löschen

Das delete-Kommando ("d") löscht eine oder mehrere Zeilen aus dem Text. Wenn keine Zeilennummern angegeben sind, löscht das delete-Kommando die gegenwärtige Zeile. Wenn eine Zeilennummer (oder eine Zeichenfolge) angegeben ist, löscht das delete-Kommando die angegebene Zeile (die Zeile, in der sich die Zeichenfolge befindet). Wenn zwei Zeilen angegeben sind, löscht das delete-Kommando den angegebenen Zeilenbereich. Einige Beispiele:

```
10d
+10d
d
10,15d
20,/dort/d
```

Das erste Kommando löscht Zeile 10, das zweite Kommando löscht die zehnte Zeile nach der gegenwärtigen Zeile, das dritte Kommando löscht die gegenwärtige Zeile, das vierte Kommando löscht die Zeilen 10 bis 15 und das fünfte Kommando löscht von Zeile 20 bis zu der Zeile, die die Zeichenkette "dort" enthält.

Bei der Benutzung des delete-Kommandos passiert es leicht, daß man Zeilen aus Versehen löscht. In einigen Editoren gibt es das undo-Kommando ("u"), um die Aktion des vorhergehenden Kommandos ungeschehen zu machen. Ein Nachteil des undo-Kommandos ist jedoch, daß man sich meistens des Schadens erst bewußt wird, wenn es zu spät ist, das Kommando zu benutzen.

Um ungewollte Textverluste zu vermeiden, ist es sinnvoll, die zu löschenden Zeilen vorher auszudrucken. Wenn man die Zeilen 10 bis 20 löschen möchte, sollte man mit dem Kommando

```
10,20p
```

überprüfen, bevor man sie mit dem Kommando

```
10,20d
```

wirklich löscht, ob das tatsächlich die zum Löschen bestimmten Zeilen
sind. Da das print-Kommando einen Wechsel der gegenwärtigen Zeile
bewirkt, kann man die zehnte Zeile nach der gegenwärtigen Zeile
durch das Kommando

```
+10p
```

erreichen und ausdrucken. Mit dem Kommando

```
d
```

wird diese Zeile gelöscht.

Zugleich ist es sinnvoll, beim Löschen absolute Zeilennummern zu
verwenden, solange man kein Experte in der Handhabung des Editors
ist. Wenn man die Zeilen zwischen der Zeile mit der Zeichenfolge
"hier" und einer Zeile mit der Folge "da" löschen möchte, kann man
das mit folgendem Kommando tun:

```
/hier/,/da/d
```

Mit einer vorsichtigeren Vorgehensweise vollzieht man dies in Einzelschritten. Erst stellt man die Zeile mit dem Muster "hier" fest (die
erste Zeile der Löschung)

```
/hier/p
```

Wenn die gewünschte Zeile erscheint, gibt man das Kommando

```
.=
```

ein, um die absolute Zeilennummer der Zeile zu bestimmen. Wir nehmen an, die Nummer ist 20. Danach gibt man das Kommando

```
/da/
```

ein, um die letzte Zeile des zu löschenden Textes zu finden. Wieder
gibt das Kommando

```
.=
```

die absolute Zeilennummer dieser Zeile aus. Gehen wir davon aus, daß
dies die Nummer 30 ist. Als letzte Vorsorgemaßnahme gibt man das

Kommando

   20,30p

ein, um endgültig festzustellen, ob die Zeilen 20 bis 30 wirklich gelöscht werden können. Schließlich gibt man das Kommando

   20,30d

zum endgültigen Löschen der Zeilen ein. Der beschriebene Weg ist extrem vorsichtig, aber da Zeichenfolgen wie "da" wahrscheinlich häufig vorkommen, ist es ungünstig, Zeichenfolgevereinbarungen zu benutzen, wenn man Text ändern möchte.

5.11 Textzeilen einfügen und ändern

Das insert-Kommando ("i") wird verwendet, um Text vor der gegenwärtigen Zeile einzufügen. Dabei wird der Text vor der angegebenen Zeile eingesetzt. Wenn keine Zeile angegeben ist, wird die Einfügung vor der gegenwärtigen Zeile vorgenommen.

Das insert-Kommando bewirkt einen Wechsel vom Kommando- in den Texteingabemodus. Nach der Eingabe des insert-Kommandos wird jede weitere Eingabe als Text aufgefaßt und zur Datei hinzugefügt. Die Texteingabe wird durch Eingabe einer Zeile mit nur einem Punkt beendet.

Das change-Kommando ("c") löscht erst eine oder mehrere Textzeilen und fügt den eingegebenen Text in den entstandenen Freiraum ein. Ebenso wie das insert- oder append-Kommando bewirkt das change-Kommando einen Wechsel vom Kommando- in den Texteingabemodus.

Bild 5.3 zeigt einen Ausschnitt einer Editor-Sitzung, in der mit dem change- und dem insert-Kommando gearbeitet wird.

5.12 Verschieben und Übertragen von Textzeilen

Das move-Kommando ("m") verschiebt Textzeilen in einer Datei. Wenn keine Ursprungszeilen angegeben sind, wird die gegenwärtige Zeile hinter die Zielzeile verschoben. Ist aber eine Ursprungszeile angegeben, wird die angegebene Zeile hinter die Zielzeile geschoben. Wenn zwei Ursprungszeilen angegeben sind, wird der angegebene Zeilenbereich hinter die Zielzeile geschoben.

```
3p                        [ drucke Zeile 3 ]
Donnerstag                [ Zeile 3 ]
3i                        [ fuege vor Zeile 3 ein ]
Dienstag                  [ die erste eingefuegte Zeile ]
Mittwoch                  [ die zweite eingefuegte Zeile ]
.                         [ Ende des Texteingabemodus ]
2,5p                      [ drucke die Zeilen 2 bis 5 ]
Montag                    [ Zeile 2 ]
Dienstag                  [ Zeile 3 ]
Mittwoch                  [ Zeile 4 ]
Donnerstag                [ Zeile 5 ]
3,4c                      [ aendere die Zeilen 3 bis 4 ]
Dienstag,Mittwoch         [ der neue Text ]
.                         [ Ende des Texteingabemodus ]
2,4p                      [ drucke die Zeilen 2 bis 4 ]
Montag                    [ Zeile 2 ]
Dienstag,Mittwoch         [ Zeile 3 ]
Donnerstag                [ Zeile 4 ]
```

Bild 5.3: Einfügen und Ändern von Textzeilen. Dieses Bild zeigt einen Ausschnitt einer Editor-Sitzung. Die Kommandos insert und change werden angeführt. Den Dialog mit dem Editor findet man auf der linken Hälfte und die Kommentare dazu rechts in eckigen Klammern. Die Eingaben des Benutzers sind unterstrichen.

Die folgenden Befehle zeigen Formen des move-Kommandos:

```
m50
30m31
/hi/,50m0
```

Das erste Kommando verschiebt die gegenwärtige Zeile hinter Zeile 50, das zweite Kommando verschiebt die Zeile 30 hinter die Zeile 31 und das dritte Kommando verschiebt den angegebenen Bereich hinter Zeile 0. Das dritte Kommando ist deshalb interessant, weil der Text hinter Zeile 0 geschoben werden soll. Unter den UNIX-Editoren ist die erste Zeile immer Zeile 1, Zeile 0 existiert aber konzeptionell, um das Bewegen von Text an den Anfang der Datei zu ermöglichen. Jeder Text, der hinter Zeile 0 geschrieben wird, steht immer am Anfang der Datei.

Das transfer-Kommando ist dem move-Kommando ähnlich. Der Unterschied besteht darin, daß der Ursprungstext nicht gelöscht und an der Zielposition wieder hingeschrieben wird, sondern daß der Ursprungstext kopiert und an der Zielposition eingefügt wird. Das move-Kommando hat keine Auswirkung auf die Größe der Datei, das transfer-Kommando vergrößert sie jedoch. Bild 5.4 zeigt einen Ausschnitt einer Editor-Sitzung, in der die Kommandos move und transfer benutzt werden.

5.13 Ersetzen von Text

Das substitute-Kommando ersetzt eine Zeichenfolge durch eine andere.

```
n1,n2s/must1/must2/
```

Hierbei sind n1 und n2 Zeilenspezifikationen und must1, must2 Zeichenfolgen. Durch das Kommando wird must1 im angegebenen Zeilenbereich durch must2 ersetzt. Die einfachste Form des substitute-Kommandos ist

```
s/must//
```

```
45,47p                  [ drucke die Zeilen 45 bis 47 ]
Fischers Fritze         [ Zeile 45 ]
Fische fuer Freunde     [ Zeile 46 ]
fischt frische          [ Zeile 47 ]
47m45                   [ schiebe Zeile 47 hinter 45 ]
45,47p                  [ drucke die Zeilen 45 bis 47 ]
Fischers Fritze         [ Zeile 45 ]
fischt frische          [ Zeile 46 ]
Fische fuer Freunde     [ Zeile 47 ]
45,47t47                [ kopiere 45 bis 47 hinter 47 ]
45,50p                  [ drucke die Zeilen 45 bis 50 ]
Fischers Fritze         [ Zeile 45 ]
fischt frische          [ Zeile 46 ]
Fische fuer Freunde     [ Zeile 47 ]
Fischers Fritze         [ Zeile 48 ]
fischt frische          [ Zeile 49 ]
Fische fuer Freunde     [ Zeile 50 ]
```

Bild 5.4: Verschieben und Übertragen von Textzeilen. Dieses Bild zeigt ein Bruchstück einer Editor-Sitzung mit den Kommandos move und transfer. Der linke Teil zeigt den Ablauf der Editor-Sitzung, die rechte Hälfte kommentiert die Vorgänge. Die vom Benutzer eingegebenen Zeichen sind unterstrichen.

wobei das Textmuster must aus der gegenwärtigen Zeile gelöscht wird.
  Wenn Zeile 20 der Arbeitsdatei lautet: "Das URIX Betriebssystem",
ändert das Kommando

    `20s/URIX/UNIX/`

den Schreibfehler "URIX" in "UNIX" ab. Wenn dieser Fehler häufig auftritt, ändert das Kommando

    `1,$s/URIX/UNIX/`

das erste Auftreten von "URIX" in jeder Zeile der Datei in "UNIX" um.
  Wenn die gegenwärtige Zeile der Arbeitsdatei lautet: "Wer isst der
Erste?", dann löscht das Kommando

    `s/s//`

das überflüssige "s" im zweiten Wort.

```
1,3p                     [ drucke die Zeilen 1 bis 3 ]
Emil sei flink.          [ Zeile 1 ]
Emil sei klein.          [ Zeile 2 ]
Emil hopse auf den Zaun. [ Zeile 3 ]
1,3s/Emil/Ulf/           [ ersetze "Emil" mit "Ulf" ]
1,3s/sei/ist/            [ ersetze "sei" mit "ist" ]
3s/hopse/hopst/          [ und "hopse" mit "hopst" ]
1,3p                     [ drucke die Zeilen 1 bis 3 ]
Ulf ist flink.           [ Zeile 1 ]
Ulf ist klein.           [ Zeile 2 ]
Ulf hopst auf den Zaun.  [ Zeile 3 ]
s/Zaun/Stein/p           [ ersetze "Zaun" mit "Stein" ]
Ulf hopst auf den Stein. [ und drucke die Zeile ]
```

Bild 5.5: Das substitute-Kommando. Es werden mehrere Beispiele zur Anwendung
des substitute-Kommandos gezeigt. Man beachte, daß die Ersetzung von "sei" zu
"ist" in Zeile 3 nicht ausgeführt wird. Wenn eine Ersetzung in einer der
angegebenen Zeilen ausgeführt wird, erfolgt keine Fehlermeldung. Ist aber das
Ersetzungskommando nicht wenigstens ein Mal durchgeführt worden, reagiert der
Editor mit einer Fehlermeldung. Der Editor druckt auch die geänderten Zeilen
nicht automatisch aus. Man kann dies jedoch durch Anhängen eines "p" an das
Kommando erreichen, wie es bei dem letzten substitute-Kommando zu sehen ist.
Wenn die Ersetzung über einen Bereich von Zeilen ausgeführt wird, wird nur die
letzte Zeile ausgegeben.

Lautet die gegenwärtige Zeile der Arbeitsdatei: "Unterschaetzeich nicht", dann ändert das Kommando

    s/Unterschaetzeich/Unterschaetze mich/

die Zeile in "Unterschaetze mich nicht". Man muß eine genügend umfangreiche Zeichenfolge angeben, um die zu ersetzende Textstelle hinreichend genau bestimmen zu können. Jedes der folgenden Kommandos würde die gleiche Verbesserung bewirkt haben:

    s/zeic/ze mic/
    s/ze/ze m/
    s/i/ mi/
    s/ei/e mi/

Wir betrachten die Zeile

    Das Wasser ist nasser in Passau bei Nacht.

Die Zeichenfolge "er" kommt zweimal, die Zeichen "i" und "ass" dreimal, die Zeichenkette "as" viermal und die Folge "a" sechsmal vor. Nehmen wir an, die Zeile sei falsch abgeschrieben worden: "Das Wasser ist nasser in Passer bei Nacht.". Das Ziel ist der Austausch von "er" in "Passau". Man kann das Kommando

    s/er/au/

aber nicht eingeben, da damit das "er" in "Wasser" geändert worden wäre. Die Lösung ist eine Angabe der Zeichenfolge, die den Kontext genau bestimmt. Das Kommando

    s/Passer/Passau/

verbessert den Fehler. Man muß beachten, daß die Umgebung des zu ersetzenden Stücks weiträumig genug angegeben wurde, um unerwünschten Textaustausch zu vermeiden. Bild 5.5 zeigt einen Ausschnitt einer Editor-Sitzung, in der das substitute-Kommando verwendet wird. Im Unterschied zum zeilenorientierten Editor ed unter UNIX kann man beim Editieren mit einem bildschirmorientierten Editor Text direkt - ohne Einsatz des substitute-Kommandos - verändern. Damit wird die Arbeit am System erleichtert.

KAPITEL

6

Das UNIX-Dateisystem

Dateien sind mit Namen versehene zusammengehörende Daten, die auf Massenspeichern wie einer Rechnerplatte oder einem Band gespeichert sind. Ein Dateisystem bietet die Rahmenorganisation für Gruppen von Dateien. Auf vielen Rechnersystemen werden Dateien in großen Paketen zusammengefaßt. Diese "Organisation" arbeitet aber nur solange zufriedenstellend, wie es nur einige Dutzend Dateien in einem System gibt. Zugleich ist ein einfach strukturiertes Dateisystem für den Einsatz als Mehrbenutzer-System mit großen Platten unzureichend, da auf den Platten mehrere hunderttausend Dateien gespeichert werden können.

Das Dateisystem von UNIX hat sich aus mehreren Ideensträngen über einige Jahre hin entwickelt. Ein wichtiger Beweggrund für die Struktur, den Aufbau und die Arbeitsweise war die Bequemlichkeit der Benutzung. UNIX benötigte ein Dateisystem, das Benutzer ermutigte, die Dateien in logische Gruppen zu gliedern und zusammenzufassen. Eine solche Dateiengruppe ist eine Directory.

Es ist zwar ein guter Ansatz, Dateien in besser verwaltbaren Einheiten zusammenzufassen, aber damit ist die Problematik, die bei großen Dateisystemen auftreten kann, nicht gelöst. Sind z.B. hunderte Benutzer mit ihren Directories zu verwalten, dann ist die Situation ebenso unübersichtlich und nicht zu bewältigen. Die Schüsselidee des UNIX-Dateisystems ist der hierarchische Aufbau.

Um unbefugte Zugriffe auf Dateien zu verhindern, wurden Zugriffsbeschränkungen für Dateien eingeführt. Durch diese Beschränkungen konnte gewährleistet werden, daß private Informationen von Nutzern privat blieben oder daß systemzugehörige Dateien und Tabellen nicht unkontrolliert verändert werden können. So konnten nur Daten und Dateien benutzt werden, die dazu freigegeben waren.

Eine der Neuerungen, die unter UNIX eintraten, ist die Bezeichnung aller E/A-Hardware als Spezialdateien. Der Zugriff auf E/A-Hardware geschieht so, als wurde auf eine normale Plattendatei zugegriffen. Jedes E/A-Gerät (Drucker, Terminal, Platten usw.) ist mindestens über eine Spezialdatei ansprechbar. Ein Programm kann auf die Spezialdatei zugreifen und damit die entsprechende E/A-Hardware ansprechen. Obwohl sich dies kompliziert anhört, ist es doch eine große Vereinfachung - im Gegensatz zu den meisten anderen Rechnersystemen.

Das UNIX-Dateisystem wird im Verlauf dieses Kapitels erläutert. Man braucht nun schon Grundlagenwissen, um UNIX effizient nutzen zu können. Einige anspruchsvollere Aspekte des Dateisystems werden erst in den Abschnitten 18.11 bis 18.13 behandelt. Diese beiden Abschnitte können aber von den meisten Benutzern ausgelassen werden. Einige der Datenstrukturen, die UNIX zur Wartung des Dateisystems benötigt, werden in Abschnitt 19.6 erläutert.

6.1 Normale Dateien

Eine normale Datei wird zur Datenspeicherung benutzt. Sie kann ein ausführbares Programm enthalten, den Text eines Schriftstücks, die Akten einer Gesellschaft oder beliebige Datensätze, die ein Rechner verarbeiten kann. Während der Arbeit unter UNIX wird man Dutzenden normaler Dateien begegnen.

Normale Dateien sind übliche Hilfsmittel zur Benutzung eines Rechnersystems, da sie die permanente Speicherung der Daten erlauben. Ohne eine Datenlangzeitspeicherung wäre der Leistungsumfang von Rechnern sehr eingeschränkt. Neben normalen Dateien enthält UNIX Directory-Dateien, Spezialdateien und auf einigen Systemen auch benannte Pipes (benannte Pipes werden auch fifo-Dateien genannt, s. Abschnitt 18.11). Die normalen Dateien sind die einzigen Dateitypen, die für die Langzeitspeicherung allgemeiner Daten benutzt werden.

Die Dateinamen können bis zu 14 Zeichen lang sein. Zwei Dateien in einer Directory können nicht den gleichen Namen haben. Jede Datei kann aber mehrere Namen besitzen (s. Abschnitt 9.2, ln-Kommando). Für den Namen einer Datei kann man beliebige Zeichenfolgen verwenden; es ist allerdings umständlich, Dateien zu benutzen, deren Namen nichtdarstellbare Zeichen, Leerzeichen, Tabs oder Metasymbole der Shell enthalten. Da jede Directory immer die Dateien '.' und '..' enthält, kann man diese Namen nicht zum Benennen eigener Dateien verwenden.

Unter UNIX unterliegt man keiner Namenskonvention für die Dateinamenvergabe, bestimmte UNIX-Programme erwarten jedoch, daß Dateinnamen auf vorgegebene Dateinamenerweiterungen enden. So sind zum Beispiel Dateien, die die Ergänzung ".sh" haben (wie 'bakup.sh'), meistens Shell-Programme; Dateien mit der Dateinamen-

ergänzung ".bas" (wie 'aster.bas') meist BASIC-Programme und Dateien
mit der Erweiterung ".c" (wie 'xrefer.c') meist C-Quelltexte. Dateien,
die ausführbare Programme enthalten (wie 'who'), haben gewöhnlich
keine Dateinamenerweiterung

Es gibt zwei Dateitypen: Textdateien und Binärdateien. Textdateien
enthalten nur ASCII-Zeichen, wohingegen Binärdateien alle 256 möglichen Werte eines Bytes enthalten können.

Die üblichen Terminals und Drucker erkennen in der Regel die 100
verschiedenen ASCII-Zeichen. Die meisten Terminals können die folgenden druckbaren Zeichen darstellen:

```
ABCDEFGHIJKLMNOPQRSTUVWXYZ
abcdefghijklmnopqrstuvwxyz
0123456789
!@#$%^&*()_-+=~'{}
[]:;"'<>,.?/\|
```

Zusätzlich zu den dargestellten druckbaren Zeichen definiert der
ASCII-Zeichensatz die Kodierung für das Leerzeichen, das horizontale
und vertikale Tabulatorzeichen, das Newline-Zeichen, das Formfeed-
Zeichen und eine Menge Kontrollzeichen (engl. control characters).

Ein Beispiel einer normalen Textdatei ist die Datei mit der Meldung
des Tages ('/etc/motd'), die bei jedem login auf dem Bildschirm
erscheint. Man kann sich diese Datei jederzeit durch das Kommando

```
cat /etc/motd
```

ausgeben lassen. Das UNIX-Hilfsprogramm cat kann zum Ausgeben von
Textdateien auf den Bildschirm benutzt werden (s. Abschnitt 8.2).

Dateien mit Zeichen, die nicht im ASCII-Satz enthalten sind, heißen
Binärdateien. Da diese Binärdateien den vollen Bereich der möglichen
Werte eines Bytes ausnutzen, kann man mit ihnen Daten effizienter
speichern. Eine Binärdatei wird meist nicht direkt auf den Bildschirm
ausgegeben, da viele der 256 möglichen Werte eines Bytes keine darstellbaren ASCII-Zeichen sind.

Man kann den Inhalt einer Binärdatei mit dem Byteumwandlungs-
programm od (octal dump) auslisten (s. Abschnitt 7.17); od nimmt die
Werte in einer Datei und wandelt diese in darstellbare Zeichen um.
Wenn man das Kommando

```
od /unix
```

eingibt, erhält man einen Ausdruck aller in der Datei '/unix' enthaltenen Zeichen in oktaler Darstellungsweise. Unter den meisten Systemen enthält die Datei '/unix' eine Kopie des UNIX-Kerns, der gerade
auf dem Rechner implementiert ist.

Die meisten Kommandos, die man eingibt, beziehen sich auf normale Dateien. Vier Kommandos zur Verwaltung normaler Dateien sind besonders wichtig: mv (move), cp (copy), ln (link) und rm (remove). Diese vier Kommandos werden in Kapitel 9 erläutert.

6.2 Directory-Dateien

Directories sind Dateien, die Listen von Dateien enthalten. Das Betriebssystem verwaltet das Directory-System. Ausführende Programme können zwar Directory-Dateien lesen, das Betriebssystem verhindert aber, daß Directory-Dateien verändert werden, damit die Integrität des Directory-Systems gewährleistet bleibt. Aktive Programme können Einträge zu Directories hinzufügen, indem sie das System auffordern, eine Datei zu erzeugen. Einträge können gelöscht werden, indem das System aufgefordert wird, die Datei zu löschen. UNIX ist immer verantwortlich für Änderungen am Directory-System.

Die Dateien, die in einer Directory aufgelistet sind, können normale Dateien, Spezialdateien, Directory- oder (auf einigen Systemen) fifo-Dateien sein.

Jeder Benutzer hat eine spezielle Directory, seine Home-Directory, in die er nach dem Einloggen verwiesen wird. Während der Sitzung kann man sich mithilfe des Kommandos cd von einer Directory in eine andere begeben. Wenn man in die Directory '/bin' möchte, gibt man das Kommando

```
cd /bin
```

ein. Die Directory, in der man sich gerade befindet, heißt gegenwärtige Directory oder Arbeitsdirectory.

UNIX merkt sich die Home-Directory des Benutzers, so daß man jederzeit durch Eingabe des Kommandos

```
cd
```

in seine Home-Directory zurückwechseln kann. (In älteren Systemen heißt das cd-Kommando chdir. Hier muß man den Namen der Home-Directory ausdrücklich angeben). Der Name der gegenwärtigen Directory wird ausgedruckt, wenn man das pwd-Kommando eingibt. cd und pwd werden in Abschnitt 7.1 behandelt.

Das mkdir-Kommando (make directory) wird zum Erzeugen einer Directory und das rmdir-Kommando (remove directory) zum Löschen einer Directory benutzt (s. Abschnitt 9.5). Directories enthalten nach ihrer Erstellung die beiden Standardeinträge '.' und '..'. Man kann eine Directory nur löschen, wenn sie bis auf diese beiden Dateien leer ist.

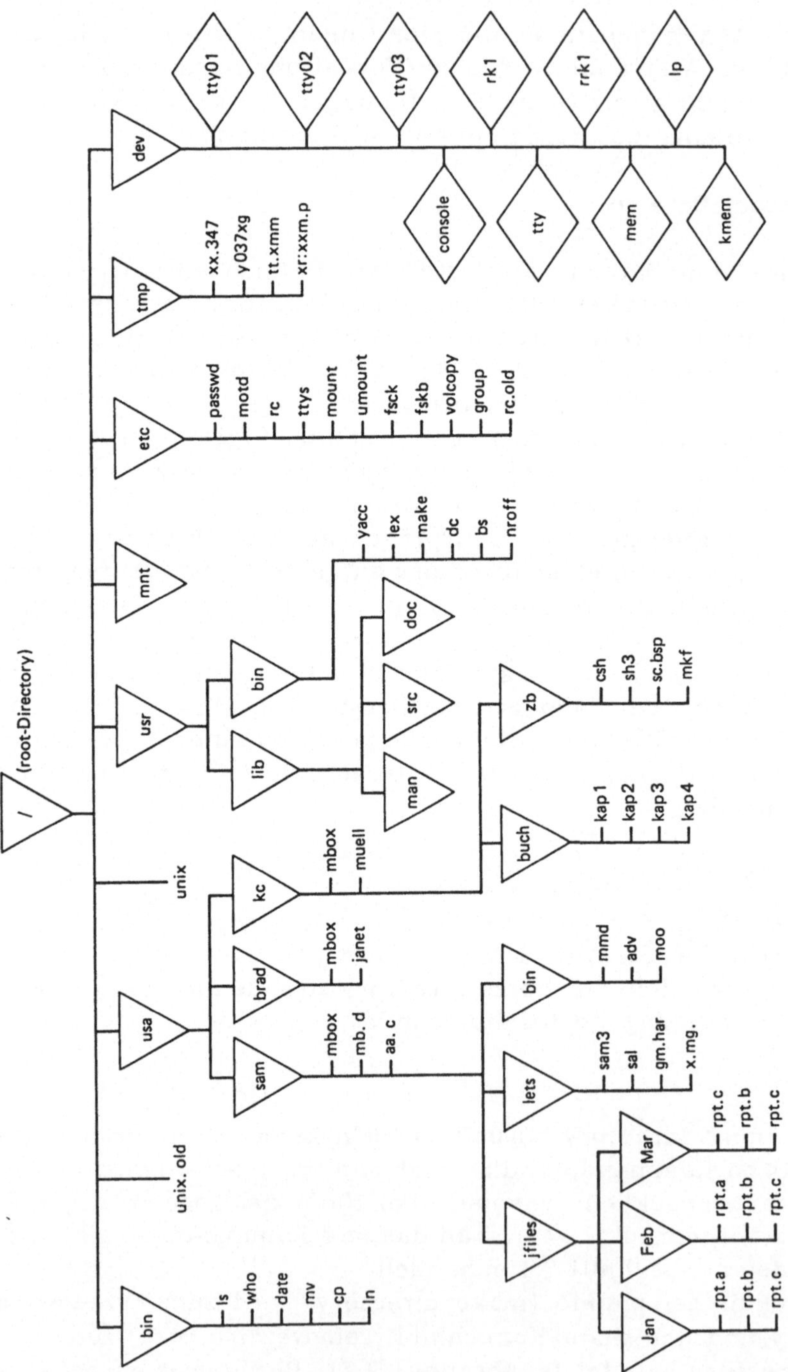

Bild 6.1: Diagramm eines typischen UNIX-Dateisystems. In diesem Diagramm sind Directories in Dreiecken und Spezialdateien in Rauten dargestellt. Normale Dateien sind ohne Umrandung dargestellt.

6.3 Das hierarchische Dateisystem

Dateien werden unter UNIX in Directories zusammengefaßt. Directories sind hierarchisch organisiert. Die Spitze der Hierarchie ist eine spezielle Directory, die root-Directory (die Wurzel der Directory-Organisation). Die root-Directory enthält eine Vielzahl von systemimmanenten Dateien und zusätzlich einige Standard-Directories wie '/bin', '/etc', '/dev', '/usr' und '/lib'. Eine typische, wenn auch vereinfachte Directory-Hierarchie ist in Bild 6.1 zu sehen.

Der Vorteil eines hierarchischen Dateisystems liegt in seiner Organisationform: man muß sich nicht immer der gesamten Struktur des Dateisystems bewußt sein, es genügt, die nähere Umgebung zu kennen.

Der Aufbau des Dateisystems unter UNIX wird oft mit einem mathematischen Baum verglichen. Der gegenwärtige Unterbaum ist der Teil des Dateisystems, der auf einer niedrigeren Stufe in der

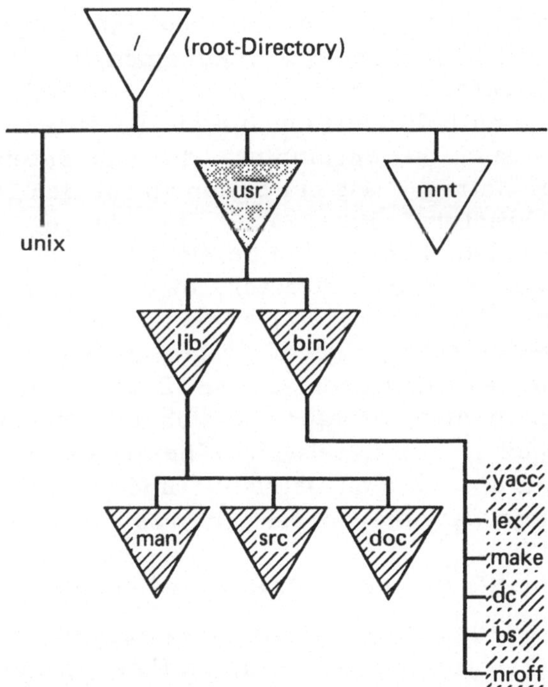

Bild 6.2: Die gegenwärtige Directory und der gegenwärtige Unterbaum. In diesem Bild ist die gegenwärtige Directory '/usr' (gepunktet). Der gegenwärtige Unterbaum besteht aus allen Directories und Dateien unter '/usr' in der Hierarchie des Dateisystems (schräg gestrichen).

Hierarchie steht als die gegenwärtige Directory. Wenn die Directory '/usr' die gegenwärtige Directory ist, dann besteht der gegenwärtige Unterbaum aus allen Benutzer-Directories und Unterdirectories, bzw. der Unterdirectories der Unterdirectories usw. (s. Bild 6.2). Die meisten UNIX-Kommandos arbeiten mit Dateien in der gegenwärtigen Directory, bis man eine andere Directory angibt. Einige Kommandos arbeiten mit dem gegenwärtigen Unterbaum.

6.4 Pfadnamen

Die Dateien in der gegenwärtigen Directory sind direkt zugreifbar, sie können durch die einfache Angabe ihres Namens bestimmt werden. Dateien, die nicht in der gegenwärtigen Directory sind, müssen über einen Pfadnamen angesprochen werden. Ein Pfadname beschreibt einen Pfad durch das Dateisystem, der zu der gewünschten Datei führt. Pfade durch das Dateisystem können nur an zwei Stellen beginnen: der gegenwärtigen Directory oder der root-Directory. Pfadnamen, die mit dem "/" (Slash) beginnen, sind absolute Pfadnamen und bezeichnen einen Pfad, der in der root-Directory anfängt. Alle anderen Pfadnamen sind relative Pfadnamen, sie beginnen in der gegenwärtigen Directory.

Jede Directory enthält Einträge für die Dateien '.' und '..'. Diese beiden Einträge sind die Verbindung, die das Dateisystem zusammenhalten. Der Eintrag '.' ist ein Synonym für den Dateinamen der gegenwärtigen Directory. Programme, die die gegenwärtige Directory-Datei lesen wollen, können den Dateinamen '.' benutzen, um nicht den Namen der gegenwärtigen Directory angeben zu müssen.

Der Dateiname '..' ist ein anderer Name für die Vorgänger-Directory der gegenwärtigen Directory. Der Eintrag '..' in jeder Directory erlaubt es, einen Pfadnamen anzugeben, der im Dateisystem aufsteigt. Alle anderen Einträge in einer Directory bezeichnen Dateien, die auf einem niedrigeren Niveau in der Dateisystem-Hierarchie liegen. Man sollte mit dem Konzept, das die zwei Dateien '.' und '..' beschreibt, vertraut sein, da man diese Dateinamen bei der Arbeit mit dem UNIX System sehr oft benutzt.

Einige einfache Regeln gelten für alle Pfadnamen:

1. Wenn der Pfadname mit einem Slash beginnt, fängt der Pfad in der root-Directory an. Alle anderen Pfadnamen beginnen in der gegenwärtigen Directory.

2. Ein Pfadname ist entweder eine Liste von Namen, die durch Slashes getrennt sind, oder ein einzelner Name. Die anfänglichen Namen in der Liste (wenn es welche gibt) sind Namen der Directories. Der letzte Name in der Liste ist die Zieldatei, die eine Datei jeden Typs sein kann.

3. Man kann in der Dateisystemhierarchie aufsteigen, wenn man den Namen '..' im Pfadnamen verwendet. Alle anderen Namen im Pfadnamen steigen in der Hierarchie ab.

4. In Pfadnamen sind Leerzeichen nicht erlaubt.

Einige Beispiele für Pfadnamen: Der Pfadname '/usr/kc' ist ein absoluter Pfadname, der die Datei 'kc' bezeichnet. Da der Pfadname mit einem Slash beginnt, ist es ein Pfadname, der in der root-Directory beginnt. Offensichtlich ist die Directory 'usr' eine Unterdirectory der root-Directory (Bild 6.3).

Der Pfadname 'jfiles/Jan/rpt.a' ist ein relativer Pfadname, da er nicht mit einem Slash beginnt. Der Pfadname fängt also in der gegenwärtigen Directory an, die in diesem Beispiel '/usr/sam' ist (Bild 6.4). Die Directory 'jfiles' ist eine Unterdirectory der gegenwärtigen

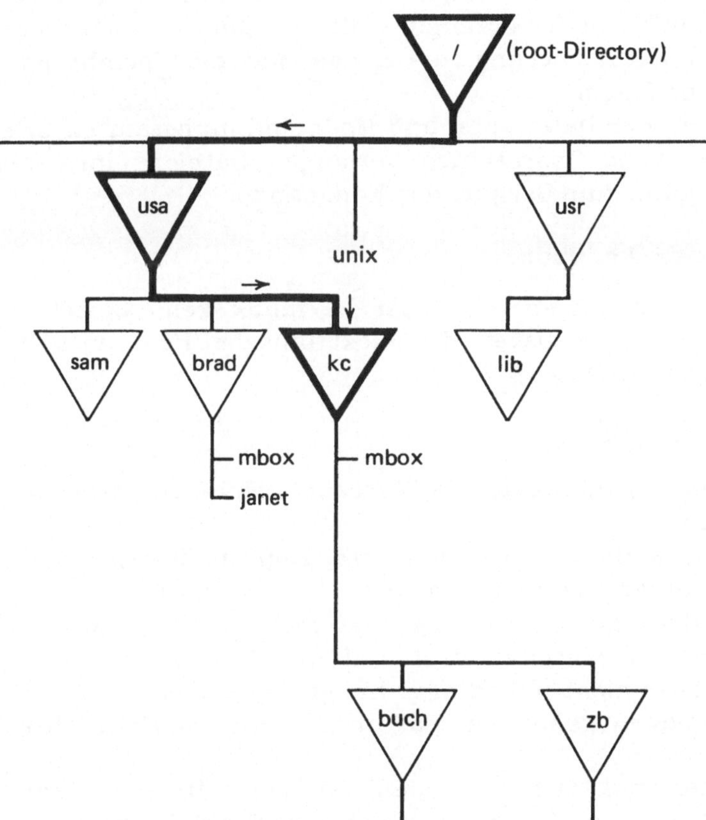

Bild 6.3: Der Pfadname '/usr/kc'.

Directory. 'Jan' ist eine Unterdirectory von 'jfiles' und 'rpt.a' ist eine Datei in 'Jan'.

Der Pfadname '../../brad/janet' ist nicht einfach zu verstehen. Der Pfad beginnt in der gegenwärtigen Directory, also '/usr/kc/eg' in diesem Beispiel (Bild 6.5). Der Pfad führt zum Vorgänger von '/usr/kc/eg', also zu '/usr/kc'. Der Pfad steigt weiter auf zu '/usr' und danach ab in die Directory 'brad'. Die Zieldatei 'janet' befindet sich in der Directory 'brad'. An diesem Beispiel kann man sehen, daß es umständlich sein kann, längere Pfadnamen zu benutzen, meistens ist es günstiger, in die entsprechende Directory zu wechseln und die Datei direkt anzusprechen.

6.5 Dateitypen und Modi

Unter UNIX bietet eine Datei mehr als eine bloße Datenansammlung, das System verwaltet zusätzlich eine Menge Informationen, die die Datei beschreiben. Diese Angaben beinhalten die Zugriffsrechte, den Dateityp, die Daten der Erzeugung, das Datum des letzten Zugriffs und der letzten Aktualisierung, die Länge und die Speicherposition der Datei auf der Platte.

Die Folgen der Dateitypen und Modi sind im gesamten UNIX System zu spüren. Viele Operationen verlangen Dateien eines bestimmten Typs. Man kann zum Beispiel das Kommando

```
cd /usr/kc/mbox
```

nicht sinnvoll benutzen, weil '/usr/kc/mbox' keine Directory ist, sondern eine normale Datei, die elektronische Post enthält. Ebenso würde das Kommando

```
cat /usr/kc
```

keine Ausgabe produzieren, da '/usr/kc' keine Textdatei, sondern eine Directory ist.

Jedesmal, wenn man auf eine Datei zugreift, überprüft das System, ob der Benutzer das Recht hat, den Zugriff auszuführen. Die Rechte sind normalerweise so festgelegt, daß man auf die Dateien im eigenen Unterbaum frei zugreifen darf, auf die Dateien im Unterbaum des Nachbarn aber nicht unbedingt. Einige der etwas unleserlichen UNIX-Fehlermeldungen geben an, daß man keine Zugriffsrechte auf eine Datei hat.

Als erstes muß sich UNIX den Typ jeder Datei merken. Es gibt mehrere Dateitypen: Directories, normale, Spezial- und auf einigen Systemen auch fifo-Dateien. Directories sind Dateien, die das System verwaltet, um die Dateisystemhierarchie konsistent zu halten.

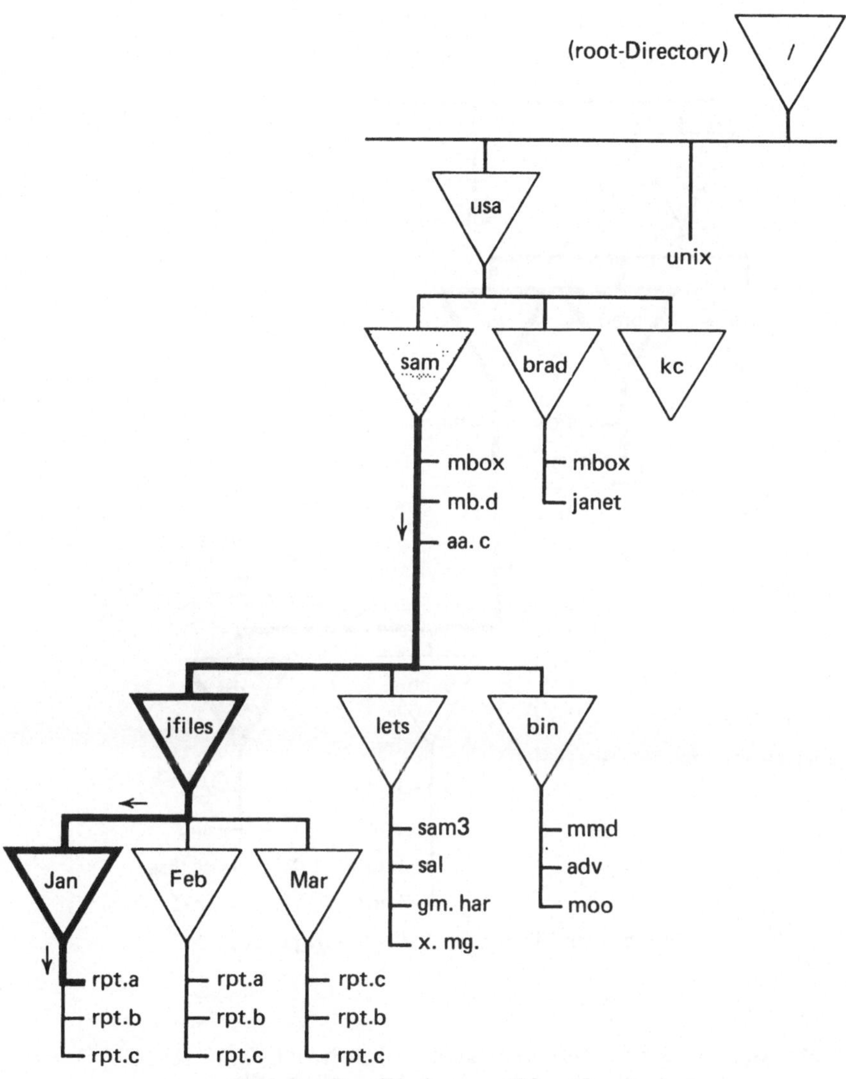

Bild 6.4: Der Pfadname 'jfiles/Jan/rpt.a'.

Normale Dateien sind Dateien, die Benutzer zum Speichern der Daten verwenden. Es ist dem Benutzer zwar gestattet, eine Directory-Datei zu lesen, aber nicht, sie zu schreiben. Das Schreiben einer Directory-Datei ist dem System vorbehalten.

Spezialdateien stellen die Verbindung zu E/A-Hardware her. Es gibt zwei grundlegende Typen: zeichenorientierte Spezialdateien und blockorientierte Spezialdateien. Der Unterschied zwischen diesen

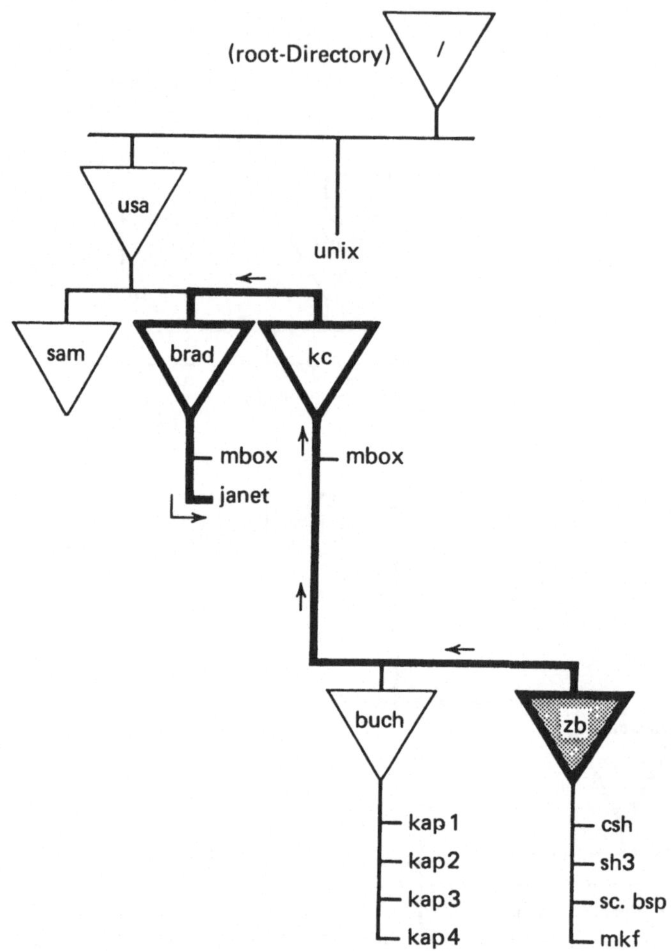

Bild 6.5: Der Pfadname '../../brad/janet'.

beiden Dateiarten wird im nächsten Abschnitt erläutert. Spezialdateien werden häufig benutzt, um eine Schnittstelle zu einer Platte
oder Bandspeichereinheit einzurichten. Es werden jedoch keine Daten
in einer Spezialdatei gespeichert, die Daten werden auf Platte oder
Band abgelegt. Wenn ein Programm Daten aus einer Spezialdatei liest,
kommen diese von dem unter diesem Dateinamen anzusprechenden
E/A-Gerät. Wenn ein Programm Daten auf eine Spezialdatei schreibt,
dann werden diese in Wirklichkeit an die zugehörige E/A-Einheit
gesendet. Jede Spezialdatei ist mit zwei Nummern verbunden, der
Hauptgerätenummer und der Untergerätenummer (Major Device
Number, Minor Device Number). Diese Nummern werden vom Betriebssystemkern benötigt, um beim Zugriff auf eine Spezialdatei

festzustellen, welche E/A-Einheit logisch mit der angesprochenen Datei verbunden ist.

Vom Standpunkt des Programmierers bedeutet die Einrichtung von Spezialdateien eine große Vereinfachung, die meisten Benutzer müssen sich aber nicht mit den Besonderheiten einer Spezialdatei auseinandersetzen. Auf einigen Rechnern muß man zum Beispiel die Ausgabe in eine Spezialdatei umlenken, um den Drucker anzusprechen und gedruckte Ausgaben zu erhalten, aber für die meisten Installationen gibt es ein Programm, das die Aufgabe übernimmt, den Drucker zu bedienen.

Unter UNIX kann man drei Operationen auf einer Datei ausführen: Lesen, Schreiben und Ausführen. Aus einer Datei lesen heißt, den Inhalt der Datei verfügbar zu machen, in eine Datei schreiben heißt, den Inhalt der Datei zu ändern, und eine Datei auszuführen heißt, die Datei in den Hauptspeicher zu laden und die in ihr enthaltenen Maschineninstruktionen auszuführen (oder Shell-Kommandos aus der Datei lesen und sie ausführen). Das Ausführungsrecht für eine Directory-Datei bedeutet, daß man die Directory durchlaufen darf, um einem Pfadnamen zu folgen.

Jede Datei ist einem bestimmten Benutzer und einer Benutzergruppe zugeordnet. (Unter UNIX ist eine Gruppe eine Menge von Benutzern, die etwas gemeinsam haben - typische Gruppen sind Benutzer aus einer Abteilung, Leute, die zusammen an einem Projekt arbeiten usw.) Die Zugriffsrechte hängen von der Art des Zugriffs (lesen, schreiben, ausführen) und dem zugreifenden Benutzer ab. Der Eigentümer einer Datei hat meistens ein anderes Zugriffsrecht als die Mitglieder der Gruppe. Das Zugriffsrecht des Eigentümers unterscheidet sich gewöhnlich von dem aller anderen Benutzer. Die Angaben zu den Zugriffsrechten für eine Datei kann man sich mit dem ls-Kommando ansehen. Mehrere Beispiele sind in Bild 7.2 dargestellt.

Der Eigentümer einer Datei kann die Zugriffsrechte für die Datei mit dem chmod-Kommando (change mode, s. Abschnitt 9.3) kontrollieren. Die Zugehörigkeit einer Datei zu einem Benutzer und zu einer Gruppe kann mit den Kommandos chown (change owner) und chgrp (change group) kontrolliert werden (s. Abschnitt 9.3). Der Super-User (der Systemverwalter benutzt des Super-User-Privileg zum Ausführen von Operationen, die anderen Benutzern verweigert sind) kann ebenfalls die Modi einer Benutzerdatei ändern, obwohl dies in einem ordentlich geführten System bis auf seltene Fälle nicht vorkommen sollte.

Viele Dateien können mit mehreren verschiedenen Namen angesprochen werden. Die Anzahl der Dateinamen entspricht der Anzahl der Verweise auf die Datei. Jeder Name entspricht einem Verweis des Directory-Eintrags zum UNIX-Dateiverwaltungssystem. Einträge für Directories haben immer zwei Verweise, da jeder

Directory-Eintrag das Pseudonym '.' für sich enthält. Directories haben mehr als zwei Verweise, wenn sie weitere Directories enthalten, da diese mit dem Eintrag '..' auf ihre Vorgänger-Directory verweisen. Mit dem ln-Kommando (link, s. Abschnitt 9.2) kann man einer Datei einen weiteren Namen geben.

6.6 Spezialdateien

Normale Dateien sind im Prinzip einfach aufgebaut, da sie eine strukturierte Datenansammlung enthalten, genau wie dies auf einen Aktenordner in einem Aktenschrank zutrifft. Spezialdateien demgegenüber umfassen nicht nur beliebige Daten. Sie werden benutzt, um eine bequeme Schnittstelle zu E/A-Einheiten zur Verfügung zu stellen. Für jedes E/A-Gerät (Kartenleser, Terminal, Platte, Band usw.), das an einen Rechner angeschlossen ist, gibt es mindestens eine Spezialdatei. Die meisten Spezialdateien sind in der Directory '/dev' gespeichert. Die Namen der Spezialdateien geben normalerweise den Gerätetyp an. So ist z. B. '/dev/pt' ein Papierstreifenleser/locher (engl. paper tape reader/punch), '/dev/tty4' ein Terminal (engl. teletype terminal), '/dev/rp0' eine Platte vom Typ RP06 und '/dev/lp' ein Drucker (engl. line printer).

Wenn ein Programm Daten auf die Datei '/dev/pt' schreibt, nimmt das Betriebssystem die Daten entgegen und sendet sie an den Papierstreifenlocher. Wenn ein Programm Daten von der Datei '/dev/pt' liest, dann besorgt sich das Betriebssystem die Daten vom Papierstreifenleser und gibt sie an das anfordernde Programm weiter.

Ein Programm braucht keine Einzelheiten über das E/A-Gerät - in diesem Fall das Papierstreifengerät - zu wissen, um in die Datei '/dev/pt' schreiben oder von ihr lesen zu können. Spezialdateien sind eine Schnittstelle zwischen allgemein einsetzbaren Anwendungsprogrammen, die nichts über die Hardware wissen, und Routinen des UNIX-Kerns, die genau über die Hardware des Rechners informiert sind.

Einige E/A-Geräte bearbeiten nur ein Zeichen zu einem gegebenen Zeitpunkt. Ein gutes Beispiel eines zeichenorientierten E/A-Gerätes ist der Bildschirm. Der Rechner sendet immer nur ein Zeichen pro Übertragung an das Terminal. Die Spezialdatei, die eine Verbindung zu den zeichenorientierten E/A-Geräten herstellen, sind zeichenorientierte Spezialdateien (engl. character special files).

Einige E/A-Geräte arbeiten am effektivsten, wenn große Datenmengen übertragen werden. Die meisten Platten verlangen Übertragungen von 512 Zeichen in einem Stück; 512 Bytes bilden einen Datenblock, und die Geräte, die am besten mit solchen Blöcken arbeiten, werden blockorientierte E/A-Geräte genannt. Die Spezialdateien, die eine Verbindung zu blockorientierten E/A-Geräten darstellen, sind blockorientierte Spezialdateien (engl. block special files).

Die meisten blockorientierten Spezialdateien haben zusätzlich eine zeichenorientierte Schnittstelle. Diese zusätzliche Schnittstelle wird als Raw-Interface bezeichnet und meistens von Programmen benutzt, die Verwaltungsfunktionen des Betriebssystems ausführen. Die zeichenorientierten Schnittstellen blockorientierter E/A-Geräte werden ausführlich in den Kapiteln über die Interna des UNIX Systems behandelt.

Da keine Zeichen in Spezialdateien gespeichert werden, enthält das Längenfeld in der langformatigen Auflistung von ls nicht die Größe der Datei, sondern die Haupt- und Untergerätenummern. Die Hauptgerätenummer identifiziert den Typ des E/A-Gerätes, das mit der Spezialdatei verbunden ist. Ein UNIX-Rechner zum Beispiel ist meistens mit mehreren, wenn nicht Dutzenden von Terminals verbunden. Für jedes Terminal gibt es eine Spezialdatei, deren Untergerätenummer das Terminal identifiziert.

UNIX benutzt für den Zugriff auf die E/A-Geräte Spezialdateien, um für den Benutzer eine ähnliche Schnittstelle wie zu normalen Dateien zur Verfügung zu stellen. Spezialdateien erscheinen deshalb als Einträge in Directories, sie sind Teil des Dateisystems und können über die üblichen Zugriffsrechte kontrolliert werden.

Die Spezialdateien für Terminals unterliegen ausschließlich der Systemkontrolle, solange sie nicht benutzt werden. Für die Dauer der Arbeit wird die Spezialdatei des Terminals dem Benutzer übereignet, so daß dieser eine ihm genehme Einstellung der Zugriffsrechte vornehmen kann. Sobald man sich ausloggt, wird die Spezialdatei wieder dem System zugewiesen.

Die Zugriffsrechte zu Spezialdateien, die eine Verbindung zu Platten und Bändern darstellen, unterliegen normalerweise der Systemkontrolle. Der Zugriff darauf bleibt Benutzern oft verwehrt. Spezialdateien, die eine Verbindung zu Druckern, Papierstreifenlesern, Videoterminals, Laborgeräten und ähnlichem darstellen, werden üblicherweise vom System kontrolliert und können von jedem Benutzer angesprochen werden. Es liegt am Benutzer, sich mit anderen Benutzern über die Betriebsmittel zu verständigen, um Kollisionen beim Zugriff zu vermeiden.

6.7 Der Zugriffsmodus einer Directory

Die Lese-, Schreib- und Ausführungsrechte sind für eine Directory-Datei gewöhnlich für alle Nutzerklassen festgesetzt. Die Zugriffsrechte werden für Directories jedoch anders interpretiert, als dies für normale Dateien zutrifft.

Das Leserecht für eine Directory bedeutet, daß die Standard-

Hilfsprogramme die Directory öffnen und die gewünschte Information weitergeben dürfen. Das ls-Kommando zum Beispiel liest die Directory, um deren Inhalt aufzulisten. Wenn das Leserecht nicht gesetzt ist, dann kann man nicht feststellen, welche Dateien in der Directory enthalten sind.

Es ist möglich, in Directories zu arbeiten, für die das Leserecht nicht freigegeben ist. Unter UNIX ist meist das Zugriffsrecht für die normalen Benutzer für die Directories verwehrt, die den Quellkode des Betriebssystems enthalten. Wenn man jedoch mit dem Aufbau des Unterbaums dieser Directories vertraut ist, kann man die Quelltexte trotzdem untersuchen. Eingeschränkte Leserechte für Directories können zwar den nichtinformierten Benutzer abhalten, bedeuten aber nur eine kleine Hürde für geübte UNIX-Anwender.

Schreibrecht in einer Directory bedeutet, daß man in der Directory Dateien erzeugen und löschen darf. Man benötigt kein Leserecht, um in einer Directory eine Datei zu erzeugen oder zu löschen. Da beim Erzeugen oder Löschen einer Datei der Dateiname in der Directory-Datei eingetragen oder gelöscht werden muß, kann mit einem verwehrten Schreibrecht für die Directory-Datei verhindert werden, daß Unbefugte Dateien unerlaubterweise erzeugen oder löschen.

Das verwehrte Schreibrecht für Directories bedeutet nicht, daß eine Datei in einer Directory nicht verändert werden kann, denn nur das Schreibrecht der betreffenden Datei erlaubt oder verwehrt dies.

Das Ausführungsrecht für eine Directory bedeutet, daß das System die Directory durchsuchen darf, um zu einer in einem Pfadnamen angegebenen Datei zu gelangen. Wenn man einen Pfadnamen statt eines einfachen Namens angibt, dann muß jede Directory in dem Pfad vom System durchsucht werden, um die nächste Directory des Pfades zu finden. Wenn man das System auffordert

```
cat /usr/bin/source/README
```

benötigt man das Ausführungsrecht für die Directories 'usr', 'bin' und 'source'. Die Ausführungsrechte für eine Directory zu verwehren, ist ein echter Schutz gegen Personen, die Dateien in einer Directory benutzen wollen. Man kann in keine Directory wechseln, für die die entsprechenden Ausführungsrechte verwehrt sind.

KAPITEL

7

Hilfsprogramme

Eine der Stärken des UNIX-Betriebssystems ist die große Anzahl von Hilfsprogrammen. Verschiedene Installationen weisen häufig unterschiedliche Hilfsprogramme auf, daher kann in diesem Buch auch keine vollständige Beschreibung aller Hilfsprogramme unter UNIX enthalten sein. Es werden stattdessen die nützlichsten Hilfsprogramme beschrieben und durch Beispiele näher erläutert.

In diesem Kapitel werden hauptsächlich die Hilfsprogramme beschrieben, die es erlauben, die Arbeit unter UNIX zu überwachen und zu kontrollieren. Hilfsprogramme zur Bearbeitung von Textdateien werden im nächsten und Hilfsprogramme für die Bearbeitung von beliebigen Dateien in einem weiteren Kapitel behandelt. Hilfsprogramme für Programmierer werden in Kapitel 16 und Hilfsprogramme für den Systemverwalter in Kapitel 18 erläutert.

Die Aufgabe dieses Kapitels ist es, eine große Zahl der Programme zu beschreiben, die einen nützlichen und umfassenden Grundstock für Ihr Wissen über UNIX abgeben. Jeder UNIX Benutzer wird die meisten dieser Programme kennen, anderen Anwendern können einige Programme nützlich sein. Komplizierte Programme (z.B. die Shell, der Editor und anspruchsvollere Textverarbeitung oder Programmierhilfen) werden an anderer Stelle in diesem Buch getrennt behandelt (die Shell - Kapitel 4, 12, 13; der Editor - Kapitel 5, 10; Textverarbeitung - Kapitel 11). Spezielle Informationen über ein bestimmtes Programms sollte man im Manual nachlesen.

Eine für Anfänger oft verwirrende Tatsache ist die Arbeitsumgebung unter UNIX. Zwei verschiedene Benutzer zum Beispiel haben zwei verschiedene Home-Directories und unterschiedliche Zugriffsrechte auf Dateien. Sie haben unterschiedliche Terminals und benötigen unterschiedliche Programme. Die Beschreibung der Hilfsprogramme soll helfen, die Arbeitsumgebung zu verstehen.

7.1 pwd und cd - Die gegenwärtige Directory

Der Name der gegenwärtigen Directory ist wahrscheinlich die wichtigste Information über die Arbeitsumgebung. Das pwd-Kommando (ausgeben der gegenwärtigen Directory, engl. print working directory) gibt den Namen der gegenwärtigen Directory aus.

Das UNIX-Dateisystem ist in Directories unterteilt (s. Kapitel 6). Eine dieser Directories ist immer die gegenwärtige Directory (engl. current oder working directory) des Benutzers. Sofort nach dem Einloggen befindet man sich in der Home-Directory. Man kann sich mithilfe des cd-Kommandos (s. nächsten Abschnitt) von einer Directory in eine andere bewegen. Es ist ratsam, sich nach jedem Wechsel der Directory davon zu überzeugen, ob man in der gewünschten Directory gelandet ist. Das Kommando

```
pwd
```

gibt den Namen der gegenwärtigen Directory aus. Sofort nach dem Einloggen ist man in seiner Home-Directory, der Directory, die der Systemverwalter dem Benutzer als Home-Directory zugewiesen hat. Meine Home-Directory ist '/usr/kc'. Wenn ich das pwd-Kommando sofort nach dem Einloggen ausführe, erscheint auf meinem Terminal die Meldung "/usr/kc". Wenn Dateien nicht vorhanden sind, die eigentlich da sein sollten, oder bestimmte Operationen nicht das liefern, was man erwartet, sollte man sich davon überzeugen, ob man sich auch in der gewünschten Directory befindet.

Abhilfe schafft nur das Wechseln in die richtige, die gewünschte Directory. Das cd-Kommando (Wechseln der gegenwärtigen Directory, engl. change directory) ändert die gegenwärtige Directory in die angegebene Directory um. Wenn keine Directory als Befehlsargument angegeben wird, bewirkt cd einen Wechsel in die Home-Directory. Das Kommando

```
cd /usr/bernd/src
```

setzt als neue Arbeitsdirectory die Directory '/usr/bernd/src'.

Wenn keine Directory angegeben wird, ist die neue Directory wieder die Home-Directory. Die folgenden beiden Kommandos kann ich benutzen, um in meine Home-Directory ('/usr/kc') zu gelangen:

```
cd
cd /usa/kc
```

Der Pfadname (das Argument) beim cd-Kommando kann entweder ein absoluter Pfadname wie beim zweiten angegebenen Kommando oder ein relativer Pfadname wie in den folgenden zwei Kommandos sein:

```
cd ../../source
cd muell/programme
```

Das erste dieser Kommandos ändert die gegenwärtige Directory in die Unterdirectory 'source' um, die der Vorgänger-Directory der gegenwärtigen Directory vorausgeht. Das zweite Kommando ändert die gegenwärtige Directory in die Unterdirectory 'programme' der Unterdirectory 'muell' um.

7.2 ls - Das Auflisten von Dateien

Das ls-Kommando wird benutzt, um den Inhalt von Directories aufzulisten und die Information über Dateien auszugeben. Das ls-Kommando akzeptiert viele Argumente und Optionen, von denen die meisten hier nicht behandelt werden.

Jedes Argument des ls-Kommando ist entweder der Name einer normalen Datei (oder Spezialdatei) oder eine Option (oder Liste von Optionen). Die Optionen werden verwendet, um das Format und die Reihenfolge in einer Liste der Dateiangaben und der Informationen über die einzelnen Dateien zu verändern. Für jede normale (oder Spezial-) Datei als Argument wird die gewünschte Information ausgegeben. Für jede in der Argumentliste angegebene Directory wird die gewünschte Dateiinformation ausgegeben (wenn nicht die Option "d" benutzt wurde).

Die folgenden vier Optionen werden erfahrungsgemäß am häufigsten benutzt; weitere Optionen sind in der gekürzten Version des Manuals am Ende dieses Buches angeführt. Zusätzlich sollte man die Informationen lesen, die mit dem jeweiligen System ausgeliefert werden.

1. Die Option "l"
   Bei der Option zum langformatigen Auflisten werden viele Angaben zu den Dateien ausgegeben. Ohne diese Option erscheinen nur die Namen.

2. Die Option "t"
   Die Sortieroption bewirkt, daß die Dateienliste nach den Daten der letzten Benutzung der Dateien sortiert ist.

3. Die Option "d"
   Die Directory-Option zwingt ls, nur Angaben zu den Directory-Einträgen einer Directory auszugeben. Normalerweise werden die in der Argumentliste angegebenen Directories durchsucht und alle Dateien der Directories ausgegeben.

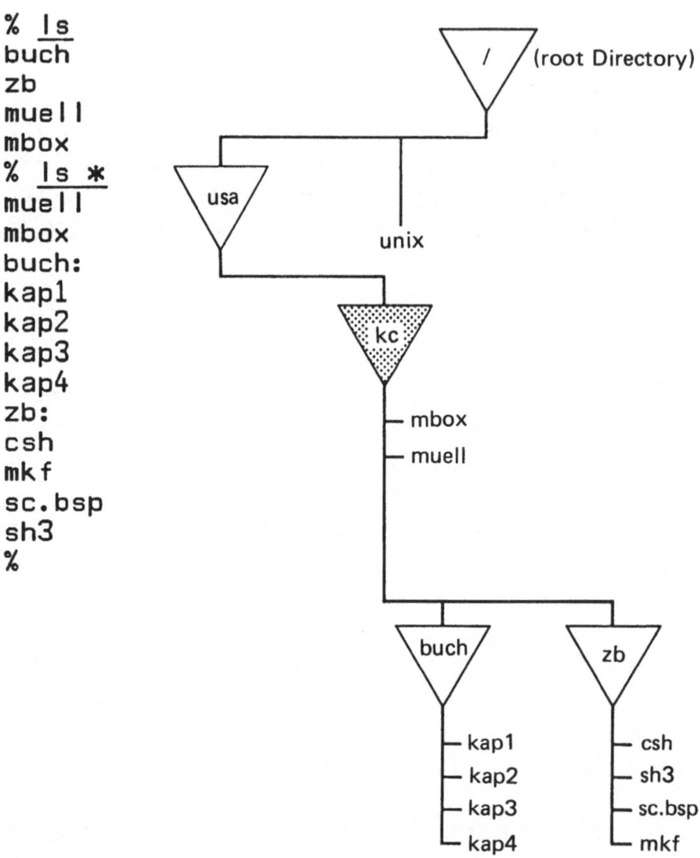

Bild 7.1: Beispiele zum Einsatz von ls. Die Kommandos "ls" und "ls *" arbeiten sehr unterschiedlich, wenn die gegenwärtige Directory Unterdirectories enthält ('buch' und 'zb' in diesem Beispiel). Ohne Argumente gibt das ls-Kommando eine Liste der Dateien in der gegenwärtigen Directory aus (das erste Kommando im Beispiel). Wenn das ls-Kommando den Namen einer Directory als Argument erhält, wird die gewünschte Information für die Dateien in dieser Directory ausgegeben. In diesem Fall ist das Kommando "ls *" äquivalent zu "ls buch zb muell mbox", da die Shell das Metasymbol "*" in eine Namensliste der Dateien in der gegenwärtigen Directory umwandelt. Die Dateien in den Directories 'buch' und 'zb' erscheinen deshalb in der Auflistung (das zweite Kommando im Beispiel).

4. Die Option "a"

Beim Aufruf von ls werden normalerweise Dateien nicht ausgegeben, deren Namen mit einem Punkt beginnen. Mit der Option "a" werden auch diese Dateien aufgelistet (z.B. die Standardeinträge '.' und '..').

rur normale Dateien als Argument von ls wird lediglich der Name der Datei und die gewünschte Information ausgegeben. Für jede Directory in der Argumentliste werden die in ihr enthaltenen Dateien aufgelistet. Wenn keine Datei oder Directory angegeben sind, wird der Inhalt der gegenwärtigen Directory aufgelistet.

Das Kommando

    ls

druckt eine alphabetisch geordnete Liste der Dateien in der gegenwärtigen Directory aus. Man kann das ls-Kommando auch zur Auflistung bestimmter Dateigruppen benutzen. Das Kommando

    ls *.c

listet (in alphabetischer Reihenfolge) alle Dateien in der gegenwärtigen Directory auf, deren Namen mit ".c" enden. Die Option "-t" wird benutzt, um die Dateien in der Liste nach dem Modifikationsdatum statt nach den Namen zu sortieren. Das Kommando

    ls -t *.c

gibt eine nach dem Datum der letzten Änderung sortierte Liste aller Dateien in der gegenwärtigen Directory, deren Namen mit ".c" enden, aus.

Viele UNIX-Benutzer sind von der Tatsache verwirrt, daß das Kommando

    ls

und das Kommando

    ls *

unterschiedliche Ergebnisse liefern. Das erste Kommando hat kein Argument, daher werden die Dateien in der gegenwärtigen Directory ausgegeben. Das zweite Kommando benutzt das Shell-Metazeichen "*", das auf alle Dateien in der gegenwärtigen Directory paßt. Die Shell übergibt daher die Namen aller Dateien aus der gegenwärtigen Directory als Argumente an das ls-Kommando. Für normale Dateien erzeugen beide Kommandos dasselbe Ergebnis. Für Directory-Dateien jedoch führt das erste Kommando lediglich den Namen der Unterdirectories auf, das zweite Kommando hingegen gibt die geforderte Information für die Dateien in den Unterdirectories aus, da der Name der Unterdirectories explizit an ls übergeben wurde (s. Bild 7.1).

Wenn man umfangreiche Angaben zu einer Datei benötigt, kann man die Option "l" bei ls angeben. Diese Option bewirkt, daß der

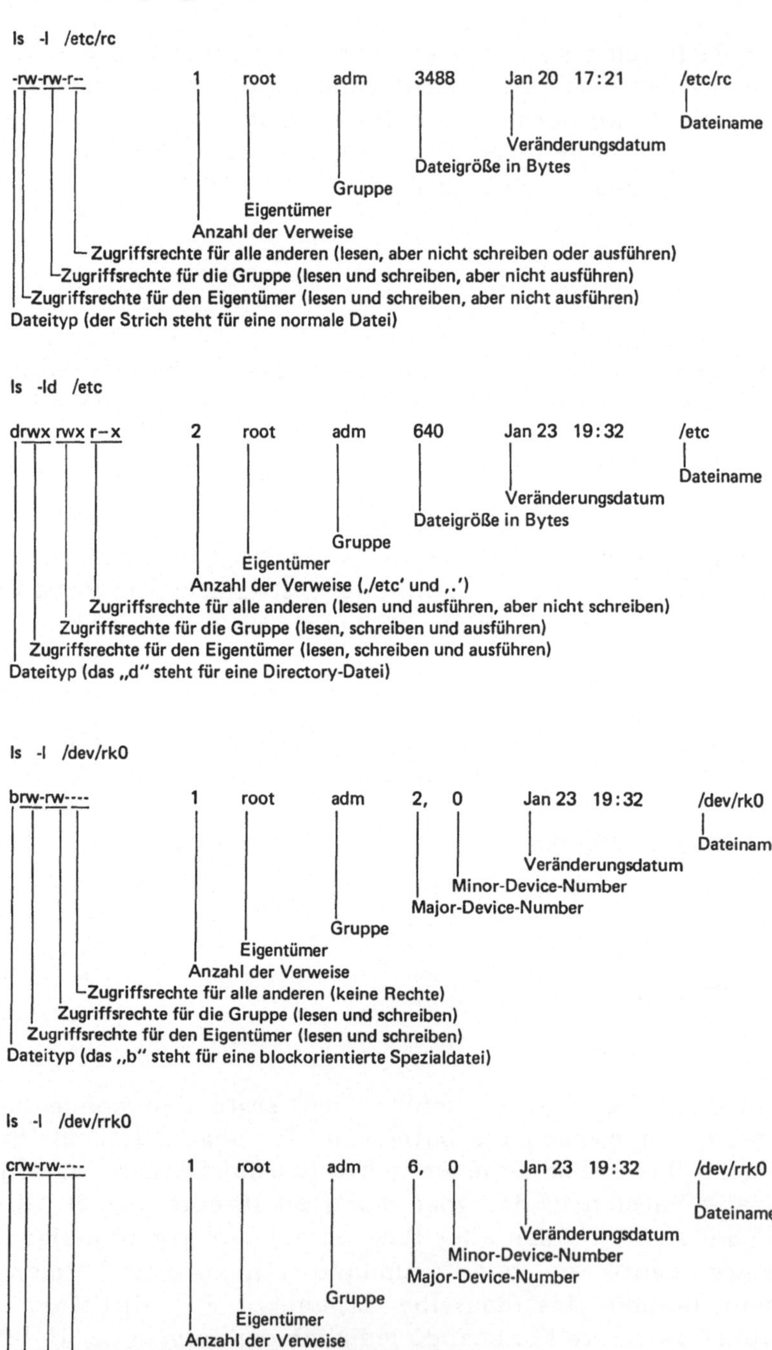

Bild 7.2: Die langformatige Ausgabe des ls-Kommandos.

Modus der Datei, die Anzahl der Verweise, der Eigentümer, die Gruppe, die Dateigröße und das Modifikationsdatum der Datei ausgegeben werden. Bei Spezialdateien wird statt der Größe die Hauptgerätenummer und die Untergerätenummer ausgegeben. Bild 7.2 zeigt einige typische Ausgaben des ls-Kommandos mit der Option "l".

Das Verstehen der langformatigen Ausgabe des ls-Kommandos ist sehr wichtig, da die Arbeit mit UNIX Zugriffe auf Dateien beinhaltet und erfordert. Die langformatige Ausgabe von ls ist der einzige Weg, Schlüsselinformation einer Datei (ihren Typ, Modus, Eigentümer und Größe) herauszufinden. Die Ausgabe von ls, die Sie auf einem UNIX-Rechner erzeugen, unterscheidet sich eventuell von der in Bild 7.2 angegebenen, da das Format der Ausgabe mit der Option "l" von System zu System verschieden ist.

Das erste Feld in der langformatigen Auflistung ist das Modusfeld. Es enthält gewöhnlich zehn Zeichen. Das erste Zeichen beschreibt den Typ der Datei und die restlichen neun Zeichen die Zugriffsrechte auf die Datei. Der Kode des Dateityps (das erste Zeichen im Modusfeld) ist in der folgenden Tabelle enthalten:

```
Kode      Bedeutung
--------------------------
-         normale Datei
d         Directory-Datei
c         zeichenorientierte Spezialdatei
b         blockorientierte Spezialdatei
p         fifo-Datei (Pipe)
```

Der Dateityp ist die grundlegende Information über eine Datei. Nach einer kurzen Einübungszeit kann man das erste Zeichen im Dateimodusfeld automatisch richtig interpretieren.

In Abschnitt 6.5 wurden die drei Operationen beschrieben, die man unter UNIX auf Dateien ausführen kann: lesen, schreiben und ausführen. Ebenfalls wurden die drei Teile der Zugriffsrechte erläutert: die Rechte des Eigentümers, die der Gruppe und die aller anderen. Da es drei Zugriffsarten (lesen, schreiben und ausführen) und drei Teile im Zugriffsrecht gibt (Rechte für Eigentümer, Gruppe und andere), ergeben sich daraus neun (drei mal drei) Zugriffsrechtarten für jede Datei. Die ersten drei Zeichen des Zugriffsrechtsfeldes zeigen das Lese-, Schreib- und Ausführungsrecht des Eigentümers, die zweiten drei Zeichen die Lese-, Schreib- und Ausführungsrechte der Gruppe und die dritten drei Zeichen die Rechte aller anderen Benutzer. Wenn ein Recht zugestanden wird, steht an der entsprechenden Stelle im Modusfeld der betreffende Buchstabe (r, w

und x für Lese-, Schreib- und Ausführungsrecht, engl. read, write und
execute). Ist das Recht verwehrt, wird ein Bindestrich an die
entsprechende Stelle geschrieben. Die Zugriffsrechte für das erste
Beispiel in Bild 7.2 sind in der folgenden Tabelle aufgeführt:

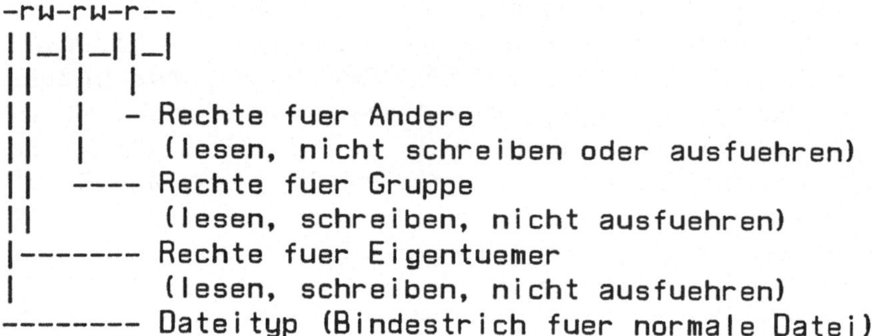

Wenn ein Zugriffsrecht nicht vorgegeben ist und man versucht, auf die
Datei zuzugreifen, weist das Betriebssystem diesen Versuch zurück.
Unter vielen UNIX-Umgebungen ist das Lese- und Schreibrecht auf
Dateien meist bedeutungslos, da jeder Benutzer jeder anderen Person
diese Rechte zugesteht.

Manchmal muß man die Zugriffsrechte oder andere Informationen
von einer Directory kennen. Wenn man das Kommando

    ls -l /usa/kc

eingibt, erhält man eine langformatige Liste der Dateien in der Directory '/usa/kc'. Wenn ls den Namen einer Directory als Argument
erhält, werden alle Dateien der betreffenden Directory aufgelistet. Die
Option "d" wird benutzt, um dieses Verhalten zu unterdrücken und das
ls-Kommando anzuweisen, die gewünschte Information über die
angegebene Directory-Datei auszugeben. Das Kommando

    ls -ld /usa/kc

gibt die Informationen über die Directory '/usa/kc' langformatig aus.
Diese beiden Kommandos sind in Bild 7.3 aufgeführt.

7.3 file - Die Dateiattribute bestimmen

Das file-Kommando versucht, den Typ der angegebenen Dateien zu bestimmen. Wo das ls-Kommando noch Fakten über eine Datei aufgelistet hat, beschränkt sich das file-Kommando auf bloßes Vermuten der
Dateiklassifikation. Der wohl wichtigste Nutzen des file-Kommandos
liegt in der Unterscheidung zwischen Text- und Binärdateien.
Textdateien können auf dem Terminal ausgegeben werden,

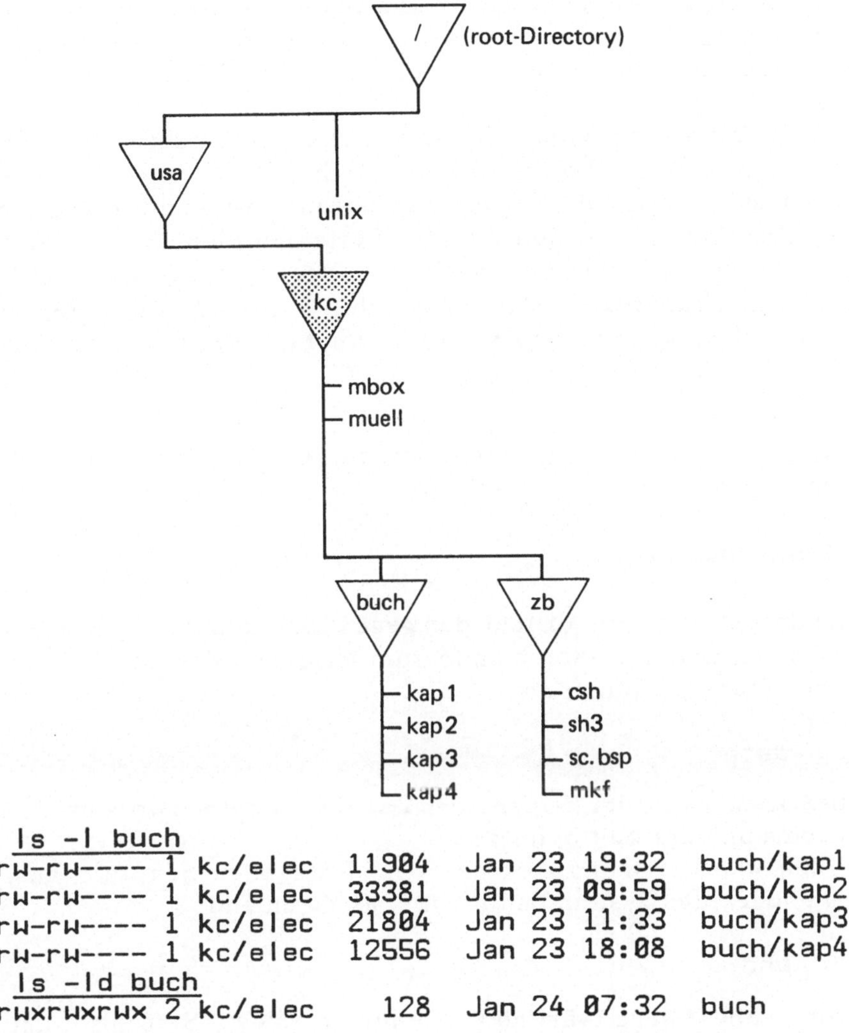


```
% ls -l buch
-rw-rw---- 1 kc/elec   11904   Jan 23 19:32   buch/kap1
-rw-rw---- 1 kc/elec   33381   Jan 23 09:59   buch/kap2
-rw-rw---- 1 kc/elec   21804   Jan 23 11:33   buch/kap3
-rw-rw---- 1 kc/elec   12556   Jan 23 18:08   buch/kap4
% ls -ld buch
drwxrwxrwx 2 kc/elec     128   Jan 24 07:32   buch
```

Bild 7.3: Auflisten des Directory-Inhalts. Wenn der Name einer Directory an das ls-Kommando übergeben wird, gibt ls die gewünschte Information für die Dateien in der Directory aus. Das erste Kommando im obigen Beispiel zeigt eine Auflistung der Dateien in der Directory 'buch'. Die Option "d" hindert das ls-Kommando daran, in die angegebene Directory abzusteigen und das Inhaltsverzeichnis aufzulisten. Beim zweiten Kommando listet ls die Information für die Directory 'buch' langformatig aus, statt die Angaben zu den Dateien auszugeben. Der Unterschied wurde durch die Option "d" erreicht.

Binärdateien nicht (das Ausdrucken einer Binärdatei führt wahrscheinlich zu ungewollten Effekten, da einige Binärwerte als Steuerzeichen für das Modem oder das Terminal interpretiert werden können).

Wenn eine Datei binäre Daten enthält, versucht das file-Kommando zu bestimmen, ob die Daten ein ausführbares Programm oder binäre Daten sind. Wenn die Datei Text enthält, versucht file die Sprache herauszufinden. Auf den meisten Systemen identifiziert das file-Programm die Sprache der Shell, C, Yacc und FORTRAN ebenso wie Englisch, Französisch und Spanisch. Natürlich kann die für jedes Argument vorgenommene Klassifikation falsch sein. Das Kommando

```
file *
```

gibt eine Liste der Dateiattribute der Dateien in der gegenwärtigen Directory aus.

7.4 date und who

Das date-Kommando druckt das gegenwärtige Datum und die Zeit aus. Man kann das date-Kommando zum Ausgeben des Datums mit folgendem Kommando aufrufen:

```
date
```

Zusätzlich kann der Super-User das date-Kommando zum Setzen des Datums und der Zeit benutzen.

Das who-Kommando druckt eine Liste aller Benutzer aus, die im Augenblick das System benutzen. Das Kommando

```
who
```

listet alle gegenwärtigen Benutzer des Systems mit ihrer Terminalnummer und ihrer Einlogzeit auf. Der aufrufende Benutzer sollte ebenfalls in der Liste stehen.

7.5 ps - Prozesse auflisten

Das ps-Kommando gibt eine Liste aller Prozesse des Benutzers aus. Das ps-Kommando wird oft von Systemprogrammierern (und gelegentlich von neugierigen Systemverwaltern) benutzt, um festzustellen, was gerade im System passiert. Normale Benutzer brauchen das ps-Kommando, um die Prozeßnummer "herumirrender" Prozesse herauszufinden und die Prozesse abbrechen zu können. Für eine Liste aller Prozesse des Benutzers reicht die Eingabe des Kommandos

ps

Für jeden Prozeß des Benutzers wird der Kommandoname, die Prozeßidentifikationsnummer, der Name des zugehörigen Terminals und die
aufgelaufene Ausführungszeit ausgegeben (der Name der zugehörigen
Terminals ist der UNIX-Name des dem Prozeß zugeordneten Terminals,
z.B. '/dev/tty34'). In der Liste sollte das ps-Kommando, der Prozeß
der interaktiven Shell und alle vom Benutzer gestarteten
Hintergrundprozesse aufgeführt sein.

Wenn man einen Prozeß im Hintergrund ausführt, kann man mit
dem ps-Kommando den Fortgang des Prozesses überwachen. Nehmen
wir 2150 als die Prozeßidentifikationsnummer des Hintergrundprozesses an, dann liefert das Kommando

ps 2150

die Informationen über den Prozeß 2150. Wenn der Prozeß 2150 weiter
aktiv bleibt, kann man das ps-Kommando wiederum aufrufen, um die
aufgelaufene Ausführungszeit anwachsen zu sehen. Zu einem Zeitpunkt, an dem der Prozeß 2150 beendet ist, führt die Eingabe

ps 2150

zu einer Fehlermeldung: "2150: no such process".

7.6 kill - Abbrechen von Hintergrundprozessen

Wenn ein Programm im Vordergrund läuft, kann man es normalerweise
nur abbrechen, indem man das Abbruchzeichen (üblicherweise
Control-D oder DEL) tippt. Einen Hintergrundprozeß kann man aber
mit der Eingabe dieses Zeichens nicht abbrechen. Stattdessen gibt es
unter UNIX das Kommando kill, um Hintergrundprozesse abzubrechen.
Prozesse anderer Benutzer kann nur der Super-User abbrechen.

Wenn man ein Kommando im Hintergrund laufen läßt, gibt die Shell
automatisch die Prozeßidentifikationsnummer aus. Ist diese Nummer
z.B. 1234, dann kann man den Prozeß mit dem Kommando

kill 1234

abbrechen. Wenn man die Prozeßidentifikationsnummer vergessen
hat, kann man sie mit dem ps-Kommando erfragen. Prozeß 1234 wird
nur abgebrochen, wenn er existiert, dem Benutzer gehört und der Prozeß das Abbruchsignal weder abfängt noch ignoriert. Wenn ein Prozeß,

den man abbrechen möchte, eine normale Aufgabe wie Textverarbeitung ausführt, wird der Abbruchwunsch wahrscheinlich auch erfüllt.
Maschinenabhängige Hintergrundprozesse sind meist nicht abzubrechen.

Prozesse, die das normale Abbruchsignal abfangen oder ignorieren,
können nur endgültig abgebrochen werden, wenn man ihnen das Signal 9 sendet. Das Kommando

```
kill -9 1234
```

sendet das Signal 9 an den Prozeß 1234. Die Angabe der Option "-9"
ist der sicherste Weg, ein Kommando anzuhalten.

Obwohl Prozesse sich selbst abbrechen, wenn sie ablaufen (das System bricht sie weder direkt noch indirekt ab), stirbt ein schlafender
oder auf ein bestimmtes Ereignis wartender Prozeß nicht sofort ab.
Prozesse, die auf Ereignisse warten, die nie eintreten, können nicht
absterben. Prozesse können das Abbruchsignal abfangen und es ignorieren oder in besonderer Weise darauf reagieren. Soweit man hier
sieht, können nur vernünftige Prozesse vom kill-Programm abgebrochen werden; wirklich widerspenstige und umherschweifende Prozesse
leben weiter.

Wenn man sich aus dem System ausloggt, werden alle noch laufenden Prozesse des Benutzers abgebrochen, falls man nicht entweder
das nohup-Kommando verwendet hat oder der Prozeß das Signal
ignoriert. In besonders verrückten Fällen ist es günstiger, das Gerät
auszuschalten und von vorn zu beginnen.

7.7 nohup - Programme selbständig laufen lassen

Das nohup-Kommando (engl. no hangup) erlaubt es, Kommandos
laufen zu lassen, so daß diese beim Ausloggen des Benutzers, der den
Prozeß gestartet hat, nicht abgebrochen werden. Dies ist sehr günstig
für langwierige Aufgaben wie aufwendige Textverarbeitungskomman-
dos, das Sortieren großer Dateien und das Neuübersetzen eines großen
Programms. Normalerweise benutzt man nohup für Hintergrundaufgaben.

Wenn man in der Datei 'nroffbuch' Shell-Kommandos gespeichert
hat, die die Textverarbeitung eines Buchmanuskripts steuern, sollte
man das Kommando

```
nohup sh nroffbuch &
```

eingeben, um eine Shell zu starten, die ihre Eingabe aus der Datei
'nroffbuch' bezieht und auch noch nach dem Ausloggen des Benutzers
weiterläuft. Man kann sich sofort nach der Eingabe des Kommandos

ausloggen, und die Arbeit wird in Abwesenheit durchgeführt. Läßt man
das nohup-Kommando weg, dann stirbt die aufgerufene Shell, sobald
man sich ausloggt. Alle Ausgaben des Kommandos, das von nohup
ausgeführt wird, werden in der Datei 'nohup.out' gespeichert, sofern
nicht andere Vorkehrungen getroffen sind.

7.8 nice - Prozesse mit niedriger Priorität ausführen

Das nice-Kommando wird normalerweise benutzt, um die Priorität
eines Kommandos zu senken. Man sollte nice immer dann benutzen,
wenn man größere Verarbeitungen vornimmt und die Belastung des
Systems verringern möchte. Programme, die mit nice laufen,
benötigen gewöhnlich wesentlich mehr Zeit als Programme, die mit
normaler Priorität laufen. nice wird oft in Verbindung mit
Hintergrundaufgaben benutzt, besonders in Verbindung mit nohup.

nice bewirkt, daß andere Prozesse Vorrang haben. Sehr zeitaufwen-
dige Aufgaben sollten zu betriebsarmen Zeiten laufen, um eine
Beeinträchtigung der sonstigen Verarbeitung auf ein Minimum zu
senken.

Das Kommando

```
nice sh nroffbuch &
```

ruft eine Shell auf, die die Kommandos in der Kommandodatei
'nroffbuch' im Hintergrund ausführt. Wenn man sich ausloggen
möchte, während die Verarbeitung weiterläuft, führt das Kommando

```
nice nohup sh nroffbuch &
```

die Aufgabe mit niedriger Priorität im Hintergrund aus, auch wenn
man sich zwischenzeitig ausloggt.

7.9 time - Ausführungszeiten messen

Das time-Kommando wird verwendet, um die Ausführungszeit eines
Kommandos zu messen. Das ist sinnvoll, wenn man zum Beispiel zwei
unterschiedliche Methoden zur Lösung eines Problems vergleichen
möchte oder auch nur wissen möchte, wieviel Zeit ein Kommando
benötigt. Das Kommando

```
time ps
```

mißt beispielsweise die Zeit, die das ps-Kommando benötigt. Nachdem
ps fertig ist, gibt das time-Kommando drei Schlüsselzeiten aus: die
gesamte Zeit, die für die Verarbeitung des Kommandos gebraucht
wurde, die Zeit, in der das Kommando abgearbeitet wurde und die Zeit,

die das System gebraucht hat, um etwas für das Kommando zu tun. Die Ausführungszeit ist auf eine Sekunde genau, die beiden anderen Zeiten auf eine sechzigstel Sekunde.

Die ausgegebenen Zeiten variieren je nach Belastung des Systems und unterliegen eher zufälligen Einflüssen. Messungen zur Ausführungszeit zu verschiedenen Tageszeiten führen zu unterschiedlichen Ergebnissen. Das Verhältnis der Systemzeit zur Abarbeitungszeit zeigt die relative Abhängigkeit von Systemaufrufen während der Ausführung des Kommandos (s. Abschnitt 15.6).

7.10 man - Manualseite ausdrucken

Das man-Kommando wird zum Ausdrucken von Manualseiten benutzt. Um zum Beispiel die Manualseiten für das ls-Kommando auszugeben, kann man das Kommando

```
man ls
```

eingeben. Der Handbucheintrag zu ls wird auf dem Bildschirm ausgegeben. Man braucht das man-Kommando selten, wenn ein gültiges Benutzerhandbuch zur Verfügung steht.

Wenn man den Ausdruck eines Handbucheintrags nochmals braucht, sollte man ihn in einer Datei abspeichern

```
man ls > ls.man
```

Auf einigen Systemen wird die Ausgabe standardmäßig für eine Lichtsatzmaschine vorbereitet. Mit der Option "-n" bzw. "-Tterm" (s. UNIX-Manual) wird die Ausgabe an das Leistungsvermögen eines normalen Terminals angepaßt.

7.11 passwd - Ändern des Paßwortes

Das passwd-Kommando wird zum Ändern des persönlichen Kennwortes benutzt. Einige Personen ändern zur Gewährleistung der Sicherheit ihr Kennwort regelmäßig (einige Systemverwalter bestehen sogar darauf). Wenn man das Kommando

```
passwd
```

eingibt, fragt das System nach dem gegenwärtigen Kennwort. Dies hindert andere Benutzer an der Änderung des Paßwortes ohne Zustimmung des Betroffenen. Nach der Eingabe des Paßwortes fragt das System nach der Eingabe für ein neues Paßwort. Ein gutes Kennwort enthält sowohl Groß- als auch Kleinbuchstaben, kommt nicht im Lexikon vor und ist länger als fünf oder sechs Zeichen. Wenn das neue

Paßwort zu kurz ist, fragt das System eventuell nach einem anderen. Zur Kontrolle muß man das Kennwort nochmal eingeben. Ein Tippfehler in dieser Prozedur heißt, daß man von vorn anfangen muß. Da ein getipptes Zeichen nicht auf dem Bildschirm erscheint, sollte man bei der Eingabe vorsichtig vorgehen. Hat man sein Paßwort vergessen, kann der Systemverwalter das alte Kennwort löschen und ein neues einrichten.

7.12 echo - Wiederholen der Argumente

Das echo-Kommando wiederholt seine Argumente. Wenn die Argumente einfache Wörter sind, ist das echo-Kommando zum Ausdrucken kleinerer Meldungen auf dem Terminal sehr nützlich, besonders, wenn es in Kommandoprozeduren verwendet wird. Das Kommando

```
echo Zweite Spule einlegen und DANN Return tippen
```

druckt die Meldung "Zweite Spule einlegen und DANN Return tippen".

Das echo-Kommando wird außerdem verwendet, um die Argumentverarbeitung der Shell zu untersuchen. Argumente, die man beim Aufruf von Programmen angibt, werden von der Shell auf die Verwendung von Metazeichen hin untersucht. Die Metazeichen kontrollieren den Prozeß des Ersetzens, den die Shell ausführt. Die Shell unterstützt zum Beispiel ein System von Variablen. Das Wort "$PATH" ist ein Verweis auf die Shellvariable "PATH", in der die gegenwärtigen Suchpfade eingetragen sind (Shellvariablen werden in Abschnitt 13.2 und der Suchpfad in Abschnitt 13.4 behandelt). Man kann sich den gegenwärtigen Inhalt der Variablen $PATH ausgeben lassen mit

```
echo $PATH
```

Auf vielen Systemen lautet die Ausgabe: ":/bin:/usr/bin".

Die Dateinamenausgabe ist eine weitere Form der Argumentersetzung der Shell. Die Metasymbole "?", "*" und "[" ermöglichen die Erstellung einer DateilisteDateien. Man kann das echo-Kommando verwenden, um die Argumentliste auszugeben, die an ein Programm mit diesen Metasymbolen in den Argumenten übergeben wird. Die Kommandos

```
echo c*
echo c?
echo [cde]*xyz
```

geben Argumentlisten aus. Das erste Kommando gibt eine Liste aller Dateien in der gegenwärtigen Directory aus, deren Namen mit "c" beginnen; das zweite Kommando gibt alle Dateien mit zweibuchstabigen Namen aus, deren Namen mit "c" beginnen; und das dritte Kommando gibt eine Liste der Dateien aus, deren Namen mit "c", "d" oder "e" beginnen und mit "xyz" aufhören. Die Dateinamenausgabe ist eine gute Technik, um mit geringem Aufwand Listen bestimmter Dateien an Programme weiterzureichen. Das echo-Kommando kann zur Überprüfung der entstandenen Liste verwendet werden.

7.13 find - Nach Dateien suchen

Das find-Kommando ist hilfreich, um falsch plazierte Dateien zu finden. find untersucht einen Unterbaum des Dateisystems nach Dateien. Das Kommando

```
find . -name wichtigedatei -print
```

durchsucht das Dateisystem ab der gegenwärtigen Directory ('.') nach einer Datei (die Option "-name") wichtigedatei. Wenn die Datei gefunden ist, wird der Pfadname ausgedruckt (die Option "-print"). Viele Beispiele für das find-Kommando sind in der Kurzform des Manuals aufgeführt und verschiedene Verwendungen von find in Shell-Programmen werden in Abschnitt 14.5 erläutert.

Systemverwalter benutzen find häufig zur Systemkontrolle. Das find-Kommando braucht viel Ziel, um einen großen Unterbaum zu durchsuchen. Man sollte find zum Durchsuchen des gesamten Dateisystems am besten dann einsetzen, wenn nur sehr wenige Benutzer eingeloggt sind.

7.14 mail und write - Mit anderen Benutzern kommunizieren

Das mail-Programm wird verwendet, um Nachrichten von anderen Benutzern zu lesen oder eine Nachricht an andere Benutzer zu versenden. Gewöhnlich schreibt das System die Meldung "you have mail", sobald eine Nachricht für den Benutzer eintrifft. Falls man zum Zeitpunkt des Eintreffens der Nachricht nicht eingeloggt ist, erscheint die Meldung beim nächsten Einloggen. Man kann die Nachrichten lesen mit dem Kommando

```
mail
```

Das mail-Programm druckt alle Nachrichten nacheinander aus. Nach jeder Nachricht wird von mail ein Fragezeichen ausgegeben und auf die Eingabe eines Kommandos gewartet, das bestimmt, was (mit der

Nachricht) weiter passieren soll. Die häufigsten Kommandos sind das Sichern der Nachricht in einer Datei, das Löschen der Nachricht oder die Weitergabe der Nachricht an andere Benutzer.

Wenn man einem anderen Benutzer eine Nachricht schicken möchte, muß man den login-Namen kennen. Die login-Namen aller Benutzer stehen in der Datei '/etc/passwd'. Mit dem who-Kommando kann man feststellen, wer gegenwärtig auf dem System arbeitet. Wenn man eine Nachricht an "petra" und "jutta" schicken möchte, kann man das Kommando

```
mail petra jutta
```

benutzen. Nach der Eingabe des Kommandos gibt man dann die Nachricht interaktiv ein. Das mail-Programm nimmt die eingegebenen Zeichen an, wie sie getippt werden - man kann nicht zurückgehen und in vorhergehenden Zeilen korrigieren. Wenn man die Nachricht abgeschlossen hat, tippt man die EOF-Taste (Control-D), um das Ende der Nachricht anzuzeigen.

Die Verwendung des mail-Programms ist unten demonstriert. Die Teile, die der Benutzer eingibt, sind unterstrichen und das Zeichen Control-D als "^d" geschrieben.

```
% mail peter paul
Wegen Dokumentationsstandards ist morgen
um 15 Uhr ein Treffen. (Markstuecke mitbringen).
^d
%
```

Die interaktive Eingabe von Meldungen (wie oben gezeigt) ist lediglich für kurze Meldungen günstig, da es nicht möglich ist, Fehler in vorhergehenden Zeilen zu korrigieren. Bei großen Meldungen sollte man die Nachricht erst in eine Datei schreiben, die mit dem Editor erstellt werden kann. Der Editor erlaubt die Korrektur und Überarbeitung der Nachricht. Man kann diese Nachricht, die in der Datei 'anErwinSilke' gespeichert sei, mithilfe der Umlenkung der Eingabe verschicken:

```
mail erwin silke < anErwinSilke
```

Wenn das mail-Programm einen der Empfänger nicht finden kann, wird die Meldung in der Datei 'dead.letter' abgelegt, so daß man den korrekten Benutzernamen feststellen und die Nachricht erneut abschicken kann, ohne die Nachricht neu eingeben zu müssen.

Das write-Kommando stellt einen direkten schriftlichen Kontakt zwischen zwei Benutzern her.

Wenn jemand das write-Programm startet, erscheint die Meldung "Message from maria on tty33" (oder etwas ähnliches) auf dem

Terminal des angerufenen Benutzers. Man sollte jede Aktivität sofort
einstellen und mit dem Kommando

```
write maria
```

antworten. Sobald beide Seiten das write-Kommando ausgeführt
haben, erscheint jede Eingabe auf beiden Terminals gleichzeitig. Es ist
daher vorteilhaft, daß nur eine Person zur Zeit tippt. Die Person, die
die Kommunikation begonnen hat, tippt einige Zeilen ein und schließt
mit einer Zeile ab, die lediglich ein "o" (für over) enthält. Die andere
Person kann nun schreiben und beendet ihre Eingabe ebenfalls mit
einer Zeile mit nur einem "o". Die Konversation endet, sobald einer
der beiden seine Eingabe mit einer Zeile mit "oo" (für over and out)
unterbrochen hat. Das Programm kann beendet werden, indem man
die EOF-Taste (Control-D) tippt.

7.15 stty und tty - Die Kontrolle des Terminals

Das tty-Kommando wird benutzt, um den Namen der Spezialdatei des
Terminals auszugeben, die mit der Standard-Eingabe verbunden ist.
Eine Meldung wird ausgegeben, wenn die Standard-Eingabe nicht mit
einem Terminal verbunden ist. Manchmal bricht die Leitung zwischen
Terminal und Rechner zusammen. Um diesen Fall zu protokollieren,
braucht man den Namen der Spezialdatei, so daß der entsprechende
Hardware-Baustein gefunden werden kann. Das Kommando

```
tty
```

druckt zum Beispiel die Meldung "tty30", um anzuzeigen, daß das Terminal der Spezialdatei '/dev/tty30' entspricht.

Das tty-Kommando wird außerdem in Shell-Programmen benutzt,
um festzustellen, ob die Standard-Eingabe ein Terminal ist. Der exit-
Status von tty ist wahr (true), wenn die Standard-Eingabe ein Terminal
ist und falsch (false), falls dies nicht der Fall sein sollte (s. Abschnitt
13.7).

Das Kommando stty erlaubt die Anpassung des Systems an die verschiedenen Terminaltypen. stty ist sehr wichtig, da es viele unterschiedliche Terminaltypen gibt. Auf einigen Systemen gibt es ein Programm, daß die Behandlung des Terminals abhängig vom Wert der
Variablen TERM einstellt. Auf anderen Systemen kann man das
entsprechende stty-Kommando in die Datei '.profile' eintragen, um die
verschiedenen Modi am Anfang einer Arbeitssitzung korrekt zu setzen.

Der Teil von UNIX, der die Umwandlungen für einen bestimmten Terminaltyp ausführt, heißt Terminal-Handler (engl. tty handler). Dieser
Abschnitt erläutert einige Optionen des tty-Handlers, die mit dem

stty-Kommando gesetzt werden können.

Wenn man das Kommando

```
stty
```

eingibt, werden die Einstellungen einiger Arbeitsmodi ausgegeben. Auf meinem System erschien folgendes:

```
speed 300 baud; tabs
erase = #, kill = @, intr = ^?
```

Diese Meldung zeigt, daß die Datenübertragungsgeschwindigkeit 300 Baud beträgt, daß die Option tabs gesetzt ist (Tabs werden nicht expandiert), daß das Löschzeichen mit dem at-Zeichen (@), das Abbruchzeichen mit dem Doppelkreuz (#) und das Unterbrechungszeichen mit dem DEL-Zeichen (als ^? dargestellt) belegt ist. Die Option tabs zeigt, daß das System annimmt, daß ich ein Terminal benutze, das Tabulatorsprünge verarbeiten kann (mehr darüber weiter unten). Die Lösch-, Abbruch- und Unterbrechungszeichen werden in Abschnitt 3.4 erläutert.

Das Löschzeichen dient zum Löschen eines gerade eingegebenen Zeichens und das Abbruchzeichen zum Löschen der gesamten Zeile. Da die Standard-Lösch- und Abbruchzeichen ungünstige Tastaturbelegungen haben, werden diesen Zeichen häufig andere Tasten zugewiesen. Die Taste Control-H kann als Lösch- und die Taste Control-U als Abbruchzeichen benutzt werden. Man kann das Löschzeichen (engl. erase) und das Abbruchzeichen (engl. kill) mit dem Kommando

```
stty erase \^h kill \^u
```

umwechseln. Die Notation des Hütchens gefolgt von einem Zeichen bedeutet ein Control-Zeichen für stty; der Backslash (das Fluchtsymbol) vor dem Hütchen verhindert die Auswertung des Metasymbols "^", so daß es an stty unverändert übergeben wird. Ob die Zuweisung tatsächlich erfolgt ist, kann man mit dem Kommando

```
stty
```

überprüfen. Auf meinem System sah der Ausdruck so aus:

```
speed 300 baud; tabs
erase = ^h, kill = ^u, intr = ^?
```

Das Drücken der Unterbrechungstaste sendet ein Unterbrechungssignal (engl. interrupt signal) an den gegenwärtigen Vordergrundprozeß. Einige Programme wie die Shell oder der Editor ignorieren diese

Unterbrechung, die meisten anderen Programm wie cat oder grep hingegen halten auf dieses Signal hin an. Viele Personen ziehen das Zeichen Control-c dem standardmäßigen DEL vor. Das Kommando

        stty intr \^c

ändert die Zuweisung der Unterbrechungstaste auf die Taste Control-c um. Man sollte die Änderung mit dem stty-Kommando überprüfen.

Die Behandlung der Tabs ist nicht einheitlich geregelt. Einige Terminals können das Tabulatorzeichen als ein Zeichen erkennen, daß mehrere Leerzeichen umfaßt. Das Kommando

        stty -tabs

informiert das System, daß man ein Terminal benutzt, das das Tabulatorzeichen nicht in die entsprechende Anzahl von Leerzeichen expandieren kann. Der Terminal-Handler expandiert die Tabs dann in die entsprechende Menge von Leerzeichen, so daß die Ausgabe auf dem Terminal korrekt erscheint. Das Kommando

        stty tabs

informiert das System, daß das Terminal die Expansion vornehmen kann.

Es ist möglich, wenn auch schwierig, UNIX mit einem Terminal zu betreiben, das keine Kleinbuchstaben erzeugen kann. Das Kommando

        stty lcase

informiert das System, daß man ein solches Terminal benutzt. Wenn man ein Terminal verwendet, das neben Klein- auch Großbuchstaben benutzt, wird jede Eingabe automatisch von Groß- in Kleinbuchstaben umgewandelt. Im Großbuchstabenmodus wird ein Backslash, gefolgt von einem Buchstaben, in den entsprechenden Großbuchstaben umgesetzt. Die Eingabe "\JIM \KNOPF" zum Beispiel wird im Groß-buchstabenmodus in "Jim Knopf" übersetzt. Das Kommando

        stty -lcase

ändert die Einstellung, so daß Groß- und Kleinbuchstaben akzeptiert werden. Man kann nur dann unbemerkt in den Großbuchstabenmodus gelangen, wenn man versehentlich die Shift-Lock-Taste während der login-Prozedur gedrückt hat. Während der Einlogprozedur versucht das System den Typ des Terminals herauszufinden und die entsprechenden Einstellungen zu setzen. Wenn man seinen login-Namen in Versalien eingibt, nimmt das System an, daß das Terminal nur Großbuchstaben kann. Um in den normalen Modus zurückzukehren, muß man das stty-Kommando einsetzen.

Man kann stty auch zum Ändern der Übertragungsrate (Baud-Rate) zwischen dem Rechner und dem Terminal benutzen. (Die Baud-Rate ist die Maßeinheit der Übertragungsgeschwindigkeit, mit der Zeichen zwischen Rechner und Terminal gesendet werden. Die Baud-Rate geteilt durch zehn ist die ungefähre Anzahl der Zeichen, die in einer Sekunde übertragen werden können.) Sobald UNIX die neue Baud-Rate erfahren hat, muß man am Terminal dieselbe Rate einstellen, um weiter mit dem Terminal arbeiten zu können. Zum Setzen der Übertragungsrate auf 1200 Baud kann man das Kommando

```
stty 1200
```

verwenden.

Mit dem stty-Kommando kann man die Einstellungen des Terminals ändern. Um zum Beispiel die Einstellungen für das Terminal tty33 anzuzeigen, genügt folgendes Kommando:

```
stty < /dev/tty33
```

(Man braucht allerdings die Rechte des Super-Users, um die Datei '/dev/tty33' lesen zu können.) Ebenso kann man die Baud-Rate zum Beispiel von tty33 auf 9600 Baud setzen mit

```
stty 9600 < /dev/tty33
```

Das Setzen der Baud-Rate ist nützlich für das Anschließen etwa eines Druckers. Als Benutzer wird man selten die Kommunikationskanäle derart verändern müssen, da diese vom login-Prozeß verwaltet werden (login-fähige Kanäle).

Das stty-Programm enthält weitere Optionen zur Systemkonfiguration. Man muß allerdings eine Menge über Terminals, Rechner und Datenübertragung wissen, um diese Optionen sinnvoll einsetzen zu können. Man sollte die Optionen, die man selbst benötigt, herausfinden und das entsprechende stty-Kommando in die Datei '.profile' schreiben.

7.16 du - Die Plattenbelastung

Gelegentlich möchte man wissen, wieviel Platz die eigenen Dateien auf der Platte belegen. Mit dem Kommando

```
du
```

erhält man eine Auflistung der Anzahl der Plattenblöcke, die jede Unterdirectory des gegenwärtigen Unterbaums verbraucht. (Der gegenwärtige Unterbaum besteht aus allen Dateien in der gegenwärtigen Directory, allen Dateien aller Unterdirectories der gegenwärtigen Directory usw.) Man kann zusätzlich noch den Unterbaum angeben, der untersucht werden soll. Das Kommando

```
du /usr/sys/src
```

druckt eine Zusammenfassung der Plattenblöcke, den ein Unterbaum belegt, der in der Directory '/usr/sys/src' beginnt.

Eine der verwunderlichen Tatsache bezüglich der Plattenplatzbenutzung ist, daß "die Plattenplatzanforderungen der Benutzer wachsen, um den verfügbaren Plattenplatz auszufüllen". Das periodische Löschen alter Dateien ist notwendig, um den Plattenbedarf gering zu halten und genügend freien Platz für das System bereitzustellen. Das du-Kommando wird oft verwendet, um in einem Unterbaum die Directories zu finden, die den meisten Platz benötigen.

Das df-Kommando (engl. disk free, restlicher freier Plattenplatz) kann benutzt werden, um festzustellen, wieviel freier Platz auf einem Speichermedium existiert (s. Abschnitt 18.6). Systemverwalter benutzen df, um in periodischen Abständen den freien Platz zu kontrollieren. Wenn dieser eine bestimmte Größe unterschreitet, werden die Benutzer aufgefordert, ihre Directories zu verkleinern (Dateien zu löschen).

7.17 od – Auslisten binärer Dateien

Manchmal möchte man genaue Auskunft über den Inhalt einer binären Datei. Das od-Programm (engl. octal dump) dient zur Erstellung oktaler, dezimaler, ASCII und hexadezimaler Dumps einer Datei. Die verschiedenen Formate können sowohl einzeln als auch zusammen erzeugt werden.

Der Begriff "Dump" entstand vor vielen Jahren, als das Auffinden von Programmfehlern meistens das Ausdrucken sämtlicher Werte des Hauptspeichers nach einem Programmabsturz beinhaltete. Da die erzeugt Informationsmenge groß und die Entschlüsselungsarbeit des Programmierers unangenehm war, wurde ein solcher Speicherauszug Dump genannt (im Deutschen etwa Müllhalde oder Schuttplatz). Heutzutage geschieht die Fehlersuche in intelligenterer Form, obwohl Dumps immer noch Verwendung finden. Die meisten Programmabsturzdumps werden heute mithilfe von Programmen untersucht, die die Interpretation der Information erleichteren. Wenn ein Programm unerklärlicherweise abstürzt, wird ein Dump erzeugt und in der Datei 'core' in der Directory des Programms abgelegt. Auf dem Bildschirm erscheint eine Meldung "core dumped".

Das od-Programm wird häufig benutzt, um Control-Zeichen im Text

aufzufinden. Wenn man zum Beispiel feststellen möchte, ob eine bestimmte Datei das Tab-Zeichen enthält, nützt es nichts, die Datei mit
dem cat-Programm auszugeben, da der Terminal-Handler oder das
Terminal das Tab-Zeichen automatisch in die entsprechende Anzahl
von Leerzeichen umwandeln würde. Mit dem od-Programm könnte
man die Datei nach der Notation "\t" durchsuchen ("\t" steht für das
Tab-Zeichen). Während eines solchen Dumps im ASCII-Format werden
die darstellbaren Zeichen normal ausgeschrieben, nichtdarstellbare
Control-Zeichen jedoch bis auf folgende Standard-Zeichen als oktale
Werte ausgegeben:

```
Backspace          \ b
Tab                \ t
Newline            \ n
Carriage Return    \ r
Null               \ 0
Formfeed           \ f
```

Das Kommando

```
od -c kapitel
```

gibt die Datei 'kapitel' als Dump im ASCII-Format aus.

Das od-Kommando kann Spezialdateien oder Directory-Dateien
genauso wie normale Dateien als Dump ausgeben. Der Super-User
könnte od benutzen, um (in oktaler Schreibweise) die Daten auf einer
Platte zu untersuchen.

```
od -c /dev/rp0
```

Das od-Programm erlaubt durch Angabe eines Aufsetzpunktes
außerdem, eine Datei erst ab einer bestimmten Stelle zu untersuchen.
Die Platte kann ab Byte 1024 untersucht werden mit dem Kommando

```
od /dev/rp0 +1024
```

Das Argument "+1024" bedeutet, daß das erste Datum erst nach dem
tausendvierundzwanzigsten Byte ausgegeben wird. Durch Angabe der
Anzahl von Blöcken (ein Block zu 512 Bytes) kann mit dem Kommando

```
od /dev/rp0 +2b
```

derselbe Effekt erreicht werden.

KAPITEL
8

Hilfsprogramme für Textdateien

Viele UNIX-Benutzer setzen eines der Textverarbeitungsprogramme unter UNIX ein. Es ist nicht verwunderlich, daß viele Programmierer unter UNIX gut arbeiten können. Ein Großteil der Programmierung besteht aus Textbearbeitung. Sekretariate, Wissenschaftler und Geschäftsleute haben gleichermaßen festgestellt, daß die Textverarbeitung unter UNIX Ihnen gute Einsatzmöglichkeiten eröffnet.

Natürlich enthält UNIX Programme, um Dateien auf den Bildschirm oder den Drucker auszugeben. Es enthält aber auch Programme, um Dateien zu sortieren, nach bestimmten Zeichenketten zu durchsuchen, Zeilen, Worte und Zeichen in ihnen zu zählen und sie nach Rechtschreibefehlern zu durchsuchen. Die Programme, die in diese Gruppe fallen, werden in diesem Kapitel beschrieben.

UNIX enthält außerdem eine Vielzahl hochentwickelter Programme zur Arbeit mit Textdateien. Der erste Teil dieses Kapitels kann als eine Anleitung für diese Textverarbeitungsprogramme verstanden werden.

8.1 Texthilfen

Textdateien werden meist mit einem Editor erstellt. Ein Texteditor erlaubt die Eingabe und Änderung von Text in einer Datei. Viele UNIX Systeme bieten mehrere Texteditoren an; die meisten ähneln dem Standard-Texteditor, wie er in Kapitel 5 beschrieben ist. Einige der anspruchsvolleren Arbeitsweisen des Standard-Editors sind in Kapitel 10 erläutert.

UNIX enthält Programme zur Formatierung von Textdateien. Die Formatierungsprogramme gleichen Ränder aus, fügen Kopf- und Fußzeilen hinzu, korrigieren Wortzwischenräume, lassen Tabellen einfügen und lassen gar die Sonderzeichen, die in mathematischen Formeln vorkommen, darstellen. Die Programme nroff, troff, eqn und tbl sind in Kapitel 11 beschrieben.

Unter UNIX stehen ebenso Programme zur Verfügung, die die Programmerstellung zur Erkennung von Kommandosprachen und Grammatiken unterstützen. Diese Hilfsprogramme sind nützlich, wenn man Textformatierer, Compiler oder Programme zur Textverarbeitung schreiben möchte. Die Programme lex und yacc werden in Kapitel 17 beschrieben.

Textdateien werden oft aus anderen schon vorhandenen Textdateien abgeleitet; manchmal gibt es auch mehrere Versionen eines Textes. Zur Unterstützung der Textdateisystemverwaltung gibt es das make-Programm, das Abhängigkeiten in einer Gruppe von Dateien kontrolliert, und das SCCS (Quellkode-Kontrollsystem), das die verschiedene Versionen einer Datei registriert. make und SCCS werden in Kapitel 12 behandelt.

8.2 cat - Dateien ausgeben

Das cat-Programm ist eines der vielseitigsten Programme der Textverarbeitung unter UNIX. cat wird normalerweise zur Ausgabe von Dateien auf dem Bildschirm eingesetzt. Das Kommando

```
cat /etc/motd
```

überträgt den Dateiinhalt von '/etc/motd' auf das Terminal. Da cat eine Abkürzung des englischen Wortes für zusammenfügen ist, kann man davon ausgehen, daß man mit cat auch Dateien zusammenfügen kann. Das Kommando

```
cat /etc/greetings /etc/motd
```

fügt die beiden Dateien '/etc/greetings' und '/etc/motd' zusammen und gibt sie auf den Bildschirm aus.

Das Zusammenfügen (Aneinanderhängen) mehrerer Dateien kann in folgender Weise nützlich sein:

```
cat kap1 kap2 kap3 kap4 kap5 > buch
```

Dieses Kommando fügt die fünf Kapitel eines Buches durch Umlenkung der Ausgabe in einer einzigen Datei 'buch' zusammen. Das Kommando könnte auch eleganter als

```
cat kap[12345] > buch
```

eingegeben werden, da die Shell die gefundenen Dateinamen in einer alphabetischen Liste an das Kommando übergibt (Nummern werden ebenso alphabetisch aufgezählt wie üblich, "1", "2" usw.). Wenn es nur diese fünf numerierten Kapitel in der Directory gibt, kann man auch diese beiden Kommandos eingeben

```
cat kap? > buch
cat kap* > buch
```

Will man jedoch nur ausgewählte Kapitel (oder entsprechend numerierte andere Texte) in einer Datei zusammenfassen, muß man den Prozeß der Dateinamenerzeugung berücksichtigen. Die Kommandos

```
cat kap3 kap1 > neuekap
```

und

```
cat kap[31] > neuekap
```

bewirken nicht dasselbe. Das zweite Beispiel greift auf den Dateinamenerzeugungsprozeß der Shell zurück, um die Argumentliste für das cat-Programm zu erzeugen. Die Dateinamenerzeugung produziert eine alphabetische Liste, so daß man bei Verwendung dieses Prozesses die Dateien in alphabetischer Reihenfolge zusammenfügt. Man kann das echo-Kommando benutzen, um den Unterschied zu sehen. Das Kommando

```
echo kap3 kap1
```

produziert "kap3 kap1", wohingegen das Kommando

```
echo kap[31]
```

die Meldung "kap1 kap3" erzeugt.

Eine andere Verwendung von cat ist die Erzeugung einer leeren Datei. Das Kommando

```
cat /dev/null > leer
```

erzeugt die leere Datei 'leer'. Das "Bit Bucket" des UNIX Systems ist eine Spezialdatei, genannt '/dev/null'. Wenn man die Ausgabe in das Null-Device umlenkt, wird sie weggeworfen. Wenn man die Eingabe von dieser Datei liest, erreicht man sofort das Ende der Datei. Die Angabe des Null-Devices als Quelle für cat bewirkt demzufolge eine Ausgabe der Länge null (die in die Datei 'leer' umgelenkt wurde).

Eine andere Möglichkeit, eine leere Datei zu erzeugen, ist das Kommando

```
> nichts
```

das die leere Datei 'nichts' erzeugt. Wenn man ein Kommando eingibt, daß lediglich aus einer Umlenkung der Ausgabe besteht, erzeugt die Shell die angegebene Datei.

Ein weiterer Nutzen des cat-Programms ist, daß man einige Zeilen Text in eine Datei schreiben kann, ohne einen Texteditor benutzen zu müssen. Wenn man cat ohne Argument aufruft, liest es die Eingabe von der Standard-Eingabe, bis das Ende erreicht ist. Das Kommando

```
cat > schnell
```

bewirkt, daß cat jedes Zeichen von der Terminaltastatur liest und in die Datei 'schnell' schreibt. Da cat kein Editor ist, kann man keine Korrekturen in vorhergehenden Zeilen vornehmnen; deshalb ist das Kommando nur für die Eingabe von wenigen Zeilen nützlich. Wenn man Control-D tippt, erhält das cat-Programm das Dateiende-Zeichen (engl. end-of-file, eof character) und schließt die Ausgabedatei. Die Shell wartet auf weitere Kommandos.

Viele Textverarbeitungsprogramme unter UNIX lesen ihre Eingabe von der Standard-Eingabe (wenn man nicht explizit eine Eingabedatei auf der Kommandozeile angibt). Dies ist sehr wirkungsvoll zur Texteingabe, es hat aber den Nachteil, daß man, falls man die Eigenheiten von cat nicht beachtet, zum Beispiel auf den Fortgang des cat-Programms wartet, ebenso wie cat auf Benutzereingaben wartet.

8.3 pr - Dateien betiteln und formatieren

Das pr-Kommando wird Formatieren von Textdateiausgabe eingesetzt. Wenn man pr zum Ausdrucken einer Datei verwendet, wird die Datei in Seiten aufgeteilt, wobei jede Seite mit einer Seitennummer und einem Kolumnentitel versehen ist. Es werden Leerzeilen am Anfang und am Ende jeder Seite eingefügt. Im Normalfall wird das pr-Kommando für die Vorbereitung einer Textdatei zum Druck auf einem Zeilendrucker benutzt.

Das pr-Programm wird auch zum Erzeugen von mehrspaltigen Ausgaben benutzt, zum Ersetzen von Leerzeichen durch Tabs (und umgekehrt), zum Numerieren der Dateizeilen oder anderen einfachen Formatierungsaufgaben. Das Kommando

```
ls | pr -5 -t
```

übergibt die Ausgabe von ls an pr über eine Pipe. Das pr-Kommando erzeugt dann eine fünfspaltige Ausgabe (die Option "-5") ohne Kolumnentitel und zusätzliche Leerzeilen (Option "-t"). Die so aufbereitete Ausgabe erlaubt es, mehr Dateien auf einer Seite darzustellen.

pr wird meist für die Seitenaufteilung und Überschriftenangabe

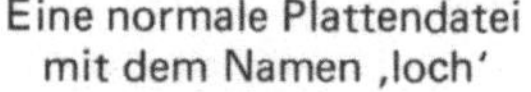

einer Datei verwendet:

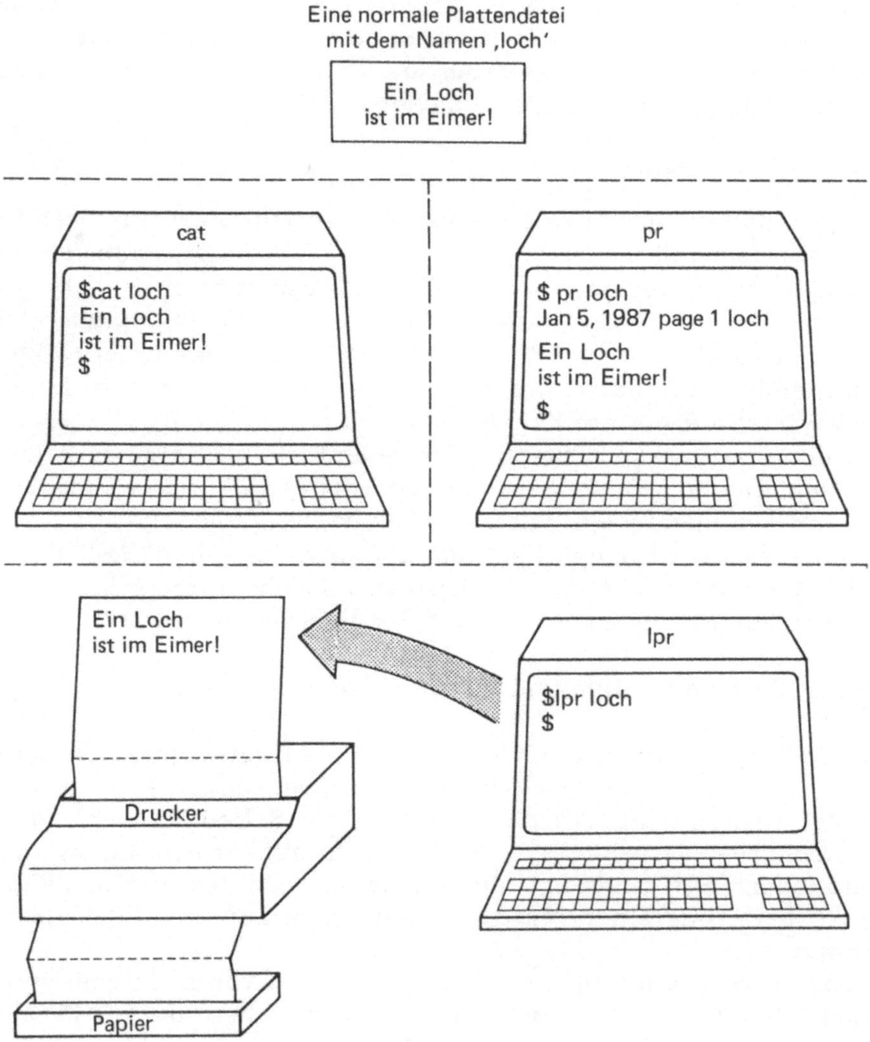

```
pr kap1 > kap1.pr
```

8.4 lpr - Dateien ausdrucken

Das lpr-Kommando gibt Dateien auf den Drucker aus. Systeme mit mehreren Druckern bieten meist mehrere Versionen des lpr-Kommandos an. Auf dem System, das zur Bucherstellung benutzt wurde, steht das lpr-Kommando für den Hauptdrucker und vpr, dpr und npr für die anderen Drucker zur Verfügung.

Es ist nicht möglich, einen Drucker gleichzeitig von mehreren Benutzern benutzen zu lassen. Stattdessen wird der Drucker für die Dauer einer Druckaufgabe einem Benutzer zugesprochen. Die Hauptaufgabe des lpr-Kommandos besteht darin, die verschiedenen Anforderungen an den Drucker zu synchronisieren und abzuwickeln. Wenn der Drucker belegt ist und das lpr-Kommando eingegeben wird, dann werden die zum Druck gesendeten Dateien in eine Warteschlange eingereiht und erst dann gedruckt, wenn der Drucker frei ist. Das lpr-Programm selbst gibt die Kontrolle bereits an den Benutzer zurück, wenn die Datei in die Warteschlange eingereiht wurde.

Das lpr-Kommando druckt normalerweise eine zusätzliche Start- und Schlußseite, der Text wird unverändert ausgegeben; es werden keine Leerzeilen eingefügt, keine Seiten numeriert und es werden auch keine anderen Funktionen des pr-Kommandos ausgeführt. Wenn man zusätzliche Leerzeilen am Anfang und Ende jeder Seite oder Seitentitel haben möchte, muß man diese Anforderungen an den Text mit dem pr-Kommando erfüllen und ausführen.

Angenommen, man möchte eine ausgedruckte Liste mehrerer Directories. Eine Möglichkeit wäre die Eingabe folgender vier Kommandos

```
ls -l /bin /usr/bin > dirdat
pr dirdat > dirdat.pr
lpr dirdat.pr
rm dirdat dirdat.pr
```

Eine andere Methode verwendet Pipes:

```
ls -l /bin /usr/bin | pr | lpr
```

Man kann mit lpr natürlich auch mehrere Dateien drucken:

```
lpr kap1.pr kap2.pr kap3.pr
```

8.5 wc - Zeilen, Worten und Zeichen zählen

Das wc-Programm (engl. word count) zählt die Anzahl der Zeilen, Worte und Zeichen in einer Textdatei. Das Kommando

```
wc kap?
```

druckt die Anzahl der Zeilen, Worte und Zeichen in den Dateien der gegenwärtigen Directory, deren Dateiname mit den Zeichen "kap" beginnt. Mit Optionen kann man steuern, ob wc Zeilen, Worte oder Zeichen zählen soll.

8.6 diff - Dateien vergleichen

Das diff-Programm zeigt an, welche Zeilen sich bei einem Vergleich zweier Textdateien unterscheiden. Die Ausgabe, die diff erzeugt, besteht aus einer Zeile, die einem Editor-Kommando ähnelt, gefolgt von den beiden Zeilen der Dateien. Die Zeilen der ersten Datei beginnen mit dem Zeichen "<", die Zeilen der zweiten Datei werden von einem ">" eröffnet. Das diff-Kommando erzeugt drei Typen von Pseudo-Editor-Kommandozeilen:

```
1.   n1 a n3, n4 ;
2.   n1, n2 c n3, n4 ;
3.   n1, n2 d n3 .
```

Die Zeilennummern n1 und n2 bezeichnen Zeilen der ersten Datei, und die Zeilennummern n3 und n4 beziehen sich auf Zeilen der zweiten Datei. Das erste dieser Pseudo-Editor-Kommandos zeigt, daß die zweite Datei Zeilen enthält (n3 bis n4), die in der ersten Datei nach Zeile n1 fehlen; das zweite Kommando besagt, daß die Zeilen n1 bis n2 der ersten Datei sich von den Zeilen n3 bis n4 der zweiten Datei unterscheiden; das dritte Kommando zeigt an, daß die erste Datei Zeilen enthält (n1 bis n2), die in der zweiten Datei nach Zeile n3 fehlen.

Sind zum Beispiel die Dateien 'arlinote' und 'arlinote2' bis auf die Zeile "Susanne-586-1234" nach Zeile 10 identisch, dann ergibt das Kommando

```
diff arlinote arlinote2
```

folgende Ausgabe:

```
10a11
>Susanne-586-1234
```

Die Ausgabe bedeutet, daß die beiden Dateien bis auf die Zeile "Susanne-586-1234" (Zeile 11 in 'arlinote2'), die hinter der Zeile 10 in 'arlinote' fehlt, identisch sind.

8.7 sort - Dateien sortieren

Das sort-Kommando wird zum Sortieren und/oder Vermengen von Textdateien benutzt. Das sort-Programm stellt die Zeilen in einer Datei abhängig von der Spezifikation auf der Kommandozeile um. Die Spezifikation kann komplex sein, sie wird daher hier nicht in allen Einzelheiten erläutert. Solange keine Vorkehrungen getroffen werden, wird die Ausgabe von sort auf den benutzten Bildschirm geleitet. Natürlich kann man die Ausgabe umlenken, um einen Ausdruck der sortierten Datei anzufertigen. Jede Eingabezeile kann mehrere Felder enthalten. Die Felder werden durch einen Feldseparator getrennt (meistens ein Tab oder Leerzeichen, der Feldseparator kann aber auch mit anderen Zeichen belegt werden). Der Teil der Eingabezeile, den das sort-Programm untersucht, um die Art der Sortierung festzustellen, heißt Sortierschlüssel. Der Sortierschlüssel kann sich auf ein oder mehrere Felder, Teile von Feldern oder die gesamte Zeile erstrecken.

Man möchte zum Beispiel eine Datei sortieren, die die Telefonnummern und Initialen einiger Personen enthält. Um die Datei zu sortieren, muß die Datei eine identische Zeilenstruktur haben und man muß den Zeilenaufbau genau kennen. Im Beispiel enthält jede Zeile der Datei die Initialen der Personen, ein Tab-Zeichen als Feldseparator und die Telefonnummer in dieser Reihenfolge.

Nehmen wir an, die hypothetische Datei 'telnums' enthält die drei Zeilen:

```
kc      362-4993
gmk     245-3209
arm     333-3903
```

Das Kommando

```
sort +0 -1 telnums > namensortiert
```

würde die Datei 'telnums' nach den Anfangsbuchstaben sortieren. Die Argumente "+0" und "-1" sagen sort, daß der Sortierschlüssel lediglich das erste Feld sein soll; die "+0" zeigt an, daß der Sortierschlüssel am Anfang der Zeile beginnt, und die "-1" sagt aus, daß der Sortierschlüssel nach dem Ende des ersten Feldes aufhört. Wenn man die Datei entsprechend der Telefonnummern sortieren möchte, kann man das Kommando

```
sort +1 telnums > nummernsortiert
```

eingeben. Das Argument "+1" bedeutet, daß der Sortierschlüssel erst nach dem ersten Feld beginnt. Nach Ende der Sortierphase würde die

Datei 'namensortiert' die folgenden Zeilenreihenfolge enthalten:

```
arm        333-3903
gmk        245-3209
kc         362-4993
```

und die Datei 'nummernsortiert' die Zeilen:

```
gmk        245-3209
arm        333-3903
kc         362-4993
```

Natürlich können auch komplizierte Sortierungen mit sort vorgenommen werden.

8.8 grep - Textmuster in Dateien suchen

Das grep-Programm (und die Programmversionen fgrep und egrep) durchsuchen Dateien nach Zeichenfolgen (Textmuster). Wenn die Zeichenfolge (das Textmuster) in einer Zeile gefunden wurde, wird die Zeile der Datei zur Standard-Ausgabe geschrieben. Man kann sich die Funktionsweise von grep so vorstellen, als schneide es Zeilen aus einer Datei heraus, wenn in der jeweiligen Zeile das Textmuster gefunden wird. Der Name grep ist abgeleitet von "global regular expression print".

Das erste Argument für grep ist das Textmuster, und die weiteren Argumente sind die Dateien, in denen das Textmuster gesucht werden soll. Das Textmuster für grep kann die meisten der regulären Ausdrücke des Standard-UNIX-Texteditors benutzen. Die Textmuster für egrep können komplexere Zeichenketten sein, die für fgrep nur feste Zeichenfolgen.

Man möchte vielleicht eine langformatige Auflistung aller Unter-directories der root-Directory. Wenn man das Kommando

```
ls -l /
```

eingibt, erscheint zwar das gewünschte Ergebnis, jedoch vermengt mit einer Liste aller normalen Dateien in der root-Directory. Das grep-Kommando kann als Filter benutzt werden, um nur noch die gewünschten Zeilen durchzulassen. Wenn dem grep-Kommando keine Dateien als Argumente übergeben werden, liest es von der Standard-Eingabe. Das grep-Kommando kann also wie folgt in einer Pipe benutzt werden:

```
ls -l / | grep '^d'
```

Dieses Kommando leitet die Ausgabe von ls nach grep. Das Textmuster für grep ist in Hochkommata gesetzt, da es ein Hütchen enthält, ein Metasymbol der Shell. Der reguläre Ausdruck "^d" paßt auf jede Zeile, die mit dem Buchstaben "d" beginnt. Da Directories in einer ls-Auflistung nur in Zeilen stehen, die mit "d" beginnen (und nicht in Zeilen, die mit "-" beginnen, wie normale Dateien), erhält man das gewünschte Ergebnis.

```
drwxrwxr-x 2 bin      2224 Jun  6 13:27 bin
drwxrwxr-x 2 root     2160 Feb  7  1984 dev
drwxrwxr-x 3 root      720 Aug  7 19:37 etc
drwxrwxr-x 2 root      624 Mar 20 11:32 lib
drwxrwxrwx 2 root       32 Apr 14  1983 mnt
drwxrwxrwx 2 root       32 Apr 14  1983 source
drwxrwxrwx 2 root     1680 Aug  8 12:33 tmp
drwxr-xr-x22 root      432 Jul 30 11:33 usr
```

(Alle Zeilen beginnen mit einem "d").

Die übliche Verwendung von grep gilt dem Auffinden aller Stellen eines Wortes in einem Schriftstück. Nehmen wir an, daß statt der Eingabe "die" häufig "dei" aus Versehen geschrieben wurde. Das Kommando

```
grep dei kap*
```

durchsucht alle "kap"-Dateien in der gegenwärtigen Directory nach dem Textmuster "dei". Natürlich hätte man dafür den Editor benutzen können, es ist aber einfacher, mit grep die Dateien zu bestimmen, die den Fehler enthalten und dann mit dem Editor die Fehler zu beseitigen.

8.9 cut und paste - Dateispalten umsortieren

Die Programme cut und paste bilden Textstücke in Dateien. Die beiden Kommandos sind äußerst nützlich für Dateien mit tabellarischem Aufbau. Das cut-Programm schneidet senkrechte Stücke aus einer Datei aus und paste fügt mehrere senkrechte Teile zu einer Datei zusammen. Sowohl cut als auch paste manipulieren Eingabedateien und geben diese auf die Standard-Ausgabe (das Terminal). Üblicherweise wird man die Ausgaben in eine Datei umlenken. Die Kommandos sind nicht so weitverbreitet wie andere Kommandos, die in diesem Kapitel erläutert wurden.

Um cut und paste zu benutzen, muß man die Konstruktion von Spalten (Feldern) in Dateien verstehen. Der einfachste Feldseparator ist ein Tab, auch wenn jedes andere Zeichen benutzt werden kann.

Es sollen die Initialen von den Telefonnummern des obigen Beispiels getrennt und in eine andere Datei übertragen werden. In der Datei standen folgende Zeilen:

```
kc        362-4993
gmk       245-3209
arm       333-3903
```

Das Kommando

```
cut -f1 telnums > initialen
```

kopiert das erste Feld (die Initialen) in die Datei 'initialen', wohingegen das Kommando

```
cut -f2 telnums > nummern
```

die Telefonnummern in die Datei 'nummern' schreibt.
    Die Datei 'initialen' enthält also

```
kc
gmk
arm
```

und die Datei 'nummern' die Zeilen

```
362-4993
245-3209
333-3903
```

Das paste-Programm kann nun diese beiden Dateien wieder zusammen"kleben". Ein Beispiel: Die neue Datei heiße 'neuetelnums' und enthalte die Telefonnummern in der Spalte vor den Initialen. paste trennt die beiden Spalten automatisch mit einem Tab.

```
paste nummern initialen > neuetelnums
```

Die Datei 'neuetelnums' enthält die folgenden Zeilen:

```
362-4993    kc
245-3209    gmk
333-3903    arm
```

8.10 spell - Suchen von Rechtschreibefehlern

Das spell-Programm unter UNIX überprüft den Text einer Textdatei nach möglichen Rechtschreibefehlern. Es benutzt ein **englisches** Wörterbuch allgemeiner Begriffe. Jedes Wort des Eingabetextes wird mit den im Wörterbuch enthaltenen Einträgen verglichen.

Wenn das Wort "frequent" im Wörterbuch ist, dann akzeptiert spell auch "frequents", "frequently", "frequency" und andere Variationen. Da jedoch nicht alle Wörter diesen Regeln der Vor- und Nachsilben gehorchen, gibt es ein weiteres Wörterbuch mit den Angaben der Ausnahmen. Wörter aus diesem Wörterbuch müssen exakt übereinstimmen, um erkannt zu werden. Es gibt viele mögliche Rechtschreibfehler in einem Dokument, die spell nicht finden kann. Es ist eine nützliche Korrekturhilfe, kann aber sorgfältiges Korrekturlesen nicht ersetzen.

8.11 crypt - Dateien verschlüsseln

Das crypt-Programm liest seine Eingabe von der Standard-Eingabe, kodiert diese und schreibt sie zur Standard-Ausgabe. Man kann Dateien verschlüsseln, um sie absolut privat zu halten. Die Verschlüsselung ist sicherer als der Schutz des Dateisystems, da der Super-User zwar jede Datei lesen, aber eine verschlüsselte nicht entschlüsseln kann. Eine verschlüsselte Datei kann man nur entschlüsseln, wenn man das Paßwort kennt, oder sehr gut im Auflösen einer Verschlüsselung ist oder viel Rechnerzeit zur Entschlüsselung bereitstellt.

Das Kommando

```
crypt xyZZy321 < kapn.dok > kapn.cry
```

verschlüsselt die Datei 'kapn.dok' entsprechend dem Schlüssel "xyZZy321". Das Ergebnis wird in der Datei 'kapn.cry' abgelegt. Mit der Eingabe von

```
crypt < kapn.dok > kapn.cry
```

wird crypt eine Meldung auf dem Bildschirm ausgeben und nach der Eingabe eines Schlüssels fragen. Die Zeichenausgabe ist während der Schlüsselworteingabe abgeschaltet. Dies ist einer der sehr seltenen Fälle, in denen ein Programm die Eingabe vom kontrollierenden Terminal und nicht von der Standard-Eingabe einlesen muß.

Die ursprüngliche Datei kann in einer entschlüsselten Form wieder erzeugt werden mit

```
crypt xyZZy321 < kapn.cry > kapn.neu
```

Die Datei 'kapn.neu' sollte mit der Datei 'kapn.dok' identisch sein.

8.12 tee - Die Ausgabe verdoppeln

Das tee-Programm liest seine Eingabedaten von der Standard-Eingabe und leitet die gelesenen Daten auf die Standard-Ausgabe und entweder in eine oder in mehrere Dateien weiter. Die Bedeutung des Programms ist analog zu einem T-Stück in einer Rohrleitung, das den Rohrinhalt auf mehrere Rohre verteilt. tee wird meist benutzt, um die Ausgabe eines Programms in einer Datei abzuspeichern und gleichzeitig auf dem Terminal darzustellen. Das Kommando

```
spell meinbuch.n | tee fehlerworte
```

sammelt alle fehlerhaften Worte aus der Datei 'meinbuch.n' in der Datei 'fehlerworte' und gibt die Liste auf den Bildschirm aus.

Das tee-Kommando kann ebenfalls benutzt werden, um Zwischenergebnisse aus einer Pipe heraus zu speichern. Wenn man eine fünfspaltige, mit Überschriften versehene Auflistung der Dateien einer Directory haben möchte, kann man das Kommando

```
ls | pr -5 | lpr
```

benutzen. Man kann die beiden Zwischenergebnisse retten, indem jede Zwischendatei auf die Platte geschrieben wird

```
ls | tee lsdat | pr -5 | tee lsprdat | lpr
```

Die Datei 'lsdat' enthält den ursprünglichen Ausdruck von ls und die Datei 'lsprdat' enthält die fünfspaltige Version der ls-Ausgabe.

8.13 tail - Das Ende einer Datei ausdrucken

Das tail-Programm wird zum Ausdrucken des Dateiendes benutzt. Es erlaubt, die letzten Zeilen einer umfangreichen Datei anzusehen, ohne den ganzen anderen Text ausdrucken zu müssen. Das Kommando

```
tail buch.neu
```

druckt die letzten Zeilen der Datei 'buch.neu' aus. Verschiedene Optionen erlauben eine Angabe für den auszudruckenden Bereich. Das Kommando

```
tail -132 buch.neu
```

druckt die letzten 132 Zeilen der Datei 'buch.neu'.

Das Kommando

```
tail +66 kap1
```

druckt alle Zeilen der Datei 'kap1', bis auf die ersten 66 Zeilen.

Eine Nummer mit einem Pluszeichen bedeutet einen Aufsetzpunkt relativ zum Anfang der Datei und eine Nummer mit einem Minuszeichen bedeutet einen Aufsetzpunkt relativ zum Ende der Datei.

Das tail-Programm kann auch in Pipes benutzt werden. Das Kommando

```
ls /usr/bin | tail -20
```

gibt die letzten 20 Dateinamen der Directory '/usr/bin' (in alphabetischer Reihenfolge) aus.

KAPITEL

9

Dateiverwaltung

Das Betriebssystem UNIX ist ein Werkzeug zur Verwaltung von Dateien.
Dieses Kapitel beschreibt die Hilfsprogramme, die die Dateiverwaltung
ermöglichen. Alle diese Programme führen nur eine einfache Funktion
aus. So muß man von Zeit zu Zeit alte Datensätze löschen, um Platz
für neue zu schaffen, die Zugriffsrechte einiger Dateien ändern und
von anderen Benutzern Dateien in eine eigene Directory kopieren.
Während in einigen Bereichen des Betriebssystems die Dateiverwaltung
vom System vorgenommen wird, muß man in vielen Fällen alle möglichen Dinge selbst durchführen. Unter UNIX ist eine Informations-
einheit eine normale Datei. Die meisten Betriebssysteme - UNIX
eingeschlossen - enthalten Programme zur Dateierzeugung, um sie von
einem Speicherplatz zum anderen zu transferieren, sie umzubenen-
nen, zu kopieren und zu löschen. Als UNIX-Benutzer muß man diese
Funktionen selbst ausführen.

In einem Mehrbenutzer-Betriebssystem sind alle Dateien einem
Benutzer zugeordnet, und es ist notwendig, ein System zu verwenden,
das Dateien eines Benutzers vor unerwünschten Zugriffen anderer
Benutzer schützt. Deshalb gibt es unter UNIX Programme, mit denen
man die Zugriffsrechte auf Dateien und die Eigentumsverhältnisse der
Dateien ändern kann.

Das UNIX-Dateisystem ist mehr als eine große Ansammlung von
Dateien. Unter UNIX sind Dateien in Gruppen, in Directories,
zusammengefaßt und die Directories sind in einer logischen Hierarchie
angeordnet. Die Hierarchie erleichtert die Organisation und Zusammenstellung der Dateien eines Benutzers. Hierzu gibt es unter UNIX
einige Programme, mit denen das Directory-System organisiert werden
kann.

Einer der Hauptgesichtspunkte der Informationsverwaltungsauf-
gabe des Benutzers ist die Entscheidung, wie die Directories organisiert werden sollen. Eine strukturierte Menge von Directories

erleichtert die Arbeit mit UNIX, besonders, wenn es für mehrere verschiedene Funktionen gebraucht wird.

9.1 rm - Dateien löschen

Das rm-Kommando (engl. remove) erlaubt das Löschen normaler Dateien (das rmdir-Kommando löscht Directories, s. Abschnitt 9.5). Um eine Datei löschen zu können, benötigt man das Schreibrecht in der Directory, aber weder Schreib- noch Leserecht für die Datei. Wenn die Datei schreibgeschützt ist, fragt das System nach, ob die Datei wirklich gelöscht werden soll.

Das Kommando

```
rm meinedat
```

löscht die Datei 'meinedat'. Gelöschte Dateien sind nicht mehr rekonstruierbar, es sei denn, der Systemverwalter hat noch eine Kopie der Datei von der letzten Sicherheitskopie des Systems. Man sollte daher rm überlegt einsetzen.

Das Kommando

```
rm *
```

löscht alle normalen Dateien in der gegenwärtigen Directory. Man sollte das Kommando nicht benutzen, solange man nicht alle Directory-Einträge löschen möchte.

Das rm-Kommando bietet zwei sehr nützliche Optionen an. Wenn man die Option "-i" angibt, muß man jeden Löschvorgang für eine Datei gesondert bestätigen. Das Kommando

```
rm -i kap*
```

fragt bei jeder Datei, die die Zeichenfolge "kap" als Anfangsbuchstaben aufweist, ob sie gelöscht werden soll. Der Dateiname wird nochmals mit einem Fragezeichen ausgegeben. Wenn man "y" oder "yes" eingibt, wird die Datei gelöscht; bei anderen Eingaben wird die Datei nicht gelöscht.

Das interaktive Löschen ist besonders bei in der ASCII-Kodierung nicht darstellbaren Zeichen vorteilhaft. Jeder Name mit Control-Zeichen ist entweder umständlich oder gar nicht einzugeben. Wenn man eine Datei, die im Namen nicht darstellbare Zeichen enthält, löschen möchte, kann man das Kommando

```
rm -i *
```

eingeben und jede Abfrage verneinen, die sich nicht auf die

gewünschte Datei bezieht.

Die andere Option ist "-r". Sie dient dazu, eine Directory, alle Angaben in der Directory und alle Unterdirectories zu löschen. Das Kommando

```
rm -r buchdir
```

löscht die Directory 'buchdir', alle Einträge und alle Unterdirectories. Die Option löscht den gesamten Baum, der zur angegebenen Directory gehört. Man sollte die Option "-r" sehr vorsichtig anwenden.

9.2 mv, cp und ln - Dateiänderungen

Die Kommandos mv (engl. move), cp (engl. copy) und ln (engl. link) erlauben Dateiänderungen vorzunehmen. Das mv-Kommando bewegt eine Datei von einem Platz in der Directory-Struktur an eine andere Stelle. Liegen beide Stellen im gleichen Dateisystem, ist die Bewegung lediglich ein Umbenennen der Datei. Wenn die beiden Positionen allerdings in zwei verschiedenen Dateisystemen liegen, müssen die Daten der Datei in das andere Dateisystem verschoben werden.

Das Kommando

```
mv kap3 kap3.kopie
```

benennt eine normale Datei um. Der alte Name ist 'kap3' und der neue Name ist 'kap3.kopie'. Nach Durchführung der Operation gibt es die Datei 'kap3' nicht mehr. Die erste Datei ('kap3') heißt Quelldatei (source) und die zweite ('kap3.kopie') heißt Zieldatei (target, destination).

Normalerweise kann man das mv-Kommando nicht zum Umbenennen von Directories benutzen. Als Ausnahme gilt, wenn die Quell- und Zieldatei die gleiche Ausgangs-Directory haben. Wenn 'meinedir' eine Directory ist, dann ist das Kommando

```
mv meinedir meineneuedir
```

ein legales Kommando, da beide Directories dieselbe Ausgangs-Directory haben. Das Kommando

```
mv meinedir ../meineneuedir
```

ist nicht erlaubt, da Quell- und Zieldatei nicht dieselbe Ausgangs-Directory haben.

Wenn die Quelldatei eine normale Datei und die Zieldatei eine Directory ist, dann wird die Quelldatei in die Zieldirectory verschoben. Ist zum Beispiel '1adat' eine normale Datei und 'meinedir' eine Unterdirectory der gegenwärtigen Directory, dann bewegt das Kommando

    mv 1adat meinedir

die Datei '1adat' in die Directory 'meinedir'. Man kann sich davon mit dem Kommando

    ls meinedir/1adat

überzeugen. In Erweiterung des Kommandos mv können auch mehrere Quelldateien angeben werden, wenn die Zieldatei eine Directory ist. Das Kommando

    mv 1adat1 1adat2 1adat3 1adat4 meinedir

verschiebt alle vier Dateien aus der gegenwärtigen Directory in die Directory 'meinedir'.

Das cp-Kommando erstellt eine Kopie einer Datei. Der Unterschied zwischen mv und cp ist, daß mv die Quelldatei löscht, wohingegen cp sie bestehen läßt. Das Kommando

    cp kap4 kap4.archiv

erstellt eine Kopie der Datei 'kap4' unter dem Namen 'kap4.archiv'. Die Datei 'kap4' wird von der Operation nicht verändert. Die Quelldatei darf keine Directory sein.

Wenn die Zieldatei von cp eine Directory ist, dann kopiert cp die Quelldateien in die Zieldirectory. Diese Directory muß bereits vor dem Aufruf von cp existieren. Ich habe eine Directory 'bkupdir', in der ich Kopien wichtiger Dateien aufbewahre. Das Kommando

    cp kap4 bkupdir

erzeugt eine Kopie von 'kap4' in der Directory 'bkupdir'.

Man kann mehrere Quelldateien angeben, wenn die Zieldatei eine existierende Directory ist. Das Kommando

    cp kap* bkupdir

stellt Kopien aller "kap"-Dateien in der Directory 'bkupdir' her.

Das ln-Kommando legt für eine Datei einen Directory-Eintrag unter einem weiteren Namen an.

Wenn man das cp-Kommando benutzt, wird eine Kopie der Datei erzeugt. Werden Änderungen an einer der beiden Versionen vorgenommen, ändert dies nichts an der anderen Datei. Mit dem ln-Kommando wird ein weiterer Name für eine Datei angelegt. Es wird keine Kopie der Datei erzeugt.

Das Kommando

ln kap8 GenDatKap

erzeugt einen zweiten Namen für die Datei 'kap8'. Der neue Name ist
'GenDatKap'. Beide Namen sind gleichermaßen gültig und können
benutzt werden, um die Datei zu bezeichnen.

Man kann die Anzahl der Verweise auf eine Datei mit dem ls-Kommando feststellen. Das Kommando

ls -l kap8 GenDatKap

zeigt, daß beide Dateien zwei Verweise haben. Man kann mit der
Option "-i" (der inode-Option) des ls-Kommandos untersuchen, ob zwei
Namen nur Verweise auf dieselbe Datei sind oder ob es sich um zwei
verschiedene Dateien handelt (Ein Inode, ein Informationsknoten, ist
eine Struktur, mit der UNIX die Charakteristika einer Datei festlegt, s.
Abschnitt 19.6). Wenn zwei Namen dieselbe Datei bezeichnen, dann
sind beide Namen mit demselben Inode verbunden. Das Kommando

ls -i kap8 GenDatKap

zeigt die Nummern der Inodes der beiden Dateien. Wenn die Namen
wirklich Verweise auf dieselbe Datei sind, dann sind die Nummern identisch, anderenfalls sind die Inode-Nummern verschieden.

Eine andere Stelle, an der Pseudonyme (Verweise) eine wichtige
Rolle spielen, ist die Directory-Hierarchie. Der Name '..' bezeichnet
immer die Vorgänger(Ausgangs)-Directory. Wenn eine Datei erzeugt
wird, verweist das System unter dem Namen '..' auf die Vorgänger-
Directory und unter dem Namen '.' auf die erzeugte Directory. Der
Aufbau der Directory-Hierarchie beruht auf den Verkettungen der
Directory-Dateien. Man kann das ln-Kommando nicht verwenden, um
Verbindungen zu ändern, die das Dateisystem zusammenhalten.

9.3 chmod, chown und chgrp - Den Dateimodus ändern

Die Kommandos chmod (engl. change mode), chown (engl. change
owner) und chgrp (engl. change group) werden zur Kontrolle der
Dateizugriffsrechte benutzt. Die Feinabstimmung im Dateisystem
führt zur Flexibilität und zum Einhalten der Zugriffsrechte. Sie ist
eine der Stärken von UNIX. Die Kommandos können nur vom Eigentümer einer Datei oder vom Super-User ausgeführt werden.

Die drei Operationen, die auf Dateien ausgeführt werden können,
sind Lesen, Schreiben und Ausführen. Es gibt drei Stufen der Zugriffsrechte für jede Datei: die Rechte des Eigentümers, die der Gruppe und
die aller anderen. Für jede Stufe der Zugriffsrechte kann jede der drei

Operationen erlaubt oder verwehrt werden (Der set-id-Modus und der sticky-Modus können auch gesetzt oder verwehrt werden, sie sind hier aber nicht erläutert, da es sich um Merkmale für die Systemprogrammierung handelt).

Man kann nur die Zugriffsrechte für solche Dateien ändern, die einem auch gehören. Wenn man zum Beispiel eine Datei für jederman außer sich selbst nicht lesbar und nicht beschreibbar machen möchte, kann man das mit dem Kommando

```
chmod go-rw datei
```

tun. Das Argument "go-rw" legt die neuen Zugriffsrechte fest. Die Buchstaben "g" und "o" sagen, daß die Rechte für die Gruppe (engl. group) und alle anderen (engl. others) geändert werden sollen. Mit dem Minuszeichen werden die Rechte entzogen, und die Buchstaben "r" und "w" sagen, daß die Lese- und Schreibrechte verändert werden sollen.

Das Format für die Kontrollwerte ("go-rw" im obigen Beispiel) besteht aus drei Teilen: wer, was (Operator), wofür (Erlaubnis). Im Beispiel "go-rw" war "go" (für Gruppe und andere) stellvertretend für "wer", mit "-" wurden die Rechte entzogen, und der Teil "rw" (Lesen und Schreiben) beantwortet die Frage "wofür".

Die Zeichen für die Teilfelder des Kontrollwertes sind in folgender Tabelle aufgeführt:

```
        Benutzerklasse                    Operator
        -----------------------------------------------------
        u | Eigentümer (engl. user)       - | Entzug
        g | Gruppe (engl. group)          + | Ermächtigung
        o | andere (engl. others)         = | absoluter Wert
        a | alle (ugo)


            Erlaubnis
        -------------------------------------------
        r     lesen (engl. read)
        w     schreiben (engl. write)
        x     ausführen (engl. execute)
        s     set user (group) id Modus
        t     save text (sticky) Modus
        u     die gegenwärtigen Rechte für den Eigentümer
        g     die gegenwärtigen Rechte für die Gruppe
        o     die gegenwärtigen Rechte für alle anderen
```

Das Kommando

```
chmod a=rw meinedat
```

verfügt für 'meinedat' die Lese- und Schreibrechte für den Dateieigentümer, die Gruppe und alle anderen. Das Kommando

```
chmod g+x maches
```

setzt die Ausführungsrechte für die Gruppe der Datei 'maches' fest. Das Kommando

```
chmod o-rwx maches
```

sperrt die Datei 'maches' für andere; sie haben für diese Datei keine Rechte mehr.

Die Kommandos chown und chgrp ändern die Benutzer- und Gruppenzugehörigkeit einer Datei. Diese Kommandos werden gewöhnlich benutzt, wenn ein Benutzer Dateien von anderen Benutzern überspielt bekommt oder kopiert.

Das Kommando

```
chown kc *
```

übereignet alle Dateien in der gegenwärtigen Directory dem Benutzer "kc". Der Name des neuen Benutzers muß entweder ein gültiger login-Name oder eine Benutzeridentifikationsnummer (engl. uid, user identification number) sein. Der login-Name und die Benutzernummer können in der Datei '/etc/passwd' gefunden werden.

Das Kommando

```
chgrp anfaenger abstuerze
```

verbindet die Gruppe "anfaenger" mit der Datei 'abstuerze'. Der angegebene Gruppenname ist entweder ein gültiger Gruppenname oder eine Gruppennummer aus der Datei '/etc/group'.

9.4 mkdir und rmdir - Directories erzeugen oder löschen

Das mkdir-Kommando (engl. make directory) erzeugt eine Directory. Wenn das System eine Directory anlegt, werden automatisch die Dateien '.' und '..' in die neue Directory eingetragen. Der Name '.' ist ein Pseudonym für die Directory und der Name '..' ist ein Pseudonym für die Vorgänger-Directory der neuen Directory. Alle Directories enthalten diese Einträge. Normale Benutzer können diese Einträge nicht löschen. Eine Directory, die nur die beiden Einträge '.' und '..' enthält, heißt leer.

Das Kommando

    mkdir nochmehr

erzeugt eine Directory mit dem Namen 'nochmehr'. Diese Directory
wird eine Unterdirectory der gegenwärtigen Directory sein. Gibt man
das Kommando

    ls nochmehr

ein, stellt man fest, daß die Directory 'nochmehr' leer ist.
Das Kommando

    ls -a nochmehr

zeigt jedoch, daß 'nochmehr' die zwei Einträge '.' und '..' enthält. Das
Kommando

    ls -id . nochmehr/..

zeigt, daß der Eintrag '..' in 'nochmehr' und die gegenwärtige Directory
auf denselben Inode zeigen (die Optionen "a", "i" und "d" sind in Abschnitt 7.2 und im verkürzten Manual beschrieben).
   Nach einigen Arbeitssitzungen wird die Directory 'nochmehr' sicherlich mit Dateien aufgefüllt sein. Wenn man die Directory 'nochmehr'
löschen möchte, dann muß man vorher alle Einträge löschen. Wenn
'nochmehr' nur normale Dateien enthält, dann kann man alle Dateien
mit dem Kommando

    rm nochmehr/*

löschen. Enthält 'nochmehr' noch weitere Unterdirectories, ist das
Löschverfahren etwas aufwendiger. Sobald 'nochmehr' leer ist, löscht
das Kommando

    rmdir nochmehr

die Directory.

KAPITEL

10

Anspruchsvolles Editieren

In Kapitel 5 wurden die einfachen Kommandos des Editors zur Texteingabe und -veränderung erläutert. Diese Kommandos sind für den gelegentlichen Gebrauch ausreichend, darüberhinaus bietet der Editor jedoch weitere Editiermöglichkeiten, die in diesem Kapitel beschrieben werden.

Die bisherigen Erläuterungen der Editorfunktionen galten für die meisten unter UNIX zur Verfügung stehenden Editoren; die komplexeren Funktionen, die ich hier darstellen möchte, gelten jedoch nur für einige Editorprogramme.

Am Ende dieses Kapitels werden zwei Editierformen beschrieben, das zeilenorientierte und das bildschirmorientierte Editieren. Beide Arbeitsvorgaben erleichtern in unterschiedlicher Weise die Editierarbeit.

10.1 Text in die Arbeitsdatei einlesen

In Kapitel 5 wurde kurz das Einlesen eines Textes von einer Datei, die auf dem Plattenspeicher gespeichert ist, in die Arbeitsdatei des Editors beschrieben. (Die Arbeitsdatei wird auch oft Text- oder Arbeitspuffer genannt.) Wenn man beim Aufruf des Editors den Namen einer Datei angibt, wird diese Datei automatisch in den Arbeitspuffer geladen. Wenn die angegebene Datei nicht existiert, wird sie bei der Eingabe des ersten write-Kommandos erzeugt. Das Shellkommando

```
ed meinedok
```

started den Editor und lädt die Datei 'meinedok' in die Arbeitsdatei.

Dasselbe Ergebnis kann erreicht werden, wenn man zuerst nur das

Shellkommando

>   **ed**

und anschließend das edit-Kommando des Editors ausführt.

>   **e meinedok**

Das edit-Kommando ("e") weist den Editor an, die - falls vorhandene - Arbeitsdatei zu löschen und den Inhalt der angegebenen Datei vom Plattenspeicher in den Arbeitspuffer zu laden. Der bisherige Inhalt des Arbeitspuffers geht dadurch verloren. Das "e"-Kommando kann sowohl am Anfang der Editorsitzung (wie im obigen Beispiel) wie auch im Fortgang der Sitzung zum Editieren einer neuen Datei benutzt werden. Das "e"-Kommando ist genauso gefährlich wie das "q"-Kommando zum Verlassen des Editors; man sollte beide vorsichtig einsetzen. Viele Editoren warnen den Benutzer, wenn der alte Arbeitspuffer zwar geändert, aber noch nicht gesichert wurde, so daß Änderungen im Text noch abgespeichert werden können, bevor eine neue Datei aufgerufen wird und die im Arbeitspuffer vorhandene überschreibt.

Der Editor benötigt keinen Dateinamen, um arbeiten zu können; man kann den Editor ohne Angabe einer Eingabedatei starten und den Text zu einer leeren Arbeitsdatei hinzufügen. Der Dateiname kann später entweder mit dem file-Kommando ("f") oder beim write-Kommando ("w") durch eine Dateinamenangabe angegeben werden.

Manchmal möchte man den Inhalt der gegenwärtigen Arbeitsdatei mit dem einer Datei vom Plattenspeicher verknüpfen. Das Editorkommando

>   **0r kopfdat**

fügt eine Kopie von 'kopfdat' hinter die nullte Zeile der Arbeitsdatei ein. Das read-Kommando ("r") liest die angegebene Datei und fügt den Inhalt hinter der angegebenen Zeile ein. Wenn keine Zeilennummer angegeben ist, wird der Text hinter die gegenwärtige Zeile geschrieben. Der Unterschied zwischen dem read-Kommando und dem edit-Kommando ist, daß das read-Kommando den Text zur gegenwärtigen Arbeitsdatei hinzufügt, ohne daß der Inhalt des Arbeitspuffers vorher gelöscht wird.

Die Editoren unter UNIX haben jedoch den Nachteil, daß man mit ihnen nicht nur einen Teil einer Datei lesen kann. Wenn man nur einen Teil einer Datei lesen möchte, muß man die Datei vollständig laden, den unerwünschten Teil löschen und den Rest in eine temporäre Datei übertragen. Danach kann man die Datei editieren und den vorgesehenen Teil der ursprünglichen Datei lesen.

10.2 Das file-Kommando

Der Editor erinnert sich an den Namen der Datei, die editiert wird. Das file-Kommando ("f") wird benutzt, um diesen Dateinamen anzuzeigen, oder es bietet die Möglichkeit an, den Namen zu ändern. Das Editorkommando

```
f
```

gibt den Dateinamen aus. Das Editorkommando

```
f meineneuedok
```

ändert den Namen der aktuellen Datei in 'meineneuedok' um.

Es gibt drei Kommandos, die den Dateinamen der aktuellen Datei ändern: "f", "e" und "w". Das read-Kommando hat keinen Einfluß auf den gemerkten Namen.

10.3 Das global-Kommando

Die meisten Kommandos betreffen entweder eine einzelne Zeile in der Datei oder eine Zeilengruppe. Das Editor global-Kommando ("g") wird benutzt, um Kommandos so zu modifizieren, daß sie alle Zeilen, die eine bestimmte Zeichenfolge enthalten, betreffen. Alle Zeilen, die das Wort "helfen" enthalten, sollen ausgedruckt werden. Das Editorkommando

```
g/helfen/p
```

druckt alle Zeilen aus, die die Zeichenkette "helfen" enthalten. Der Ausdruck "g/helfen/" ändert das print-Kommando "p", so daß es alle Zeilen betrifft, die die Zeichenkette "helfen" beinhalten. Das Zeichen "g" eröffnet den globalen Änderungsausdruck, und die gesuchte Zeichenfolge ("helfen" in diesem Fall) wird in Slashes eingeschlossen.

Das global-Kommando (und weitere Varianten) ist äußerst nützlich. Da Fehler oder Probleme in Texten meistens häufiger vorkommen und es sich gewöhnlich um eine Zeichenfolge handelt, die das Problem beschreibt, ist es wahrscheinlich, daß ein möglicher Lösungsweg die Verwendung des global-Kommando ist.

Das global-Kommando arbeitet in zwei Stufen. Zunächst wird veranlaßt, daß der Text durchsucht und eine Liste aller Zeilen, die das Textmuster enthalten, erstellt wird. Daran anschließend wird dann das betreffende Kommando auf diese Zeilen angewendet.

Es ist auch möglich, einen Zeilenbereich für das global-Kommando anzugeben. Wenn man alle Zeilen ausdrucken möchte, die zwischen den Zeilen 50 und 100 liegen und das Wort "alpha" enthalten, kann man folgendes Kommando verwenden:

        50,100g/alpha/p

Zeichenfolgen können ebenso als Adressen verwendet werden, um einen Bereich anzugeben:

        /beta/,/dopa/g/zeta/d

Dieses Kommando löscht alle Zeilen, die die Zeichenfolge "zeta" enthalten, von der Zeile nach der gegenwärtigen Zeile, die das Wort "beta" enthält, bis zur ersten Zeile nach einer, die das Wort "dopa" enthält. Zeilen mit "zeta" außerhalb dieses Bereiches werden vom Kommando nicht erfaßt.

Das "v"-Kommando ist die negierende Version des global-Kommandos. Das "v"-Kommando durchsucht den Text und erstellt eine Liste aller Zeilen, die die angegebene Zeichenfolge nicht enthalten. Danach geht das "v"-Kommando erneut durch den Text und wendet das betreffende Kommando auf alle Zeilen in der Liste an. Das Kommando

        v/-/s/330/340/p

ersetzt zum Beispiel in allen Zeilen, die keinen Bindestrich enthalten, das Wort "330" durch "340".

Zusätzlich zur Veränderung nur eines Kommandos, können die globalen Kommandos ("g" und "v") benutzt werden, um eine Kommandoliste zu verändern. Angenommen, man möchte in allen Zeilen, die das Wort "Bekleidung" enthalten, die Worte "Hut" in "Muetze", "Jacke" in "Mantel" und "Handschuh" in "Faeustling" umändern. Natürlich kann man das mit drei verschiedenen global-Kommandos erledigen. Es ist jedoch einfacher, das folgende Kommando einzugeben:

        g/Bekleidung/s/Hut/Muetze/\
        s/Jacke/Mantel/\
        s/Handschuh/Faeustling/

Dies führt die drei Ersetzungen in jeder Zeile aus, die das Wort "Bekleidung" enthält. Der Backslash am Ende der ersten beiden Zeilen sagt dem Editor, daß das Kommando noch weitere Einzelkommandos enthält.

10.4 Das join-Kommando

Das join-Kommando ("j") verbindet zwei Zeilen. Das Editorkommando

Kommandos, die keine Adressen verwenden

e [dateiname]

Das edit-Kommando wird benutzt, um den Arbeitspuffer zu löschen und eine neue Datei einzulesen. Der bisherige Inhalt des Arbeitspuffers geht dadurch verloren. Wenn ein Dateiname angegeben ist, wird der Text aus der Datei gelesen und der Dateiname registriert. Wenn kein Dateiname angegeben ist, wird der Text aus der Datei gelesen.

f [dateiname]

Das file-Kommando wird benutzt, um den aktuellen Dateinamen anzuzeigen oder zu ändern. Ohne Argument druckt das file-Kommando den Dateinamen aus, mit Argument ändert es den Dateinamen in den als Argument angegebenen neuen Namen um.

! kommando [argumente]

Dieses Kommando (engl. shell escape) erlaubt die Ausführung normaler Shell-Kommandos, ohne den Editor verlassen zu müssen.

Kommandos, die eine Adresse verwenden †

.r dateiname

Das read-Kommando liest den Inhalt der angegebenen Datei und fügt ihn hinter der angegebenen Zeile in den Textpuffer des Editors ein. Wenn keine Zeile angegeben ist, wird der eingelesene Text hinter der gegenwärtigen Zeile eingefügt.

Kommandos, die zwei Adressen verwenden ††

1,$g/regaus/edkmdo

Das global-Kommando markiert jede Zeile innerhalb des angegebenen Bereichs, die die durch den regulären Ausdruck regaus beschriebene Zeichenfolge enthält. Das Editor-Kommando edkmdo wird dann auf jede dieser markierten Zeilen angewendet.

.,.+1j   Das join-Kommando vereinigt zwei oder mehrere Zeilen zu einer Zeile.

1,$w [dateiname]

Wenn kein Dateiname angegeben ist, schreibt das write-Kommando die angegebenen Zeilen unter dem aktuellen Dateinamen auf die Platte. Wenn ein Dateiname angegeben ist, werden die Zeilen unter diesem Namen gespeichert.

---

† Die voreingestellte Adresse ist angeführt.
†† Die voreingestellten Adressen sind angeführt.

Bild 10.1: Einige höhere Editor-Kommandos.

fügt zur vorhergehenden Zeile die gegenwärtigen Zeile hinzu. (Das
Minus-Zeichen ist eine Abkürzung für die Zeile vor der gegenwärtigen
Zeile.) Eine Gruppe von Zeilen kann ebenfalls mit dem join-Kommando
verbunden werden:

```
10,20j
```

Man muß allerdings aufpassen, daß keine zu langen Zeilen entstehen
(meist ist die Zeilenlänge auf 255 Zeichen beschränkt).

   Das join-Kommando überprüft vor dem Verbinden der Zeilen, ob die
entstehende Zeilenlänge die erlaubte Obergrenze verletzt. Wird diese
Grenze überschritten, können die Zeilen nicht verbunden werden. Um
zu gewährleisten, daß keine überlangen Zeilen entstehen, bietet das
join-Kommndo die einzige Möglichkeit, Zeilen miteinander zu verbinden.

   Man kann mit dem substitute-Kommando eine Zeile in zwei oder
mehr Segmente aufteilen. Das Zeilenteilen kann problemlos durchgeführt werden, da die neuen Zeilen nicht zu lang sein können. Wenn
man eine Zeile auftrennen möchte, kann man ein Newline-Zeichen an
einer beliebigen Stelle einfügen. Das substitute-Kommando

```
s/Zeit /Zeit\
/
```

trennt die Zeile

```
Eine Aufgabe zur Zeit erspart viel Aerger.
```

in die Zeilen

```
Eine Aufgabe zur Zeit
erspart viel Aerger.
```

durch Einfügen eines Newlines hinter dem Wort "Zeit". Im Kommando
mußte man nach dem zweiten Wort "Zeit" einen Backslash, ein Return,
einen Slash und ein weiteres Return zur Vervollständigung des Kommandos eingeben. Der Backslash vor dem ersten Return verhindert,
daß der Editor das Kommando als beendet ansieht. Die Eingabezeile
ist deshalb erst nach dem zweiten Return abgeschlossen. Wenn man
sich das Kommando auf einer Zeile vorstellt, kann man das nun schon
vertraute Kommando "s/must1/must2/" erkennen. Wenn man ein
Return nach einem Backslash eingibt, tippt man zwar auf der
nächsten Bildschirmzeile weiter, die Eingabezeile gilt aber noch nicht
als abgeschlossen.

10.5 Reguläre Ausdrücke

In den Kapiteln über den Editor wurde immer wieder von Zeichenfolgen gesprochen. Zeichenfolgen sind beim Editieren sehr wichtig, da mit ihnen Zeilen identifiziert und verändert werden können. Eine Folge, die bei Zeichenkettenvergleichen verwendet wird, wird als regulärer Ausdruck bezeichnet. Ein regulärer Ausdruck wird auf eine oder mehrere Zeichenketten angewendet.

Reguläre Ausdrücke finden in zwei Fällen beim Editieren Verwendung; als Suchfolge und als erster Teil des substitute-Kommandos. Wenn ein regulärer Ausdruck als Suchfolge benutzt wird, ist er entweder von einem Paar von Slashes oder Fragezeichen eingeschlossen. Wenn ein regulärer Ausdruck als erster Teil des substitute-Kommandos verwendet wird, kann jedes Zeichen außer einem Leerzeichen oder Return als Begrenzungszeichen benutzt werden. (Slashes sind die am häufigsten verwendeten Zeichen, da sie auch optisch die Trennung verdeutlichen.)

Die zweite Zeichenfolge des substitute-Kommandos (s/must1/must2/) wird als Ersetzungswort bezeichnet. Der Unterschied zwischen einem regulären Ausdruck und einer Zeichenkette als Ersetzungswort ist, daß ein regulärer Ausdruck bei Vergleichsoperationen auf Zeichenfolgen benutzt wird und daß er Metasymbole enthalten kann, die die Art des Vergleichs bestimmen. Metasymbole besitzen eine spezielle Bedeutung nur in einem regulären Ausdruck, jedoch nicht in einem Ersetzungswort.

10.5.1 Metasymbole in regulären Ausdrücken

Die bis jetzt verwendeten regulären Ausdrücke waren lediglich einfache reguläre Ausdrücke, die die Arbeit mit dem Editor erleichtern. Zur fortgeschrittenen Bearbeitung mit dem Editor fehlen noch einige Kommandos. Die folgenden Zeichen (Metasymbole) haben eine spezielle Bedeutung, wenn sie in regulären Ausdrücken verwendet werden:

.   Punkt;

*   Stern;

[linke eckige Klammer;

\   Backslash;

^   Hütchen;

$ Dollar.

Wenn man die obengenannten Zeichen sorgfältig bei der Konstruktion regulärer Ausdrücke vermeidet, dann können die regulären Ausdrücke nur auf Textstellen passen, die Buchstabe für Buchstabe mit dem regulären Ausdruck übereinstimmen. Wenn man die folgenden fünf Textmuster als reguläre Ausdrücke verwendet, passen sie nur auf sich selbst, da kein Metasymbol verwendet wurde:

```
hallo
tschuess
Dies ist ein langer regulaerer Ausdruck !
abcdefghijklmnopqrstuvwxyz
01234
```

Der Backslash kann benutzt werden, um die spezielle Bedeutung eines Metasymbols auszuschalten. Die folgende Zeichenkette paßt nur auf das Wort "Ende", wenn diesem Wort ein Punkt folgt:

```
Ende\.
```

Wenn die gegenwärtige Textzeile des Editors den Satz "Dies ist das Ende vom Ende." enthält, kann man das letzte Wort "Ende" wie folgt in "Mitte" abändern:

```
s/Ende\./Mitte./
```

In diesem Beispiel ist "Ende\." der reguläre Ausdruck und "Mitte." das Ersetzungswort. Der Punkt im Ersetzungswort muß nicht mit einem Backslash versehen werden.

Es wird eine Textzeile betrachtet, die die Zeichenfolge "!!&&*$$" enthält. Das Editor print-Kommando

```
/!!&&\*\$\$/p
```

findet diese Zeile und druckt sie aus. Diese Zeichenkette soll durch das Wort "verdammt" ersetzt werden:

```
s/!!&&\*\$\$/verdammt/
```

löst das Problem.

Wenn man die Metasymbole des Editors kennt und zudem weiß, wie man ihre spezielle Bedeutung aussetzen kann, wird man den Editor ohne größere Überraschungen benutzen können. Die Beherrschung des Editors verlangt jedoch gute Kenntnisse über reguläre Ausdrücke. Den letzten Teil des Kapitels kann man überspringen, wenn man die Arbeit mit regulären Ausdrücke nicht perfekt beherrschen möchte.

10.5.2 Reguläre Zeichenausdrücke

Komplexe reguläre Ausdrücke sind aus regulären Zeichenausdrücken aufgebaut, man muß also zuerst die Regeln für die regulären Zeichenausdrücke lernen. Es folgt hier eine Liste aller regulären Zeichenausdrücke, die der Editor akzeptiert:

1. Ein einzelnes Zeichen, das kein Metasymbol ist: Alle Zeichen außer den Metasymbolen bilden reguläre Ein-Zeichen-Ausdrücke. Das Zeichen "a" steht für "a", das Zeichen "b" für "b" usw.

2. Mit Backslash versehene Metasymbole: Die Metasymbole (Punkt, Stern, Hütchen, Dollarzeichen, linke eckige Klammer, Backslash) verlieren ihre Bedeutung, wenn sie von einem Backslash (\) eingeleitet werden. Die folgenden Zeichenpaare sind daher reguläre Zeichenausdrücke, die nur auf die angegebenen Zeichen passen:

   \.   paßt auf den Punkt

   *   paßt auf den Stern

   \^   paßt auf das Hütchen

   \$ paßt auf das Dollarzeichen

   \[paßt auf die linke eckige Klammer

   \\   paßt auf den Backslash

Unter einigen Editoren kann die spezielle Bedeutung der Metasymbole durch Angabe des Modus "nomagic" bis auf Widerruf abgeschaltet werden. Im "nomagic"-Modus haben die Metasymbole nur dann ihre spezielle Bedeutung, wenn sie nach einem Backslash stehen. Viele Editoren haben keine "nomagic" oder "magic"-Modi.

3. Das Metasymbol Punkt: Ein Punkt ist ein regulärer Zeichenausdruck, der auf jedes einzelne Zeichen außer Newline paßt.

4. Das Metasymbol linke eckige Klammer: Mit einer linken eckigen Klammer beginnt eine Zeichenmenge. Das Ende der Menge wird durch eine rechte eckige Klammer angezeigt. Die Zeichenmenge ist ein regulärer Zeichenausdruck, der auf jedes der in der Zeichenmenge aufgeführten Zeichen paßt.

Die Zeichenmenge "[abcd]" paßt auf jeden der ersten vier Kleinbuchstaben des Alphabets. Ein Bindestrich kann zur Angabe eines einschließenden Bereichs benutzt werden; die Menge "[a-d]" paßt auf jeden der ersten vier Kleinbuchstaben des Alphabets. Ein Bindestrich am Ende der Zeichenmenge verliert diese Bereichsbedeutung (die Menge "[ab-]" paßt auf die Zeichen "a", "b" und "-"). Wenn ein Hütchen am Anfang einer Zeichenmenge steht, dann paßt der reguläre Ausdruck, der durch die Zeichenfolge beschrieben ist, auf jedes Zeichen, das nicht in der Menge ist. Die Menge "[^a-z]" paßt auf jedes einzelne Zeichen, das kein Kleinbuchstabe ist. Das Hütchen verliert seine Bedeutung, wenn es nicht als erstes Zeichen in der Menge steht. (Die Menge "[0-9^&]" paßt auf alle Ziffern, das Hütchen und das Und-Zeichen.)

Die Zeichen Punkt, Stern, linke eckige Klammer und Backslash repräsentieren in einer Zeichenfolge für sich selbst. Die Zeichenmenge "[\ *.]" paßt entweder auf einen Backslash, einen Stern oder einen Punkt.

10.5.3 Das Kombinieren von regulären Zeichenausdrücken

Reguläre Zeichenausdrücke können nach folgenden Regeln zu regulären Ausdrücken kombiniert werden:

1. Zusammenhängen: Eine Sequenz von regulären Ausdrücken paßt auf die Folge der einzelnen gefundenen Komponenten. Der reguläre Ausdruck "abc" paßt deshalb genau auf "abc", der reguläre Ausdruck "a.c" aber auf alle Folgen von drei Zeichen, die mit "a" beginnen und mit "c" enden.

2. Der Stern-Operator: Der Stern-Operator steht für die n-fache Wiederholung des vorhergehenden Zeichenausdrucks. Der reguläre Ausdruck "12*3" paßt auf jede der folgenden Zeichenfolgen:

   13
   123
   1223
   12223

3. Das Dollarzeichen: Wenn ein Dollarzeichen am Ende eines Ausdrucks plaziert wird, dann kann dieser Ausdruck nur für eine Zeichenfolge gelten, die am Ende einer Zeile steht. Zum besseren Verständnis kann man sich vorstellen, daß durch das Dollarzeichen am Ende eines Ausdrucks das Newline-Zeichen am Ende einer Editorzeile bezeichnet wird. Ein Dollarzeichen am Anfang oder in der Mitte einer Zeile steht für das Währungssymbol. Der Ausdruck "123$" paßt auf die Zeichenkette "123", wenn sie am Ende einer Zeile steht. Der Ausdruck "$123" paßt auf die Zeichenfolge "$123" an einer beliebigen Stelle der Zeile.

4. Das Hütchen: Es ist ein Metasymbol und gilt in zwei Fällen.
   Zum einen wenn es am Anfang eines Ausdrucks steht und zum
   zweiten wenn es das erste Zeichen in einer Zeichenmenge ist.
   Wenn das Hütchen am Anfang eines Ausdrucks steht, dann
   muß der Ausdruck am Anfang einer Zeile erfüllt werden. Das
   Hütchen am Anfang eines Ausdrucks bewirkt, daß die
   gesuchte Zeichenfolge nur am Zeilenanfang gefunden werden
   kann. Der reguläre Ausdruck "^Hallo" paßt auf die Zeichenkette "Hallo", wenn sie am Anfang einer Zeile steht. Der
   reguläre Ausdruck "Hallo^" paßt auf die Zeichenkette
   "Hallo^" überall in der Zeile.

Einige Editoren erlauben eine Untergliederung der Ausdrücke. Ein
untergliederter Ausdruck ist in Segmente aufgeteilt. Die einzelnen
Segmente können mit speziellen Notationen angesprochen werden.
Diese Technik ist aber nicht häufig genug verfügbar, um hier behandelt zu werden.

Man sollte die unterschiedliche Bedeutung der Zeichenausdrücke
beim Editieren und bei der Angabe von Dateinamen beachten. Ein
Stern bezieht sich im Editor auf den voranstehenden Ausdruck, bei der
Dateinamenangabe hingegen steht der Stern als Platzhalter für jede
beliebige (auch leere) Zeichenfolge. Weiterhin bezeichnet der Punkt
im Editor ein beliebiges einzelnes Zeichen, bei der Dateinamenerzeugung erfüllt das Fragezeichen diese Funktion.

10.6 Ausführliches zum substitute-Kommando

Das substitute-Kommando ist wahrscheinlich das vielfältigste
Editorkommando. Das Ändern eines Wortes in einer kurzen Zeile ist
einfach, aber den dritten Stern in einer Programmzeile der Programmiersprache C zu ändern, kann mehr Aufwand bedeuten als das
Schreiben eines Programms. Eine typische Lösung des Problems ist
das Löschen und erneute Eingeben der fehlerhaften Zeile (die Korrektur der Schreibfehler ist das nächste Problem). Im folgenden werden
einige der nützlichen, aber anspruchsvolleren Techniken der Texter-
setzung erläutert.

Das Hütchen und das Währungssymbol werden häufig zum Vereinfachen von Ersetzungsausdrücken verwendet. Ein Beispiel: In der Zeile

    1101 1101 1101 1101

aus einer Tabelle binärer Daten ist die letzte Nummer (das letzte Feld)
in "1011" zu ändern. Man kann dazu folgende drei substitute-Kom-

mandos benutzen:

```
s/1101 1101 1101 1101/1101 1101 1101 1011/
s/1101$/1011/
s/....$/1011/
```

Das erste Kommando ist offensichtlich am unangenehmsten einzugeben, da die gesamte Zeile zweimal eingegeben werden muß. Das Dollarzeichen in den letzten beide Zeilen erzwingt, daß die gesuchte Zeichenfolge an einem Zeilenende auftreten muß. Das zweite substitute-Kommando schreibt genau vor, daß die letzten vier Zeichen "1101" sein sollen und daß diese mit "1011" ersetzt werden sollen. Das dritte substitute-Kommando arbeitet nicht, wenn nach den Zahlen noch Leerzeichen oder Tabs folgen.

Das Hütchen erzwingt, daß das gefundene Textmuster (Zeichenfolge) am Anfang einer Zeile vorkommen muß. Man kann mit dem Kommando

```
s/^/-/
```

einen Bindestrich an den Anfang einer Zeile setzen. In diesem Fall besteht der Ausdruck nur aus einem einzelnen Hütchen. Das Ersetzungswort ist der Bindestrich.

Wenn in einer Textzeile mehrere Zeichenfolgen enthalten sind, auf die der der gesuchte Ausdruck paßt, entscheidet der Editor anhand der beiden nachfolgenden Regeln, welche Zeichenfolge ausgewählt wird:

1. Die am weitesten links stehende Zeichenfolge. Das Kommando "s/1/2/", auf die Textzeile "111111" angewendet, führt zu der Zeile "211111", da das erste Auftreten des regulären Ausdrucks "1" ausgewählt wurde.

2. Das längste Textstück. Das Kommando "s/1*2/3/", auf die Textzeile "1111124" angewendet, führt zu der Zeile "34", da die gesamte Folge der Ziffern Eins, gefolgt von der Zwei, ausgewählt wurde. Der Stern erlaubt die vielfache Wiederholung des vorangehenden regulären Ausdrucks.

Ein Beispiel, bei dem auf den ersten Blick die beiden Regeln in Konflikt geraten, ist die Anwendung des Kommandos "s/1*2/3/" auf die Textzeile "2 1112"". Das längste passende Textstück wäre "1112". Das linke passende Textstück ist aber die führende Zwei (der reguläre Ausdruck "1*2" paßt auf "2", "12", "112" usw). Da die Regel sich nach dem zuerst auftretenden Textstück orientiert, wird die Zeile "3 1112" erzeugt.

Gelegentlich möchte man alle Vorkommen einer Zeichenfolge in einer Editorzeile austauschen, z.B. sollen alle "Meier" in einer Zeile in "Schulz" geändert werden. Der Buchstabe "g" am Ende des substitute-Kommandos sagt dem Editor, daß sämtliche in der Zeile möglichen Veränderungen ausgeführt werden sollen. Das Editorkommando

```
s/Meier/Schulz/g
```

würde die Zeile

```
Meier, Meier und Meier
```

abändern in

```
Schulz, Schulz und Schulz
```

Man sollte den Unterschied zwischen der Option "g" des substitute-Kommandos und dem global-Kommando "g" verstehen. Die Option "g" bestimmt, daß jeder mögliche Austausch in einer Zeile ausgeführt wird, das global-Kommando jedoch bestimmt einen Bereich von Zeilen, auf die ein Kommando angewendet werden soll. Wenn man alle Zeichenketten "dei" im gesamten Text in "die" abändern möchte, kann man das Kommando

```
g/dei/s/dei/die/g
```

benutzen. Das führende "g" leitet das global-Kommando ein, das eine Liste aller Zeilen erstellt, die das Wort "dei" enthalten. Das substitute-Kommando wird dann für alle Zeilen in der Liste ausgeführt. Das abschließende "g" bedeutet, daß jedes Vorkommen von "dei" in einer Zeile in "die" abgeändert werden soll.

Die Option "g" setzt die Regel der am weitesten links stehenden Zeichenfolge außer Kraft. Alle mit der Suchfolge übereinstimmenden Textteile werden ersetzt. Die Regel "des längsten Teilstücks" ist dagegen anwendbar; jedes Vorkommen wird solange wie möglich ersetzt, und alle Ersetzungen werden von links beginnend ausgeführt.

Die anderen Optionen, die für das substitute-Kommando zur Verfügung stehen, sind "p" und "l". Damit werden die geänderten Zeilen ausgedruckt (oder am Bildschirm angezeigt). Das Kommando

```
s/Bill Bo/Mahlzahn/p
```

ersetzt "Bill Bo" durch "Mahlzahn" und druckt die neue Zeile aus.

Gelegentlich enthalten Textdateien nichtdarstellbare Zeichen. Solche Zeichen schleichen sich häufig durch Tippfehler ein, sie können aber auch durch Datenübertragungsfehler oder Hardwarefehler entstehen. In jedem Fall müssen die Zeichen gefunden und gelöscht werden.

Eines der am häufigsten vorkommenden nichtdarstellbaren Zeichen ist Backspace. Gutgläubige Anfänger (und gelegentlich auch Experten) tippen manchmal Backspace, wenn sie eigentlich das UNIX-Löschzeichen eingeben wollen. Das Löschzeichen ist das Zeichen (oft das Pfund-Zeichen, DELETE oder Control-H), das das System als einen Befehl interpretiert, das letzte eingegebene Zeichen zu löschen. Die Eingabe von Backspace bewirkt die Ausgabe eines Löschzeichens; die beiden Zeichen können so leicht verwechselt werden. In jedem Fall ist die vom Editor dargestellte Textdatei, wenn sie Backspaces enthält, nicht die Datei, die auf Platte gespeichert ist.

Wenn das substitute-Kommando nicht ordentlich funktioniert oder merkwürdige Dinge bei der Ausgabe vorkommen, sollte man das "l"-Kommando auf die Datei zum Listen der nichtdarstellbaren Zeichen verwenden. Das "l"-Kommando gibt alle nichtdarstellbaren Zeichen mit aus.

Sobald man die unerwünschten nichtdarstellbaren Zeichen gefunden hat, kann man sie mit dem substitute-Kommando löschen. Dabei taucht aber das Problem auf, daß diese Zeichen gewöhnlich umständlich zu tippen sind. Der einfachste Weg, ein nichtdarstellbares Zeichen anzugeben, ist die Verwendung des Punktes in einer Suchfolge. Wenn die Textzeile eine "1" enthält, gefolgt von einem unerwünschten Zeichen und einer "2", dann löscht das folgende Kommando das nichtdarstellbare Zeichen und gibt die Zeile aus:

```
s/1.2/12/l
```

Der Punkt in einem regulären Ausdruck (Suchfolge) steht stellvertretend für ein beliebiges Zeichen.

Manchmal enthält das Ersetzungswort des substitute-Kommandos eine sehr ähnliche Zeichenfolge wie die Textstelle, die mit dem regulären Ausdruck gefunden wird. Wenn man Zeichen zum bestehenden Text hinzufügt, entspricht das Ersetzungswort meist der Textstelle und dem zusätzlichen Text. Wenn man zum Beispiel das Wort "wert" in "wertvoll" umändern möchte, kann man das folgende substitute-Kommando benutzen:

```
s/wert/wertvoll/p
```

Man kann einen eleganteren Befehl einsetzen. Der Editor erlaubt die Verwendung des Und-Zeichens im Ersetzungswort als Abkürzung für das gefundene Textstück. Mit dem Und-Zeichen kann das Kommando wie folgt geschrieben werden:

```
s/wert/&voll/p
```

Das Und-Zeichen steht stellvertretend für die Zeichenkette "wert".

Man kann das Und-Zeichen auch benutzen, wenn man kompliziertere Ausdrücke wie in folgendem Kommando verwendet. Dieses Kommando setzt ein Plus-Zeichen vor die erste Zahl in einer Zeile und ".00" dahinter:

```
s/[0-9][0-9]*/+&.00/p
```

Das Kommando, angewendet auf die Zeile

```
Der Jahresumsatz betraegt 550 Mark.
```

ergibt die Zeile

```
Der Jahresumsatz betraegt +550.00 Mark.
```

Diese ausführlichere Befehlsform ist umständlich, wenn man eine Änderung in einer einzelnen Zeile vornehmen möchte. Sie ist aber hilfreich, wenn man mehrere Zeilen in der Datei ändern möchte.

Der Stern in einem regulären Ausdruck sollte stets vorsichtig eingesetzt werden. Das Kommando

```
s/[0-9]*/+&.00/p
```

auf die ursprüngliche Zeile angewendet, erzeugt die Zeile

```
+.00Der Jahresumsatz betraegt 550 Mark.
```

da die Suchfolge "[0-9]*" mit der am weitesten links stehenden leeren Zeichenkette übereinstimmt.

In allen Beispielen des substitute-Kommandos wurden bis jetzt die Suchfolgen und Ersetzungswörter mit Slashes getrennt. In einem substitute-Kommando (aber nicht in Zeichenfolgen) kann jedes Zeichen außer dem Leerzeichen als Begrenzung verwendet werden. Der Slash wird oft benutzt, weil er die Ausdrücke deutlich trennt.

Wenn man in der gegenwärtigen Zeile das Wort "kochen" gegen "grillen" ersetzen möchte, kann man folgende vier Kommandos benutzen:

```
s/kochen/grillen/
s,kochen,grillen,
szkochenzgrillenz
sikochenigr\illeni
```

In den Kommandos wurden als Begrenzungszeichen verwendet: der Slash, das Komma, die Zeichen "z" und "i". Welches Zeichen man auch benutzt, es erhält für dieses Kommando eine spezielle Bedeutung. Im letzten der vier Kommandos mußte das "i" in "grillen" mit einem

Backslash versehen werden, um die spezielle Bedeutung auszuschalten. Ohne den Backslash wäre das "i" vom Editor als Begrenzung interpretiert worden und die restlichen Zeichen "llen" hätten eine Fehlermeldung erzeugt. Es ist am einfachsten, solche sichtbaren Zeichen als Begrenzung in Ausdrücken zu benutzen, die nicht im Ausdruck vorkommen (z.B. den Slash oder das Komma).

10.7 Der Shellaufruf

Gelegentlich möchte man während der Arbeit mit dem Editor ein Standard-UNIX-Kommando ausführen. Man kann natürlich die Datei abspeichern, den Editor verlassen, das Kommando ausführen und wieder zurück in den Editor gehen. Dieser Weg ist ziemlich umständlich. Das Shellkommando des Editors erlaubt den Aufruf eines UNIX-Kommandos, ohne daß der Editor verlassen werden muß. Wenn man das Kommando

    !who

aufruft, wird das who-Kommando ausgeführt. Nach Beendigung des Kommandos gibt der Editor ein Ausrufungszeichen aus, um anzuzeigen, daß weitere Eingaben vorgenommen werden können.

Die Editorsitzung wird durch den Shellaufruf nicht beeinträchtigt. Man muß also den Textpuffer nicht auf die permanente Datei kopieren, um sicherzustellen, daß er nicht verändert wird. Wenn man mehrere Kommandos eingeben möchte, kann man den Shellaufruf wie folgt einsetzen:

    !sh

Dieses Kommando erzeugt eine neue Shell, die die gewünschten Kommandos ausführen kann. Man kann das ps-Kommando aufrufen und wird feststellen, daß die ursprüngliche Shell, der Editor, die neue Shell und das ps-Kommando in der Liste der aktiven Prozesse stehen. Man kann die neue Shell durch Tippen der Control-D Taste beenden.

UNIX kann dieses Kommando zur Verfügung stellen, weil die Shell einem normalen Programm entspricht, das jederzeit ausgeführt werden kann. Während die Shell im Editor läuft, wartet der Editor auf die Beendigung des Shellkommandos, genauso wie die ursprüngliche Shell auf die Beendigung des Editors wartet.

10.8 Open-Line-Editing und Visual-Editing

Die offensichtliche Komplexität des substitute-Kommandos hat zur Entwicklung anderer Formen des Editierens geführt. Eine davon, das zeilenorientierte Editieren (engl. open line editing), ermöglicht Änderungen dadurch, daß ein Cursor in der zu ändernden Zeile an die entsprechende Position bewegt wird und die Änderungen dann direkt eingegeben werden können.

In einem solchen Editor kann man immer nur an einer Zeile Veränderungen vornehmen. Wenn man Änderungen in der gesamten Datei ausführen möchte, muß man auf globale Ersetzungen zurückgreifen. Doch selbst wenn ein Schreibfehler an mehreren Stellen in der Datei vorkommt, ist es für Nichtprogrammierer oft einfacher, jedes Vorkommen per Hand zu ändern, statt sich mit den Ersetzungskommandos auseinanderzusetzen.

Um die Eigenschaften des zeilenorientierten Editierens ausnutzen zu können, muß eine Zeile mit einem speziellen Kommando explizit angesprochen werden. Sobald sie aktiviert ist, gibt es spezielle Kontrollkommandos zum Bewegen des Cursors. Diese Kontrollkommandos muß man sich gut merken, die Aktionen sind aber so einfach, daß man sie schnell erlernt. Sobald der Cursor an der fehlerhaften Stelle steht, können spezielle Kommandos zum Löschen oder Einfügen des Textes benutzt werden.

Eine weitere Form, das bildschirmorientierte Editieren (engl. visual editing), ist eine Erweiterung der Idee des zeilenorientierten Editierens. Beim bildschirmorientierten Editieren wird ein Teil der Datei auf dem Bildschirm dargestellt. Dabei arbeitet das Terminal wie ein Fenster über einer Datei; jede Änderung in der Datei wird sofort auf dem Bildschirm dargestellt.

Der Fensterinhalt ändert sich je nach der Position in der Datei. Wie beim zeilenorientierten Editieren werden die meisten Änderungen beim bildschirmorientierten Editieren durch Positionierung eines Cursors und Eingabe der Änderungen ausgeführt. Wenn man einen häufig auftretenden Fehler korrigieren möchte, kann man jedoch wieder auf ein globales Kommando zurückgreifen.

Die Verwendung eines bildschirmorientierten Editors ist nicht mit jedem Terminaltyp möglich. (Drucker und sehr einfache CRT-Terminals zum Beispiel lassen diese Editierform nicht zu.) Ebenso wird durch diese Editierform der Prozessor stark belastet, was die Antwortzeiten des Systems vergrößert.

Die zeilen- oder bildschirmorientierten Eigenschaften sind meistens zusätzliche Leistungsangebote von Editoren, die ansonsten ähnlich wie der Standard-UNIX Texteditor arbeiten. Sowohl das bildschirm- wie auch das zeilenorientierte Editieren setzen sich immer mehr durch.

KAPITEL

11

Textformatierung

UNIX bietet eine Reihe von Programmen an, die sich für Textverarbeitungsaufgaben einsetzen lassen. Diese Programme lassen sich meist sowohl einzeln wie auch kombiniert einsetzen. Die Textverarbeitung ist eine zentrale Leistung des UNIX Systems. Der Begriff 'Textverarbeitung' steht im folgenden für die englischen Bezeichnungen 'text processing' und 'word processing'. Natürlich enthält UNIX Texteditoren, Formatierer und andere Hilfsprogramme für Textdateien. UNIX umfaßt darüberhinaus ein System von Textverarbeitungsprogrammen, die in Verbindung eine Arbeitserleichterung bedeuten.

UNIX enthält eine Vielzahl einfacher Programme für die Bearbeitung von Textdateien. Darunter sind Programme, die Worte, Zeilen und Zeichen zählen, Rechtschreibefehler finden, Dateien ausdrucken, sortieren, oder nach bestimmten Inhalten durchsuchen. Textdateien können miteinander verglichen werden oder verändert werden. Viele dieser Programme sind in Kapitel 8 besprochen worden. Mit den UNIX-Editoren lassen sich neue Textdateien erzeugen und bereits bestehende Texte abändern. Die Grundlagen des Standard-Editors sind in Kapitel 5 beschrieben, der fortgeschrittene Benutzer findet weitere Einzelheiten in Kapitel 10.

In diesem Kapitel beschäftigen wir uns mit den wichtigsten Textformatierungsprogrammen von UNIX: nroff, troff, eqn und tbl. nroff und troff sind allgemeine Textformatierprogramme; nroff bereitet den Text zur Ausgabe für einen normalen Drucker, troff hingegen für die Ausgabe auf einer Fotosatzmaschine vor. Die Unterschiede zwischen nroff und troff ergeben sich aus den unterschiedlichen Anforderungen von Druckern und Fotosatzmaschinen; ansonsten arbeiten beide Programme identisch. Im folgenden steht daher der Begriff 'nroff/troff' für Aussagen, die für beide Programme gelten. nroff/troff wird im allgemeinen immer zusammen mit einer Makro-Bibliothek benutzt. Solche Makro-Bibliotheken (auch Makropakete genannt) werden in Abschnitt 11.2 erläutert. Das Programm eqn wird zusammen mit nroff/troff zum Formatieren von Gleichungen benutzt. Zum Formatieren von Tabellen in Verbindung mit nroff/troff wird tbl eingesetzt.

Es ist nicht möglich, alle Hilfsmittel der Textverarbeitung unter UNIX in einem einzigen Kapitel zu beschreiben. Dies liegt zum einen an den verschiedenen Anforderungen, aber auch an der Vorliebe der einzelnen Benutzer und den unterschiedlichen Lösungsmöglichkeiten, die die Textverarbeitung unter UNIX bietet. Wenn z.B. in einer Gruppe von Textdateien das Textstück "Unix" gegen "UNIX" ersetzt werden soll, dann könnte dieser Austausch

(1) mit dem Standard-Editor geschehen;

(2) durch in einer Kommandodatei gespeicherte Editieranweisungen vom UNIX System ausgeführt werden;

(3) mithilfe des stream-Editors (sed, s. Abs. 14.3) erledigt werden oder

(4) das lex-Programm eingesetzt werden.

Bei Auswahl eines Lösungsweges sollte man verschiedene Punkte berücksichtigen. Zum einen sollte man das Verfahren benutzen, mit dem man vertraut ist oder das man verstanden hat; zum anderen sollte aber auch der Aufwand in Relation zum Nutzen stehen. Möchte man z.B. nur eine kleine Tabelle in einem Text erzeugen, so ist es besser, dies mit dem nroff/troff-Programm zu erledigen. Große und komplizierte Tabellen hingegen sollte man nicht direkt, sondern mit dem tbl-Programm erzeugen. In den folgenden Abschnitten werden die erwähnten Formatierprogramme nicht so ausführlich behandelt, daß der Leser sie sofort benutzen kann. Stattdessen wird der Leistungsumfang der Textformatierung unter UNIX erläutert; für die praktische Anwendung sollte man die Beschreibungen der jeweiligen Programme im Manual heranziehen.

11.1 nroff und troff - Die Formatierung von Text

nroff und troff sind Textformatierer von UNIX. Die Aufgabe eines Formatierprogramms ist es, den in einer Datei enthaltenen (unformatierten) Text in eine (formatierte) Form zu übertragen. Ein unformatierter Text hat z.B. keinen Randausgleich, willkürliche Wort- und Zeilenzwischenräume usw. Nach der Formatierung sind die Ränder ausgeglichen, unnötige Leerstellen verschwunden, die Zeilen in regelmäßigem Abstand, die Seiten numeriert und mit Kopf- und Fußzeilen versehen. Der von nroff formatierte Text ist für die Ausgabe auf einem normalen EDV-Drucker geeignet, der von troff formatierte Text für die Ausgabe auf einem Fotosatzgerät präpariert. Da die meisten UNIX Systeme nicht über einen Fotosatzmaschinenanschluß verfügen, wird nroff häufiger verwendet. Ein mit troff-Kommandos versehener Text ist auch als Eingabe für nroff geeignet, die von troff erzeugte Ausgabe sieht aber schöner aus, da Fotosatzmaschinen mehr

Möglichkeiten bieten als die Drucker, die an einen Computer angeschlossen sind.

Wenn man einen Text mit einer gewöhnlichen Schreibmaschine erstellt, ergibt sich die 'Formatierung' durch die Anordnung der Worte und Zeilen auf dem Papier. Leerzeilen zwischen zwei Absätzen werden durch zweimaliges Betätigen der Zeilenschaltung erreicht, Einrückungen auf der linken Seite erhält man durch Einstellen des linken Randes zur Mitte hin. Die Formatierung mittels nroff/troff unterscheidet sich davon dadurch, daß der eingegebene Text unformatiert ist und auf die endgültige Ausgabe kaum Einfluß hat. Die an der Schreibmaschine vorgenommenen Einstellungen werden bei nroff durch Formatieranweisungen erreicht.

Unter UNIX wird Text im allgemeinen unformatiert eingegeben. Dabei braucht man sich noch keine Gedanken über das spätere Format, die Einrückungen, den Randausgleich, die Kopf- und Fußzeilen usw. zu machen. Da die Formatanweisungen vom Text unabhängig sind, können Änderungen am Text ohne größeren Arbeitsaufwand ausgeführt werden. Dies wird dadurch ermöglicht, daß die Formatanweisungen sich vom laufenden Text unterscheiden, also vom verwendeten Formatierprogramm anders behandelt werden als der Eingabetext. Die von nroff verwendeten Anweisungen unterscheiden sich vom normalen Text dadurch, daß sie am Anfang einer Zeile stehen und mit einem Punkt oder einfachem Hochkomma beginnen; alle anderen Zeilen gelten als zu formatierender Text. Wie einfach dieses System ist, zeigt folgendes Beispiel. Wenn man in den Text eine Leerzeile einfügen möchte, muß an der entsprechenden Stelle lediglich das nroff/troff-Kommando

```
.sp
```

stehen. Der Punkt in diesem Fall muß das erste Zeichen in der bis auf das Kommando leeren Zeile sein.

In einer unformatierten Datei sind die Formatanweisungen normaler Text. Wenn man jedoch das Formatierprogramm ausführt, werden die Formatanweisungen entfernt und die entsprechenden Aktionen ausgeführt. Die Anweisungen erlauben die Kontrolle der Wort- und Zeilenzwischenräume und die Festlegung von Titeln, Kopfzeilen und der Numerierung der Seiten, der Einrückungen und vieler anderer Dinge.

Dateien, die mit Formatanweisungen versehenen Text enthalten, sind wesentlich einfacher zu ändern als Dateien, die formatierte Dokumente enthalten. Wenn man die Länge eines Satzes in der Mitte einer Zeile eines formatierten Textes ändert, muß die gesamte Seite zurechtgerückt werden. Die Änderungen in der unformatierten Datei hingegen sind einfach. Wenn man die Länge eines Satzes im unformatierten Text ändert, ist dies der notwendige Arbeitsaufwand, da der Text erst später formatiert wird.

Das nroff/troff-System kennt ungefähr 80 Formatanweisungen. Jedes dieser Kommandos führt normalerweise eine kleine Aufgabe aus. Eine Anweisung wie zu Beginn eines neuen Absatzes kann durch eine kurze Folge dieser grundlegenden Funktionen ausgedrückt werden. Die Folge kann z.B. aus dem Kommando zum Einfügen von Leerzeilen und dem Kommando zum Einrücken bestehen. Problematisch wird dieses Verfahren allerdings, wenn der zu beginnende Absatz am Ende oder Anfang einer Seite steht. In diesem Fall würde eine Leerzeile unnötigerweise am Ende einer Seite oder am Anfang der neuen Seite stehen. Man sieht also, daß selbst scheinbar einfache Dinge mehr Überlegungen erfordern, um alle Eventualitäten zu berücksichtigen.

Bei nroff/troff kann eine Folge von Grundfunktionen zu sogenannten Makros zusammengefaßt werden. Auf diese Weise können neue Funktionen erzeugt werden, die Grundfunktionen und andere, bereits definierte Makros enthalten. Makros werden durch Angabe ihres Namens im unformatierten Textes aufgerufen und können automatisch ausgeführt werden, wenn bestimmte Bedingungen eintreten, wie z.B das Erreichen einer bestimmten Zeile auf einer Seite.

Die Grundfunktionen von nroff/troff ermöglichen die Anpassung an die Leistungsdaten des verwendeten Ausgabegerätes. Da die von den Grundfunktionen zur Verfügung gestellten Operationen nur eine sehr kleine Aktion bewirken, wird nroff/troff oft mit einer Assemblersprache verglichen. Die Makros stellen eine benutzerfreundlichere Schnittstelle zwischen den Benutzeranforderungen und der umständlichen Handhabung der Grundfunktionen von nroff/troff dar. Es gibt mehrere Makrobibliotheken, die Funktionen enthalten wie das Beginnen eines Absatzes, der Seiteneinteilung und -numerierung, das Erzeugen von Fußnoten, das Erstellen eines Inhaltsverzeichnisses usw.

Man sollte die Grundfunktionen nicht direkt benutzen, sondern immer eine der Makrobibliotheken verwenden. Zwei der verbreittesten allgemeinen Makropakete sind die Makrobibliotheken ms und mm. Stammt ein UNIX System von den Bell Laboratories, enthält es entweder ms oder mm; andere UNIX Systeme verfügen meist über gleichwertige Makrobibliotheken. Bei der Entscheidung, welches Makropaket man benutzen wird, sollte man sich von Personen beraten lassen, die bereits mit den entsprechenden Paketen gearbeitet haben.

11.2 Das Benutzen eines Makropaketes

Die Autoren eines Makropaketes sind meist die Einzigen, die die nroff/troff-Kommandos direkt benutzen. Die meisten Benutzer können somit die Makros benutzen, ohne alles von nroff/troff verstehen zu müssen. Weitere Formatanforderungen, die nicht durch die

Makrobibliotheken abgedeckt werden, erzwingen jedoch die Beherrschung der nroff/troff-Grundfunktionen. In jedem Fall sollte man aber bereits bestehende Bibliotheken benutzen und den Anforderungen anpassen, statt selbst eine weitere Makrobibliothek von Grund auf neuzuschreiben.

Auch wenn man ein Makropaket zur Formatierung seiner Texte benutzt, wird die Bearbeitung des Textes von nroff oder troff ausgeführt. Der Vorteil der Benutzung einer Makrobibliothek besteht aber darin, daß die Grundfunktionen durch weiterführende Makros ergänzt werden können. Im folgenden wird ein kleines Makropaket beschrieben und die Effekte anhand eines kurzen Textes gezeigt. Das Makropaket heißt mh und enthält drei Makros.

.P   Beginne einen eingerückten Absatz.

.C   Zentriere die nächste Zeile.

.S   Erzeuge eine Leerzeile.

Ein praktikables Makropaket enthält natürlich mehr als drei Makros. Dieses kleine Makropaket erlaubt es aber, das Prinzip einer Makrobibliothek zu zeigen.

Das folgende Textstück ist eine sehr einfaches Beispiel eines unformatierten Textes, der die oben genannten Makros enthält:

```
.C
Beginn eines Absatzes in mh
.P
Einige Personen benutzen das .P Makro, um
einen Absatz zu beginnen, weil sie eingerueckte
Absaetze bevorzugen.
Dieser Absatz wurde mit einem .P Kommando begonnen.
.S
Andere Personen benutzen .S, um einen Absatz zu
beginnen, weil sie Einrueckungen nicht moegen.
Dieser Absatz wurde mit einem .S Kommando begonnen.
```

Wenn der Text in der Datei 'rohtext' gespeichert ist, erzeugt das Kommando

```
nroff -mh rohtext
```

diese Ausgabe auf dem Terminal:

```
        Beginn eines Absatzes in mh


        Einige Personen benutzen das .P Makro, um
einen Absatz zu beginnen, weil sie eingerueckte
Absaetze bevorzugen. Dieser Absatz wurde mit
einem .P Kommando begonnen.


Andere Personen benutzen .S, um einen Absatz zu
beginnen, weil sie Einrueckungen nicht moegen.
Dieser Absatz wurde mit einem .S Kommando begonnen.
```

Das nroff-Kommando benutzte das Argument "-mh", um dem nroff-Programm mitzuteilen, daß die Datei 'rohtext' Text enthält, der mit Makros vermischt ist.

Die Verwendung eines Makropaketes mit nroff/troff kann aber auch zu einigen Überraschungen führen. Im Beispiel werden die Makros nur beachtet, wenn sie am Anfang einer Zeile stehen; die Kommandos mitten in einer Zeile werden in die Ausgabe kopiert.

Eine andere Überraschung bei der Formatierung von Text mit nroff ist, daß Zeilen des unformatierten Textes, die mit einem Leerzeichen oder Tabulator beginnen, eine Unterbrechung (engl. break) herbeiführen. Eine Unterbrechung ist ein Abbruch des Textauffüllprozesses. Als Beispiel hierfür folgt ein unformatierter Text, in dem der Text nicht immer am linken Zeilenrand beginnt.

```
    .P
Eine Zeile, die mit einem Leerzeichen beginnt,
fuehrt zu einer Unterbrechung. Eine Unterbrechung
ist ein Abbruch des Textauffuellprozesses.
    Diese Zeile beginnt mit Leerzeichen.
```

Wenn dieser Text mit nroff/troff und dem Makropaket mh bearbeitet wird, erhalten Sie folgende Ausgabe:

```
        Eine Zeile, die mit einem Leerzeichen beginnt,
fuehrt zu einer Unterbrechung. Eine Unterbrechung
ist ein Abbruch des Textauffuellprozesses.
Diese Zeile beginnt mit Leerzeichen.
```

Der dritte Satz in diesem Beispiel erscheint in einer separaten Zeile, da die Leerzeichen im unformatierten Text zu einer Unterbrechung führen. Ohne die führenden Leerzeichen im Originaltext wäre der dritte Satz an das Ende des zweiten Satzes angefügt worden. Unterbrechungen werden von vielen nroff/troff-Kommandos automatisch herbeigeführt.

Probleme beim Einsatz von nroff/troff entstehen nicht nur mit Zeilen, die mit Leerzeichen beginnen. Sowohl der Punkt als auch das Hochkomma werden zur Einleitung von nroff/troff-Kommandos benutzt. Eine Zeile, die mit einem dieser beiden Zeichen beginnt, muß ein gültiges Kommando darstellen, andernfalls wird sie ignoriert.

Wenn man ein Makropaket benutzt, muß man dem Textformatierer den Namen des Makropaketes mitteilen. Die Option "-mNAME" von nroff/troff informiert das Formatierprogramm, daß es das Makropaket "NAME" einbeziehen soll. Das Kommando

```
nroff -mm datei1 datei2 ...
```

benutzt die mm-Makros für die Formatierung und das Kommando

```
nroff -ms datei1 datei2 ..
```

verwendet die ms-Makros.

Da nroff die Ausgabe zur Standard-Ausgabe überträgt, kann man die Ausgabe auch in eine Datei umlenken. Das Kommando

```
nroff -ms rohtext > ergebnisse
```

verarbeitet 'rohtext' unter Benutzung der ms-Makros und legt den formatierten Text in der Datei 'ergebnisse' ab. troff hingegen schreibt normalerweise nicht auf die Standard-Ausgabe.

Es gibt verschiedene Optionen für nroff/troff. Die Option "-s" bewirkt, daß das Programm am Ende jeder Seite anhält, um Korrekturen am Blattlauf ausführen zu lassen, oder damit ein neues Blatt eingelegt werden kann. Die Option "-o" erlaubt die Angabe der zu druckenden Seiten und die Option "-n" erlaubt die Angabe der Seitennummer der ersten Seite. Wie oben beschrieben, erlaubt die Option "-m" die Angabe des Makropaketes.

Das nroff-Programm erlaubt die Angabe des Terminaltyps mit Option "-T". Wenn man diese Option nicht benutzt, wird der Typ des Terminals aus der Shellvariablen $TERM abgeleitet.

Jede Textverarbeitung kann optimal mit kleinen Dateien eingesetzt werden. Große Dateien (mit über 10 Seiten Umfang) sind schwer zu editieren und es dauert lang, sie zu formatieren. Es ist daher zu empfehlen, kurze Texte eines Projektes in Dateien zu speichern und die Texte am Ende des Projektes zusammenzufügen. Ein großes Projekt (z.B. ein Buch) kann mehrere hundert kleine Dateien umfassen. Der Einsatz des Programms make (s. Kapitel 12) zur Verwaltung der Dateigruppen und die Verwendung guter Namen ist zu empfehlen.

11.3 tbl - Tabellen formatieren

Tabellenausgaben stellen in der Regel Textformatprogramme vor große Probleme, da neben der Vielzahl der Tabellenparameter wie Tabellenweite oft auch die Zuordnung des Textes zu Spalten schwierig und das Einfügen zusätzlichen Textes umständlich ist. Das Zeichnen eines Kastens in einer Tabelle, das Unterstreichen bestimmter Einträge oder Zeichen oder das Trennen der Spalten und Zeilen ist in den meisten Systemen fast unmöglich durchzuführen. Meist kann dieser Engpaß nur mit Kleber und Schere überwunden werden.

Unter UNIX werden Tabellen mit dem Programm tbl erzeugt. tbl liest den Text und erstellt ein nroff/troff-Skript.

Es besteht ein wesentlicher Unterschied zwischen einem Programm, das ein nroff/troff-Skript erzeugt (tbl), und einem Makropaket (mm, ms). Ein Skripterzeugungsprogramm ist ein UNIX-Kommando. Die Eingabedateien von tbl enthalten Tabellendaten, die in normalen nroff/troff-Text eingebettet sind. tbl überträgt die Tabellendaten in nroff/troff-Kommandos, so daß der Ausgabetext nur noch nroff/troff-Text enthält. Um die Daten in nroff/troff-Skripte übertragen zu können, muß die Größe und der Typ der Einträge in der Tabelle untersucht werden. Diese Analyse kann nicht von Makropaketen durchgeführt werden. Ein Makropaket ist konzeptionell sehr viel einfacher aufgebaut, da jedes Makro immer nur in eine bestimmte Folge von eingebauten nroff/troff-Kommandos expandiert wird.

tbl ist so konstruiert, daß tabellarische Daten und normaler Text in einer Datei vermischt sein können. Der Anfang der tabellarischen Daten wird durch das Kommando ".TS" angezeigt und das Ende der Tabelle durch das Kommando ".TE". Die tbl-Kommandos und die Daten sind in den Grenzmarkierungen ".TS" und ".TE" angeordnet.

Das tbl-Programm überträgt die Tabellendaten, die zwischen dem Tabellenanfang und dem Tabellenende stehen, in eine unleserliche Folge von nroff/troff-Kommandos. Der Dateiinhalt außerhalb des Tabellenbereiches wird von tbl nicht verändert. Die Benutzung von tbl erfolgt meist in Verbindung mit nroff/troff. (Im ursprünglichen Text wurde außer der Tabelleninformation nichts verändert.) Ein typischer Aufruf von tbl ist

```
tbl aufsatzdaten | nroff -ms > aufsatz.format
```

Die Datei 'aufsatzdaten' wird zuerst von tbl bearbeitet und dann über eine Pipe zur Weiterverarbeitung an nroff geschickt. Das nroff-Programm benutzt das Makropaket ms und schreibt die Ausgabe in die Datei 'aufsatz.format'.

Die Tabellenverarbeitung geschieht außerhalb des nroff-Kontextes, da diese besonderen Anwendungen nicht Bestandteil eines Textformatierprogramms sein können. nroff/troff benötigt keine Formatierregel zur Tabellenverarbeitung und tbl braucht nichts über allgemeine Textformatierung zu wissen.

11.4 eqn - Gleichungen formatieren

Eine andere problematische Aufgabe für die meisten Textformatierprogramme ist die Darstellung mathematischer Gleichungen. Mathematischer Formelsatz ist schwer zu verarbeiten, da besondere Symbole verwendet werden und Gleichungen im Gegensatz zur üblichen eindimensionalen Textverarbeitung ein zweidimensionales Problem darstellen. Weil nroff auf die Ausgabe auf normale Drucker beschränkt ist, ist die Erzeugung der Druckausgaben von Gleichungen mit nroff ungünstig. Das troff-Programm ist aber in der Lage, eine kamerafertige Kopie mathematischer Gleichungen anzufertigen.

eqn ist ein nroff/troff-Skripterzeuger. eqn liest die Gleichungsspezifikation zwischen den Grenzmarkierungen ".EQ" und ".EN" und erzeugt das entsprechende nroff/troff-Skript. Eine Gleichung wird in eqn durch Hinschreiben der Gleichung mit mnemonischen Bezeichnern angegeben. Der Bruch "1 geteilt durch 2" wird durch das eqn-Kommando

```
1 over 2
```

erzeugt. Benutzer von eqn müssen ein Bild der Gleichung in Worten angeben, um eqn anzuweisen, das entsprechende Skript für nroff/troff zu erzeugen.

Ein typischer Aufruf von eqn ist

```
eqn eq.dok | troff
```

Wenn nroff benutzt wird, kann man folgendes Kommando benutzen:

```
neqn eq.dok | nroff
```

eqn wird zusammen mit troff und neqn zusammen mit nroff benutzt.

eqn und tbl können über eine Pipe zusammen benutzt werden:

```
tbl.sigplan.ent | neqn | nroff
```

tbl sollte vor eqn aufgerufen werden, um die Datenmenge, die durch die Pipe fließt, so klein wie möglich zu halten.

KAPITEL

12

make und das
Source Code Control System

Eine umfangreiche Aufgabe liegt bei größeren Programmierprojekten in Koordination und Kooperation der verschiedenen Teams und in der Dokumentation der einzelnen Software-Versionen. Die Software-Industrie hat sich daher damit abgefunden, daß häufig bei großen Software-Projekten dieser Arbeitsaufwand sehr groß wird.

UNIX ist sicherlich kein fehlerfreies Software-System, es ist aber ein gutes Beispiel für eine zuverlässiges Betriebssystem. Ein Teil der Zuverlässigkeit von UNIX entspringt dem modularen Aufbau. Die meisten Hilfsprogramme unter UNIX sind kurz und einfach. Sie sind weitaus leichter zu warten als die großen aufgeblähten Hilfsprogramme, die unter anderen Betriebssystemen üblich sind.

Eine weitere Schlußfolgerung, die man von UNIX lernen kann, ist, daß es einfacher ist, eine zuverlässige Software zu entwickeln, wenn das Betriebssystem leistungsfähige Werkzeuge zur Verfügung stellt. Viele der Programme im Werkzeugkasten von UNIX sind standardisierte Hilfsprogramme zur Bearbeitung von Textdateien. Andere Hilfsprogramme werden zur Untersuchung binärer Dateien, die von Compilern erzeugt wurden (s. Kapitel 16), benötigt. Zur Projektplanung und -koordination gibt es unter UNIX Werkzeuge, die eine strukturierte Vorgehensweise beim Software-Entwurf ermöglichen. Diese Werkzeuge werden in diesem Kapitel beschrieben.

Der erste Abschnitt klärt einige der Probleme, die bei vielen Programmierprojekten auftreten; die letzten beiden Abschnitte erläutern das Hilfsprogramm make und ein Hilfsprogrammpaket: das Source Code Control System (SCCS, engl. für Quellkode Kontrollsystem).

12.1 Große Programme

Einige Programmiersprachen erlauben die Aufteilung eines Programms in unabhängige Einheiten (Moduln), die getrennt voneinander bearbeitet werden können. Die meisten Programmiersprachen leisten eine gute Hilfestellung bei der exakten Definition und Wartung der Integrität der einzelnen Moduln, das Problem liegt jedoch in der Zusammenarbeit der Moduln. Moduln sind üblicherweise miteinander verknüpft. So kann eine Änderung in einem Modul die Überarbeitung anderer Moduln notwendig werden lassen.

Bei der Aufteilung der Moduln eines Programms in unabhängige Textdateien können weitere Probleme entstehen. Ein typisches Beispiel liefert ein Modul, das sich auf einer sehr niedrigen Stufe in der Programmhierarchie befindet, das vereinbarte Werte an ein Modul höherer Stufen abliefert. In einem großen Programmierprojekt würden die beiden Moduln wahrscheinlich in zwei unterschiedlichen Dateien gespeichert sein, so daß sie getrennt übersetzt werden können. Wenn das erste Modul so geändert wird, daß es andere Daten an das höhere Modul abliefert, als dieses erwartet, dann muß natürlich auch das höherrangige Modul entsprechend geändert werden.

Eine Koordinationsmöglichkeit zur Kontrolle mehrerer Moduln ist die Auskopplung von Definitionen, die von mehreren Moduln benötigt werden, in eine gemeinsame Datei. Eine solche Datei wird include-Datei genannt (eine include-Datei enthält Daten, die in die weitere Verarbeitung der sich auf sie beziehenden Dateien einbezogen werden müssen). In diesem Fall würde man in der include-Datei die Werte definieren, die das untere Modul an das höhere übergibt.

Obwohl include-Dateien viele Probleme der Modularisierung von Programmen lösen, können sie gelegentlich auch selbst zu Problemen führen. Sobald man eine bestimmte include-Datei und getrennte Programmoduln hat, begibt man sich in die Gefahr, etwas in der include-Datei zu ändern, ohne die davon betroffenen Programmoduln neu zu übersetzen. Wenn ein Programmodul eine bestimmte Datei zu seiner Übersetzung benötigt, hängt die Objektdatei des Programms sowohl von der Quelldatei als auch von der include-Datei ab. Wenn eine der beiden Dateien geändert wird, dann ist die Objektdatei ebenfalls zu überarbeiten.

In einem großen Programmierprojekt hängt die Reihenfolge und der Umfang der Übersetzung von den internen Verweisen der Moduln ab. Sehr moderne Sprachen (wie Modula) sind so entworfen, daß große Gruppen von Dateien automatisch koordiniert werden.

Das UNIX-Hilfsprogramm make kann dazu eingesetzt werden, die Dateibeziehungen zu kontrollieren. make akzeptiert eine Beschreibung der Beziehungen zwischen Moduln und der Aktionen, die ausgeführt werden müssen, um Moduln auf den neuesten Stand zu bringen. Aufgrund der Beschreibung und des Datums der letzten Änderung der Datei übernimmt make die Wartung der Moduln.

Programme werden üblicherweise in einer Test- und Debuggingphase von vielen Fehlern befreit. Die Fehler, die diese Phase überdauern, sind meist gut versteckt. Ihre Beseitigung ist wesentlich aufwendiger als die Beseitigung aller anderen Fehler. Ab einem bestimmten Punkt ist eine Fehlerbeseitigung sehr schwer, da jede Ausbesserung zu unerwarteten Problemen führen kann.

In den frühen Stadien eines Software-Projektes können Fehler ohne große Rücksicht auf die Integrität des Ganzen beseitigt werden, da das System noch nicht vollständig zusammengefügt wurde. In einem ausgereifteren Produkt muß jede Änderung jedoch sorgfältig überdacht werden.

SCCS besteht aus einer Reihe von UNIX-Hilfsprogrammen, die die Wartung und Dokumentation von Programmen erleichtern.

In großen Programmierprojekten ist es notwendig, mehrere Versionen eines Programms zu halten. Diese Anforderung kann von SCCS erfüllt werden.

make und SCCS sind die beiden leistungsfähigsten Werkzeuge von UNIX zur Wartung großer Software-Systeme. Sie sind wichtige Hilfsmittel für die Programmierer.

12.2 make

make ist ein Programm, das eine Beschreibung der Abhängigkeiten der verschiedenen Moduln eines Programms erstellen läßt. Die Beschreibung der Beziehungen eines Moduls zu anderen erlaubt es make herauszufinden, welche bereits übersetzten Moduln nicht mehr dem neuesten Entwicklungsstand entsprechen. Das Alter einer Datei erfährt make aus dem Änderungsdatum der Datei. Die Beschreibung für make enthält Kommandos, die ausgeführt werden müssen, wenn ein bestimmtes Modul als veraltet befunden wird. Das Kommando führt die Aktion aus, um das Modul auf den neusten Stand zu bringen.

Ein einfaches Beispiel mag dies verdeutlichen. Ein Hauptprogramm, das in der Datei 'netzwerk.c' gespeichert ist, benutzt einige Unterprogramme, deren Quellkode in der Datei 'unterprog.c' vorliegen. Gemeinsame Definitionen sind in der Datei 'netzdef.h' enthalten, die von beiden Programmen einbezogen wird. Diese Beziehungen sind in Bild 12.1 grafisch dargestellt (include-Dateien werden in Abschnitt 15.7 behandelt).

Die Beschreibung der Abhängigkeiten für make wird in einer Datei 'makefile', der make-Datei, gespeichert. In der make-Datei wird eine Abhängigkeit durch folgende Anordnung angegeben: die abhängigen Moduln werden links von einem Doppelpunkt und die unabhängigen Moduln rechts von diesem Doppelpunkt aufgeführt. Zur Verdeut-

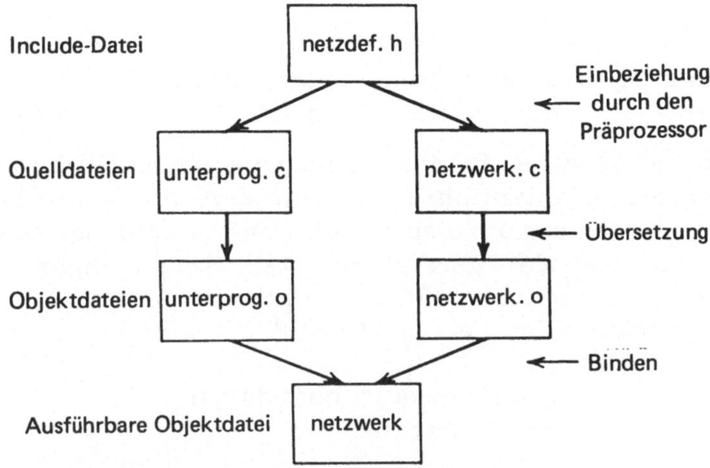

Bild 12.1: Die Beziehungen eines kleinen Software-Systems. Die Software des Netzwerk-Programms ist in sechs Schlüsseldateien enthalten: 'netzdef.h' enthält die gemeinsamen Definitionen des Systems, 'unterprog.c' und 'netzwerk.c' enthalten die C-Quelltexte, 'unterprog.o' und 'netzwerk.o' enthalten den Objektkode, der bei der Übersetzung der Quelltexte entstanden ist, und 'netzwerk' enthält das ausführbare Programm.

lichung werden im folgenden die Abhängigkeiten des Moduls 'unterprog.c' aufzeigt.

Da das Modul 'unterprog.c' eine Übersetzeranweisung (engl. compiler option) enthält, die Datei 'netzdef.h' in die Übersetzung miteinzubeziehen, ist der effektiv zu übersetzende Text der von 'netzdef.h' und 'unterprog.c'. Außerdem enthält 'unterprog.c' kein vollständiges Programm und darf somit nicht vollständig, sondern nur partiell übersetzt werden. Das Ergebnis der partiellen Übersetzung wird in der Datei 'unterprog.o' gespeichert. Der Suffix ".o" zeigt an, daß die Datei 'unterprog.o' eine Objektdatei ist (eine Objektdatei ist das Ergebnis einer Übersetzung). Da 'unterprog.o' durch Übersetzung der Texte in 'unterprog.c' und 'netzdef.h' entstanden ist, sagt man, daß 'unterprog.o' von diesen beiden Dateien abhängt. Dies kann in einer make-Datei ausgedrückt werden durch

```
unterprog.o : unterprog.c netzdef.h
```

Zusätzlich zu der Abhängigkeitsbeschreibung muß man in einer make-Datei die UNIX-Kommandos aufführen, die ein veraltetes Modul auf den neuesten Stand bringen. Das UNIX-Kommando (oder mehrere Kommandos) wird in der auf die Abhängigkeitsbeschreibung folgenden Zeile eingerückt angegeben. Die gesamte Beschreibung der Abhängigkeiten und das Skript der Anpassung an den neuesten Stand der

Objektdatei 'unterprog.o' lautet:

```
unterprog.o : unterprog.c netzdef.h
            cc -c unterprog.c
```

Die Option "-c" weist den C-Compiler an, eine partielle Übersetzung der
Datei 'unterprog.c' auszuführen und die erzeugte Objektdatei unter
dem Namen 'unterprog.o' zu speichern (eine vollständige Übersetzung
ist nicht möglich, da 'unterprog.c' kein vollständiges Programm
enthält, sondern nur unterstützende Unterprogramme). Ähnlich lautet die Beschreibung für das Objektmodul 'netzwerk.o':

```
netzwerk.o  : netzwerk.c netzdef.h
            cc -c netzwerk.c
```

Das Programm 'netzwerk' hängt von den Objektmoduln 'netzwerk.o'
und 'unterprog.o' ab. Dies kann durch folgenden Eintrag in der
make-Datei angegeben werden:

```
netzwerk    : netzwerk.o unterprog.o
            cc -o netzwerk netzwerk.o unterprog.o
```

Die Option "-o" des C-Compilers führt dazu, daß die ausführbare Ausgabe nicht wie üblich in die Datei 'a.out', sondern in die Datei
'netzwerk' geschrieben wird. Zusammenfassend ergibt sich folgende
make-Datei, um das 'netzwerk' Programm zu warten:

```
netzwerk    : netzwerk.o unterprog.o
            cc -o netzwerk netzwerk.o unterprog.o

netzwerk.o  : netzwerk.c netzdef.h
            cc -c netzwerk.c

unterprog.o : unterprog.c netzdef.h
            cc -c unterprog.c
```

Diese Datei wird vom make-Programm zur Erzeugung einer Tabelle der
Abhängigkeiten und einer ähnlichen Tabelle der gegebenenfalls
auszuführenden Kommandos benutzt. Man kann diese make-Datei einsetzen, wenn man (mit dem Texteditor) eine Quelltext- oder include-
Datei geändert hat, um die entsprechenden Moduln neu zu übersetzen.
Für das folgende Beispiel wird die vorgestellte Abhängigkeitsbeschreibung in der Datei 'makefile' gespeichert. (Der Name 'makefile' ist
einer der Standardnamen, die das make-Programm für eine make-
Datei benutzt.) Außerdem sind hier einige Definitionen in der Datei

'netzdef.h' geändert worden. Das Kommando

make netzwerk

überprüft, ob die Datei 'netzwerk' überholt ist, und erzeugt gegebenenfalls eine neue Version. Das make-Programm öffnet zuerst die Datei 'makefile' und erzeugt eine Tabelle der Abhängigkeiten. Von dieser Tabelle ausgehend überprüft make, welche Einträge in der Tabelle veraltet sind (s. Bild 12.2). (Eine Datei gilt als veraltet, wenn die in ihr enthaltenen Daten aus Daten erzeugt wurden, die mittlerweile geändert wurden.) Da alles in diesem Beispiel von der include-Datei 'netzdef.h' abhängt, sind die folgenden Dateien veraltet: 'unterprog.o', 'netzwerk.o' und 'netzwerk'.

Als nächstes führt make die folgenden Kommandos aus, um die veralteten Dateien zu aktualisieren:

```
cc -c unterprog.c
cc -c netzwerk.c
cc -o netzwerk netzwerk.o unterprog.o
```

Das Ergebnis dieser Übersetzungen ist eine neue Version von 'netzwerk'.

Änderungen in einem einzelnen Modul verdeutlichen die Nützlichkeit von make. Es wird der Quelltext in der Datei 'unterprog.c' verändert (Bild 12.3). Das Kommando

make netzwerk

führt dazu, daß make zwei veraltete Dateien feststellt: 'unterprog.o'

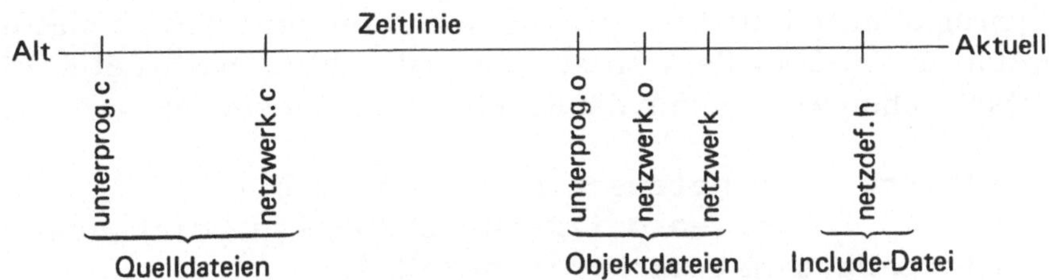

Bild 12.2: Die Zeitlinie für das Netzwerk-Software-System. Nach der make-Beschreibung im Text zeigt die Zeitlinie, daß die drei Objektdateien ('unterprog.o', 'netzwerk.o' und 'netzwerk') veraltet sind, da sie älter sind als die include-Datei 'netzdef.h'.

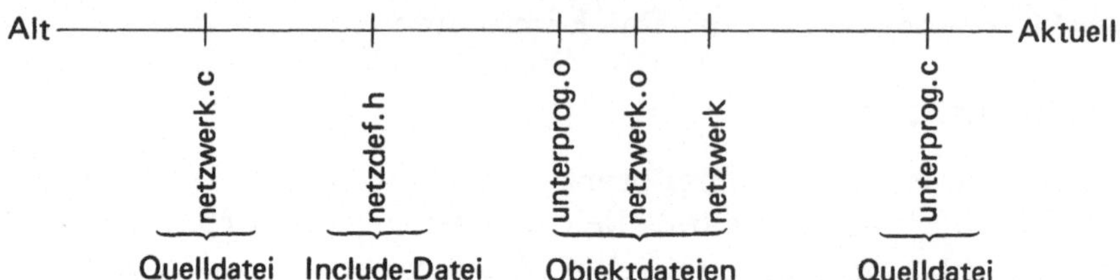

Bild 12.3: Eine andere Zeitlinie für das Netzwerk-Software-System. In diesem
Beispiel sind lediglich zwei der Objektdateien veraltet: 'unterprog.o' ist veraltet, da
es älter ist als 'unterprog.c', und 'netzwerk' ist veraltet, da es von der veralteten
Datei 'unterprog.o' abhängt. Die Datei 'netzwerk.o' ist dagegen nicht veraltet.

und 'netzwerk'. make führt daraufhin die beiden Kommandos

```
cc -c unterprog.c
cc -o netzwerk netzwerk.o unterprog.o
```

aus, um eine neue (gültige) Version von 'netzwerk' zu erzeugen. make
führt immer nur die Aktionen aus, die notwendig sind, um eine neue
Version zu erzeugen.

In diesem einfachen System aus zwei Quelltextdateien und einer
include-Datei bringt make noch nicht viele Vorteile ein. Die Verwaltung und Wartung von Systemen, die aus Dutzenden von
Quelltextdateien und einer ausgedehnten Hierarchie von include-
Dateien bestehen, ist dagegen sehr viel einfacher, wenn man das
make-Programm benutzt.

Die Beschreibungen in der make-Datei sind selbsterklärend. Da die
Objektdatei 'unterprog.o' von der Quelltextdatei 'unterprog.c'
abhängt, enthält make interne Regeln, um 'unterprog.o' aus
'unterprog.c' zu erzeugen. make weiß zum Beispiel, daß die Datei
'unterprog.o' durch die Übersetzung der Datei 'unterprog.c' mit der "-
c"-Option des C-Compilers entstanden ist. Diese make-Datei könnte
neu geschrieben werden, um die Regeln von make besser auszunutzen:

```
netzwerk    : netzwerk.o unterprog.o
            cc -o netzwerk netzwerk.o unterprog.o
unterprog.o netzwerk.o : netzdef.h
```

make verfügt über ein ähnliches System von benannten Variablen
wie die UNIX Shell. Wenn man die Zeile

```
CQUELLEN=netzwerk.c unterprog.c
```

in die make-Datei einfügt, kann man das Wort $(CQUELLEN) benutzen,
um alle Quelltextdateien zu bezeichnen. Gehen wir zum Beispiel von

folgenden Abhängigkeiten und Kommandos in einer make-Datei aus:

```
ausdruck    :  $(CQUELLEN)
            pr $(CQUELLEN)  |  lpr
```

Unter diesen Voraussetzungen ergibt das Kommando

```
make ausdruck
```

einen auf dem Drucker ausgegebenen Ausdruck aller Quelltextdateien. In den bisherigen Beispielen wurden die UNIX-Kommandos von make nur ausgeführt, wenn bestimmte Einträge veraltet waren. In dem neuen Beispiel wird das UNIX-Kommando immer ausgeführt, da es keine Datei 'ausdruck' gibt und deshalb angenommen wird, daß der Eintrag veraltet ist.

Ein anderer Eintrag in der make-Datei mag so aussehen:

```
netzwerk.lint :  $(CQUELLEN)
            lint $(CQUELLEN)  >  netzwerk.lint
```

Das Kommando

```
make netzwerk.lint
```

bearbeitet die C-Quelltexte mit lint und überträgt die Ausgaben in die Datei 'netzwerk.lint'. Obwohl eine große Vielfalt von Aufgaben, die mit Programmierung zusammenhängen, mit make gelöst werden können, liegt doch der wichtigste Nutzen in der Dokumentation der Abhängigkeiten eines komplizierten Quelltextsystems.

12.3 SCCS

Das SCCS (engl. <u>S</u>ource <u>C</u>ode <u>C</u>ontrol <u>S</u>ystem) wird zur Kontrolle und Pflege der Textdateien eingesetzt. Mit SCCS geht man davon aus, daß die meisten Quelltextdateien von Programmen sich über lange Zeiträume entwickeln und ändern (Programmfehler werden behoben, Erweiterungen hinzugefügt usw). SCCS ist in der Lage, diese Änderungen zu dokumentieren und die Einhaltung der Änderungsrechte zu überwachen. Es ist mit dem System ebenfalls möglich, bereits veraltete Versionen von Texten wiederherzustellen. SCCS kann für jeden Typ einer Textdatei benutzt werden. Es wird gewöhnlich für Quellkodedateien von Programmen benutzt, deshalb behandeln auch die folgenden Darstellungen den SCCS-Text wie einen Programmquelltext.

SCCS bedient sich einer verschlüsselten Version einer Textdatei mit einem speziellen Format. Diese verschlüsselte Version enthält

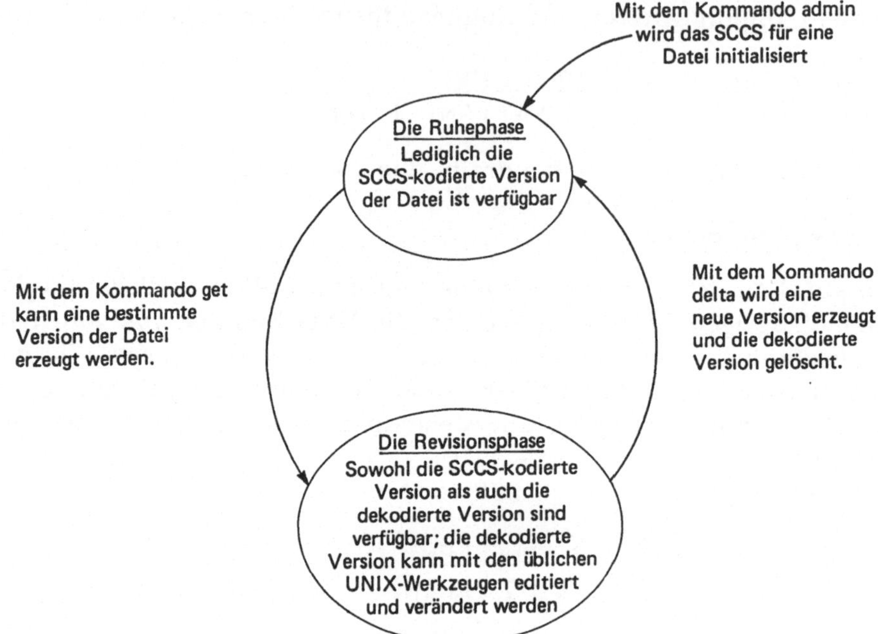

Bild 12.4: Der SCCS-Bearbeitungszyklus.

genügend Informationen, um alte Versionen erzeugen zu können und um festzustellen, wer bestimmte Versionen bearbeitet hat (oder bearbeiten darf). Alle Dateien im SCCS-Format haben in ihrem Namen den Prefix "s.". Die SCCS-Datei 's.netzwerk.c' ist also die verschlüsselte Version von 'netzwerk.c'.

Zur Verdeutlichung des Bearbeitungsablaufes von SCCS wird im folgenden ein Bearbeitungszyklus beschrieben. Danach werden einige Beispiele zum Benutzen der SCCS-Programme erläutert. Der vollständige Zyklus für ein ausgereiftes Software-Produkt besteht gewöhnlich aus einer langen Ruhephase zwischen den Überarbeitungen, gefolgt von einer weiteren Revision der Software.

Während der Ruhephase existiert nur die SCCS-kodierte Version einer Datei. Um die Datei bearbeiten zu können, kann man mit dem get-Kommando eine entschlüsselte Version der SCCS-kodierten Datei erzeugen. Das tatsächliche Umarbeiten wird mit der entschlüsselten Version der Datei ausgeführt. Wenn eine Datei einen Programmtext enthält, wird der Programmierer wahrscheinlich eine Reihe von Änderungen, Übersetzungen und Tests zur Überprüfung der Veränderungen an der Datei durchführen.

Während einer Revision existiert sowohl die SCCS-kodierte Version der Datei als auch die entschlüsselte Version. Wenn die Überarbeitung abgeschlossen ist, wird die neue Information aus der entschlüsselten

Version mit dem delta-Kommando in die SCCS-kodierte Version übertragen. Eine natürliche Konsequenz der Aktualisierung der SCCS-
kodierten Datei durch das delta-Kommando ist das Löschen der
entschlüsselten Datei. Das Löschen der nichtkodierten Datei verhindert, daß eine entschlüsselte Version fälschlicherweise in dem Glauben
verändert wird, daß die Hauptkopie auf dem neusten Stand ist. Somit
ist während der Ruhephase lediglich die SCCS-kodierte Version der
Datei verfügbar.

SCCS sollte erst ab einem gewissen Reifegrad im Zyklus eines
Software-Projektes angewendet werden. Wenn SCCS zu früh eingesetzt
wird, enthalten die frühen Programmversionen noch Fehler. Auf der
anderen Seite fehlt ein Großteil wichtiger Information, wenn man SCCS
zu spät einsetzt.

SCCS kann für ein Software-System mit dem admin-Kommando initialisiert werden. Neben dem Erstellen einer SCCS-kodierten Datei,
kann das admin-Kommando Parameter bestehender SCCS-Dateien
kontrollieren. Das Kommando

```
admin -n s.SCCSbeispiel
```

erzeugt 's.SCCSbeispiel' und installiert Standard-Parameter in der
Datei. Bis auf die SCCS-Informationen ist die Datei leer und mit der
Versionsnummer 1.1 katalogisiert (eine Abwandlung dieses Komman-
dos kann eine Datei erzeugen, die nicht leer erzeugt wird). Bevor man
Text in diese leere Datei schreiben kann, muß man eine entschlüsselte
Version anfertigen:

```
get -e s.SCCSbeispiel
```

Die Option "-e" zeigt an, daß diese Dateiversion zum Editieren benutzt
werden soll. Das get-Kommando druckt die Versionsnummer (1.1) der
erzeugten Datei und die Anzahl der Zeilen (0) in der Datei aus. Dies
hat das SCCS-Buchhaltungssystem gestartet und eine leere Datei
erstellt. Man kann einen UNIX-Texteditor benutzen, um Text zu der

Datei hinzuzufügen:

```
ed SCCSbeispiel
a
"Und uebrigens", sagte sie, und sie strahlte ueber
ihr ganzes sommersprossiges Gesicht, "will ich euch
sagen, dass es in Belgisch-Kongo keinen einzigen
Menschen gibt, der die Wahrheit sagt. Sie luegen
den ganzen Tag. Sie fangen frueh um sieben an und
hoeren nicht eher auf, als bis die Sonne untergegangen
ist. Wenn es also passieren sollte, dass ich mal luege,
so muesst ihr versuchen, mir zu verzeihen und daran
denken, dass es nur daran liegt, dass ich etwas zu
lange in Belgisch-Kongo war."
.
wq
```

Nachdem alle Arbeiten abgeschlossen sind, kann man die neue Version der Datei mit dem Kommando

```
delta s.SCCSbeispiel
```

abspeichern. Die Änderungen werden unter der Versionsnumer 1.2 gesichert, da das delta-Kommando automatisch die Versionsnummer erhöht. Das delta-Kommando fragt dann nach "comments?" ("Kommentare?"), liest von der Kommandozeile die Eingabe ab und fügt den Text in die Datei ein. Die Kommentare dienen zur Erläuterung der Überarbeitung. Im Beispiel sei der Kommentar "Textauszug in die Datei geschrieben" eingegeben. Das delta-Kommando löscht die Datei 'SCCSbeispiel', sobald die Änderungen nach 's.SCCSbeispiel' übertragen wurden.

Möchte man jetzt die Version 1.2 aus 's.SCCSbeispiel' erzeugen und neuen Text hinzufügen (und somit Version 1.3 erzeugen), kann man

get   Erzeuge eine entschlüsselte Version.

admin   Führe administrative Funktionen auf SCCS-Dateien aus.

delta   Schreibe eine neue Version in die verschlüsselte Datei.

prs   Drucke eine verschlüsselte Datei.

Bild 12.5: Die Programme des SCCS-Systems.

das Kommando

```
get -e s.SCCSbeispiel
```

benutzen. Die neuste Version wird erstellt, und die Datei kann bearbeitet werden.

```
ed SCCSbeispiel
$a
- Aus "Pippi zieht in die Villa Kunterbunt ein",
Pippi Langstrumpf von Astrid Lindgren, S. 15,
Verlag Friedrich Oetinger, Hamburg 1960.
.
wq
```

Es werden drei Zeilen zur Datei hinzugefügt. Das Kommando

```
delta s.SCCSbeispiel
```

sichert die neue Version (1.3). Schließlich wird noch über das delta-Kommando der Kommentar "Zitatstelle eingefügt" eingegeben.

Bild 12.6 zeigt den Inhalt der Datei 's.SCCSbeispiel', nach Ausführung der letzten Überarbeitung. Bild 12.6 soll den Arbeitsablauf von SCCS erläutern. Wie man ersehen kann, bedingt die Benutzerfreundlichkeit von SCCS mehr Speicherplatz. Der eingegebene dreizehnzeilige Text wird im SCCS-Format auf 34 Zeilen erweitert.

Jede der drei Versionen der Datei 's.SCCSbeispiel' kann mit dem get-Kommando erzeugt werden. Mit

```
get -s -p -r1.2 s.SCCSbeispiel
```

wird die Version 1.2 der Datei auf dem Bildschirm ausgegeben. Die Option "-s" unterdrückt die normale Ausgabe von Statistiken, die Option "-p" erzwingt die Ausgabe auf den Bildschirm und die Option "-r1.2" legt die Versionsnummer fest. Die neuste Version kann mit dem Kommando

```
get -s -p s.SCCSbeispiel
```

auf den Bildschirm ausgegeben werden.

Obwohl nur einige Eigenschaften von SCCS mit diesem Beispiel aufgezeigt wurden, sollte der Nutzen zur Kontrolle von Quelltexten deutlich geworden sein.

```
<^a>h32774
<^a>s 00002/00000/00005
<^a>d D 1.3 84/12/17 11:57:30 kgc 3 2
<^a>c Zitatstelle eingefuegt
<^a>e
<^a>s 00005/00000/00000
<^a>d D 1.2 84/12/17 11:56:05 kgc 2 1
<^a>c Textauszug in die Datei geschrieben
<^a>e
<^a>s 00000/00000/00000
<^a>d D 1.1 84/12/17 11:47:26 kgc 1 0
<^a>e
<^a>u
<^a>U
<^a>t
<^a>T
<^a>I 2
"Und uebrigens", sagte sie, und sie strahlte ueber
ihr ganzes sommersprossiges Gesicht, "will ich euch
sagen, dass es in Belgisch-Kongo keinen einzigen
Menschen gibt, der die Wahrheit sagt. Sie luegen
den ganzen Tag. Sie fangen frueh um sieben an und
hoeren nicht eher auf, als bis die Sonne untergegangen
ist. Wenn es also passieren sollte, dass ich mal luege,
so muesst ihr versuchen, mir zu verzeihen und daran
denken, dass es nur daran liegt, dass ich etwas zu
lange in Belgisch-Kongo war."
<^a>I 3
- Aus "Pippi zieht in die Villa Kunterbunt ein",
Pippi Langstrumpf von Astrid Lindgren, S. 15,
Verlag Friedrich Oetinger, Hamburg, 1960.
<^a>E 3
<^a>E 2
<^a>I 1
<^a>E 1
```

Bild 12.6: Die Datei 's.SCCSbeispiel'. Der Inhalt der Datei 's.SCCSbeispiel' nach den im Text beschriebenen Operationen gibt einen Hinweis auf die Arbeitsweise des SCCS-Systems. Alle Zeilen außer den dreizehn Textzeilen beginnen mit dem nichtdarstellbaren Zeichen Control-A (<^a>).

KAPITEL

13

Die Shell

Die Shell ist das wahrscheinlich wichtigste UNIX-Hilfsprogramm; unglücklicherweise ist sie ebenso eines der wenig verstandenen und schlecht dokumentierten Hilfsprogramme. Die UNIX-Shell ist sowohl ein interaktiver Kommandointerpreter als auch Interpreter einer Programmiersprache auf Kommandoebene. Dieses Feature ist eine der herausragenden Eigenschaften von UNIX.

Einige Rechnersysteme haben einfache und effektive interaktive Kommandointerpreter, ihnen fehlt aber die Möglichkeit, mit programmiersprachenähnlichen Werkzeugen programmieren zu können. Andere Rechnersysteme haben zwar entwickeltere Programmiersprachen auf der Kommandoebene, bieten aber keine einfach zu handhabende Kommandoebene an. UNIX vereint beide Eigenschaften in der Shell.

Die Shell wurde bereits in Kapitel 4 beschrieben und kurz erläutert. Die meisten interaktiven Benutzer werden lediglich das Minimalangebot der Shell wie Eingabe einfacher Kommandos ("ls"), Dateinamenerzeugung ("ls *.dok"), Umlenkung der Ein-/Ausgabe ("ls > meinedat") und Verwendung von Pipes ("ls | wc -l") einsetzen. Diese Arbeitsweisen sind äußerst nützlich, sie bilden aber nur einen kleinen Ausschnitt des Leistungsumfangs der Shell dar.

Es bestehen Unterschiede zwischen einer interaktiven Ablaufkontrolle einer Aufgabenausführung und der Erzeugung eines Programms, das diese Kontrollfunktion automatisch wahrnimmt. Wenn man eine Aufgabe interaktiv kontrolliert, kann man direkt den Fortgang der Befehlsausführung verfolgen. Programme laufen ohne Direkteingriffe ab; die Ablaufkontrolle muß im voraus Probleme berücksichtigen und Lösungen für das Auftreten von Fehlern anbieten. Jeder, der ein großes Programm geschrieben hat, weiß, wie schwer die Berücksichtigung aller möglichen Fehlerquellen beim Programmplanen ist.

Zur Verdeutlichung des Unterschieds zwischen interaktiven (mit

Eingriffsmöglichkeit) und programmiert ablaufenden Prozeduren folgendes Beispiel: Angenommen, man möchte eine Datei auf dem Terminal ausgeben. Den Dateinamen weiß man nicht mehr genau, es könnte 'leb.lst' oder 'lebensmittel.l' oder etwas ähnliches sein. Auch den Namen der Directory, in der die Datei steht, weiß man nicht mehr genau; entweder steht sie in der Directory 'data.lsts', der gegenwärtigen Directory oder vielleicht in 'leb.proj'. Mit Eingabe mehrerer Kommandos, deren Ergebnis man direkt am Bildschirm erwartet, ist es einfach, die verschiedenen Directories zu durchsuchen, und wenn die Datei gefunden wird, sie mit dem cat-Programm auf dem Terminal auszugeben. Das Schreiben eines Programms zum Auffinden der Datei 'leb...' ist nicht einfach. Was ist ein ausreichendes Kriterium zum Auffinden der Datei? Was soll das Programm tun, wenn es keinen (oder mehrere) Dateinamen findet? Ein Programm zum Auffinden und Ausgeben von 'leb...' müßte alle diese Fragen beantworten können.

Eine interaktive Prozedur ist eine einfache Kommandofolge, wohingegen ein Programm mit demselben Endergebnis eine komplizierte logische Struktur darstellt. Es hat sich gezeigt, daß höhere Kontrollstrukturen zur Wiederholung von Instruktionsfolgen und Abfrage bestimmter Bedingungen die Programmentwicklung erleichtern. Zugleich ist es hilfreich, Variable in ein Programm einzubauen, die während der Ausführung eines Programms ihren Wert ändern können. Die Shell enthält solche Variablen.

Einer der Hauptunterschiede zwischen Version 6 und Version 7 des Betriebssystems UNIX ist die Shell. Die Shell der Version 6 ist ein guter interaktiver Kommandointerpreter, aber keine Programmiersprache. Die Shell der Version 7 vereint die interaktiven Möglichkeiten von Version 6 mit denen einer leistungsstarken Programmiersprache. Die hier beschriebenen Eigenschaften führen auf die Shell der Version 7, die gewöhnlich Bourne-Shell genannt wird (nach ihrem Autor S.R. Bourne).

Die ersten fünf Abschnitte dieses Kapitels sind für fast alle UNIX-Benutzer nützlich. Wenn man beabsichtigt, Systemprogramme zu schreiben oder ausführliche Kenntnisse über die Shell zu besitzen, sollte man den Rest dieses Kapitels ebenfalls lesen. In Kapitel 14 sind einige Shell-Programme beschrieben. Die meisten Benutzer von UNIX schreiben keine komplizierten Shell-Programme und benötigen daher auch nicht das Wissen über die Shell, das in diesem Kapitel vermittelt wird.

13.1 Das Ausführen eines Shell-Programms

Jedes Kommando oder jede Kommandofolge, die in einer Datei gespeichert ist, wird als Shell-Programm oder Kommandodatei bezeichnet. Der Begriff Kommandodatei bezeichnet eine einfache Folge von Shell-Kommandos. Es gibt drei Möglichkeiten, eine Kommandodatei von der Shell ausführen zu lassen. Der erste Weg ist sehr einfach. Da die Shell ihre Kommandos interaktiv einliest, kann man die Eingabe umlenken, so daß die Shell Kommandos aus einer Datei liest.

```
sh < lsdir
```

Hierbei liest die Shell die Kommandofolge aus der Datei 'lsdir' (Die Funktionen der Shell-Kommandos in 'lsdir' sind unwesentlich). Jedes Programm, das von der Standard-Eingabe aus kontrolliert werden kann, kann auch von einer Datei aus kontrolliert werden, wenn man die Eingabe umlenkt.

Da die Shell oftmals Kommandos von einer Plattendatei einliest, hat sie eine besondere Eigenschaft eingebaut: wenn sie mit dem Namen einer Datei als Argument aufgerufen wird, liest sie die Kommandos aus der angegebenen Datei.

```
sh lsdir
```

Viele Kommandos sind so gebaut, daß man einen Dateinamen als Argument angeben oder die Eingabe umlenken kann. Allerdings erlauben nicht alle Programme beide Ausdrucksformen. Der Vorteil der Angabe einer Datei als Kommandoargument ist, daß man Argumente an das Kommando übergeben kann. Das Kommando

```
sh lsdir /bin /etc
```

führt zur Ausführung der Kommandos in der Datei 'lsdir' durch die Shell. Das 'lsdir' Shell-Programm kann auf die Argumente "/bin" und "/etc" zugreifen. Wie man später sehen wird, ist es sehr nützlich, daß Shell-Programmen Argumente übergeben werden können.

Die dritte Methode ist sogar noch raffinierter. Der UNIX-Texteditor erzeugt gewöhnlich Dateien ohne Ausführungsrecht (diese Dateien sind nur zum Lesen und Schreiben), da die meisten Textdateien Briefe und Dokumente enthalten. Wenn die Shell jedoch auf eine Datei trifft, deren Ausführungsrechte gesetzt sind, nimmt sie an, daß es sich um eine Shell-Programmdatei handelt. Man kann das Ausführungsrecht der Datei 'lsdir' mit dem chmod-Kommando setzen.

```
chmod a+x lsdir
```

Sobald die Ausführungsrechte vergeben sind, kann man die in der Datei enthaltenen Kommandos durch einfache Angabe des Namens der Datei ausführen:

```
lsdir
```

Die Shell schreibt eine Fehlermeldung, wenn man versucht, eine Datei auszuführen, deren Ausführungsrechte nicht gesetzt sind.

Vorteilhaft bei dieser dritten Methode ist, daß ein Shell-Programm wie ein Kommando ausgeführt werden kann, indem man den Namen der Datei angibt; man kann ein Shell-Programm so behandeln wie jedes andere Programm. Ein weiterer Vorteil ist, daß die Shell die üblichen Pfade (meist '/bin' und '/usr/bin' usw.) nach ausführbaren Kommandos durchsucht; bei der Eingabe eines Kommandos (z.B. "sh lsdir" oder "sh < lsdir") jedoch muß die Kommandodatei in der gegenwärtigen Directory liegen oder der genaue Pfad angegeben sein. Man kann Argumente an Shell-Programme so wie an andere Programme übergeben:

```
lsdir /usr/lib /usr/man/doc
```

Regelmäßig eingesetzte Shell-Programme sollten für den Benutzer einfach auszuführen sein.

13.2 Shell-Variablen

In einer Programmiersprache werden Variablen benutzt, um Werte zu speichern. Der unter einem Variablennamen gespeicherte Wert kann sich während der Programmausführung verändern. Die UNIX-Shell-Variablen können Zeichenketten speichern. Der Variablenwert kann mit einem Zuweisungskommando gesetzt werden:

```
ux=u.UNIX
```

Die Zuweisung weist der Shell-Variablen "ux" den Wert "u.UNIX" zu. Der Name einer Shell-Variablen muß mit einem Buchstaben beginnen und kann Buchstaben, Ziffern und Unterstreichungszeichen enthalten. Da "ux" eine Variable ist, kann ihr ein anderer Wert zugewiesen werden.

```
ux=UNIX
```

Wenn man einer Variablen einen Wert zuweisen möchte, der Leerzeichen, Tabs oder Newlines enthält, muß man den Ausdruck mit Anführungszeichen umschließen.

```
heldin="Mutter Maria von den heiligen Wassern"
```

Das readonly-Kommando erlaubt die Markierung einer Variablen, so daß ihr Wert nicht verändert werden kann:

```
readonly ux
```

Nachdem die Variable "ux" readonly (nur lesbar, nicht veränderbar)
ist, führt das Kommando

```
ux=uu.UNIX
```

zu der Fehlermeldung "ux: is readonly". Man sollte das readonly-Kommando sorgsam einsetzen, da der Wert dieser "festen" Variablen
während der gesamten Aktionsdauer der Shell nicht verändert werden
kann. Wenn man eine Liste aller nur lesbaren Variablen haben
möchte, kann man das Kommando

```
readonly
```

eingeben. Die vom Benutzer erzeugten Variablen sind solange nur der
gegenwärtigen Shell bekannt, wie sie nicht für die Umgebung freigegeben sind. Auf freigegebene Variablen kann jedes von der Shell
ausgeführte Kommando zugreifen. Das Kommando

```
export ux
```

gibt die Variable "ux" für die Umgebung frei. Diese Freigabe gilt,
solange die Shell läuft. Man kann sich alle exportierten Variablen mit
dem Kommando

```
export
```

ausgeben lassen. Wenn man einer Variablen einen Wert oder einen
Modus zuweist, benutzt man den Variablennamen. Wenn man jedoch
den in ihr gespeicherten Wert benutzen möchte, muß man vor dem
Namen der Variablen ein Dollarzeichen angeben.
   Das Dollarzeichen sagt der Shell, daß der folgende Name eine Variable bezeichnet, aber keine Datei oder Wort. Das echo-Kommando
kann zur Ausgabe des Wertes einer bestimmten Variablen benutzt werden. Das Kommando

```
echo $ux
```

gibt das Wort "UNIX" aus, da der Wert der Variablen ux "UNIX" ist (s.o.).
Eine Variable, die nicht explizit gesetzt wurde, enthält eine leere
Zeichenkette. Das Kommando

```
echo $abc
```

gibt daher eine Zeile ohne Zeichen aus - eine Leerzeile.
   Man sollte geschweifte Klammern um den Namen einer Variablen
setzen, wenn auf den Variablennamen sofort anschließend weitere

Zeichen folgen, die nicht Teil des Namens sind. Das Kommando

```
echo ${ux}tm
```

gibt das Wort "UNIXtm" aus. Ein anderer Weg, Variablennamen von den umgebenden Zeichen abzutrennen, sind Anführungsstriche. Das Kommando

```
echo "$ux"tm
```

erzeugt ebenfalls das Wort "UNIXtm" (Abschnitt 13.5 erläutert, warum die Markierung mit Anführungsstrichen verwendet werden kann).

Fünf Shell-Variablen werden von der Shell automatisch gesetzt:

1. Die Variable $? enthält den Wert, der vom zuletzt ausgeführten Kommando zurückgegeben wurde.

2. Die Variable $$ enthält die Prozeßnummer der Shell.

3. Die Variable $! enthält die Prozeßnummer des letzten Prozesses, den die Shell ausgeführt hat.

4. Die Variable $# enthält die Anzahl der Argumente (aufgeführten Parameter) der Shell (s. Abschnitt 13.10).

5. Die Variable $- enthält die Flaggen, die der Shell übergeben wurden, als sie aufgerufen wurde, oder die Flaggen, die mit dem set-Kommando gesetzt wurden.

Diese automatisch verfügbaren Variablen können ebenso benutzt werden wie die vom Benutzer erzeugten Variablen. Das Kommando

```
echo $$
```

gibt die Prozeßidentifikationsnummer der Shell aus. Die Prozeßidentifikationsnummer kann mit dem ps-Kommando verifiziert werden.

13.3 Die interaktive Benutzung von Shell-Variablen

Neben dem nutzbringenden Einsatz der Variablen in Shell-Programmen können sie auch bei einer interaktiven Programmsteuerung nützlich sein. Angenommen es gibt eine Directory (z.B. '/usr/td/c/mon/src/doc'), die Dateien enthält, die man zwar immer wieder benutzt, aus guten Gründen möchte man aber während eines Programmaufrufs in der gegenwärtigen Directory bleiben, die Dateien in der Directory '/usr/td/c/mon/src/doc' jedoch mit den absoluten Pfadnamen bezeichnen. Es ist sehr zeitaufwendig, den Pfadnamen jedesmal einzugeben, wenn man eine Datei in der Directory ansprechen möchte. Man kann den Namen der Directory in einer

Variablen speichern und den Variablennamen statt des Names der Directory verwenden:

```
docdir=/usr/td/c/mon/src/doc
```

Mit dem echo-Kommando kann man die korrekte Eingabe des Pfadnamens überprüfen:

```
echo $docdir
```

Man kann sich eine Liste der Dateien in der Directory mit dem Kommando

```
ls $docdir
```

ausgeben lassen. Eine Datei (z.B. 'sema.txt') in dieser Directory kann man mit dem Kommando

```
cat $docdir/sema.txt
```

ausgeben lassen. Man kann über die Dateinamenerzeugung alle Dateien, deren Namen mit ".txt" enden, in einer Liste ausgeben zu lassen.

```
ls -l $docdir/*.txt
```

Wenn man ein Programm 'mkdoc' aus der $docdir Directory ausführen muß, kann man eine neue Variable erzeugen, die den absoluten Pfad namen von 'mkdoc' enthält. Man kann die Variable entweder mit dem Kommando

```
mkdoc=/usr/td/c/mon/src/doc/mkdoc
```

oder der etwas kürzeren Version

```
mkdoc=$docdir/mkdoc
```

belegen.
Das Kommando

```
$mkdoc $docdir/sema.txt
```

läßt das '/usr/td/c/mon/src/doc/mkdoc'-Programm mit dem Argument "/usr/td/c/mon/src/doc/sema.txt" ablaufen. Variable können die üblichen interaktiven Aufgaben erleichtern.

13.4 Der Suchpfad

Nach der Kommandoeingabe sucht die Shell zunächst nach dem Programmnamen. Aber wo ist zu suchen? Viele UNIX Systeme enthalten Tausende von Directories und es wäre zu zeitaufwendig, überall zu suchen. Zur Einschränkung der Suche baut die UNIX-Shell einen Suchpfad auf. Der Suchpfad ist eine Liste von Directories, in denen die Shell ein Kommando sucht.

Die meisten Suchpfade umfassen die gegenwärtige Directory (Working Directory), die Directory '/bin' und die Directory '/usr/bin'. Unter UNIX ist es üblich, die am meisten benutzten Kommandos in der Directory '/bin' oder '/usr/bin' zu speichern. Der voreingestellte Suchpfad kann so verändert werden, daß noch andere Directories nach Kommandonamen durchsucht werden. Wenn ein Kommando in keiner der Directories des vorgegebenen Suchpfades gefunden wird, schreibt die Shell eine Fehlermeldung aus.

Man kann sich den gegenwärtigen Suchpfad mit dem Kommando

```
echo $PATH
```

ausgeben lassen. Die Antwort sei

```
:/bin:/usr/bin
```

Dieser Suchpfad beschreibt die Reihenfolge der Suche: erst in der gegenwärtigen Directory, dann in der Directory '/bin' und schließlich in der Directory '/usr/bin'. Die Directories im Suchpfad sind durch einen Doppelpunkt getrennt. Jede leere Directory (zwei Doppelpunkte hintereinander oder ein führender Doppelpunkt) im Suchpfad bedeutet die gegenwärtige Directory. Der Suchpfad, der die Suche erst in der Directory '/bin' und schließlich in der Directory '/usr/bin' beschreibt, lautet

```
/bin:/usr/bin
```

Wenn man zuerst in der Directory '/bin', dann in der gegenwärtigen Directory und schließlich in der Directory '/usr/bin' suchen möchte, lautet der Suchpfad

```
/bin::/usr/bin
```

Da der Suchpfad eine gewöhnliche Shell-Variable ist, kann er direkt geändert werden. Das Kommando

```
PATH=:/bin:/usr/bin:/usr/kc/bin
```

erzeugt einen Suchpfad, der zusätzlich zu den üblichen Directories die Directory '/usr/kc/bin' enthält.

Wenn die login-Directory eine Datei enthält, die '.profile' heißt, dann werden die Shell-Kommandos in dieser Datei beim Einloggen ausgeführt. Die Kommandos in '.profile' betreffen gewöhnlich die Terminalangaben, anfängliche Umgebungsvariablen wie $PATH und sonstige Programme, die zu Beginn einer Arbeitssitzung ausgeführt werden sollen. Wenn man in einen besonderen Suchpfad benutzen möchte, sollte man das entsprechende Kommando in '.profile' eintragen.

Es ist wichtig eine optimale Suchreihenfolge zu finden. Benutzer, die große Suchpfade festlegen, haben keine Übersicht über ihre Arbeit. Bei jedem Kommandoaufruf muß die Shell Dutzende von Directories durchsuchen. Directories sollten so klein wie möglich gehalten werden. Das Durchsuchen einer kleinen Directory ist kürzer als das einer umfangreichen Directory. Die Zeit, die die Shell mit der Suche nach Kommandos verbringt, ist vom Suchpfad und den Directory-Größen abhängig; umfangreiche Directories und ungünstig angeordnete Suchpfade erhöhen die Arbeitszeit wesentlich.

Suchpfade sind wichtige Werkzeuge für Benutzergruppen, die auf mehrere Programme zugreifen wollen. Wenn zum Beispiel eine Gruppe von Benutzern eine Reihe von teletext-Programmen benutzt, dann sollten alle diese Programme in einer Directory (vielleicht '/usr/teletext/bin') gespeichert werden, und die einzelnen Benutzer sollten ihre Suchpfade so abändern, daß sie auf diese Directory zugreifen. Würden stattdessen die teletext-Programme in der Directory '/bin' oder '/usr/bin' stehen, müßte jeder Benutzer des Systems länger auf die Abarbeitung seiner Kommandos warten, da das Durchsuchen der Standard-Directories länger dauern würde. Dies ist ein Beispiel zur benutzerfreundlichen Gestaltung der Umgebung.

13.5 Metasymbole

Die meisten Metasymbole der Shell werden auch von anderen Programmen benutzt, da insgesamt nicht genügend unterschiedliche Zeichen zur Verfügung stehen. Wenn man ein Kommando interaktiv eingibt oder das Kommando in eine Datei schreibt und die Datei ausführt, ist die Shell das erste Programm, das diese Information erhält.

Wenn die Daten ein Shell-Metasymbol enthalten, kann man erwarten, daß die Shell die Daten dann ersetzt, wenn diese Angaben nicht als statisch markiert ist (in Anführungszeichen).

Wenn man ein Kommando eingibt, das eine Pipe ausführt,

```
ls | wc -l
```

dann steht der senkrechte Strich für die Pipe-Operation. Die Shell trennt die Befehlsfolge in zwei Prozesse (ls und wc) und verbindet die Standard-Ausgabe von ls mit der Standard-Eingabe von wc. Wenn man ein Kommando eingibt, das logische Vergleiche zwischen zwei Shell-Variablen ausführt,

```
expr $var1 \| $var2
```

dann ist der senkrechte Strich ein mathematisches Symbol und keine Pipe-Verbindung. Wenn der senkrechte Strich als mathematisches Zeichen verwendet wird, muß man aufpassen, daß er markiert, d.h. von seiner speziellen Bedeutung als Pipe-Verbinder losgelöst ist. Im letzten Beispiel wurde als Äquivalent für den senkrechten Strich zum Trennen der Backslash eingesetzt.

Die Metasymbole der Shell können wie folgt außer Kraft gesetzt werden:

1. Der Backslash (\, das Fluchtsymbol) markiert das nächste Zeichen.

2. In Hochkommata (') gesetzte Zeichen sind markiert und werden nicht als Metasymbole ausgewertet.

3. In Anführungszeichen (") gesetzte Zeichen gelten bis auf den Backslash, das Hochkomma ('), die Anführungszeichen (") und das Dollarzeichen ($) als normale Zeichen. Die Kommandoersetzung findet statt.

Ein einzelnes Zeichen wird gewöhnlich mit einem Backslash markiert. Eine Zeichenkette wird in halbe Anführungszeichen (accent grave) gesetzt. Backslash und Anführungszeichen werden zwischen Anführungszeichen als Metasymbole behandelt.

Wenn man das Kommando

```
echo '$HOME'
```

oder das ähnliche Kommando

```
echo \$HOME
```

eingibt, erscheint "$HOME" auf dem Terminal. Das Kommando

```
echo "$HOME"
```

hingegen gibt den Namen der Home-Directory aus.

Zum Verknüpfen einer Wortfolge, die Leerzeichen enthält, kann man ebenfalls den Markiermechanismus verwenden, um aus der Folge ein einzelnes Wort zu machen. Wenn man das Kommando

```
schwermut=Marvin der Roboter
```

ausführt, dann hat $schwermut den Wert "Marvin" und die Shell meldet einen Fehler im Auffinden des Programms "der". Stattdessen kann man das Kommando

```
schwermut='Marvin der Roboter'
```

oder das Kommando

```
schwermut="Marvin der Roboter"
```

oder das Kommando

```
schwermut=Marvin\ der\ Roboter
```

eingeben. Alle drei Versionen weisen der Shell-Variablen $schwermut den Wert "Marvin der Roboter" zu.

13.6 Das set-Kommando

Das set-Kommando gibt eine Liste der erzeugten Variablen aus. Das Kommando

```
set
```

ergab folgende Ausgabe:

```
HOME=/usa/kc
PATH=:/usa/kc/bin:/bin:/usr/bin
IFS=

PS1=$
PS2=>
TERM=vt100
```

Alle diese Variablen wurden während des login-Prozesses erzeugt und sind ein wichtiger Bestandteil der benutzereigenen UNIX-Umgebung. Einige Systeme bilden zusätzliche Variablen, um lokale Eigenheiten zu unterstützen (die automatischen Variablen $$, $?, $!, $# und $- werden vom set-Kommando nicht ausgegeben). Die Variablen werden im folgenden erläutert:

1. Die "HOME"-Variable enthält den Namen der Home-Directory.

2. Die "PATH"-Variable enthält den Suchpfad, den die Shell beim Auffinden der Kommandos absucht.

3. Die "IFS"-Variable enthält das Zeichen oder die Zeichenkette, die die unterschiedlichen Argumente eines Kommandos voneinander trennen. Die Variable hat meist den Wert Leerzeichen, Tab oder Newline.

4. "PS1" und "PS2" sind die Prompt-Zeichenketten, die die Shell verwendet. "PS1" ist der normale Prompt und "PS2" der Prompt, der ausgeschrieben wird, wenn zusätzliche Informationen benötigt werden.

5. Die "TERM"-Variable enthält die Terminalbezeichnung. Einige Kommandos können nur sinnvoll eingesetzt werden, wenn der Terminaltyp, der benutzt wird, bekannt ist, um eine darstellbare Anzeige zu erzeugen.

Wenn eine interaktive Shell mit der Ausführung beginnt, liest sie zuerst die Kommandos in der Datei '.profile' der Home-Directory des Benutzers und führt diese aus. Typischerweise enthält '.profile' Kommandos mit Angaben über das Terminal (stty-Kommandos) sowie andere Variablen. Enthält zum Beispiel die Datei '.profile' die Zuweisung

```
PS1="Ja Herr ->"
```

dann gibt das System einen "Ja Herr ->"-Prompt statt des Standard-Prompts aus. PS1 kann wie jeder andere Parameter wieder zurückgesetzt werden.

Das set-Kommando kann zur Kontrolle der Shell-Modi eingesetzt werden. Das Kommando

```
set -v
```

bewirkt, daß die Shell jede Kommandozeile vor dem Aufruf des Kommandos entsprechend der Eingabe ausgibt. Dieser Zustand kann mit dem Kommando

```
set +v
```

wieder abgeschaltet werden. Die meisten der Optionen, die mit dem set-Kommando gesetzt werden können, kann man auch als Argumente auf der Kommandozeile angeben, wenn man die Shell mit einer Kommandodatei aufruft. Mit

```
sh -v lsdir
```

wird die Shell aufgerufen. Nun werden Kommandos in der Datei 'lsdir'
auf dem Terminal ausgegeben und danach ausgeführt. Dies geschieht
auch, wenn in der Datei 'lsdir' als erstes Kommando "set -v" steht. Für
die komplette Liste der Shell-Optionen, die mit dem set-Kommando
gesetzt werden können, sollten Sie im UNIX System-Manual nachschlagen.

13.7 Einfache Bedingungen

Entscheidungen treffen gehört zum Alltag. Eine Entscheidung
impliziert, daß man eine Auswahl zwischen verschiedenen Möglichkeiten trifft. Wenn in einem Programm eine Programmablaufent-
scheidung getroffen wird, dann wird eine bestimmte Kommandofolge
ausgeführt und eine andere demgegenüber ignoriert. Die
Entscheidungsstruktur in Programmiersprachen nennt man bedingte
Anweisung oder Bedingung.

Die Grundelemente eines programmierbaren Systems sind die
Operationen, die durch die Programmiersprache vorgegeben sind. In
Programmiersprachen wie BASIC und FORTRAN beruhen die
Grundlagen der Sprachdarstellung auf Maschinenoperationen auf
binären Größen. Der Kontrollfluß in einem BASIC oder FORTRAN-Pro-
gramm hängt vom Ergebnis der Ausführung der Grundbefehle ab. Als
Grundlage der Shell-Kommandosprache dienen die UNIX-Hilfsprogram-
me. Der Kontrollfluß in Shell-Programmen ist demnach durch das
Ergebnis der Programmausführung der Shell-Kommandos bestimmt.

Wenn ein UNIX-Programm erfolgreich beendet wird, gibt es einen
exit-Status von Null zurück. Einen von Null abweichenden exit-Status
erhält man, wenn Probleme im Ablauf aufgetreten sind. Wenn die Kommandozeile

```
cd /usr/kc
```

eingegeben wird, wird die Home-Directory zur gegenwärtigen Directory, und der exit-Status von cd ist Null. Wenn man das Kommando
jedoch auf einem anderen System eingibt, auf dem es die Directory
'/usr/kc' nicht gibt, meldet die Shell "/usr/kc: bad directory", und
der exit-Status von cd ist gleich Eins. Der exit-Status einer Pipe ist
der exit-Status des letzten Kommandos in der Pipe. Der exit-Status,
der von einem Kommando zurückgegeben wird, kann zur Kontrolle des
Ausführungsflusses eines Shell-Programms oder einer Pipe benutzt
werden.

Die meisten Systeme enthalten die Spezialprogramme true und
false. Die einzige Funktion des true-Programms ist die Rückgabe eines
true (null) exit-Status. Genauso ist die einzige Funktion des false-Pro-

gramms die Rückgabe eines false (ungleich null) exit-Status.

Die Bourne-Shell umfaßt mehrere Bedingungsoperatoren. Der einfachste Bedingungsoperator ist der doppelte Und-Zeichen-Operator ("&&"). Wenn zwei Kommandos mit dem doppelten Und-Zeichen verbunden sind, wird das zweite Kommando nur ausgeführt, wenn das erste Kommando einen exit-Status von Null zurückgegeben hat. Das Kommando

```
test -d /usr/kc && echo Erfolg !
```

gibt die Meldung "Erfolg !" aus, wenn die Directory '/usr/kc' existiert. Das test-Programm wird zum Prüfen unterschiedlichster Bedingungen benutzt. Die Option "-d" bedeutet, daß geprüft werden soll, ob das folgende Argument der Name einer Directory ist. Eine Vielzahl anderer Bedingungen kann überprüft werden; die Liste der Optionen sollte man im UNIX System-Manual nachschlagen.

Das Gegenteil des doppelten Und-Zeichen-Operators ist der doppelte Senkrechter-Strich-Operator ("||"). Wenn zwei Kommandos mit diesem Operator verbunden sind, wird das zweite Kommando nur ausgeführt, wenn das erste Kommando einen von Null verschiedenen exit-Status zurückgegeben hat. Das Kommando

```
test -d /usr/kc || echo Misserfolg !
```

gibt die Meldung "Misserfolg !" aus, wenn entweder die Datei nicht existiert oder sie zwar existiert, aber keine Directory ist.

13.8 Einfache Kommandos, Pipe und Listen

Bisher haben wir einfache Kommandos mit Argumenten zur Systemkontrolle eingesetzt. Es gibt zwei weitere Kommandoeinheiten in der UNIX-Shell: Pipes und Listen. Man muß Pipes und Listen verstehen, um sie in Kontrollstrukturen wirkungsvoll einsetzen zu können.

Eine Pipe kann aus einen einfachen Kommando oder eine Gruppe von einfachen Kommandos, die mit dem Pipe-Verbinder (dem senkrechten Strich oder dem Hütchen) verbunden sind, bestehen.

Eine Pipe repräsentiert eine Kommandofolge. In dieser Kommandofolge wird die Ausgabe des ersten Kommandos als Eingabe des zweiten Kommandos verstanden, die Ausgabe des zweiten Kommandos als Eingabe des dritten etc. Jede der folgenden Zeilen ist eine Pipe:

```
ls -l /bin /usr/bin
who | wc -l
a^b^c^d
ps
```

Unter UNIX besteht eine Liste aus einer Folge von Pipes; die vier eben genannten Pipes stellen eine Liste dar. In dieser Liste befinden sich die Listenelemente (die Pipes) in verschiedenen Zeilen (im UNIX-Jargon heißt das, die Pipes sind mit einem Newline verbunden). Die folgende Liste ist äquivalent zur ersten:

```
ls -l /bin /usr/bin; who ^ wc -l; a|b|c|d; ps
```

In dieser Liste sind die Elemente mit einem Semikolon verbunden. Die folgenden Zeichen können zum Verbinden von Listenelementen benutzt werden:

1. ; oder Newline zur sequentiellen Ausführung.

2. && zur Ausführung der nachfolgenden Pipe, wenn die vorstehende Pipe einen exit-Status von Null abgibt;

3. || zur Ausführung der nachfolgenden Pipe, wenn die vorstehende Pipe einen exit-Status ungleich Null abgibt.

4. & zur Ausführung der nachfolgenden Pipe als Hintergrundprozeß (asynchron).

Eine Liste ist eine grundlegende Struktur von UNIX. Eine Liste kann einfach ein einzelnes Kommando umfassen oder sehr komplex sein. Der Wert, der von der Liste zurückgegeben wird, ist der exit-Status der letzten Pipe in der Liste.

Die Unterschiede zwischen einem Kommando, einer Pipe und einer Liste zu kennen ist zur Beherrschung von UNIX äußerst wichtig:

1. Ein einfaches Kommando führt ein Programm aus.

2. Eine Pipe ist eine Folge einfacher Kommandos, die durch die Pipe-Verbinder aneinander hängen. Die einfachste Pipe ist ein einfaches Kommando.

3. Eine Liste ist eine Folge von Pipes. Die einfachste Liste ist eine einfache Pipe (die wiederum ein einfaches Kommando sein kann).

13.9 Die if-Anweisung

Der doppelte Und-Zeichen-Operator (&&) und der doppelte Senkrechter-Strich-Operator (||) sind nützliche Strukturelemente beim Programmieren der Shell. Die Shell hat jedoch weit komplexere Bedingungsoperatoren. Ein Operator ist der if-Bedingungsoperator; if erlaubt eine bedingte Verzweigung. Die Syntax des if-Bedingungsoperators lautet:

```
if if-liste
   then then-liste
elif elif-liste
   then then-liste
else else-liste
fi
```

Die Wörter "if", "then", "elif" und "fi" sind Schlüsselwörter. Schlüsselwörter sind Wörter, die die Shell (oder jede andere Programmiersprache) benutzt, um vorgegebene Strukturelelemente wie die if-Bedingung anzusprechen. Die Wörter "if-liste", "then-liste", "elif-liste" und "else-liste" bezeichnen Listen der UNIX-Kommandos. Der "elif .. then .."-Teil muß wie der "else"-Teil nicht vorhanden sein, der "elif .. then .."-Teil kann jedoch im Gegensatz zum "else .."-Teil mehrfach vorkommen. Die einfachste Form des if-Bedingungsoperators ist

```
if if-liste
   then then-liste
fi
```

Der Bedingungsoperator if der UNIX-Shell läßt sich ähnlich wie die if-Anweisung anderer Programmiersprachen einsetzen. Das folgende Beispiel verdeutlicht dies: Es soll vier Programme winter, frühling, sommer und herbst geben, die jeweils einen exit-Status von Null zurückgeben, wenn sie in der dem Programmnamen entsprechenden Jahreszeit aufgerufen werden, und einen von Null verschiedenen, wenn die Jahreszeit nicht zutrifft. Außerdem gibt es eine Reihe von Programmen, die die Anweisungen enthalten, die zur entsprechenden

Jahreszeit erledigt werden müssen. Das Shell-Programm lautet

```
if winter
  then
     schneeschieben
     fensterleisten
elif fruehling
  then
     gartenvorbereitung
     rasenmaehen
elif sommer
  then
     gartenpflege
     hausstreichen
     rasenmaehen
     rasensprengen
elif herbst
  then
     ernten
     rasenmaehen
else
     echo Etwas stimmt nicht.
     echo Ueberpruefe die Jahreszeiten-Programme.
fi
```

Während des Frühlings liefert das frühling-Programm true und das gartenvorbereitung-Kommando sowie das rasenmähen-Programm werden ausgeführt. Während des Herbstes gibt das herbst-Programm einen exit-Status von Null zurück, und die Programme ernten und rasenmähen werden ausgeführt. Wenn keines der Jahreszeiten-Programme mit einem exit-Status von Null abschließt, wird der else-Zweig ausgeführt und die Fehlermeldung ausgegeben. Das Programm soll Ihnen den Einsatz der bedingten Verzweigung in einem Programm erläutern.

In einem zweiten Beispiel läuft ein Programm ab, das im Fehlerfall eine Meldung in eine Datei schreibt. Ein zweites Programm, das zu jeder Stunde gestartet wird, überprüft den Inhalt der Datei, die die Fehlermeldung enthält. Wenn eine solche Datei existiert, wird der Inhalt ausgedruckt. Wenn die Fehlerdatei nicht existiert (also keine Fehler aufgetreten sind), soll das zweite Programm eine entsprechende Meldung ausgeben. Die folgende Shell-Kommandodatei würde diese Aufgabe ausführen:

```
date > /dev/lp
if test -r fehlerdat
  then
    cat fehlerdat > /dev/lp
    rm fehlerdat
else
    echo "Alles in Ordnung" > /dev/lp
fi
```

Die Ausgaben von date, cat und echo werden auf das Ausgabegerät umgelenkt. Man könnte meinen, daß die Fehlerdatei auf die Schnittstelle des angeschlossenen Druckers kopiert oder verschoben werden sollte. Das Kopieren (mit cp) und das Verschieben (mit mv) sind aber Operationen, die nur arbeiten, wenn Quell- und Zieldatei eine Plattendatei darstellen. Eine Spezialdatei ist aber keine Plattendatei, die Ausgabe der Programme date, cat und echo muß somit umgelenkt werden, um die Meldungen auf den Drucker auszugeben. Wenn ein Programm Daten auf eine Spezialdatei schreibt, liefert das Betriebssystem die Daten an das E/A-Gerät, in diesem Fall den Drucker weiter.

13.10 Argumente von Shell-Programmen

Der Vorteil von Programmen, die eine allgemeine Funktion erfüllen, gegenüber solchen, die eine spezielle Aufgabe lösen, wurde bereits gezeigt. Die meisten Programme, die eine allgemeine Funktion erfüllen, können über Argumente auf der Kommandozeile angewiesen werden, auch spezielle Aufgaben zu übernehmen. Das Kommando

```
ls
```

gibt eine Liste der Dateien der gegenwärtigen Directory aus. Wenn man eine bestimmte Liste haben möchte - eine Liste der Dateien der Directory '/bin' - muß man ein Kommando spezifizieren. Das Kommando

```
ls /bin
```

gibt eine Liste der Dateien der Directory '/bin' aus. Das Argument "/bin" spezifiziert die Directory '/bin'.

In Shell-Programmen kann man auf die Argumente über eine Reihe numerierter Variablen zugreifen. $1 ist die Variable, die das erste Argument der Kommandozeile enthält, $2 enthält das zweite Argument usw. Die numerierten Variablen heißen oft auch positionale Parameter, da $1 das Argument an der ersten Position bezeichnet usw. Die

spezielle Variable $0 bezeichnet immer das nullte Argument, das den
Namen des ausführenden Shell-Programms enthält. Die spezielle Variable $# enthält die Anzahl der Kommandoargumente (s. Abschnitt
13.2).

Hier ein kleines Beispiel zur Verwendung positionaler Parameter:
Angenommen, man benötigt ein Programm, das vier Argumente verlangt und diese in umgekehrter Reihenfolge ausgibt. Wenn das Programm ('rev-4') aufgerufen wird als

```
rev-4 20 30 40 50
```

dann gibt es aus: "50 40 30 20". Das Programm überprüft die Anzahl
der Parameter und gibt eine Fehlermeldung aus, falls zuviel oder
zuwenig Parameter übergeben wurden. Nur bei korrekter Anzahl
erfolgt die Ausgabe:

```
if test $# = 4
   then echo $4 $3 $2 $1
else echo $0 Aufruf: arg1 arg2 arg3 arg4
fi
```

In diesem einfachen Shell-Programm wurde das test-Kommando
benutzt, um den Wert der Variablen $# (die Anzahl der angegebenen
Parameter) mit der Anzahl der benötigten Parameter zu vergleichen.
Die positionalen Parameter $1, $2, $3 und $4 sind Platzhalter der
aktuellen Argumente. Einige UNIX-Versionen erlauben, daß beliebige
Ausdrücke in eckigen Klammern gesetzt und vom test-Kommando ausgewertet werden können. In solchen Systemen könnte die Zeile mit
der if-Bedingung aus dem Beispiel wie folgt geschrieben werden:

```
if [$# = 4]
```

Die eckigen Klammern werden benutzt, um den Programmtext les-
barer zu machen; die Ausdrücke werden aber in jedem Fall vom test-
Programm ausgewertet (das UNIX-Kommando expr kann zur Ausführung arithmetischer Vergleiche benutzt werden).

13.11 Die Schleifen while und until

Die Anweisungen while und until erlauben die Wiederholung einer Kommandofolge. Die Syntax von while lautet:

```
while while-liste
   do do-liste
done
```

Die Schlüsselwörter sind hier "while", "do" und "done". Zuerst wird die while-liste ausgeführt. Wenn die while-liste einen exit-Status von Null zurückgibt, wird die do-liste ausgeführt. Der Zyklus wiederholt sich, bis die while-liste einen exit-Status ungleich von Null zurückgibt; dann ist die Abbruchbedingung erfüllt und der Bedingungsoperator abgearbeitet.

Es soll ein Shell-Programm geschrieben werden, das auf das Ende des Löschvorgangs einer bestimmten Datei wartet (ein anderes Programm ist für das Löschen verantwortlich). Das while-Kommando kann auf das Eintreten einer Bedingung warten. Das folgende Shell-Programm wartet auf das Verschwinden der Datei 'wartedatei':

```
while test -r wartedatei
   do sleep 5
done
```

Das Programm prüft, ob man die Datei 'wartedatei' noch lesen kann. Wenn dies zutrifft, führt das Kommando "sleep 5" zur Unterbrechung der Programmausführung für fünf Sekunden. Wenn 'wartedatei' gelöscht ist, führt die Überprüfung zu einem negativen Ergebnis, und das Kommando ist beendet - die Abbruchbedingung der Schleife erfüllt.

Im Shell-Programm sind die Kommandolisten auf verschiedene Zeilen geschrieben und deshalb mit Newline verbunden. Man könnte das Programm auch in eine Zeile schreiben:

```
while test -r wartedatei; do sleep 5; done
```

Die until-Anweisung ist eine Variante der while-Anweisung. Während der while-Zyklus solange wiederholt wird, wie die while-liste einen exit-Status von Null zurückgibt, wird die until-Struktur solange wiederholt, wie die until-liste einen von Null verschiedenen Status liefert. Die Syntax der until-Struktur lautet:

```
until until-liste
   do do-liste
done
```

Das einzige neue Schlüsselwort ist "until".

Angenommen, man muß ein Shell-Programm schreiben, das solange wartet, bis eine bestimmte Datei erzeugt wurde. Es wird die while-Schleife mit Negativabfrage eingesetzt:

```
while test ! -r fortgangdatei; do sleep 5; done
```

Das Argument Ausrufezeichen des Kommandos test negiert das

Ergebnis der Überprüfung auf den Lesezugriff, so daß test einen Null-Status zurückgibt, wenn die Datei nicht lesbar ist. Einen anderen Arbeitsablauf bietet die until-Schleife:

```
until test -r fortgangdatei; do sleep 5; done
```

Diese Schleife läuft solange, bis das test-Kommando einen Null-Status zurückliefert (die Datei 'fortgangdatei' erzeugt wurde).

13.12 Strukturierte Kommandos

Bedingte Anweisungen wie while und until werden von der Shell ähnlich den Kommandos ausgeführt. Die gesamte Struktur (der gesamte Anweisungsblock) wird von der Shell untersucht, bevor irgendein Teil ausgeführt wird. Versucht man, die folgende Zeile interaktiv einzugeben

```
until test -r stopdatei; do
```

fragt die Shell (meist mit einem ">") nach weiteren Eingaben zum Beenden des offensichtlich unvollständigen Kommandos. Zur Vervollständigung gibt man folgendes ein:

```
echo Hallo; sleep 2; done &
```

Das abschließende Und-Zeichen zeigt, daß die until-Schleife im Hintergrund laufen soll. Das Kommando gibt solange alle zwei Sekunden "Hallo" aus, bis die Datei 'stopdatei' erzeugt wurde. Da das Kommando im Hintergrund läuft, nimmt die Shell weitere Eingaben an. Man kann die Ausgaben des Hintergrundprozesses unterbrechen, indem man die Datei 'stopdatei' erzeugt:

```
> stopdatei
```

Da es eventuell länger als zwei Sekunden dauert, dieses Kommando einzutippen, wird man wahrscheinlich von einem oder zwei Meldungen unterbrochen werden. Das führt aber zu keinem Fehler, da das System die Eingaben von den Ausgaben getrennt speichert. Sobald man die 'stopdatei' erzeugt hat, erfolgen keine weiteren Meldungen mehr (man sollte 'stopdatei' löschen, um nicht mit der Zeit die ganze Directory mit unnötigen Dateien zu füllen).

Alle bedingten Anweisungen der Bourne-Shell sind strukturierte Kommandos (Blöcke). In einem Anweisungsblock sind alle Ausführungswege Teil des Blocks; der Kontrollfluß ist lokal. Das Gegenteil einer strukturierten Anweisung ist das goto-Konstrukt. In einer goto-Anweisung sind die verschiedenen Ausführungswege nicht Teil des Anweisungblocks; der Kontrollfluß kann aus dem Block herausweisen.

Moderne Programmiersprachen bevorzugen Kontrollstrukturen (blockstrukturierte Anweisungsfolgen) gegenüber dem goto-Konstrukt. goto wird nicht mehr bevorzugt, da der nichtlokale Kontrollübergang zu unverständlichen Programmen führen kann. Die Bourne-Shell hat im Befehlssatz das goto nicht eingeschlossen, da es die Übereinkunft, immer nur ein Kommando zur gegebenen Zeit abzuarbeiten, nicht erfüllt.

13.13 Das Ersetzen von Kommandos

Die Shell kann die Standard-Ausgabe eines Kommandos in ein anderes Kommando einsetzen. Hierbei muß das Kommando in Hochkommata (') gesetzt werden. Die Ausgabe des Kommandos wird dann anstelle des in Hochkommata (') eingeschlossenen Textes eingesetzt. Man kann zum Beispiel das gegenwärtige Datum und die Zeit in der Variablen $jetzt ablegen:

```
jetzt='date'
```

Es hilft, sich diesen Prozeß in zwei Stufen vorzustellen. In der ersten Stufe wird das date-Programm ausgeführt und der erzeugte Text ersetzt. Konzeptionell ist somit das Kommando "jetzt='09:30 Jan 1, 1980'" entstanden. Das Kommando wird in der zweiten Stufe weitergeführt und dieser Text in der Variablen $jetzt gespeichert. Das Kommando

```
echo $jetzt
```

gibt das Datum aus, das die Shell in der Variablen $jetzt gespeichert hat.

Die Kommando-Ersetzung (Ersetzung eines Kommandos durch seine Ausgabe) wird oft benutzt, um mit Shell-Variablen arithmetische Operationen auszuführen. Das expr-Kommando kann arithmetische Operationen mit seinen Argumenten ausführen. Wenn man das Kommando

```
expr 5 + 13
```

eingibt, erscheint die Ausgabe "18" auf dem Terminal. Viele der Operationen, die man in Ausdrücken benutzt (Klammern, Stern, Und-Zeichen usw.) sind Metasymbole der Shell, so daß man gegebenenfalls ihre ursprüngliche Bedeutung ändern muß (s. Abschnitt 13.5). Wenn eine Shell-Variable einen numerischen Wert hat wie durch

```
zaehler=10
```

so kann der Wert um Eins erhöht werden mit

```
zaehler=`expr $zaehler + 1`    .
```

Das expr-Kommando erhält die Argumente "10", "+" und "1". Das Ergebnis ("11") wird in der Shell-Variablen $zaehler abgelegt.

Da man mit Shell-Variablen rechnen kann, kann man das Programm aus Abschnitt 13.10 so umschreiben, daß es eine beliebige Anzahl von Argumenten umkehrt.

```
zaehler=$#
kmdo=echo
while test $zaehler -gt 0
  do
    kmdo="$kmdo \$$zaehler"
    zaehler=`expr $zaehler - 1`
  done
eval $kmdo
```

Dieses Programm ist etwas komplexer aufgebaut, da es viele Eigenschaften der Shell einsetzt. Das Programm besteht aus einer while-Schleife, die für jedes Argument, vom letzten bis zum ersten, ausgeführt wird. Das zu einem bestimmten Zeitpunkt verarbeitete Argument läßt sich aus der Variablen $zaehler herauslesen; der anfängliche Wert ist die Anzahl der Argumente (die Nummer des letzten Arguments). Diese wird bei jedem Schleifendurchlauf um Eins verringert.

Jeder Schleifendurchlauf fügt Text zur Variablen $kmdo hinzu. Anfänglich enthält die Variable $kmdo den Text "echo". Wenn das Programm mit vier Argumenten zur Ausführung aufgerufen wird, enthält $kmdo nach dem ersten Durchlauf den Wert "echo $4", nach dem zweiten Durchlauf "echo $4 $3" usw. Die Schleife bricht ab, wenn die Variable $zaehler den Wert Null enthält (Abbruchbedingung erfüllt).

Das Wort "\$$zaehler" in der ersten Anweisung der do-liste verdient weitere Beachtung. Ziel ist die Erzeugung eines Textes bestehend aus einem Dollarzeichen gefolgt vom gegenwärtigen Variablenwert $zaehler. Da das Dollarzeichen ein Metasymbol der Shell ist, muß durch den Backslash als Fluchtsymbol seine spezielle Bedeutung entzogen werden. Dies zum Backslash und dem ersten Dollarzeichen. Das zweite Dollarzeichen ist lediglich der Anfang der Referenz auf die Variable $zaehler.

Der wichtigste Programmteil ist die Zeile, die mit dem Wort eval beginnt. eval ist ein spezielles Kommando, das eine zusätzliche Ersetzungsoperation auf den Argumenten durchführt und dann die Argumente ausführt. Nach Beendigung der Schleife enthält die Shell-

Variable $kmdo ein echo-Kommando, um die Liste in umgekehrter Reihenfolge der Eingabe der Argumente auszugeben. In diesem Beispiel mit den vier Argumenten enthält $kmdo den Text "echo $4 $3 $2 $1". eval bewirkt, daß das echo-Kommando erneut ausgewertet und danach ausgeführt wird. Die Ausgabe ist eine Liste der ursrünglichen Argumente in umgedrehter Reihenfolge.

Wenn das Programm in der Datei 'revargs' gespeichert ist und 'revargs' mit dem chmod-Kommando ausführbar gemacht wurde, dann ergibt das Kommando

```
revargs n o t
```

die Ausgabe "t o n".

13.14 Shell-Ersetzungen

Sämtliche Ersetzungen, die von der Shell ausgeführt werden, sind beschrieben. Es folgt jetzt eine Zusammenfassung, bei der die Reihenfolge sehr wichtig ist, in der die Regeln aufgeführt sind.

1. Kommandoersetzung: Alle Kommandos, die in Hochkommata (') eingeschlossen sind, werden ausgeführt und der Text an die Stelle des Kommandos gesetzt (s. Abschnitt 13.13).

2. Parameter-Ersetzung: Alle mit einem "$" beginnenden Wörter in einem Programm werden ersetzt (s. Abschnitt 13.2).

3. Leere Ersetzung: Das Ergebnis der vorherigen Ersetzung wurde nach Feldbegrenzern abgesucht. Die üblichen Begrenzer sind Leerzeichen, Tabs und Newline. Jedes Wort, das einen dieser Feldbegrenzer enthält, wird in mehrere Wörter aufgeteilt. Feldbegrenzer in markierten Wörtern werden ignoriert und leere Wörter (außer dem markierten leeren Wort) nicht beachtet.

4. Dateinamenerzeugung: Die Shell untersucht jedes Wort nach den Metasymbolen "*", "?" und "[". Das Wort wird durch eine alphabetische Liste der Dateinamen ersetzt, wenn es eines dieser Metasymbole enthält und Dateien gefunden wurden, deren Namen auf das angegebene Zeichenfolgemuster passen. Das Wort wird unverändert weitergereicht, wenn es kein Metasymbol enthält oder kein passender Dateiname gefunden wurde. Die Dateinamenerzeugung ist in Abschnitt 4.8 erläutert.

Ein großer Teil der Leistungsfähigkeit der Shell liegt in ihrer Arbeitsweise dieser Textersetzungen. Diese Technik ist allerdings verwirrend, wenn man zahlenorientierte Programmiersprachen wie FORTRAN oder BASIC benutzt, die diese Arbeits- und Vorgehensweise nicht erlauben. Die Ersetzungen von Variablen durch ihren Inhalt, die

die Shell ausführt, ähneln mehr den allgemeinen textbearbeitenden
Fähigkeiten, die in Programmiersprachen wie Lisp oder Snobol
eingebaut sind.

13.15 here-Dokumente

Ein here-Dokument wird benutzt, um zeitweilig die Standard-Eingabe
eines Shell-Programms umzulenken. Die Notation eines here-
Dokumentes umfaßt die Umlenkung der Standard-Eingabe:

```
kmdo args << symbol
(das here-dokument)
symbol
```

Der Anfang eines here-Dokumentes wird durch die Zeichen "<<"
angezeigt. Das nachfolgende Symbol wird als Endemarkierung des
here-Dokumentes angesehen. Das here-Dokument kann beliebig viele
Zeilen haben. Eine Zeile, die nur aus der Endemarkierung besteht,
zeigt das Ende des here-Dokumentes an. Das here-Dokument wird dem
Kommando von der Shell als Standard-Eingabe zur Verfügung gestellt.

Ein Beispiel für ein here-Dokument ist die Fehlerbehandlung in
einem großen Shell-Programm, das in den frühen Morgenstunden
abläuft. Man kann im Shell-Programm eine Fehlermeldung in eine
Datei schreiben und die Datei einmal am Tag überprüfen lassen.
Dieses Verfahren hat aber Nachteile. Eine bessere Methode ist die
Verwendung des mail-Programms. Ein Vorteil ist dann, daß die Meldung automatisch ausgegeben wird, sobald man sich einloggt.

Wenn das folgende Kommando in den fehlerbehandelnden Teil des
Shell-Programm eingefügt wird, dann erhält eine Person (hier
"bsverwalter") die Meldung:

```
mail bsverwalter <<!
************ SCHON WIEDER PROBLEME ************
Der Mitternachtsfehler hat wieder zugeschlagen! Die
tdata Datei fehlt - jede Verarbeitung wurde gestoppt.
!
```

Ein weiterer Vorteil dieser Vorgehensweise liegt darin, daß durch die
Verwendung eines here-Dokumentes der gesamte Text, der zur Fehlerbehandlung benötigt wird, in einer Datei gespeichert wird. Wenn man
das here-Dokument in einer Datei abspeichert und es über die übliche
Umlenkung der Eingabe an das mail-Programm übergibt, muß man
beachten, daß die beiden Dateien (das Shell-Programm und die Fehlermeldung) zusammenpassen. Wird dagegen der gesamte Text in einer
Datei gespeichert, ist es wahrscheinlicher, daß bei einer Änderung

auch die Fehlermeldung abgeändert wird.

13.16 Die for-Schleife

Die UNIX-Shell enthält eine for-Schleife, die es erlaubt, eine Reihe von Kommandos für jedes Wort aus einer Liste von Wörtern auszuführen. Die allgemeine Form von for ist:

```
for name in wort1 wort2 ...
   do do-liste
done
```

Die do-liste wird für jedes Wort aus der Liste der Wörter (wort1, wort2, ...) ausgeführt. Das gegenwärtige (aktuelle) Wort in der Liste wird der Shell-Variablen $name zugewiesen. Die Schlüsselwörter sind "for", "in" und die schon bekannten "do" und "done". Das folgende Beispiel zeigt die Arbeitsweise der for-Schleife:

```
for fruechte in Aepfel Birnen Erdbeeren Orangen
   do
      echo $fruechte sind Fruechte.
   done
```

Wenn man dieses Programm ausführt, gibt es die Meldung "A@$epfel sind Fru@$echte." gefolgt von "Birnen sind Fru@$echte." usw. aus. Diese Form der for-Schleife wird oft benutzt, um eine Funktion für jede Datei in einer Gruppe von Dateien oder für jede Directory in einer Liste von Directories auszuführen.

Die for-Schleife kann auch ohne das Schlüsselwort "in" und die folgende Liste benutzt werden.

```
for name
   do do-liste
   done
```

In dieser Form wird die do-liste für jeden positionalen Parameter (jedes Argument) des Shell-Programms ausgeführt. Dies ist die einfachste Methode, um alle Argumente eines Shell-Programms zu behandeln.

Man kann die zweite Form der for-Schleife benutzen, um das

revargs-Programm umzuschreiben.

```
liste=""
for arg
  do
    liste="$arg $liste"
  done
echo $liste
```

In diesem Shell-Programm zum Umkehren der Argumente wird die
for-Schleife die Liste der Argumente der Shell durchlaufen und jedes
Argument vor die bereits in der Variablen $liste befindlichen
Argumente plaziert. Die umgedrehte Liste wird nach Beendigung der
for-Schleife ausgegeben.

13.17 Die case-Anweisung

Die case-Anweisung der Shell ermöglicht Mehrfachverzweigung (Fallun-
terscheidung) und basiert auf Zeichenkettenvergleichen. Die allgemeine Form der case-Anweisung ist:

```
case wort in
  muster1) muster1-liste ;;
  muster2) muster2-liste ;;
  ...
esac
```

Die Angabe unter wort wird mit allen Zeichenketten (Mustern) verglichen. Die erste Übereinstimmung führt zur Ausführung der
entsprechenden muster-liste und zur Beendigung der Abarbeitung der
Struktur. Die Muster können mit den üblichen Metasymbolen der Shell
erzeugt werden: "*" steht stellvertretend für eine Folge von Zeichen,
"?" repräsentiert genau ein Zeichen, und die eckigen Klammern
bezeichnen eine Klasse von Zeichen. Mehrere unterschiedliche
Zeichenketten können in einer Musterliste zusammengefaßt werden,
indem sie mit dem senkrechten Strich verbunden werden. Der senkrechte Strich entspricht innerhalb der case-Struktur der ODER-
Verknüpfung und nicht dem Pipe-Verbinder.

Das folgende Shell-Programm versucht die Gattung eines Tieres zu bestimmen:

```
for rasse
do
 case $rasse in
   wal|delphin|robbe) echo $rasse ist ein Meerestier;;
   spatz|fink|star|taube) echo $rasse ist ein Vogel;;
   husky|setter|labrador) echo $rasse ist ein Hund;;
   siam|perser|angora) echo $rasse ist eine Katze;;
   *) echo $rasse ist nicht im Katalog enthalten;;
 esac
done
```

Das letzte Muster ist "*", es paßt also auf alles. Lediglich eine der Musterlisten wird in jedem Durchlauf durch die case-Struktur ausgeführt. Wenn dieses Programm in der Datei 'rassen' gespeichert und die Datei ausführbar ist, dann erzeugt das Kommando

```
rassen husky delphin terrier
```

die Ausgaben "husky ist ein Hund", "delphin ist ein Meerestier" und "terrier ist nicht im Katalog enthalten". Die case-Anweisung wird oft in Verbindung mit der for-Schleife benutzt.

13.18 break und continue

Die break und continue Anweisungen der Shell werden benutzt, um die Aktionen der for-, der while- und der until-Schleife zu ändern. Die break-Anweisung bewirkt, daß die Shell aus dem Anweisungsblock der Schleife herausspringt, wohingegen continue bewirkt, daß die Shell zum Anfang des Anweisungsblocks der Schleife springt und einen weiteren Zyklus beginnt.

Am Beispiel des Shell-Programms, das seine Argumente umgekehrt auf dem Drucker ausgibt, kann man die Verwendung von break und continue aufzeigen. Die ursprüngliche Version benutzt die while-Schleife:

```
zaehler=$#
kmdo=echo
while test $zaehler -gt 0
  do
    kmdo="$kmdo \$$zaehler"
    zaehler=`expr $zaehler - 1`
  done
eval $kmdo
```

Das Programm kann mit der break-Anweisung umgeschrieben werden:

```
zaehler=$#
kmdo=echo
while true
  do
    kmdo="$kmdo \$$zaehler"
    zaehler=`expr $zaehler - 1`
    if test $zaehler -eq 0
      then break
    fi
  done
eval $kmdo
```

In diesem Programm hat die break-Anweisung wenig Sinn, da nur ein Kriterium zum Verlassen der Schleife existiert und es nur einen Beendigungspunkt gibt. Die break-Anweisung ist jedoch die einzige saubere Lösung, wenn eine Schleife mehrere Endpunkte oder umfangreichere Endbedingungen enthält.

Man kann das Problem auch mit der continue-Anweisung lösen:

```
zaehler=$#
kmdo=echo
while true
  do
    kmdo="$kmdo \$$zaehler"
    zaehler=`expr $zaehler - 1`
    if test $zaehler -gt 0
      then continue
    fi
    eval $kmdo
    exit
  done
```

Die letzten beiden Anweisungen der Schleife ("eval $kmdo" und "exit") werden nur einmal, am Ende der Ausführung aufgerufen. Sie werden bei allen anfänglichen Durchläufen übersprungen. Die exit-Anweisung beendet die Verarbeitung in einem Shell-Programm; sie ist gewöhnlich ohne Effekt, wenn sie interaktiv aufgerufen wird.

KAPITEL

14

Shell-Programme

Die wesentlichste Eigenschaft von UNIX ist die Shell. Die Shell ist ein leistungsfähiger interaktiver Kommandointerpreter, der eine auch höheren Ansprüchen genügende Programmiersprache enthält. Die grundlegenden Operationen in der Programmiersprache der Shell sind die UNIX-Kommandos. Alle Leistungen von UNIX stehen somit in Shell-Programmen zur Verfügung.

Programmierer gehen meist mit konventionellen Programmiersprachen um. Die Programmiersprache der Shell kann zwar als eine "normale" Programmiersprache betrachtet werden, sie bietet jedoch auch andere Programmierelemente an. Somit bedarf es für den Benutzer und Programmierer einige Umstellungen. Da die Shell unter UNIX so wichtig ist, werden einige Beispiele von Shell-Programmen erläutert. Alle diese Beispiele sollten unter der Version 7 des UNIX Systems laufen.

Einfache Shell-Programme können auch von weniger professionellen Programmierern geschrieben werden; die anspruchsvollere Shell-Programmierung ist jedoch - wie jede Programmentwicklung - immer noch eine Aufgabe für Experten. Im ersten Abschnitt dieses Kapitels werden einige grundsätzliche Aussagen zur Sprache der Shell getroffen. Einfache Shell-Programme bestehen allgemein aus einer kurzen Liste von UNIX-Kommandos, die in einer Datei gespeichert sind. Ein Beispiel dazu ist in Abschnitt 14.2 beschrieben. Umfangreichere Shell-Programme sind zwar konzeptionell auch einfach, verwenden jedoch sehr viele Kommandos. Ein gutes Beispiel ist das Abrechnungsproblem aus Abschnitt 14.3. Schließlich werden in den Abschnitten 14.4 und 14.5 Shell-Programme vorgeführt, die die leistungsstarken Eigenschaften der Shell-Programmiersprache ausnutzen.

14.1 Wann wird die Shell-Programmiersprache verwendet?

Es gibt keine festen Regeln, nach denen man entscheiden kann, wann man die Shell-Programmiersprache zur Programmentwicklung einsetzen soll. Einige Anmerkungen:

Wenn die Ausführungsgeschwindigkeit eines Programms wichtig ist, sollte man effizientere Programmiersprachen als die der Shell benutzen, da die Verwendung der komplexeren Funktionen der Shell mit einer langsamen Ausführungsgeschwindigkeit einhergehen. Die Ausführungsgeschwindigkeit ist jedoch nicht das einzige Kriterium, um über die Verwendung einer Programmiersprache für ein gegebenes Problem eine Aussage zu treffen.

Mit der Shell-Programmiersprache sollten Sie programmieren, wenn zur Lösung eines Problems viele bereits vorhandene UNIX-Kommandos eingesetzt werden können. Es gibt UNIX-Kommandos, um Dateien zu durchsuchen, zu sortieren, umzuwandeln, zu erzeugen, zu verschieben usw. Wenn das Problem in Begriffen ausgedrückt werden kann, die dem Umfang der UNIX-Kommandos entsprechen, sollte man die Shell-Programmiersprache einsetzen.

Eine andere Grundlage, die Sie bei der Entscheidung über den Programmierspracheneinsatz einbeziehen sollten, ist die Untersuchung der Datenstruktur des Problems. Wenn die Daten aus Text oder Dateinamen zusammengesetzt sind, kann die Shell gute Lösungswege bereitstellen. Wenn die Datenstruktur jedoch Nummern oder Zeichen vorgibt, wird die Shell wahrscheinlich keine gute Lösung zur Verfügung stellen können.

Als abschließendes Kriterium sollten Sie die Kosten der Programmentwicklung berücksichtigen. Es ist sehr teuer, ein Programm in einer übersetzten Sprache wie C oder Pascal zu entwickeln. Interaktive Sprachen erleichtern das Testen und Ausprobieren; es ist wahrscheinlich sehr viel billiger, die niedrigere Ausführungsgeschwindigkeit von Shell-Programmen in Kauf zu nehmen, wenn ein Programm lediglich ein- oder zweimal benutzt werden soll, um den Vorteil auszunutzen, den die Programmiersprache der Shell bei der Entwicklung von Shell-Programmen bietet.

14.2 Wieviele Benutzer?

Wenn ein UNIX System merklich langsamere Antwortzeiten produziert, liegt dies entweder an einem kurz bevorstehenden Systemzusammenbruch oder an der großen Anzahl von Systembenutzern. Der einfachste Weg, die ungefähre Belastung des Systems zu prüfen, ist die Feststellung der Anzahl der augenblicklich eingeloggten Benutzer.

Wenn man das Kommando

```
who
```

ausführen läßt, wird die Liste aller Benutzer ausgegeben. Um festzustellen, wieviele Benutzer gerade mit dem System arbeiten, sollte
das wc-Kommando benutzt werden, um die Zeilen in der Ausgabe des
who-Kommandos zu zählen. Das Kommando

```
who | wc -l
```

gibt die Anzahl der Benutzer an. Die Option "-l" bestimmt, daß wc die
Zeilen zählen soll. Normalerweise zählt wc die Zeilen, Worte und
Zeichen. Wenn man dieses Kommando etwas schöner gestalten
möchte, kann man folgendes Kommando benutzen:

```
echo 'who | wc -l' Benutzer auf dem System.
```

Nun wird die Meldung "Benutzer auf dem System." an die Angabe der
Anzahl angehängt. Wenn man das Kommando in der Datei 'nbenutzer'
gespeichert und 'nbenutzer' ausführbar gemacht worden ist, dann
ergibt das Kommando

```
nbenutzer
```

die Meldung "20 Benutzer auf dem System.", wenn zwanzig Benutzer
eingeloggt sind.

Wie würde man dieses Problem mit C lösen? Eine Lösung mit der
Programmiersprache C für dieses Problem würde umständlich sein, da
man den Inhalt der Datei '/etc/utmp' (in der jedes Einloggen
eingetragen wird) entziffern können muß, um festzustellen, wieviele
Benutzer gerade auf dem System arbeiten. Da das who-Kommando
bereits weiß, wie die Datei '/etc/utmp' zu lesen ist, kann man dieses
Problem mit den bestehenden UNIX-Werkzeugen leicht, in C ver-
gleichsweise aber nur schwer lösen.

14.3 Eine Abrechnungsdatei aktualisieren

Alle Abrechnungen der Abteilung eines Unternehmens sind in einer
großen Datei gespeichert. Am Ende jedes Finanzjahres werden
Einträge als veraltet markiert und müssen aus der Datei entfernt werden, um die Datei handhabbar zu halten. Selbst nach dem jährlichen
Entfernen der veralteten Einträge bleibt die Datei jedoch noch sehr
groß; sie ist ungefähr 30000 Zeilen lang.

Das Problem kann man in einem ersten Ansatz durch das manuelle
Löschen der veralteten Einträge mit dem UNIX-Texteditor lösen, da die

Datei eine gewöhnliche Textdatei ist. Der für die Aktualisierung zuständige Mitarbeiter schätzte den Aufwand zum Überarbeiten auf mindestens eine Woche. Die Einträge für jede Abrechnungsnummer sind zusammengefaßt, so daß die Aktualisierung mit dem stream-Editor leicht vonstatten gehen könnte. Die Aktualisierung einer 30000 Zeilen großen Datei in einer Woche bedeutet aber, daß eine Änderungsarbeit mit 1000 Einträgen in der Stunde oder 20 Einträgen pro Minute anfällt. Die Fehlerwahrscheinlichkeit ist bei zwanzig Entscheidungen pro Minute, ob ein Eintrag gelöscht werden soll oder nicht, jedoch sehr hoch. Dazu stellen die 30 Stunden Arbeitszeit auf einem Rechner alle Benutzer vor große Probleme.

Eine andere Lösung ist die Entwicklung eines Programms eigens zum Löschen der veralteten Einträge. Die Effizienz eines solchen Programmes ist nicht so wichtig, da es nur einmal im Jahr laufen soll. Die Programmiersprache der Shell scheint eine einfache Lösung bereitzustellen, da die zu verarbeitende Grundeinheit Textzeilen sind. Ein anderer Grund, die Shell zu benutzen, ist die kurze Programmentwicklungszeit. Es wäre natürlich keine Einsparung, wenn die Entwicklung des Programms eine Woche dauerte.

Im ersten Schritt wird festgelegt, wie die Einträge gelöscht werden sollen. Das Kriterium "alles veraltete" ist nicht eindeutig genug. In unserem Fall hatte ein Mitarbeiter eine Liste aller Abrechnungsnummern erstellt, die in das neue Jahr übertragen werden müssen.

Für jede Abrechnungsnummer in dieser Liste müssen alle Einträge aus der Abrechnungsdatei herausgesucht und in eine neue Datei übertragen werden. Ein einfacher Weg dazu ist die Ausführung eines Such- und Kopierkommandos für jede aufgelistete Abrechnungsnummer. Dazu muß die Liste der Abrechnungsnumern, die in die neue Datei übertragen werden sollen, in eine Liste von Such- und Kopierkommandos übertragen werden. Für die Extraktion der Einträge wird das grep-Kommando verwendet. Sobald die Kommandoliste erstellt ist, kann sie ausgeführt werden, um die wirkliche Extraktion vorzunehmen. Der letzte Schritt ist das Löschen der temporären Dateien und die Ergebniskontrolle.

Vor der Ausführung noch einige Bemerkungen zu den beiden Eingabedateien. Die Liste der zu überprüfenden Abrechnungsnummern 'nabrech' ist lediglich eine Liste von Nummern; hier nur ein Auszug:

```
48150
48677
56789
56790
```

Die Abrechnungsdatei 'abrechnung' enthält folgende Informationen:

```
jmx  48150  andes   gt  0       allgemeine Wartung
jmg  48150  andes   gt  0       Voltmeter
tmg  48150  andes   gt  0       allgemeine Wartung
jmm  48309  schulz  gt  1000    y-Achsen Verstaerker
jmm  48309  schulz  gt  0       y-Achsen Verst. Rep.
```

Natürlich ist auch hier nur ein Auszug aus den 30000 Zeilen angegeben.

Die Einträge der Abrechnungsnummer 48150 können mit dem Kommando

```
grep 48150 abrechnung
```

herausgesucht werden. Wenn die Zeichenkette "48150" an anderen Stellen als der für die Abrechnungsnummer vorgesehenen vorkommt, wirft dies unerwartete Probleme auf. Man kann diese Vorgehensweise nicht für alle Anwendungen benutzen. Für diese Anwendung ist sie jedoch geeignet, da die ausgegebenen Einträge nochmals überprüft werden können.

Das grep-Kommando schreibt seine Ausgabe normalerweise auf die Standard-Ausgabe, so daß die Ausgabe in eine Datei umgelenkt werden muß. Da grep reguläre Ausdrücke vergleicht, die in diesem Fall nicht vorkommen, kann das verwandte Programm fgrep benutzt werden (s. UNIX System-Manual).

Dies zusammengefaßt, ergibt für die Extraktion der Abrechnungsnummer 48150 aus der alten Abrechnungsdatei und für die Neueintragung am Ende der neuen Datei folgendes Kommando:

```
fgrep 48150 abrechnung >> nabrechnung
```

Die ">" Notation überschreibt die Zieldatei, die Notation ">>" hingegen hängt die Ausgabe an das Ende der Zieldatei an.

Die Datei der Abrechnungsnummern muß also in eine Datei von Extraktionskommandos überführt werden:

```
fgrep 48150 abrechnung >> nabrechnung
fgrep 48677 abrechnung >> nabrechnung
fgrep 56789 abrechnung >> nabrechnung
fgrep 56790 abrechnung >> nabrechnung
```

Dies sollte mit dem Texteditor abgewickelt werden. Es wäre bei der Menge von Einträgen jedoch umständlich. So benutzt man besser den UNIX-stream-Editor (sed). Der stream-Editor liest eine Eingabedatei und führt für jede Zeile in der Datei Umformungen durch. Der stream-Editor ähnelt sehr dem Standard-Texteditor von UNIX. Die Benutzung des sed ist daher relativ einfach, wenn man mit dem Standard-Editor vertraut ist (s. UNIX System-Manual zur Beschreibung des stream-Editors sed).

Das Editor-Skript für den sed kann aus einer beliebigen Datei oder von der Kommandozeile gelesen werden. Für die hier benötigten einfachen Umformungen werden sie auf der Kommandozeile angegeben. Das Editor-Skript für sed ähnelt den Editor-Kommandos des Standard-Texteditors. Da jedoch die Metasymbole des Editors von den Metasymbolen der Shell überlagert werden, müssen sie markiert werden, um unverändert an den sed übergeben zu werden.

Im UNIX-Texteditor könnte das substitute-Kommando

```
s/.*/fgrep & abrechnung >> nabrechnung/
```

benutzt werden, um eine Zeile, die aus einer Abrechnungsnummer (z.B "48150") besteht, in eine Zeile umzuwandeln, die das Shell-Kommando "fgrep 48150 abrechnung >> nabrechnung" enthält. Für sed gilt dieselbe Syntax. Der einzige Unterschied besteht darin, daß das Kommando markiert werden muß. Die sed-Option "-e" zeigt an, daß das nächste Argument ein Editor-Skript ist. Das Kommando zum Umformen der Liste der Abrechnungsnummern in der Datei 'nabrech' in eine Liste von Shell-Kommandos ist somit:

```
sed -e "s/.*/fgrep & abrechnung >> nabrechnung/" nabrech
```

Der unübersichtliche Text zwischen den Markierungen ist das substitute-Kommando des Editors. Das einzige Problem bei diesem Kommando ist, daß die Ausgabe auf dem Terminal erscheint. Die Ausgabe kann mit folgendem Kommando in einer Datei gespeichert werden:

```
sed -e "s/.*/fgrep & abrechnung >> nabrechnung/"\
    nabrech > shellkoms
```

(Der Backslash am Ende der ersten Zeile dient dazu, das Kommando in der nächsten Zeile fortsetzen zu können). Wenn man dieses stream-Editor-Kommando ausführt, wird die Datei 'shellkoms' folgenden Inhalt haben:

```
fgrep 48150 abrechnung >> nabrechnung
fgrep 48677 abrechnung >> nabrechnung
fgrep 56789 abrechnung >> nabrechnung
fgrep 56790 abrechnung >> nabrechnung
```

Natürlich ist der Text wesentlich länger, aber dieser Auszug ist zu

Demonstrationszwecken ausreichend. Jedes Kommando in der Datei
'shellkoms' ist ein Kommando, das alle Einträge einer bestimmten
Abrechnungsnummer heraussucht und an das Ende der Datei
'nabrechnung' anhängt. Da die Datei 'shellkoms' ziemlich lang ist,
sollte man sie besser nachts oder am Wochenende ausführen.

Im Nachhinein muß man sagen, daß es kostengünstig und einfach
war, ein Shell-Programm zu schreiben, das etwa eine Woche Arbeit
spart. In dem Programm wurden keine komplexen Kommandos der
Shell gebraucht. Die einzige Besonderheit ist die Umlenkung der Ausgabe. In dem Beispiel erleichterte die Programmiersprache der Shell
die Problemlösung.

14.4 Unterdirectories auslisten

Das UNIX-Betriebssystem enthält das ls-Kommando zur Ausgabe des
Inhalts der Directory, es fehlt aber die eingebaute Fähigkeit, alle
Directory-Dateien einer Directory aufzulisten. Wann immer man in
einem unbekannten Teil des UNIX-Dateisystems herumwandert,
möchte man gern die Namen der Unterdirectories der gegenwärtigen
Directory wissen.

Abschnitt 8.8 erläuterte, daß das Kommando

```
ls -l / | grep '^d'
```

alle Directory-Dateien der root-Directory ausgibt, weil in der langformatigen Auflistung alle Zeilen für Directories mit einem "d" beginnen.
Man kann dieses einfache Kommando so erweitern, daß man die Unterdirectories einer beliebigen Directory auflistet, indem man statt des
Namens der root-Directory (/) einen positionalen Parameter setzt.

```
ls -l $1 | grep '^d'
```

Wenn dieses Kommando in der Datei 'lsdir' gespeichert und 'lsdir'
ausführbar gemacht worden ist, dann erzeugt das Kommando

```
lsdir /bin
```

eine langformatige Auflistung der Unterdirectories der Directory
'/bin'.

Wenn keine Argumente angegeben werden, ist der positionale
Parameter $1 nicht gesetzt und das ls-Programm erhält keinen
Directory-Namen als Argument. Es werden deshalb die Dateien in der
gegenwärtigen Directory gelistet. Das Kommando

```
lsdir
```

gibt die Unterdirectories der gegenwärtigen Directory im langen Format aus, ebenso wie das Kommando

```
ls
```

die Dateien der gegenwärtigen Directory auf den Bildschirm ausgibt.

Das lsdir-Kommando erwartet die Angabe eines Arguments. Wenn man das Kommando

```
lsdir /etc /lib
```

eingibt, werden nur die Unterdirectories von '/etc' aufgelistet. Dieser Mangel kann durch die Benutzung der for-Schleife behoben werden:

```
for i
  do
    ls -l $i | grep '^d'
  done
```

Wenn diese verbesserte Version unter 'lsdir' gespeichert ist, dann gibt das Kommando

```
lsdir /etc /lib
```

die Unterdirectories von '/etc' und '/lib' aus.

Was aber geschieht, wenn diese verbesserten Version von lsdir kein Argument übergeben wird? Ohne Argumentübergabe wird die for-Schleife nicht ausgeführt und keine Ausgaben produziert. Um dies zu korrigieren, muß am Anfang der Datei 'lsdir' eine Abfrage aufgeführt werden, damit zur Ausführung zumindest ein Argument vorhanden ist:

```
if test $# = 0
  then lsdir .
else
    for i
      do
        ls -l $i | grep '^d'
      done
fi
```

Diese letzte Version von lsdir überprüft, ob ein Argument angegeben wurde. Trifft das zu, wird die for-Schleife ausgeführt; falls nicht, wird das Kommando "lsdir ." ausgeführt, um die Unterdirectories der gegenwärtigen Directory auszugeben. Das Programm lsdir ruft sich selbst auf; diese Arbeitsweise heißt Rekursion. Shell-Programme dürfen andere Shell-Programme aufrufen (Verschachtelung) oder sich selbst rekursiv aufrufen. Welche andere Technik hätte verwendet

werden können? Mit dem UNIX-Programm test kann man überprüfen,
ob eine Datei eine Directory ist. Das Kommando

```
for i in /etc/*
  do
    if test -d $i
      then echo $i
    fi
  done
```

überprüft, ob die Dateien der Directory '/etc' wiederum eine Directory
sind oder nicht. Die Namen der Dateien, die diesen Test überstanden
haben, werden mit dem echo-Kommando ausgegeben. Damit wird die
letzte Version von lsdir wie folgt aussehen:

```
if test $# = 0
  then lsdir .
  else
    for i
      do
        for j in $i/*
          do
            if test -d $j
              then echo $j
            fi
          done
      done
fi
```

Gibt es weitere, alternative Methoden zum Erzeugen einer Liste der
Unterdirectories einer gegebenen Directory? Sind andere Methoden
effizienter oder schlechter als die gezeigten Methoden? Wie schwer
wäre es, ein C-Programm zu schreiben, das die Unterdirectories
auflistet?

14.5 Dateien im gegenwärtigen Unterbaum auflisten

Jeder, der UNIX benutzt, hat gelegentlich Probleme, eine Datei wieder-
zufinden. Vielleicht kann man sich nicht an den Namen der Datei erinnern oder man hat die Datei in einer Unterdirectory abgelegt, den
Namen aber vergessen. In jedem Fall fehlt die Datei, und man möchte
sie finden. Der einfachste Weg, eine Datei zu finden, ist die Ausgabe
aller Dateien des gegenwärtigen Unterbaums des Dateisystems (der
gegenwärtige Unterbaum besteht aus der gegenwärtigen Directory und
allen ihren Unterdirectories, deren Unterdirectories usw.). Sehr oft

weiß man ungefähr, in welchem Dateisystemteil sich die Datei befindet.

Zum Finden von Dateien wird das find-Kommando benutzt. Man kann Argumente angeben, um Dateien mit einem bestimmten Namen zu finden, um Dateien zu finden, die vor einem bestimmten Datum modifiziert wurden, oder um Dateien mit einem bestimmten Zugriffsrecht zu finden. Wenn man keine dieser Optionen benutzt, findet find alle beliebigen Dateien im angegebenen Unterbaum.

Die einfache Form des find-Kommandos ist:

```
find . -print
```

Dieses Kommando gibt die Namen aller Dateien im gegenwärtigen Unterbaum aus. Der Punkt im Kommando besagt, daß die Suche in der gegenwärtigen Directory (Working-Directory) beginnen soll (der Punkt ist immer der Name der Working-Directory) und die Option "-print" läßt die gefundenen Dateien ausgeben (im UNIX System-Manual steht eine vollständige Beschreibung von find mit allen Optionen). Man kann sich die Syntax für das find-Kommando merken oder das Kommando in einer Shell-Datei ablegen ('lstree'). Damit kann man

```
lstree
```

statt

```
find . -print
```

angeben, um alle Dateien ausgeben zu lassen. Das ist ein einfaches Beispiel für Shell-Programme.

Als nächstes sollen alle Directories im gegenwärtigen Unterbaum ausgegeben werden. Als eine erste Lösung kann das find-Kommando gelten, da es die Möglichkeit anbietet, Dateien auf ihren Typ hin zu untersuchen. Das Kommando

```
find . -type d -print
```

sucht alle Directories im gegenwärtigen Unterbaum und gibt sie aus. Das Argument "-type d" besagt, daß nach einem bestimmten Dateityp gesucht werden soll - nach Directories in diesem Fall. Man kann dieses Kommando in eine Datei schreiben und den Namen der Datei angeben, wenn man eine Liste der Directories im gegenwärtigen Unterbaum haben möchte.

Einen anderen Weg bietet die for-Schleife der Shell an. Das Programm

```
for i in *
  do
    if test -d $i
      then echo $i
    fi
  done
```

überprüft alle Dateien in der gegenwärtigen Directory. Um alle Directories im gegenwärtigen Unterbaum ausgeben zu können, kann man
diese Routine auch rekursiv verwenden. Man muß dazu das Kommando so abändern, daß das Programm in jede Directory "hinabsteigt" und
sich dort selbst aufruft, um in der Directory alle Directories aufzulisten, weiter "abzusteigen" usw. Der Name dieser Datei ist 'lstree1':

```
if test $# = 0
  then dirname=.
  else dirname=$1
fi
for i in *
  do
    if test -d $i
      then echo $dirname/$i
           (cd $i; lstree1 $dirname/$i)
    fi
  done
```

Das Argument in 'lstree1' dient dazu, den Pfadnamen der zu unter-
suchenden Directory festzuhalten. Ohne Kommandoargument wird die
Variable $dirname mit dem Wert "." belegt, andernfalls mit dem ersten
Argument von 'lstree1'. Das Kernstück dieses Programms ist die Zeile
"(cd $i; lstree1 $dirname/$i)". Wenn man eine Liste von Shell-Kom-
mandos in runde Klammern setzt, werden diese Kommandos von einer
Untershell ausgeführt. Das ist in diesem Fall nötig, da sonst das cd-
Kommando mitten in der for-Schleife die Directory wechselt, was
verheerende Folgen hätte. Wenn die Untershell das ls- und lstree1-
Kommando beendet hat, übergibt sie die Kontrolle wieder an die ursprüngliche Shell in der ursprünglichen Directory.

   Zum Schluß noch eine weitere Lösung für das Problem. Statt die
Ausgabe aller Dateien in der gegenwärtigen Directory mit einer for-
Schleife zu erzeugen, kann man das ls-Kommando in Verbindung mit
dem read-Kommando benutzen. Diesmal ist das Programm in der

Datei 'lstree2' gespeichert:

```
if test $# = 0
  then dirname=.
else dirname=$1
fi
ls | (while read i
      do
            if test -d $i
                then echo $i
                      (cd $i;  lstree2 $dirname/$i)
            fi
      done)
```

Das Programm ähnelt den vorangegangenen. Es wurde nur die for-
Schleife durch das ls-Kommando ersetzt. In dieser Version wird die
Liste der Dateien in der gegenwärtigen Directory mit dem ls-Kommando erzeugt. Die Liste wird mit einer Pipe umgelenkt und auf der Aus-
gabeseite vom Kommando in den runden Klammern gelesen. Das
read-Kommando liest die Zeilen und weist sie der Variablen $i zu. Der
Rest des Programms ist entsprechend 'lstree1'.

KAPITEL

15

C und UNIX

Die Programmiersprache C und das Betriebssystem UNIX sind sehr eng miteinander verknüpft. Über 90 Prozent des UNIX-Kerns und die überwiegende Mehrzahl der UNIX-Hilfsprogramme sind in C geschrieben. C ist eine sogenannte mittlere Programmiersprache. Es ist leicht zu benutzen und in vielem produktiver als Assembler, auch wenn der Sprachumfang nicht den hochentwickelter Programmiersprachen wie PL/1 entspricht.

C wurde von Dennis Ritchie in den frühen siebziger Jahren für die Arbeit an UNIX entwickelt. C stammt direkt von B ab, einer von Ken Thompson entwickelten Sprache. Der Hauptunterschied zwischen B und C besteht darin, daß in B Objekte auf Maschinenworte beschränkt sind, in C jedoch mehrere grundlegende Typen von Objekten zur Verfügung stehen: Zeichen (engl. char), kurze (short), lange (long) und maschinenabhängige ganze Zahlen (int) sowie Gleitkommazahlen (float).

C ist eine allgemein einsetzbare Programmiersprache; es fehlen Sprachelelemente, die eine Sprache für eine bestimmte Anwendung auszeichnen (COBOL). So fehlten C z.B. ein eingebautes Eingabe/Ausgabe-Untersystem und eingebaute Operationen für höhere Objekte wie Verbände und Felder; es fehlen auch dynamische Möglichkeiten zur Speicherverwaltung. Wenn diese Möglichkeiten benötigt werden, müssen sie durch externe Unterroutinen bereitgestellt werden.

In einem einfachen Einbenutzer-Rechnersystem dürfen die Anwendungsprogramme auf alle Betriebsmittel des Rechners direkt zugreifen. Dies ist in einem Mehrbenutzersystem wie UNIX nicht möglich. In UNIX ist der Betriebssystemkern für die Überwachung aller Übertragungen zwischen Programmen und E/A-Geräten und Dateien verantwortlich. Programme können nur über Systemaufrufe auf die Dienstleitungen des Betriebssystems zugreifen. UNIX bietet Systemaufrufe an, um E/A auszuführen, um mit bestimmten

Statuselementen zu arbeiten, die vom System verwaltet werden, und um neue Prozesse zu erzeugen.

Dieses Kapitel beschreibt die Schnittstelle zwischen C und dem UNIX-Betriebssystem. Es wurde versucht, die Darstellung so allgemein wie möglich zu halten, daß es sowohl für Nichtprogrammierer, die sich über die Art der Zusammenarbeit von Programmen und dem System wundern, als auch für Programmierer, die mit UNIX vertraut werden wollen, interessant ist. Der erste Abschnitt erläutert Unterroutinen und die nächsten Abschnitte einige der speziellen Systemaufrufe. Die letzten Abschnitte beschreiben den C-Compiler und lint, ein Programm, das zur Überprüfung von C-Programmen benutzt werden kann.

Das Ergebnis einer Übersetzung eines C-Programms ist eine Objektdatei. Eine Objektdatei enthält Maschineninstruktionen, die dem ursprünglichen C-Quellkode entsprechen, und eine Vielzahl anderer Informationen, die die Vereinigung von Objektdateien mehrerer Übersetzungen erlauben, um so eine Datei zu erzeugen, die das vollständige ausführbare Programmabbild enthält. Dieses Kapitel erläutert Objektdateien, getrennte (partielle) Übersetzung und mehrere UNIX-Hilfsprogramme zur Manipulation von Objektdateien.

Alle Details der Benutzung der Systemaufrufe sind im Abschnitt 2 des UNIX System-Manuals enthalten, die Einzelheiten zur Benutzung der Standard-Unterroutinen findet man in Abschnitt 3 des Manuals. Dieses Kapitel stellt keine Einführung in die C-Programmierung dar.

15.1 Standard-Unterroutinen

Viele Eigenschaften anderer Sprachen fehlen der Programmiersprache C. So gibt es zum Beispiel keine Möglichkeiten zur Änderung von Zeichenketten. Stattdessen stehen häufig benutzte Funktionen über Zeichenketten in einer Standard-Unterroutinen-Bibliothek zur Verfügung. Benutzer anderer höherer Programmiersprachen wie Pascal oder PL/1 sind überrascht, daß man zum Vergleich zweier Zeichenketten eine Unterroutine aufrufen muß. In Pascal würde man die Anweisung

```
IF Str1 = 'Hallo' THEN ...
```

verwenden, um die Variable "Str1" mit der konstanten Zeichenkette "Hallo" zu vergleichen. In C sieht das so aus:

```
if (strcmp(str1,"Hallo") == 0) ...
```

Die Standard-Unterroutine "strcmp" wird zum Vergleich zweier Zeichenketten benutzt.

Die Standard-Unterroutinen bieten Arbeitsmittel für Zeichenkettenänderungen, allgemeine arithmetische Funktionen, eine Vielzahl von Umformungen einer Darstellung von Zahlen in eine andere und einige allgemeine Algorithmen wie den Quicksort an. Die Objektversionen der Unterroutinen sind in der Standard-Unterroutinen-Bibliothek 'libc.a' in der Directory '/lib' gespeichert. '/lib/libc.a' wird üblicherweise vom C-Compiler durchsucht, so daß der Programmierer keine speziellen Vorkehrungen treffen muß, um diese Standard-Routinen zu benutzen.

Sehr wichtig ist die Unterroutine printf. Sie erzeugt eine formatierte Ausgabe. Man kann eine Meldung in einem Programm mit dem Aufruf

```
printf("Eine Meldung mit printf.\n");
```

ausgeben. Das Argument von printf ist in diesem Fall eine Zeichenkette (das "\n" am Ende der Zeichenkette ist die Abkürzung in C für ein Newline-Zeichen). printf wird gewöhnlich zur Ausgabe der Variablenwerte benutzt. Das erste Argument enthält eine Formatanweisung, und die weiteren Argumente (falls welche angegeben sind) sind Objekte, die ausgegeben werden sollen. Normale Zeichen in der Formatanweisung werden einfach in die Ausgabe kopiert, Umformungssymbole hingegen bewirken, daß eines der nachfolgenden Argumente in eine druckbare Form übertragen und ausgegeben wird. Das Umformungssymbol besteht aus einem Prozent-Zeichen, gefolgt von einem oder mehreren Zeichen, die die Art der Umformung beschreiben. Die Benutzung von printf ist sehr viel einfacher als die Beschreibung. Die folgenden Beispiele zeigen den unkomplizierten Einsatz der Routine. Es seien x, y und z ganze Zahlen (int in C), dann können ihre Werte in dezimaler Schreibweise mit der Anweisung

```
printf("Werte von x, y und z : %d %d %d\n",x,y,z);
```

ausgegeben werden. Das Umformungssymbol "%d" besagt, daß eine ganze Zahl dezimal ausgegeben werden soll. Wenn "Strptr" ein Zeiger (pointer) auf eine Zeichenkette (string) ist, dann gibt folgende Anweisung die Adresse der Zeichenkette (in oktaler Schreibweise) gefolgt vom Inhalt der Zeichenkette aus:

```
printf("%o %s\n",Strptr,Strptr);
```

"Strptr" erscheint hier zweimal als Argument: einmal für die oktale Umformung (%o) und zum zweiten für die Umformung (%s) des Strings. printf kann zur Ausgabe von langen ganzen Zahlen (long), Gleitkommazahlen (float) und Zeichen (char) benutzt werden. Unter UNIX gibt es Versionen von printf, die die Ausgabe in eine Datei oder eine Zeichenkette schreiben.

Bei Benutzung von Standard-Unterroutinen in einem Programm werden die Maschineninstruktionen zur Ausführung der Unterroutine im ausführbaren Programmodul gespeichert. Die Größe eines ausführbaren Programmoduls hängt somit auch von der Anzahl der verwendeten Unterroutinen ab. Einige der Unterroutinen belegen viel Platz. Da die Unterroutinen jedoch Teil eines ausführbaren Programms sind, können sie schnell ausgeführt werden.

15.2 Systemaufrufe für die Ein-/Ausgabe

Die Geräteunabhängigkeit von UNIX ist eine der wichtigsten Grundeigenschaften. Dadurch kann ein Programm ebenso einfach auf eine Platte wie auf das Terminal zugreifen, einen Lochstreifenleser oder einen Drucker. Dateien auf dem Plattenspeicher und spezielle E/A-Geräte werden über besondere Systemaufrufe angesprochen. E/A-Geräte haben einen Namen. So bezeichnet zum Beispiel der Name '/dev/pt' das Lochstreifengerät und der Name '/dev/lp' einen Drucker.

Man kann auf eine Geräteeinheit, die sequentiell die Daten verarbeitet (ein Terminal), auch nur in dieser Art - sequentielle Datenabfrage - zugreifen. Wenn man ein E/A-Gerät inkorrekt adressiert, erhält man als korrekte Antwort eine Fehlermeldung.

Alle Ein- und Ausgabeanforderungen an das System werden scheinbar synchron abgewickelt. Ein Programm, das Eingaben erwartet, wird nach der Eingabeanforderung solange unterbrochen, bis die Eingabe abgeschlossen ist.

Schreiboperationen sind dagegen komplizierter. Wenn ein Programm einige Zeilen an das Bildschirmterminal übertragen will, wird der Programmablauf kurz zur Übernahme der Zeichen durch das System unterbrochen. Die Übertragung der auszugebenden Zeichen erfolgt, während das System den Programmablauf angehalten hat. Die Ausgabe vom Programm zum Bildschirm hat ihren Weg aufgenommen, und das Programm nimmt die Verarbeitung wieder auf. Diese Nebenläufigkeit ist eine wichtige Eigenschaft von UNIX.

Jede einem Programm zur Verfügung stehende E/A-Verbindung wird durch eine Nummer identifiziert, den Datei-Deskriptor (engl. file descriptor). Die meisten UNIX Systeme erlauben jedem Programm, zwischen zehn und zwanzig Dateien gleichzeitig geöffnet zu haben.

Eine der ungewöhnlichen und oftmals verwirrenden Eigenschaften von UNIX ist die Tatsache, daß Programme, die von einem Programm abgespalten werden (sog. Kindprogramme), die offenen Dateien ihres Elternteils erben. Die meisten auf einem typischen UNIX System laufenden Programme werden durch die Shell ausgeführt. Drei Dateien werden automatisch von der Shell für den Gebrauch in Kindprogrammen geöffnet. Da die Shell alle interaktiv eingegebenen

Kommandos abspaltet, kann jedes aufgerufene Programm auf diese Standardverbindungen zugreifen.

Die erste verfügbare Verbindung wird mit dem Datei-Deskriptor Null belegt und heißt normalerweise Standard-Eingabe. Sie ist meist mit der Tastatur des Terminals verbunden (die Verbindung kann auch leicht auf eine Plattendatei oder einen Lochstreifenleser gelegt werden). Die interaktiven Eingaben eines Programms werden meist über die Standard-Eingabe gelesen.

Die zweite Verbindung, die automatisch von der Shell geöffnet wird, wird mit dem Datei-Deskriptor Eins belegt und heißt normalerweise Standard-Ausgabe. Sie ist meist mit dem Bildschirm des Terminals verbunden (die Verbindung kann genauso leicht auf jede beschreibbare Datei gelegt werden). Die Ausgaben eines Programms werden meist auf die Standard-Ausgabe geschrieben. So schreibt zum Beispiel das ls-Kommando seine Liste der Dateien auf die Standard-Ausgabe.

Die dritte Verbindung mit dem Datei-Deskriptor Zwei heißt Standard-Fehlerausgabe. Sie ist üblicherweise ebenfalls mit dem Terminal verbunden und ist der Kanal, über den die Fehlermeldungen an den Benutzer geschickt werden. Fehlermeldungen erscheinen auf dem Terminal, wenn die Programmausgabe umgelenkt wurde. Die Fehlermeldungen können ebenfalls in einer Plattendatei gespeichert werden.

Alle drei Verbindungen sind mit der Spezialdatei des Terminals verbunden, wenn keine Veränderungen vorgenommen wurden. Wenn die Shell-Kommandozeile ein ">" enthält, wird die Standard-Ausgabe in eine Datei umgelenkt; wenn sie ein "<" enthält, wird die Standard-Eingabe von einer Datei gelesen. Die Standard-Fehlerausgabe kann mit der Notation "2>" auf der Kommandozeile umgelenkt werden.

Die drei Standardverbindungen können von einzelnen Programmen benutzt werden. Ein Programm kann auf jedes andere Terminal ohne E/A-Umlenkung schreiben, indem es die Datei, die mit dem Terminal verbunden ist ('/dev/tty'), öffnet und die Ein-/Ausgabe ausführen läßt.

Zu den Systemaufrufen, die Ein- und Ausgabeoperationen vornehmen, gehören:

open   Eröffnen einer Verbindung zu einer bereits bestehenden Datei;

creat   Erzeugen einer Datei und einer Verbindung zu ihr;

pipe   Erzeugen einer Verbindung, die als Pipe zwischen zwei Programmen benutzt werden kann;

dup   Erzeugen einer weiteren Verbindung zu einer Datei mit mindestens einer Verbindung;

fcntl　　Ausführen　verschiedener　Kontrollfunktionen　auf
　　　　　Dateien;

read　　 Lesen von Daten aus einer Datei;

write　　Schreiben von Daten auf eine Datei;

close　　Abbrechen der Verbindung zu einer Datei.

Wenn ein Programm einen der Systemaufrufe open, creat, pipe, dup
oder fcntl ausführt, wird ein Datei-Deskriptor zurückgegeben, der für
einen read oder write-Systemaufruf benutzt werden kann. Die read
und write-Systemaufrufe übertragen lediglich Daten zwischen dem
Datenteil des Prozesses und einer Datei. UNIX bietet außerdem
Routinen, die komplexere E/A ausführen (printf und scanf) und
Routinen, die gepufferte E/A ausführen (putchar und getchar). Alle
Dateien, die bei der Beendigung eines Programms geöffnet geblieben
sind, werden nach der Kommandoausführung automatisch geschlossen.

Mit dem pipe-Systemaufruf werden Verbindungen geschaffen, die
zwischen zwei Prozessen als Pipe benutzt werden können. Diese Eigenschaft von UNIX wird in Abschnitt 15.4 behandelt.

15.3 Systemaufrufe zur Statuskontrolle

Die meisten Betriebssysteme nehmen sehr viele Kontroll- und
Überwachungsaufgaben wahr, um die Leistungsfähigkeit des Rechners
sorgfältig abzugleichen. Einige Beispiele sind die Prioritätenvergabe
für Programme, unterschiedliche Zugriffsrechte, die Schutztattribute
von Dateien, die Umgebung, in der ein Programm ausgeführt wird, und
das Anbinden und Abtrennen von Dateisystemen (Datenmengen).

In vielen Betriebssystemen sind Statuselemente nur von der Systemkonsole über einen festgelegten Kommandointerpreter kontrol-
lierbar. Da es unter UNIX keinen festgelegten Kommandointerpreter
gibt, besteht die einzige Möglichkeit der Benutzerkontrolle durch einfache Programme. Jedes ausführbare Programm kann zum Beispiel
verlangen, daß seine Ausführungspriorität erhöht oder erniedrigt wird.
Jedes Programm kann seine Ausführungspriorität erniedrigen, aber
nur Programme, die vom Super-User ausgeführt werden, können ihre
Ausführungspriorität erhöhen. Unter UNIX kann jedes Programm die
Kontrolle über Status-Funktionen des Systems ausüben, aber nur bestimmte Programmzugriffe werden vom Kern zugelassen.

Die Kontrolle des Zugriffsmodus auf eine Datei kann als Beispiel
dienen. Unter UNIX kann ein Programm den chmod-Systemaufruf
ausführen, um die Zugriffsrechte (Lesen, Schreiben, Ausführen für
Benutzer, Gruppe und alle anderen; s. Kapitel 6) für eine Datei zu
kontrollieren. Das folgende C-Programm benutzt den chmod-Sy-

stemaufruf, um die Datei 'lesetabu' für jeden anderen Benutzer zu sperren (keine Zugriffsrechte), bis diese Rechte geändert werden:

```
#define KEINZUGRIFF 0
main()
{
chmod("lesetabu",KEINZUGRIFF);
}
```

Das Programm ändert die Zugriffsrechte nur, wenn der Eigentümer der Datei 'lesetabu' oder der Super-User das Programm ausführt.

Zur Kontrolle oder Überwachung der Statuselemente können die folgenden Systemaufrufe benutzt werden:

time	Lesen des Datums;
stime	Setzen des Datums;
getpid	Bestimmen der Prozeßidentifikationsnummer;
getuid	Bestimmen der Benutzeridentifikationsnummer;
getgid	Bestimmen der Gruppenidentifikationsnummer;
chown	Ändern des Eigentümers einer Datei;
chgrp	Ändern der Gruppe einer Datei;
chdir	Ändern der gegenwärtigen Directory;
link	Erzeugen eines Verweises auf eine Datei;
unlink	Löschen eines Verweises auf eine Datei;
mount	Anbinden eines Dateisystems;
umount	Abtrennen eines Dateisystems;
nice	Ändern der Prozeßpriorität;
stat	Bestimmung eines Dateistatus.

Es gibt UNIX Systeme, die noch weitere statusbezogene Systemaufrufe anbieten.

15.4 Systemaufrufe zur Prozeßkontrolle

Eine der Stärken von UNIX sind die Systemaufrufe zur Erzeugung und Koordinierung von Prozessen. Alle diese Systemaufrufe (außer exit) sind in einem System überflüssig, das immer nur einen Prozeß ausführt. Die Systemaufrufe zur Prozeßkontrolle sind zwar sehr maschinennah, aber auch effektiv. Sie beinhalten:

fork   Verdoppeln des Prozesses;

exec   Ändern der Identität eines Prozesses;

exit   Beenden eines Prozesses;

kill   Senden eines Signals an einen Prozeß;

signal   Angabe der Aktionen, die beim Eintreffen eines Signals ausgeführt werden sollen;

wait   Warten auf die Beendigung eines gestarteten Unterprozesses.

Unter einigen Systemen ist ein Zusammenketten der Prozesse möglich, so daß ein Programm an ein anderes anschließt. Das Kommando unter UNIX heißt exec (es gibt verschiedene Versionen des exec-Systemaufrufs zum Ersetzen des gegenwärtigen Prozesses durch einen neuen Prozeß). Der erzeugte Prozeß heißt Nachfolger, der exec aufrufende Prozeß heißt Vorgänger.

UNIX wäre kein Betriebssystem ohne mehrere Systemaufrufe zum Prozeßerzeugen. Der exec-Systemaufruf erhöht jedoch nicht die Anzahl der Prozesse, sondern ändert die Form eines Prozesses. Um weitere Prozesse zu erzeugen, muß unter UNIX der fork-Systemaufruf benutzt werden. Der fork-Systemaufruf erzeugt einen neuen Prozeß (einen Subprozeß oder Kindprozeß, engl. child process), der eine exakte Kopie des aufrufenden Prozesses ist (bis auf einige Parameter, die die Identität des Prozesses betreffen). Der aufrufende Prozeß wird durch fork nicht beeinträchtigt. Nach dem Aufruf von fork laufen beide Prozesse gleichzeitig konkurrierend ab.

Meist wird fork zur Erzeugung eines Subprozesses eingesetzt, der dann sofort den exec-Systemaufruf ausführt: fork gefolgt von einem exec-Aufruf im Subprozeß ist für den abspaltenden Prozeß wie das Erzeugen eines Subprozesses mit einer neuen Identität.

Oft wird ein Subprozeß zum Ausführen einer bestimmten Aufgabe erzeugt. Der abspaltende Prozeß wartet auf das Ergebnis dieses Subprozesses. Nach Ergebniserhalt wird der abspaltende Prozeß weiter abgearbeitet. Die Shell setzt die fork-exec Systemaufruffolge ein, um sehr viele Kommandos der Benutzer auszuführen. Gibt man ein Kommando ohne ein nachgestelltes Und-Zeichen ein, führt die Shell den wait-Systemaufruf aus, um auf die Beendigung des Subprozesses zu warten. Wird dagegen das Kommando mit Und-Zeichen eingegeben, können sofort weitere Eingaben angenommen werden.

Zur Kommunikation (Signal senden) zwischen Prozessen kann der Systemaufruf kill eingesetzt werden. Mit dem Signal wird eine Nachricht von einem Prozeß zum anderen übertragen. Meist wird der Systemaufruf kill zum Senden des SIGKILL-Signals verwendet. Ein Prozeß, der das Signal SIGKILL empfängt, beendet sich selbst. Unter UNIX

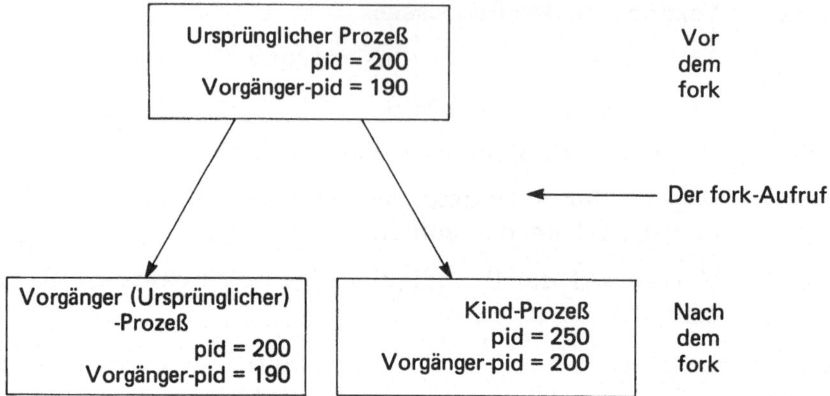

Bild 15.1: Der Systemaufruf fork. Der Systemaufruf fork wird benutzt, um einen Prozeß zu verdoppeln. Nach der Ausführung von fork existieren zwei Prozesse, die sich nur in einigen den Prozeß beschreibenden Parametern unterscheiden. ("pid" ist die Prozeßidentifikationsnummer)

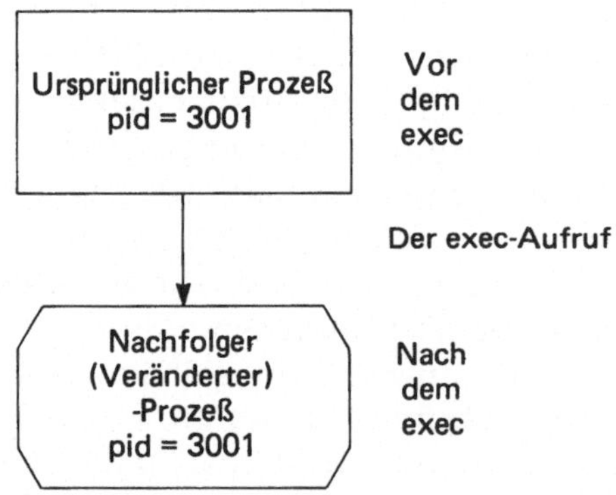

Bild 15.2: Der Systemaufruf exec. Der Systemaufruf exec wird benutzt, um die Identität eines Prozesses zu ändern.

werden in dieser Art ungefähr 12 andere Signale eingesetzt.

Da immer nur ein Prozeß aktiv sein kann, befindet sich der Prozeß, der das Signal empfangen soll, u.U. in Warteposition. Das durch den Systemaufruf gesendete Signal hat solange, wie der Zielprozeß nicht aktiviert ist, keine Auswirkungen. Wann immer ein Prozeß nach der Wartezeit mit der Ausführung beginnt, überprüft das System automatisch die Signalliste nach neu eingetroffenen Signalen. Wird festgestellt, daß neue Signale eingetragen wurden, wird die entsprechende Aktion ausgeführt. Beim Empfangen des SIGKILL-Signals wird der exit-Systemaufruf aktiviert. Der Systemaufruf signal wird zur Aktions-

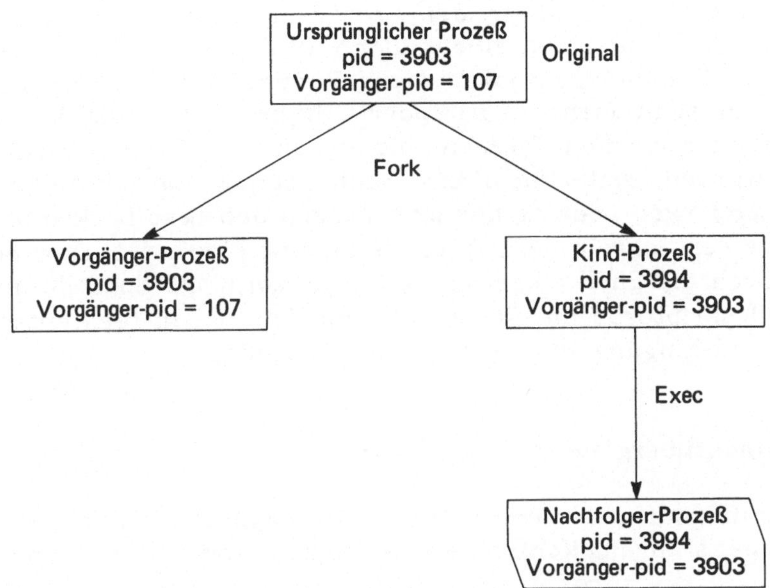

Bild 15.3: Die Erzeugung eines Subprozesses mit anderer Identität. Unter UNIX folgt dem Aufruf von fork oft ein Aufruf von exec, um einen neuen Prozeß zu erzeugen und ihm eine neue Identität zu geben. Diese Technik wird von der Shell zur Ausführung der Benutzerkommandos verwendet.

beschreibung beim Signaleingang benutzt. Die Systemaufrufe kill und signal bieten ein einfaches, aber wirksames Kommunikationssystem zwischen Prozessen.

Nachteile bei dieser Prozeßkommunikation liegen darin, daß Prozesse auf Signale nur reagieren, wenn sie aktiv sind. Demgegenüber können Prozesse, die auf ein Ereignis warten, das nicht eintreten wird, nicht abgebrochen werden. Solche Prozesse können unter UNIX in Verbindung mit fehlerhaften Gerätetreibern auftreten. Obwohl sie einzeln kaum Schaden anrichten, kann eine Ansammlung endlos wartender Prozesse die Prozeßtabelle des UNIX-Kerns überlaufen lassen.

In UNIX gibt es außerdem den exit-Systemaufruf, der zum Ende des aufrufenden Prozesses führt. exit wird automatisch an eine Vielzahl von Signalen angehängt und wird am Ende des Hauptmoduls eines C-Programms aufgerufen. Der exit-Systemaufruf kann in einem Programm an beliebiger Stelle aufgerufen werden. Daraufhin werden alle offenen Dateien des Prozesses geschlossen.

Zum Abschluß der Systemaufrufbeschreibung zur Kontrolle von Prozessen fehlen noch Pipes. Pipes sind Verbindungen zwischen

verwandten Prozessen. Es soll eine Pipe gebildet werden. Zunächst
muß der pipe-Systemaufruf erfolgen. Es werden zwei Datei-
Deskriptoren vom System an den Prozeß zurückgegeben, einer zum
Lesen und einer zum Schreiben. Dann wird der Systemaufruf fork
ausgeführt. Der dadurch entstandene Subprozeß führt meistens ein
exec aus, um seine Identität zu ändern. Während der Ausführung von
fork und exec bleiben Dateien, die durch den Systemaufruf pipe
geöffnet wurden, weiterhin offen. Nach Beendigung der Ausführung
von fork und exec benutzt der eine Prozeß den Lese-Deskriptor und
der andere den Schreib-Deskriptor. Wenn eine Pipe zwischen zwei Prozessen durch die Shell eingerichtet wurde, sorgt die Shell dafür, daß
die Pipe-Deskriptoren die Werte Null und Eins haben (das entspricht
der Standard-Eingabe und der Standard-Ausgabe).

15.5 Argumentübergabe an Programme

Auf der Kommandozeile werden Argumente angegeben. Damit wird die
Kommandoausführung kontrolliert. Wenn zum Beispiel das Kommando

```
cc meinprog.c
```

eingegeben wird, dann ist das Wort "meinprog.c" ein Argument, das
den C-Compiler anweist, den Kode aus der Datei 'meinprog.c' zu übersetzen. Im folgenden Abschnitt wird die Arbeitsweise, die UNIX zur
Argumentübergabe in der Kommandozeile benutzt, erläutert.

Eine wichtige Eigenschaft von UNIX ist die Möglichkeit der Übergabe
von Argumenten an ein Programm in der Kommandozeile. Argumente
können unter UNIX besonders einfach benutzt werden.

In der folgenden Erläuterung wird auf die Arbeit der Shell oder die
anderer Programme zur Erzeugung einer Argumentliste für ein Programm nicht eingegeangen. In Abschnitt 13.14 wurde bereits die
Dateinamenerzeugung, Parameterersetzung und Kommandoersetzung
ausführlich behandelt. In diesem Zusammenhang wurde die Erzeugung einer Argumentliste, die an ein Kommando übergeben werden,
aufgezeigt.

Das folgende Beispiel beginnt damit, daß ein Programm (die Shell)
einen Zeichenkettenvektor (die Argumente) und den Namen des Programms, das mit dem exec-Systemaufruf ausgeführt werden soll,
erfahren hat. Wie üblich ruft das Programm fork auf, um einen neuen
Prozeß zu erzeugen, und der Subprozeß bereitet die Ausführung von
exec vor.

Verschiedene Versionen des exec-Systemaufrufs erlauben die Übergabe eines Zeichenkettenvektors an ein Programm. Wenn der exec-Systemaufruf mit dem Vektor als Argument ausgeführt wird, holt der Be-

triebssystemkern den Argumentvektor vom aufrufenden Programm ab. Das auszuführende Programm wird in den Speicher geladen (das aufrufende Programm wird nach einem erfolgreichen exec überlagert) und der Argumentvektor in den Speicherbereich des neuen Prozesses geschrieben.

Dem Programm werden zwei Parameter zur Verfügung gestellt: die Anzahl der Argumente und ein Zeiger auf den Argumentvektor. Diese beiden Parameter liegen wie alle Parameter für C-Routinen auf dem Stack und die Argumente sind im oberen Speicherbereich abgelegt. Man darf die Parameterwerte, auf die Routinen zugreifen können, nicht mit den Argumenten verwechseln, die an das Programm übergeben werden.

Nach der Bereitstellung dieser Parameter beginnt das Programm mit der Ausführung. Der Vorteil einer Übergabe von lediglich zwei Parametern an das Programm besteht darin, daß der Parameterteil des Programms unbeachtet der Parameteranzahl identisch und somit die Anzahl variabel ist. Die main-Routine eines Programms muß die beiden Parameter deklarieren. Das erste Argument ist eine ganze Zahl (int) und das zweite Argument ist ein Zeiger auf einen Vektor von Zeichenketten. Es folgt ein kurzes Programm, das jedes seiner Argumente auf einer separaten Zeile ausgibt:

```
main(argc,argv) /* ausgeben der Argumente pro Zeile */
int argc;
char *argv[];
{
int i;
for(i=0; i<argc; i++)
    printf("%s\n",argv[i]);
```

Programmierer, die mit C vertraut sind, werden erkennen, daß dieses Programm einen Zeichenkettenvektor ausgibt. Dieses Programm ist in der Datei 'zeigeargs.c' gespeichert. Das Kommando

```
cc -o zeigeargs zeigeargs.c
```

compiliert 'zeigeargs.c' und schreibt die Ausgabe in die Datei 'zeigeargs'. Wenn man zeigeargs ausführt, wird man erkennen, daß der Programmname immer vor den wirklichen Argumenten mit ausgegeben wird. Der Programmname ist der nullte Parameter. Der Wert von argc ist deshalb auch immer mindestens 1. Sollen nur die "wirklichen" Argumente ausgegeben werden (also alle Argumente außer dem Programmnamen), muß man die Schleife zur Ausgabe bei Eins statt bei Null beginnen lassen.

Die zwei Programmparameter werden oft argc (Argumentzähler, engl. argument count) und argv (Argumentvektor) genannt, obwohl die Namensvergabe keiner speziellen Regel unterliegt. Der Parameter "argv" kann auch als

```
char **argv;
```

deklariert werden. Die Reihenfolge in der Deklaration der Parameter der main-Routine ist wichtig; der Argumentzähler (argc) muß an erster Stelle stehen.

15.6 Die Implementierung der Systemaufrufe

Die Schnittstelle der Systemaufrufe wurde so konzipiert, daß sie den Schnittstellen der Subroutinen entspricht. Parameter können

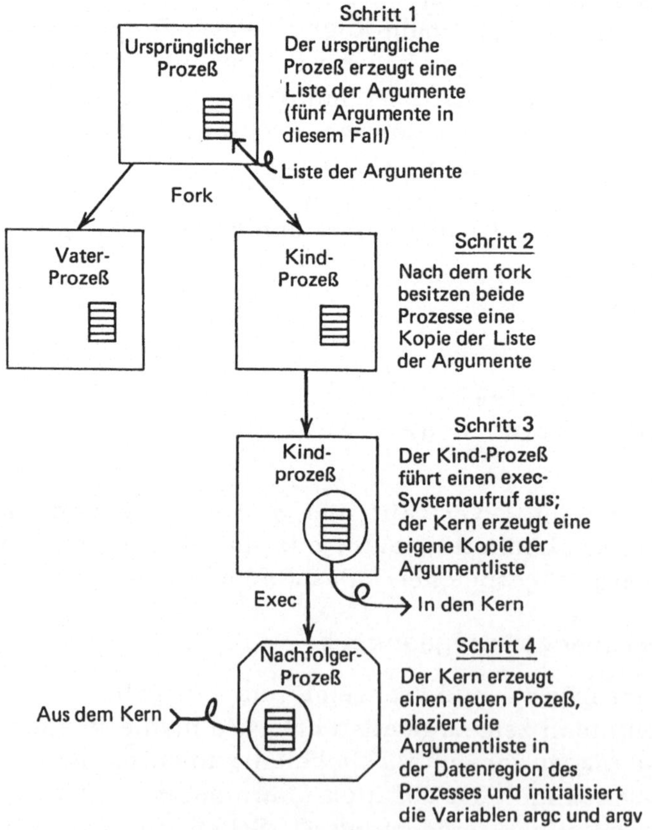

Bild 15.4: Die Parameterübergabe bei Programmen.

übergeben werden, Werte können zurückgegeben werden. Der Unterschied zwischen den beiden Schnittstellentypen besteht darin, daß der Kode, der während einer Subroutine ausgeführt wird, im ausführbaren Programm vorhanden ist, während der Kode eines Systemaufrufs im Adreßbereich des Kerns liegt und nicht in dem des Programms. Das Hinzufügen eines Systemaufrufs ändert daher fast nichts an der Größe des Programms, wohingegen eine zusätzliche Unterroutine den Programmkodeumfang um mehrere tausend Bytes erhöhen kann.

Beim Subroutinenaufruf wird wenig Zeit verbraucht, zum Aufruf eines Systemaufrufs hingegen kann sehr viel Zeit benötigt werden. Systemaufrufe arbeiten in der Version der PDP-11 des UNIX Systems mit den Trap-Instruktionen. Eine Trap-Anweisung (engl. Falle) ist eine Maschineninstruktion, deren Auswirkung der einer Hardware-Unterbrechung (engl. hardware interrupt) entspricht. Die Trap-Instruktion führt zu Aktionen, die zeitintensiv sind und die meist den aufrufenden Prozeß in den Wartezustand versetzen oder gar auslagern.

Da Systemaufrufe sehr zeitintensiv sind, sollten sie möglichst sparsam eingesetzt werden. Viel Zeitaufwand benötigt eine Einzelbyte-Übertragung. Das folgende einfache Programm zählt zum Beispiel die Leerzeichen in einer Datei unter Benutzung einer Einzelbyte-Leseoperation:

```
/* zaehle zeichenweise Leerzeichen einer Datei */
main(argc,argv)
int argc;
char *argv[];
{
int ddesk;
int zaehler = 0;
char zeichen;
ddesk = open(argv[1],0);
if(ddesk < 1)
{
  printf("Kann %s nicht oeffnen\n",argv[1]);
  exit(1);
}
while(read(ddesk,&zeichen,1) == 1)
    if(zeichen == ' ')
      zaehler++;
printf("%d Leerzeichen in %s\n",zaehler,argv[1]);
}
```

Das Programm führt für jedes zu lesende Zeichen einen Systemaufruf aus. Als dieses Programm ablief, um die Anzahl der Leerzeichen in einer Datei mit ungefähr 20000 Zeichen zu zählen, benötigte es ca. 33 Sekunden auf einer wenig belasteten PDP 11/70. Ungefähr 35 Prozent der Zeit wurde zur Ausführung der 20000 Systemaufrufe benötigt. Wenn dieses Programm nur einmal Verwendung fände, könnte man die Zeitvergeudung tolerieren. UNIX bietet jedoch eine gepufferte Ein-/Ausgabe an, die für diese Anwendung besser arbeitet. Die Verwendung der gepufferten Standard-E/A-Routine getc statt des read führt zu folgendem Programm:

```c
#include <stdio.h>
main(argc,argv) /* zaehle Leerzeichen (gepuffert) */
int argc;
char *argv[];
{
FILE *ddesk;
int zaehler = 0;
char zeichen;
ddesk = fopen(argv[1],"r");
if(ddesk == NULL)
{
  printf("Kann %s nicht oeffnen\n",argv[1]);
  exit(1);
}
while((zeichen = getc(ddesk)) != EOF)
    if(zeichen == ' ')
        zaehler++;
printf("%d Leerzeichen in %s\n",zaehler,argv[1]);
}
```

Diese Programmversion ist komplizierter, da sie die gepufferten Standard-Eingaberoutinen benutzt (die Beschreibung von fopen und getc finden Sie in Abschnitt 3 des UNIX System-Manuals). Das neue Programm ist schneller. Es benötigt ungefähr eine Sekunde und verbringt lediglich ein Drittel der Zeit mit der Ausführung von Systemaufrufen. Es werden nur ca. 40 Systemaufrufe zum Durchsehen der ca. 20000 Zeichen in der Datei ausgeführt.

UNIX selbst führt die Pufferung der Dateien auf Systemniveau aus, so daß man diese letzte Vorgehensweise immer dann benutzen kann, wenn die Struktur der Daten es zuläßt, ohne mit Verzögerungen durch die Pufferung bestraft zu werden.

15.7 Getrennte Übersetzung

Der Quellkode eines in C geschriebenen Programms kann auf mehrere Dateien verteilt werden. Diese Quellkodeaufteilung soll zum modularem Entwurf, zur strukturierten Programmentwicklung und zum Testen anleiten. Kleine Programme (bis zu einigen hundert Zeilen Kode), wie das echo-Programm oder das Zählprogramm für Leerzeichen in einer Datei, können leicht in einer einzelnen Datei gespeichert werden. Größere Programme (von mehreren hundert Zeilen aufwärts) werden gewöhnlich in mehrere Dateien aufgeteilt.

Eine Datei, die nur einige Unterroutinen enthält (also nur einige hundert Zeilen Kode), ist sehr viel leichter zu verstehen und zu bearbeiten als eine riesige Datei mit mehreren tausend Zeilen Kode. Ein Programm in einer einzelnen Datei kann in mehrere Dateien aufgespalten werden, indem Subroutinen oder Datenstrukturen in einzelne Dateien geschrieben werden. Eine logische Einheit wie eine Subroutine oder eine Datendeklaration kann nicht in zwei Dateien aufgespalten werden.

Das Auftrennen eines Programms in mehrere Dateien wirft neue Probleme auf. Ein Problem ist, daß Unterroutinen in einer Datei von den Unterroutinen und Datenstrukturen aus anderen Dateien wissen müssen. C enthält dazu einen speziellen Deklarationstyp, den der externen Definition. Der Zweck der externen Definition ist, auf nicht in der lokalen Datei erklärte Daten zugreifen oder sie beschreiben zu können. Wenn nur wenige Referenzen zu Daten aus anderen Dateien vorgenommen werden, können die externen Definitionen in der Datei aufgeführt werden. Wenn die Anzahl jedoch sehr groß ist, dann ist es besser, eine Datei zu erzeugen, die alle externen Definitionen, die das Programm benötigt, enthält und diese Datei mit der include-Funktion des C-Compilers in den zu übersetzenden Text einzubeziehen. In einem C-Programm führt die Zeile

```
#include "defs.h"
```

zur Einbeziehung des Inhaltes der Datei "defs.h" in das Programm.

Ein anderes Problem ist der Wissensbedarf von Variablen und Zeichenketten, Werten, die im Programm überall bekannt sein müssen. In einem Programm, das Listen von Einträgen manipuliert, muß zum Beispiel die maximale Anzahl der Einträge in der Liste für alle Subroutinen bekannt sein. In C kann hierfür die define-Funktion für benannte Konstanten benutzt werden. Die Zeile

```
#define LISTLEN 20
```

definiert eine Konstante namens "LISTLEN". Wann immer der Name "LISTLEN" im Programm vorkommt, wird er durch die Konstante "20" ersetzt. Eine include-Datei enthält alle Definitionen, die im Programm benötigt werden. Die define-Funktion ist zwar nur eine Makroersetzungsfunktion, sie kann aber Parameter enthalten und zur

Erzeugung von umfangreichem C-Kode benutzt werden.

Bei allen Zeilen eines C-Programms mit einem Doppelkreuz am Zeilenanfang wird angenommen, daß sie Anweisungen wie include oder define enthalten. Diese Anweisungen werden vom C-Präprozessor verarbeitet. Der C-Präprozessor kann ebenfalls Aufgaben wie das Entfernen aller Kommentare in einem Programm erledigen. Gelegentlich möchte man die Ausgabe des C-Präprozessors verfolgen, um festzustellen, was geschehen ist. Man kann so Kommentare aufspüren, die versehentlich umfangreicher als geplant wurden. Das Shell-Kommando

```
cc -P meinprog.c
```

startet den Präprozessor für die Datei 'meinprog.c' und schreibt die Ausgabe in die Datei 'meinprog.i'.

Ziel des C-Compilers ist es, ein Programm vollständig zu übersetzen, um ein ausführbares Modul zu erstellen. Wenn man ein großes Programm in mehrere Dateien aufgeteilt hat, kann man die gesamte Übersetzung durch Angabe aller Dateien auf der Kommandozeile ausführen

```
cc dateiA.c dateiB.c dateiC.c
```

Wenn alles gut geht und keine Fehler auftreten, werden vier Dateien erzeugt: die Datei 'a.out', die das Programm enthält, und die Dateien 'dateiA.o', 'dateiB.o' und 'dateiC.o', die den Objektkode der einzelnen Quelldateien enthalten.

Die Objektmoduln der Quelldateien werden aufgehoben, um das Ausmaß der Übersetzungsarbeit gering zu halten. Wenn 'dateiA.c' erneuert wurde, 'dateiB.c' und 'dateiC.c' aber unverändert geblieben sind, dann ist die einzige veraltete Objektdatei 'dateiA.o'. Die Objektmoduln 'dateiB.o' und 'dateiC.o' können unverändert weiter benutzt werden, da der Quellkode, der zu ihrer Erzeugung geführt hat, sich nicht geändert hat. Das gesamte System kann durch eine partielle Neuübersetzung von 'dateiA.c' und durch Zusammenbinden der drei Objektdateien zu einer neuen ausführbaren Datei 'a.out' auf den neuesten Stand gebracht werden. Das wird erreicht durch das Kommando

```
cc dateiA.c dateiB.o dateiC.o
```

Eine sehr nützliche Eigenschaft des Compilers ist, daß er weiß, welche Dateinamenergänzung zu welchem Dateityp gehört. Aufgrund der Ergänzung ".c" weiß der Compiler, daß 'dateiA.c' eine Quelldatei ist, die übersetzt werden muß, und wegen der Ergänzung ".o" weiß der Compiler, daß 'dateiB.o' und 'dateiC.o' Objektdateien sind, die nur mit der Datei 'dateiA.o' zur ausführbaren Datei 'a.out' zusammengebunden werden müssen.

Die Kontrolle über Dateien kann sehr viel Aufwand erfordern, man sollte sich daher des make-Programms (s. Kapitel 12) bedienen, das aufgrund der Datumseinträge feststellt, welche Datei veraltet ist und neu übersetzt werden muß, oder welche geänderte Quelldateien sofort übersetzt werden sollen, um eine gültige Version eines Programmpakets zu haben. Enthält die Quelldatei kein vollständiges Programm, darf sie nicht vollständig übersetzt werden. Der Begriff partielle Übersetzung (oder partielle Compilation) beschreibt eine Übersetzung, bei der das Ziel nur die Übersetzung eines Moduls ist und nicht die Übersetzung eines ganzen Software-Systems. Die Option "-c" des C-Compilers veranlaßt eine partielle Übersetzung. Das Kommando

```
cc -c dateiA.c
```

legt eine neue Version von 'dateiA.o' an. Wäre die Option "-c" nicht benutzt worden, hätte der C-Compiler eine Fehlermeldung ausgeben, da die Datei 'dateiA.c' kein vollständiges Programm enthält.

Die Datei 'a.out' kann mit dem folgenden Kommando erzeugt werden:

```
cc dateiA.o dateiB.o dateiC.o
```

15.8 lint - Das Überprüfen von C-Programmen

Der C-Compiler registriert Fehler in C-Programmen nicht unbedingt. Dieses Problem entstammt der Tatsache, daß der Compiler bei Programmen, die in mehrere Dateien aufgeteilt sind, sich auf die extern-Definitionen zum Überprüfen der Typen von Objekten in anderen Moduln verläßt. Wenn die extern-Definition ungenau ist, wird Kode erzeugt, der zu einem fehlerhaften Ablauf führen kann. Probleme können ebenso bei Zeigern auftreten.

Der C-Compiler nimmt an, daß der Kode die Operationen enthält, die man ausführen möchte; wenn es logisch möglich ist, dann versucht der Compiler in den meisten Fällen, entsprechende Maschinenbefehle zu erzeugen. Der Compiler nimmt an, daß der Benutzer genau weiß, was er kodiert hat, und daß der Kode korrekt ist und übersetzt werden soll.

Glücklicherweise enthält UNIX ein Programm, das den angegebenen Quelltext genauer untersucht und den Programmierstil bewertet. Das UNIX-Programm lint wird benutzt, um C-Programme auf Fehler zu überprüfen:

ob Typen von Objekten in verschiedenen Dateien verschieden definiert sind, ob Objekte oder Werte überhaupt benutzt werden,

ob Variablen vor ihrer Initialisierung benutzt werden und

andere zweifelhafte Programmierpraktiken verwendet werden.

lint erzeugt keine Objektdatei - es erzeugt Warnungen und Kommentare zu Programmen. Gelegentlich zeigen die Warnungen von lint keine Fehler an, doch meist bedeuten die lint-Meldungen, daß etwas falsch oder nicht übertragbar ist.

Ein Problem bei der Programmüberprüfung mit einem Programm und der Übersetzung mit einem anderen ist, daß die beiden Programme nicht übereinstimmen. So kann z.B. eine bestimmte Benutzung von Variablen etc. in einem Programm erlaubt sein und im anderen nicht. Es gibt auf der anderen Seite mehrere Vorteile, die eine Überprüfung durch ein anderes Programm als den Compiler sinnvoll erscheinen lassen. Einer davon ist, daß eine ausführliche Analyse von einem anderen Programm ausgeführt werden kann - eine Analyse, die sehr zeitintensiv sein kann. Ein anderer Vorteil ist die Tatsache, daß lint ein Software-System als Ganzes überprüfen kann, eine sehr erfreuliche Eigenschaft bei einer Sprache, die zur getrennten Übersetzung ermutigt.

KAPITEL
16

Programmierhilfen

UNIX bietet mehrere Hilfsprogramme an, die zur Bearbeitung und Analyse von Binärdateien, die von den UNIX-Compilern erzeugt werden, eingesetzt werden. Diese Hilfsprogramme werden hauptsächlich von Programmierern benutzt. Compiler unter UNIX für die Sprachen C, Pascal, FORTRAN usw. übersetzen eine Textdatei, die ein Quellprogramm enthält, in eine Objektdatei, die binäre Information enthält. Da Objektdateien binäre Informationen enthalten, können sie nicht mit den Standard-UNIX-Hilfsprogrammen für Textdateien behandelt werden. Stattdessen werden bestimmte Standard-Umformungen auf Objektdateien von den in diesem Kapitel beschriebenen Hilfsprogrammen ausgeführt.

UNIX bietet Programmierhilfsprogramme an, mit denen es möglich ist, Programme so zu übersetzen, daß sie auf anderen Rechnern als auf dem, auf dem das Kompilieren stattfand, laufen sollen (sog. Cross-Systeme). Für die dabei erzeugten Dateien gibt es kein Standard-Format. Die Veränderung ausführbarer Dateien, die unter solchen Systemen erzeugt wurden, wird in diesem Kapitel nicht behandelt; es kann auch von den Hilfsprogrammen nicht angenommen werden, daß sie für solche Dateien korrekt arbeiten.

Im ersten Teil dieses Kapitels wird die Erzeugung von Objektdateien durch den C-Compiler erläutert. Die Erzeugung von Objektdateien anderer Sprachen (wie Pascal, FORTRAN oder anderer übersetzbarer Sprachen) verläuft entsprechend. Im zweiten Abschnitt werden verschiedene Hilfsprogramme zum Arbeiten mit Objektdateien beschrieben.

16.1 Die Übersetzung

Eine Objektdatei ist das Ergebnis der Übersetzung einer höheren Programmiersprache oder das Ergebnis der Assemblierung von

Assembler-Programmen. Alle von den Standard-UNIX-Compilern erzeugten Objektdateien können vier Abschnitte haben: den Kopf, das Programm (Befehle und Daten), die Daten zum Zusammenfügen (Binden) der Objektdatei mit anderen Objektdateien (die Relokationsinformation, engl. relocation information) und die Symboltabelle (Bild 16.1). Kopf und Programm sind immer vorhanden. Der Kopf enthält Informationen über die Größe der verschiedenen Programmabschnitte und darüber, wieviele Objektdateiteile vorhanden sind. Die Relokationsdaten und die Symboltabelle sind nützlich, wenn man getrennt übersetzte Objektdateien zu ausführbaren Programmen zusammenfügen (binden) möchte oder nach Fehlern suchen muß (Debugging).

Der Quellkode kurzer Programme ist meist in einer Datei zusammengefaßt. Ein solches Programm ist einfach so zu übersetzen, daß sofort eine ausführbare Objektdatei erzeugt wird. Der Standardname einer ausführbaren Datei lautet unter UNIX 'a.out'. Das Kommando

```
cc meinprog.c
```

übersetzt das C-Programm 'meinprog.c' mit dem C-Compiler cc und schreibt die Ausgabe in die Datei 'a.out'. Wenn 'meinprog.c' Namen benutzt, die nicht in der Datei erklärt sind und in keiner Bibliothek oder angegebenen anderen Objektdatei enthalten sind ('meinprog.c' also unerfüllte Verweise enthält) oder Fehler im Quellkode gefunden werden, dann ist 'a.out' nicht ausführbar; wenn keine Fehler auftreten und keine Verweise, die nicht erfüllt werden können, vorkommen, dann

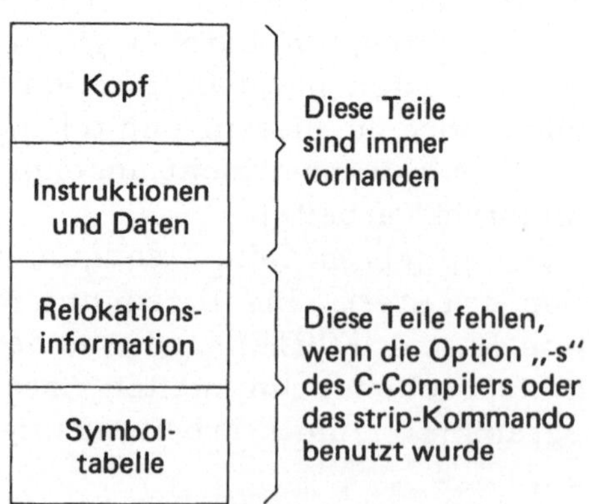

Bild 16.1: Die Struktur einer Objektdatei.

ist 'a.out' ausführbar. Man kann die Ausgabe auch in eine beliebige andere Datei schreiben, indem man die Option "-o" des C-Compilers benutzt.

```
cc -o meinprog meinprog.c
```

Nun wird die Ausgabe statt in 'a.out' in die Datei 'meinprog' geschrieben.

Der Quellkode komplexerer Programme ist normalerweise in mehreren Dateien gespeichert. So wird die Programmentwicklung und Wartung erleichtert. Wird nur eine von mehreren zusammengehörigen Quelldateien übersetzt, spricht man von einer partiellen Übersetzung. Das Ergebnis einer partiellen Übersetzung wird in einer Datei abgelegt. Der Name dieser Datei wird aus dem Namen der Quelldatei ohne Dateinamenergänzung ".c" und einem angehängten ".o" (Objektdateien heißen oft auch ".o"-Dateien) gebildet. Heißt die Quelldatei 'meinprog.c', dann heißt die erzeugte Objektdatei 'meinprog.o".

Die Option "-c" weist den Compiler an, lediglich eine partielle Übersetzung auszuführen. Der Hauptunterschied zwischen einer partiellen und einer vollständigen Übersetzung ist, daß bei einer partiellen Übersetzung unerfüllte externe Verweise nicht als Fehler betrachtet werden. Das Kommando

```
cc -c dateiA.c
```

erzeugt die Objektdatei 'dateiA.o'. Das Ergebnis einer partiellen Übersetzung wird nicht ausführbar gemacht.

Für eine vollständige Übersetzung eines Programms, das in mehrere Quelldateien aufgeteilt ist, können die einzelnen Programmteile entweder als Quelldatei oder als Objektdatei angegeben werden. Ein Programm, dessen Quellkode in den Dateien 'dateiA.c', dateiB.c und 'dateiC.c' gespeichert ist, kann somit vollständig übersetzt werden:

```
cc dateiA.c dateiB.c dateiC.c
```

Wenn alle Quelldateien einzeln zu Objektdateien übersetzt wurden, kann eine vollständige Übersetzung auch mit dem Kommando

```
cc dateiA.o dateiB.o dateiC.o
```

in Gang gesetzt werden. Das Kommando wird wesentlich schneller zu Ende geführt, da auch weniger zu tun ist; die Hauptarbeit besteht in der Verbindung der Objektdateien zu einem ausführbaren Programm. Ebenso kann man Objekt- und Quelldateien zu einer vollständigen

Übersetzung kombinieren:

```
cc dateiA.c dateiB.o dateiC.c
```

In diesem Kommando sei 'dateiB.o' bereits durch partielle Übersetzung von 'dateiB.c' entstanden.

16.2 size - Die Charakteristiken einer Objektdatei ausgeben

Mit dem size-Programm kann der Umfang des Programmabschnitts in einer Objektdatei ausgegeben werden. Der Programmabschnitt besteht aus drei Teilen, den Befehlen (oft auch Text genannt, obwohl keine Verbindung zum Text der Textdateien besteht), den initialisierten und den nichtinitialisierten Daten. Das size-Programm gibt in dezimaler Schreibweise den Umfang der drei Bereiche, gefolgt von der Summe der Teile in oktaler und dezimaler Schreibweise aus.

Die Angaben, die von size ausgegeben werden, spiegeln lediglich den Umfang des Programmabschnitts einer Objektdatei wider, nicht aber den Umfang der Objektdatei. Mit dem Kommando "ls -l" können Angaben zur Objektdatei ausgegeben werden.

Das Kommando

```
size datei?.o
```

gibt den Umfang aller Objektdateien des vorhergehenden Beispiels aus.

16.3 strip - Die Symboltabelle einer Objektdatei löschen

Das strip-Kommando entfernt die Relokationsinformation und die Symboltabelle aus einer Objektdatei. Als Ergebnis läßt sich eine merkliche Verringerung der Dateigröße feststellen. Mit

```
strip meinprog
```

werden die beiden Standardteile aus der Objektdatei 'meinprog' gelöscht. Dies kann während der Übersetzung einer Datei mit der Option "-s" des C-Compilers erzielt werden:

```
cc -s -o meinprog meinprog.c
```

Eine Fehlersuche ist bei einer solche Datei nicht einfach. Das Ergebnis einer partiellen Übersetzung sollte man nicht mit strip behandeln, da eine Datei ohne Relokationsinformation und Symboltabelle nicht mehr mit anderen Dateien zu einem ausführbaren Programm zusammengebunden werden kann.

16.4 nm – Die Symboltabelle einer Objektdatei ausgeben

Das Programm nm untersucht die Symboltabelle einer Objektdatei. Die von nm untersuchte Objektdatei darf nicht mit strip verkürzt worden sein. Ohne Angabe von Optionen gibt nm eine Liste aller Einträge in der Symboltabelle aus.

Das nm-Programm gibt jedes Symbol auf einer neuen Zeile aus. Das erste Feld einer Zeile enthält den Wert des Symbols (wenn er definiert ist), das zweite Feld ist ein Buchstabe, der den Symboltyp angibt, und im letzten Feld ist der Symbolname. Der "Wert" eines Symbols aus der Sicht des übersetzenden Programms ist seine Adresse, der vom nm ausgedruckte "Wert" ist also die Adresse des Symbols. Der typenbezeichnende Buchstabe ist ein Großbuchstabe für externe und ein Kleinbuchstabe für lokale Symbole.

Die wichtigsten Typenbezeichner sind D und B für initialisierte und nicht initialisierte Daten, T für Text, A für absolut und U für undefiniert. Eine vollständige Liste der Typenbezeichner kann man im UNIX System-Manual nachlesen.

Eine der nützlichsten Optionen von nm ist "-u". Die führt dazu, daß nm eine Liste aller undefinierten Symbole ausgibt:

```
nm -u dateiA.o
```

Undefinierte Symbole sind Symbole, die zwar benutzt, aber in dem Programm nie deklariert wurden. Der Quelltext eines Programms ist sicherlich eine bessere Informationsquelle, man kann jedoch auch versuchen, die Symbole in der Symboltabelle zu untersuchen.

Die Option "-g" bewirkt, daß nm eine Liste der externen Symbole ausgibt:

```
nm -g dateiA.o
```

Die Liste der externen Symbole zeigt, welche Symbole in der Datei definiert wurden.

16.5 ar – Dateien archivieren

Das Bibliotheksprogramm von UNIX heißt ar (von Archiv). Eine Bibliothek (oder auch Archiv) ist eine Datei, die aus einer Anzahl von Dateien besteht. Obwohl UNIX-Bibliotheken beliebige Dateitypen enthalten können, bestehen die meisten aus Objektdateien. Der Dateiinhalt wird durch das Hinzufügen zu einer Bibliothek nicht verändert.

Häufig werden Objektdateien zu Bibliotheken zusammengefaßt, damit man leichter auf sie verweisen kann. So sind zum Beispiel alle

Objektdateien für die Standard-C-Subroutinen und Systemaufrufe in einer Bibliothek mit dem Namen '/lib/libc.a' zusammengefaßt. Andere Bibliotheken enthalten Subroutinen für Grafik, mathematische Funktionen und ähnliches. Wenn ein Programm mehrere Grafik-Subroutinen benötigt, ist es einfacher, die Grafik-Bibliothek anzugeben, als jede Grafik-Subroutine einzeln anzugeben.

Das Programm ar kann benutzt werden, um sowohl eine Tabelle der Dateien in einer Bibliothek auszugeben, um Dateien zu einer Bibliothek hinzuzufügen als auch um Dateien aus einer Bibliothek herauszukopieren. Das Kommando

```
ar rv bibdatei.a datei?.o
```

fügt die Objektdateien 'dateiA.o', 'dateiB.o' und 'dateiC.o' zu einer Bibliothek zusammen. Die Optionen von ar ("r" und "v" in diesem Fall) werden nicht von einem Bindestrich wie bei den meisten anderen Programmen unter UNIX angeführt, da ar immer eine Option verlangt. Die Option "r" sagt, daß die angegebenen Dateien zu der Bibliothek 'bibdatei.a' hinzugefügt werden sollen. Die Datei 'bibdatei.a' wird notfalls erzeugt. Meist wird die Option "r" benutzt, um Dateien zu einer existierenden Bibliothek hinzuzufügen, man kann sie aber auch zum Erzeugen einer Bibliothek einsetzen. Die Option "v" bedeutet verbose-Modus; für jede von ar ausgeführte Aktion wird eine Meldung ausgegeben. Zum interaktiven Arbeiten mit ar sollte man diesen Modus eingeschaltet haben.

Nach der Ausführung des Kommandos enthält die Bibliothek 'bibdatei.a' die Dateien 'dateiA.o', 'dateiB.o' und 'dateiC.o'. Das Kommando

```
ar t bibdatei.a
```

gibt ein Bibliotheksinhaltsverzeichnis aus, in dem die drei Dateien enthalten sein sollten.

Die Reihenfolge der Dateien in einer Bibliothek ist ein entscheidendes Kriterium beim Einsatz des Kommandos ar. Das Kommando

```
ar mva dateiA.o bibdatei.a dateiC.o
```

verschiebt (die Option "m", engl. move) 'dateiC.o' hinter (die Option "a", engl. after) die Datei 'dateiA.o' in der Bibliothek 'bibdatei.a' (die Option "v" setzt den verbose-Modus). Das Kommando

```
ar t bibdatei.a
```

gibt die neue Reihenfolge an: 'dateiA.o', 'dateiC.o', 'dateiB.o'. Ebenso kann 'dateiB.o' an den Anfang der Bibliothek verschoben werden:

ar mvb dateiA.o bibdatei.a dateiB.o

Das Kommando verschiebt ("m") 'dateiB.o' vor (die Option "b", engl.
before) die 'dateiA.o' in der Bibliothek 'bibdatei.a'. Das Kommando

ar t bibdatei.a

stellt die neue Reihenfolge dar: 'dateiB.o', 'dateiA.o', 'dateiC.o'.

Die Option "r" (ersetzen, engl. replace) wird zumeist eingesetzt.
Wenn 'dateiB.c' geändert und neu übersetzt wird, ist die Kopie von
'dateiB.o' außerhalb von 'bibdatei.a' die aktuellere Datei als die Version in der Bibliothek. Das Kommando

ar rv bibdatei.a dateiB.o

ersetzt die veraltete Kopie in der Bibliothek durch die neue Version.
Die Optionen "a" und "b" können während der Ersetzung zur Änderung
der Dateireihenfolge benutzt werden; ohne Verwendung dieser
Optionen wird die Reihenfolge während des Ersetzens nicht verändert.

Manchmal möchte man die Kopie einer Datei aus einer Bibliothek
bearbeiten. Das Kommando

ar xv bibdatei.a dateiB.o

übergibt (die Option "x") eine Kopie der Datei 'dateiB.o' aus der
Bibliothek. Der Bibliotheksinhalt wird nicht verändert; die
Änderungen spielen sich außerhalb der Bibliothek in der
gegenwärtigen Directory ab, da eine Kopie des Bibliothekseintrags
erzeugt wurde. Die Originaldatei bleibt bestehen.

16.6 ld - Objektdateien zusammenbinden

ld ist das Binderprogramm (engl. linkage editor) von UNIX. ld ist kein
Editor für Textdateien, sondern für Objektdateien. Mit dem Editor
bindet man Objektdateien zusammen, um ein ausführbares Programm
zu erzeugen. Gelegentlich bindet ld Dateien, so daß sie bei weiteren
Arbeitsgängen eingesetzt werden können.

Objektdateien werden verbunden, indem alle Programmabschnitte
zu einem großen Programmabschnitt zusammengefaßt werden.
Danach werden die Daten der Symboltabellen und die Relokationsinformation benutzt, um alle Querverweise aufzulösen. Wenn
Objektdateien in Bibliotheken zusammengefaßt werden, werden die
einzelnen Dateien nicht verändert; wenn Objektdateien mit ld
zusammengefaßt werden, werden die Abschnitte der einzelnen

Objektdateien zu einer größeren Objektdatei mit den gleichen vier Abschnitten (Kopf, Programm, Reloaktionsinformation, Symbole) vereinigt.

Die meisten UNIX-Benutzer benutzen ld nicht direkt, sondern in Verbindung mit den entsprechenden Übersetzer-Programmen (cc, pc, f77), die das ld-Programm automatisch aufrufen. Compilerläufe bestehen meistens aus mehreren Durchgängen. Die letzte Phase bei einer vollständigen Übersetzung ist das Zusammenbinden der Dateien, das bei einer partiellen Übersetzung nicht ausgeführt wird.

Man kann die Ausführung von ld steuern, indem Optionen über den Compiler an ld übergeben werden. Die Option "-s" für ld führt zum Beispiel dazu, daß ld die Relokationsdaten und die Symboltabelle aus der Ausgabedatei herausnimmt. Das Kommando

```
cc -s meinprog.c
```

übergibt die Option "-s" an ld. Das Programm ld verkürzt die Ausgabe.

Einige Programme werden regelmäßig von mehreren Benutzern gleichzeitig benötigt und ausgeführt. Beispiele hierfür sind die Shell und der Editor. Wenn ein Programm gleichzeitig von mehreren Prozessen ausgeführt wird, ist ein Satz von Programminstruktionen ausreichend. Es ist jedoch notwendig, eine Kopie der Programmdaten für jeden ausführenden Prozeß zu halten.

Ein Programm, bei dem die Instruktionen (der Text) von mehreren Prozessen geteilt werden kann, heißt pur ausführbar. Das Programm ld erzeugt ein pur ausführbares Programm, wenn die Option "-n" angegeben wird. Der Nachteil solcher Programme ist der größere Speicherbedarf gegenüber den anderen Programmen. Wenn lediglich eine Kopie eines solchen Programms ausgeführt wird, benötigt man etwas mehr Speicherplatz; wenn aber mehrere Kopien des Programms laufen, ergibt sich ein netter Spareffekt, da immer nur eine Kopie des Textes existiert. Das Kommando

```
cc -n -o nproz nproz.c
```

erzeugt das pur ausführbare Programm 'nproz'. Mit dem Kommando file kann man herausfinden, ob ein Programm pur ausführbar ist (die Information steht im Kopf der Objektdatei). Das Kommando

```
file nproz
```

ergibt die Meldung "pure executable" (pur ausführbar) statt "executable" (ausführbar), die für alle anderen Programme ausgegeben wird. Vom Benutzerstandpunkt gibt es keinen Unterschied zwischen einem pur ausführbaren und einem anderen Programm. Sie lassen sich genauso ausführen, und es ist meist nicht feststellbar, ob andere

Benutzer den Programmtext mitbenutzen. Auf Systemen ohne Speicherschutz und Adreßabbildung wird diese Arbeitsweise meist nicht angeboten.

Eine andere, häufig benutzte Option ist "-i". Sie bewirkt, daß der Programmtext und die Programmdaten in verschiedene Adreßbereiche gelegt werden. Auf Rechnern, die getrennte Instruktions- und Datenbereiche unterstützen, erlaubt die Option "-i" umfangreiche Programme.

KAPITEL

17

yacc und lex

In diesem Kapitel werden zwei Hilfsprogramme von UNIX, yacc (engl. yet another compiler compiler) und lex, beschrieben. yacc und lex werden in vielen Büchern über UNIX häufig erwähnt und sind bei der Erzeugung und Wartung einiger der wichtigeren Hilfsprogramme von UNIX von großer Bedeutung. Unglücklicherweise verstehen nur relativ wenig UNIX-Benutzer, was diese Programme tun. yacc und lex sollen auf einer beschreibenden Ebene erläutert werden. Wenn man yacc oder lex anwenden möchte, sollte man sich weitere Detailangaben aus dem UNIX-Manual und den anderen Veröffentlichungen heraussuchen.

Das Erkennen einer Kommandosprache ist ein wichtiges Problem von Rechnerprogrammen. Viele Anwendungen erfordern den Einsatz einer Sprache, die die Programmverarbeitung steuert. Unter UNIX sind es die Programmiersprache der Shell, die Programmiersprache C und die Abhängigkeitsbeschreibung des make-Programms.

Einiger Kommandosprachen sind einfach zu erkennen, andere erfordern größere Programmieranstrengungen. Auch wenn es sicherlich möglich ist, ein Programm in C (Pascal oder FORTRAN) zu schreiben, das eine komplizierte Kommandosprache erkennt, so wurden jedoch bessere Werkzeuge dazu entwickelt.

17.1 Die lexikalische Analyse und das Parsieren

Der Prozeß der Erkennung einer komplizierten Kommandosprache ist in zwei Phasen unterteilt: die erste Phase ist die lexikalische Analyse (die Untersuchung der Eingabezeichenfolge mit anschließender Ausgabe der aufgefundenen Lexeme), die zweite ist das Parsieren (die Untersuchung, ob die Lexemfolge der Syntax der Sprache genügt). Einfache Objekte wie Nummern, Operatoren und Schlüsselworte werden während der lexikalischen Analyse erkannt, höhere Objekte wie eine Zuweisung in einer Programmiersprache hingegen werden erst beim Parsieren festgestellt. Bei der Entscheidung, welche Objekte in welcher Analysephase erkannt werden sollen, gibt es genügend Entscheidungsspielraum, den man anhand von Erfahrung ausnutzt.

Der Begriff des lexikalischen Analysators wird für ein Programm benutzt, das die lexikalische Analyse durchführt, und der Begriff Parser für ein Programm, das die Eingabe anhand der Regeln der Sprache untersucht. lex und yacc, die UNIX-Hilfsprogramme zur Erzeugung von lexikalischen Analysatoren und Parsern werden in den letzten beiden Abschnitten dieses Kapitels beschrieben.

Eine lexikalische Analyse wird auf der Basis eingegebener Zeichen vorgenommen. Die Eingabe kann über das Terminal durch Eingabe von Kommandos, mit denen der Ablauf eines Prozesses kontrolliert wird, erfolgen, sie kann aus einer Datei gelesen werden oder von einem anderen Programm ausgegeben werden. In jedem Fall wird die Eingabe vom lexikalischen Analysator untersucht; wenn ein Objekt erkannt wird, erhält man eine Angabe zum Typ des Objektes. Diese Typanzeigen heißen Token (engl. für Marke, Symbol, Zeichen). Auf die Eingabe

```
25 * (16/2 )    +    15
```

könnte die Ausgabe erzeugt werden:

```
NOLNONRON
```

Hierbei steht das Token "N" für Nummer, "O" für Operator, "L" für linke runde Klammer und "R" für rechte runde Klammer. Die Folge "NOLNONRON" hat für den Benutzer keine große Bedeutung. Ein Parser kann jedoch aus dieser Folge die Form eines arithmetischen Ausdrucks besser erkennen.

Der Sinn der lexikalischen Analysephase ist es, die Unregelmäßigkeiten der eingegebenen Zeichenfolgen (Leerzeichen, unterschiedliche Längen von Objekten) auszugleichen. Die Ausgabe der ersten Phase beschreibt die Reihenfolge der erkannten Objekte (Token) ohne weiterführende Angaben. Eine andere Eingabe, die die Folge "NOLNONRON" erzeugen würde, ist

```
0x19*(0x10/0x2)+0xF
```

In diesem Ausdruck sind die Zahlen statt in dezimaler Schreibweise hexadezimal angegeben und alle Leerzeichen weggelassen. Trotzdem ist die Folge der Token identisch.

Das Parsieren ist verantwortlich für die Erkennung komplexerer Eingabeeigenschaften. Wenn die Folge (NOLNONRON) während der Analyse auftritt, ist es die Aufgabe des Parsers, zu überprüfen, ob sie einen gültigen Ausdruck darstellt, und nach Durchführung der Analyse eine Ausgabe zu erzeugen.

Das Ziel bei der Spezifikation eines Parsers ist eine Auflistung der Regeln, der die Kommandosprache gehorchen soll. Wenn ein Kommando zu den Regeln paßt, wird die entsprechende Aktion ausgeführt; wenn das Kommando nicht den Regeln genügt, dann liegt ein Fehler vor. Bei einer arithmetischen Kommandosprache sollten die Regeln Kommandos wie "7", "1+1", "5/8" und "6*7*14" erlauben, folgende Zeichenfolgen aber zurückweisen: "6 7", "5+*8", "7k4". Der Parser überprüft die Eingabe auf diese Regeln.

Eine Definition von Zahlen gibt es; so kann man einen arithmetischen Ausdruck wie folgt definieren:

```
ausdruck :
    nummer
    |
    ausdruck "+" ausdruck
    |
    ausdruck "-" ausdruck
    |
    ausdruck "*" ausdruck
    |
    ausdruck "/" ausdruck
    ;
```

Der senkrechte Strich gibt an, daß man alle fünf Regel alternativ benutzen kann. nummer steht für eine beliebige Zahl. Der Doppelpunkt gibt den Anfang der Liste und das Semikolon das Ende der Liste an. Die üblichen arithmetischen Operatoren für Addition, Subtraktion, Multiplikation und Division sind in Anführungszeichen angegeben, da sie in einem Ausdruck vorkommen müssen. Die Definition sagt, daß ein Ausdruck entweder eine Zahl ist oder zwei Ausdrücke, die addiert, subtrahiert, multipliziert oder dividiert werden.

Weil in der Definition von ausdruck selbst wieder das Wort ausdruck steht, gilt diese Definition für Ausdrücke beliebiger Länge.

Der grundlegende Unterschied zwischen einem lexikalischen Analysator und einem Parser ist, daß der Analysator Regeln folgt, die das Erkennen bestimmter Folgen oder Gruppen von Zeichen erlauben, wohingegen ein Parser Regeln folgt, die auch auf sich selbst verweisen können, um komplizierte Konstrukte zu ermöglichen.

17.2 lex

Das Programm lex dient der Erzeugung von Routinen zur lexikalischen Analyse. lex liest eine Spezifikation der Regeln, nach denen der zu erzeugende lexikalische Analysator arbeiten soll, und erzeugt entweder eine C- oder Ratfor-Routine als Ausgabe. Die Ausgabe (die erzeugten Subroutinen) muß übersetzt und mit anderen Programmen zusammengebunden werden, um den lexikalischen Analysator benutzen zu können. Der lexikalische Analysator liest eine Zeichenfolge und erzeugt eine Folge von Token. Die Umformungen sind in Bild 17.1 gezeigt.

Beim Einsatz von lex und yacc sollte man verstanden haben, daß beide Programme nur Subroutinen erzeugen und keine vollständigen Programme. Der Vorteil dieses Verfahrens ist, daß man vor, während oder nach der lexikalischen Analyse oder dem Parsieren noch Programmkode einfügen kann.

Die Regeln, aus denen lex eine Sammlung von Subroutinen erstellt, entsprechen den Regeln zum Bilden regulärer Ausdrücke im UNIX-Texteditor. Die Regel:

[0-9]

ist ein regulärer Zeichen-Ausdruck, der von jeder Ziffer erfüllt wird.

Umformungen durch lex

lex-
Spezifikations- ——————————————→   'lex.yy.c'
datei   (1)   enthält
                                   Quellkode
                                   von
                                   "yylex()"

Umformungen durch den C-Compiler

'lex.yy.c'   'lex.yy.o'
enthält   enthält
Quellkode ——————————————→   Objektkode
von   (2)   von
"yylex()"   "yylex()"

Umformungen durch die Routine "yylex()"

Folge   Folge
von   ——————————————→   von
Eingabe-   (3)   Token
zeichen

Bild 17.1: Die Elemente des lex-Systems (erzeugte Routinen in C).

Die Regel:

```
[0-9]+
```

wird von jeder Folge von Ziffern erfüllt. Die in lex benutzten Regeln
stellen eine leistungsstarke Obermenge der Regeln dar, die im Editor
zur Beschreibung vom Mustern (Zeichenfolgen) benutzt werden
können. Für jede Regel in der lex-Spezifikation kann man eine Aktion
in der Zielsprache kodieren. Der Kode wird dann jedesmal ausgeführt,
wenn die Regel erfolgreich angewendet werden konnte. Die folgende
Zeile einer lex-Spezifikation würde zum Beispiel einen Kode erzeugen,
der jedesmal die Meldung "Zahl gefunden!" ausgibt, wenn tatsächlich
eine Zahl in der Eingabe gefunden wurde.

```
[0-9]+   { printf("Zahl gefunden!\n"); }
```

Diese Ausgabe ist wenig hilfreich. Eine bessere Lösung wäre, wenn
lex als Teil des Sprachübersetzers eingesetzt würde, die Rückgabe
eines Wertes. Eine Routine ist dafür verantwortlich, daß die von lex
erzeugte Subroutine "yylex" wiederholt aufgerufen wird, um jedesmal
einen Wert (ein Token) zurückzugeben.

Wenn der Name "ZAHL" entsprechend definiert ist, erzwingt die folgende lex-Spezifikationszeile einen Programmkode, der das Auffinden
einer Zahl in einer Zeichenfolge anzeigt.

```
[0-9]+   { return(ZAHL); }
```

Natürlich muß der Programmkode auch anzeigen, welche Nummer
gefunden wurde. Üblicherweise wird der Wert in einer integer-
Variablen gespeichert. In diesem Beispiel wird diese Variable "yylwert"
genannt. Um die folgende Regel zu verstehen, muß man wissen, daß
lex den gefundenen Text, der auf einen Eintrag paßt, unter der
Zeichenvariablen "yytext" ablegt, und daß die Subroutine "atoi" eine
Zeichenkette von Ziffern in einen integer- (ganzzahligen) Wert umwandelt.

```
[0-9]+   {
             yylwert = atoi(yytext);
             return(ZAHL);
         }
```

Diese Angaben sind ziemlich repräsentativ für den Inhalt vieler lex-
Spezifikationsdateien. Durch solche Spezifikationen werden sowohl
der Wert, als auch der Objekttyp verfügbar gemacht.

Ein weiteres Beispiel soll die Idee verdeutlichen: Ein lexikalischer
Analysator erkennt:

1. Nummern (Ziffernfolgen);

2. Die Wörter "setze", "bit", "an" und "aus".

3. Entweder ein Newline oder Semikolon.

Es werden die Leerzeichen und Tabs ignoriert.

Als erstes müssen die Token definiert werden, die bei der Analyse zurückgegeben werden sollen. Die Tokennamen sind "SETZE", "BIT", "ANKMD", "AUSKMD" und "ZAHL". Das Token "ENDEKMD" wird beim Fund eines Newline oder Semikolon zurückgegeben, das Token "UNBEKANNT", wenn keine der Regeln angewendet werden konnte. Die folgende Tokenliste ist in der Datei 'y.tab.h' gespeichert, so daß sowohl die Subroutine, als auch das aufrufende Programm sie verwenden können:

```
#define   SETZE       257
#define   BIT         258
#define   ANKMD       259
#define   AUSKMD      260
#define   ZAHL        261
#define   ENDEKMD     262
#define   UNBEKANNT   263
```

(Alle Tokenwerte nehmen Rücksicht auf die Werte des ASCII-Zeichensatzes.)

Eine Spezifikation für lex besteht aus mindestens zwei Abschnitten: der Deklaration und den Regeln. Die beiden Abschnitte werden mit einem Paar Prozentzeichen getrennt. C-Deklarationen im Deklarationsteil der Spezifikation müssen von den Symbolen "%{" und

"%}" umgeben sein:

```
%{
/* eine lex-spezifikation, um zahlen, vier      */
 * woerter und begrenzer zu erkennen            */
#include "y.tab.h"
extern int yylwert;
%}
%%
  [0-9]+           {      yylwert = atoi(yytext);
                          return(ZAHL); }      /* Regel 1 */
  ;                return(ENDEKMD);            /* Regel 2 */
  \n               return(ENDEKMD);            /* Regel 3 */
  setze            return(SETZE);              /* Regel 4 */
  bit              return(BIT);                /* Regel 5 */
  an               return(ANKMD);              /* Regel 6 */
  aus              return(AUSKMD);             /* Regel 7 */
  [ \t]+           ;                           /* Regel 8 */
  .                return(UNBEKANNT);          /* Regel 9 */
```

Einige Regeln sollen erläutert werden. Regel 8 bewirkt, daß Leerzeichen und Tabs ignoriert werden. Die Notation "[\t]+" bedeutet eine Folge von Leerzeichen oder Tabs, und da die auszuführende Aktion leer ist, wird jede dieser Folgen ignoriert. Regel 9 benutzt das Metasymbol ".", um den Fall, daß keine der vorhergehenden Regeln zutraf, abzudecken. lex arbeitet die Regeln von oben nach unten ab, so daß Regel 9 nur Verwendung findet, wenn keine vorhergehende Regel eingesetzt werden konnte.

Die Formulierung der Regeln muß nicht unbedingt eindeutig sein. Treffen mehrere Regeln auf eine Zeichenfolge zu, wird die Regel angewendet, die auf das umfangreichste Teilstück paßt, es sei denn, mehrere Regeln passen auf Teilstücke gleicher Länge. In diesem Fall wird die in der Spezifikation oberste Regel angewendet. Regel 9, die eine Ein-Zeichen Regel ist, ist die letzte Regel in der Spezifikation und hat somit die niedrigste Priorität.

Es wäre relativ einfach, ein C-Programm zum Erkennen dieses einfachen Beispiels zu schreiben. Aber selbst sehr einfache Probleme lassen sich mit einer lex-Spezifikation kürzer als mit einem C-Programm lösen. Die Spezifikation kann die Leistungsfähigkeit von lex nur andeuten, für viele Anwendungen wäre das entsprechende C-Programm recht kompliziert.

Wenn diese lex-Spezifikation in 'lexdemo.l' gespeichert ist, dann erzeugt das folgende Shell-Kommando die Datei 'lex.yy.c', die eine C-

Subroutine "yylex()" enthält:

```
lex lexdemo.l
```

Der Name 'lex.yy.c' ist der Standardname für die Ausgabedatei von lex, ähnlich wie 'a.out' der Standardname für die ausführbare Ausgabe des C-Compilers ist. Die Datei 'lex.yy.c' kann mit dem Kommando

```
cc -c lex.yy.c
```

in eine Objektdatei übersetzt werden.

Nachdem die lex-Subroutine in übersetzter Form vorliegt, muß sie zunächst getestet werden. Im nächsten Abschnitt dieses Kapitels wird diese Subroutine mit einem Parser, der von yacc erzeugt wird, verknüpft. Bis dahin muß aber noch überprüft werden, wie die Analyseroutine auf verschiedene Eingaben reagiert. Das folgende C-Programm soll die "yylex()"-Subroutine testen. Das Programm ruft immer wieder "yylex()" auf und gibt für jedes erhaltene Token eine Meldung aus.

```
#include "y.tab.h"
int yylwert;
extern char yytext[];
/*            DEMONSTRATION             */
/* rufe yylex(), um token zu erhalten */
main() {  int token;
while(token = yylex())
  switch(token) {
    case ZAHL        : printf("Zahl : %d\n",yylwert);
                          break;
    case SETZE       : printf("Setze\n"); break;
    case BIT         : printf("Bit\n"); break;
    case ANKMD       : printf("An\n"); break;
    case AUSKMD      : printf("Aus\n"); break;
    case UNBEKANNT   : printf("Unbekannt : %s\n",yytext);
                          break;
    case ENDEKMD     : printf("Endemarkierung\n"); break;
    default          : printf("?? Token : %d\n",token);
  } /* end switch */
} /* end main */
```

Die main-Routine ist lediglich eine Vielfachverzweigung, die eine Meldung abhängig vom Wert des Tokens ausgibt. Wenn die main-Routine (in der Datei 'lextst.c') und die "yylex()"-Subroutine übersetzt werden:

```
cc lextst.c lex.yy.o
```

dann akzeptiert das erzeugte ausführbare Programm die Eingabe:

```
setze bit 5            an;setze20
```

und erzeugt folgende Ausgabe:

```
Setze
Bit
Zahl : 5
An
Endemarkierung
Setze
Zahl : 20
Endemarkierung
```

Als weiteres Beispiel führt die Eingabe:

```
setze bit 3 An
```

zu der Ausgabe:

```
Setze
Bit
Zahl : 3
Unbekannt : A
Unbekannt : n
Endemarkierung
```

17.3 yacc

Das UNIX-Hilfsprogramm yacc erzeugt eine Parser-Routine. yacc akzeptiert eine Syntax-Spezifikation und erzeugt entweder einen C oder Ratfor-Quellkode für eine Parser-Unterroutine. Die Routine muß übersetzt und mit einem sie aufrufenden Programm verbunden werden, um die Eingabe zu parsieren. Die Parser-Subroutine ruft eine Subroutine "yylex()" auf, um Token zu erhalten. Das Verfahren arbeitet gut mit lex zusammen, da lex die Subroutine "yylex()" erzeugt. Die Parser-Routine kann jedoch jede beliebige Unterroutine "yylex()" verwenden, nicht nur die von lex erzeugte. Die drei Umformungen, die bei der Verwendung von yacc erfolgen, sind in Bild 17.2 zusammengefaßt.

Der Hauptunterschied zwischen einer lex-Spezifikation und der für yacc ist das Format der Regeln. In der lex-Spezifikation sind die Regeln reguläre Ausdrücke, ähnlich den Ausdrücken vieler Texteditoren. Die Regeln in einer yacc-Spezifikation bestehen aus

Umformungen durch yacc

yacc-
Spezifikations-
datei

'y.tab.c'
enthält
Quellkode
von
"yyparse()"

Umformungen durch C-Compiler

'y.tab.c'
enthält
Quellkode
von
"yyparse()"

'y.tab.o'
enthält
Objektkode
von
"yyparse()"

Umformungen durch Routine "yyparse()"

Folge
von
Token
der
Routine
"yylex()"

Folge
von
entsprechenden
Aktionen

Bild 17.2: Die Elemente des yacc-Systems (erzeugte Routinen in C).

Definitionsketten, die auch oft auf sich selbst verweisen.
Ein Kommando kann zum Beispiel definiert werden als

```
kmd:   SETZE BIT numm ANKMD ENDEKMD
       |
       SETZE BIT numm AUSKMD ENDEKMD
       ;
```

Definitionen werden in yacc mit einem Doppelpunkt eingeleitet. Der
senkrechte Strich trennt alternative Angaben in einer Definition. Das
Semikolon bezeichnet das Ende einer Definition. Token (von "yylex()")
werden üblicherweise groß geschrieben und Namen, die in der yacc-
Spezifikation definiert sind, mit Kleinbuchstaben.
Da die beiden Definitionen von kmd fast gleich sind, wäre es
sinnvoll, sie wie folgt umzuschreiben:

```
kmd:   SETZE BIT numm anaus ENDEKMD
       ;
```

Natürlich muß jetzt noch eine Definition für anaus angegeben werden, die anzeigt, daß anaus stellvertretend für die Token ANKMD oder AUSKMD steht (auch für numm fehlt die Definition).

```
anaus:   ANKMD
         |
         AUSKMD
         ;
numm:    NUMBER
         ;
```

yacc-Spezifikationen werden nach den Prinzipien des Top-Down-Entwurfs entworfen. Am Anfang einer Spezifikation finden sich die allgemeinen Definitionen, und die in der Datei folgenden Spezifikationen erläutern oder erweitern die bereits angegebenen Definitionen. Definitionen, die sich direkt auf von "yylex()" weitergegebene Token beziehen, stehen meist am Ende der Datei.

Für jede Regel in der yacc-Spezifikation kann es eine entsprechende Aktion geben. Wie in lex, werden die Aktionen ausgeführt, wenn eine Regel auf die Eingabe zutrifft. Da yacc-Regeln unter Benutzung anderer Regeln geschrieben werden können, gibt es in yacc einen Mechanismus, um Werte von einer Regel an eine andere zurückzugeben. Man kann den Sinn dieser Arbeitsweise erkennen, wenn man sich die Definition von kmd und anaus ansieht. Die Aktion für kmd hängt einerseits davon ab, ob anaus für das ANKMD-Token oder das AUSKMD-Token steht, und andererseits vom Wert von numm. Eine Regel (z.B. numm) kann einen Wert an eine sie aufrufende Regel (z.B. kmd) zurückgeben, indem sie einen Wert an die Pseudovariable $$ übergibt.

```
numm:    ZAHL
         { $$ = yylwert; }
         ;
```

Eine Regel, die andere Regeln aufruft, kann einen Wert einer aufgerufenen Regel abfragen, indem sie die Pseudovariable $1 für den ersten Eintrag in der Definition, $2 für den zweiten usw. abfragt.

```
kmd:     SET BIT numm anaus ENDEKMD
         {
         printf("Regel numm ergab Wert %d.\n",$3);
         }
         ;
```

Nachdem die grundlegenden Elemente der Spezifikation für yacc erläutert sind, soll der Einsatz an einem weiteren Beispiel verdeutlicht werden. Beim Programmieren kann es notwendig sein, interaktiv Werte an Elemente einer Datenstruktur zuzuweisen. Ein Programm, das einen Stimulator kontrolliert, kann die Daten, die zur Überwachung der Geschwindigkeit und Auslenkung des Stimulus eingelesen werden, in einem festgelegten Datensatz enthalten. Um das Programm benutzen zu können, muß die Datenstruktur mit den entsprechenden Werten geladen werden. Der Prozeß ist interaktiv durch eine Kommandosprache zu steuern:

```
setze test 3 amplitude 10;setze bit 5 an test 3 csr
```

Die folgende yacc-Spezifikation ist ein Gerüst für diesen Anwendungstyp. Statt aber eine ganze abstrakte Datenstruktur zu überwachen, kann man dazu übergehen, lediglich Bits in einer integer-Variablen zu setzen oder zu löschen. Der ganze Werte soll dieser Variablen ebenfalls zugewiesen werden können. Nach jeder erfolgreichen Anwendung einer Regel wird der Wert der Variablen ausgegeben. Die von der folgenden yacc-Spezifikation zu erkennenden Kommandos sollen

```
setze bit 3 an
setze 10
setze bit 4 aus ; setze bit 0 an
```

beinhalten. Entsprechend der lex-Spezifikation enthält der erste Teil der yacc-Spezifikation die Deklarationen und der zweite Teil die Regeln. Die Abschnitte sind durch die Begrenzungen "%%" getrennt. Der dritte Teil der yacc-Spezifikation besteht aus einer sehr einfachen main-Routine, die die erzeugte "yyparse()"-Subroutine zum Parsieren aufruft.

Der Deklarationsteil besteht aus C-Definitionen (mit den Klammern "%{" und "%}" umgeben) und der Deklaration der Token. Um für yacc und lex die identische Token-Definition anzugeben, kann yacc eine Datei definierter Werte der deklarierten Token ausgeben. In diesem Fall ist es die Datei 'y.tab.h', die in die lex-Spezifikation einbezogen wurde: lex und yacc sind so aufeinander abgestimmt.

Die folgende yacc-Spezifikation ist sehr umfangreich und anspruchsvoller als die meisten Beispiele in diesem Buch. Wenn man die Darstellung verstanden hat und C kennt, dürfte die Spezifikation auch gut zu verstehen sein.

```
%{
/* yacc Spezifikationsdatei   */
/* Erster Teil - Deklarationen */
```

```
      int testvar = 0;
      int yylwert;
      #define Aus 0
      #define An 1
      %}
      %TOKEN SETZE,BIT,ANKMD,AUSKMD
      %TOKEN ZAHL,ENDEKMD,UNBEKANNT
      %%
      /* Zweiter Teil - Regeln */
      sitzung: /* Regel 1 */
              |
              kmds
              ;
      kmds:   kmd /* Regel 2 */
              |
              kmds kmd
              ;
      kmd:    ENDEKMD /* Regel 3 - Fall 1 */
                  { /* das leere Kommando */ }
              |
              error   ENDEKMD /* Fall 2 */
              |
              SETZE BIT numm anaus ENDEKMD /* Fall 3 */
                  { if(($3 <= 15) && ($3 >= 0))
                      if($4 == Aus)
                        testvar = testvar & ~(1 << $3);
                      else
                        testvar = testvar | (1 << $3);
                    else
                        printf("Unerlaubte Bitnummer: %d\n",$3);
                      printf("Testvar - %o\n",testvar);
                  }
              |
              SETZE numm ENDEKMD /* Fall 4 */
                  { testvar = $2;
                    printf("Testvar - %o\n",testvar);
                  }
              ;
      numm:   ZAHL /* Regel 4 */
                  { $$ = yylwert; }
              ;
      anaus:  ANKMD /* Regel 5 - Fall 1 */
                  { $$ = An; }
              |
              AUSKMD /* Fall 2 */
```

```
            { $$ = Aus; }
        ;
%%
/* Dritter Teil - Unterstuetzende Unterroutinen */
main()
{  yyparse();
} /* end of main */
```

Wenn diese Spezifikation in der Datei 'yaccdemo.y' gespeichert ist, erzeugt das Kommando

```
yacc -d yaccdemo.y
```

die C-Quelldatei 'y.tab.c' und die Token-Definitionsdatei 'y.tab.h'. Das Kommando

```
cc -o yaccdemo y.tab.c lex.yy.o
```

erzeugt die Datei 'yaccdemo', die ausgeführt werden kann.

Mehrere der Regeln müssen nicht erklärt werden. Die Regeln Eins und Zwei beschreiben eine Arbeitssitzung am Terminal als entweder ein leeres Ereignis oder eine Reihe von Kommandos (kmds). Eine Arbeitssitzung am Rechner nach dieser Definition gibt es, wenn entweder kein Kommando, ein Kommando oder eine Reihe von Kommandos eingegeben wurde.

Die meisten Aktivitäten werden durch Regel Drei ausgelöst. Die Fälle Drei und Vier der dritten Regel implementieren die beiden Kommandotypen, das Setzen eines Bits und die Zuweisung eines Wertes. Beide Fälle treten ein, wenn ein Kommando mit dem Wort "setze" beginnt. Folgt danach das Wort "bit", trifft Fall 3 zu und zum erfolgreichen Abschluß des Kommandos müssen die Bitnummer und die Aktion angegeben werden. Fehlt eins dieser beiden Token, kann weder Fall 3 noch Fall 4 beendet werden. Es wird dann auf Fehler erkannt. Fall Eins erlaubt leere Kommandos. Leere Kommandos treten leicht auf wie in

```
setze bit 3 an;
```

und sollten nicht verboten sein (diese Eingabe führt zu einem leeren Kommando, da das Kommando "setze bit 3 an" mit einem Semikolon beendet wird).

Die zweite Alternative der dritten Regel beschreibt eine einfache Fehlerbehandlungstechnik. Der Name "error" ist in yacc eingebaut und wird als Fehler-Token behandelt, wenn ein Eingabefehler auftritt.

Fehler treten in diesem Beispiel bei einer Eingabe wie

`bit setze 3 an`

auf, da die Schlüsselworte in einer falschen Reihenfolge angegeben
sind. Folgende Eingabe ruft einen Fehler hervor, da das Wort "bitte"
als nicht gültig erkannt wird.

`bitte setze bit 3 an`

In allen diesen Situationen beendet das Erkennen des Fehlers die
Alternative Zwei der dritten Regel. Es wird auf das ENDEKMD-Token
(ein Semikolon oder ein Newline) gewartet. Der Rest des Kommandos
wird ignoriert.

KAPITEL

18

Hilfsprogramme für Systemverwalter

Die Rechnerverwaltung verlangt mehr als nur Kontrollfunktionen zum Einschalten des Benutzerterminals, wenn die Benutzer einloggen. Ein Systemverwalter ist verantwortlich für die Aufrechterhaltung der Ordnung und Funktionstüchtigkeit des Systems, das Hinzufügen neuer Softwarepakete, das Anpassen auf lokale Gegebenheiten, das periodische Sichern der Benutzerdateien, das Zurückgewinnen verlorengegangener Dateien und die Bekanntgabe neuer Hilfsdienste und geänderter Rechnerleistungen. Einige Installationen tragen einer dezentralen Organisation Rechnung, auf anderen trägt eine Person die ganze Verantwortung.

Viele der Operationen, die vom Systemverwalter durchgeführt werden, sollten für einen normalen Benutzer nicht zugänglich sein. Unter UNIX wird eine Unterscheidung durch das Einführen einer besonderen Privilegstufe für Zugriffsrechte, den Super-User, erreicht. Der Super-User ist nicht an das normale Zugriffsrechtssystem gebunden. Er ist berechtigt, alle Systemerhaltungsfunktionen auszuführen. Die in diesem Kapitel beschriebenen Programme sollten dem besonderen Benutzer "root" zugerechnet werden. Die Programme, die den Zustand des Systems ändern können (volcopy, fsck. fsdb usw.), sollten nur für den Systemverwalter, d.h. für jemanden mit dem Super-User-Privileg ausführbar sein.

Man kann das Super-User-Privileg durch Einloggen mit dem Namen "root" oder durch Aufruf des su-Kommandos erreichen. In beiden Fällen muß der Benutzer das Super-User-Kennwort eingeben, bevor die Super-User-Privilegien zugestanden werden. Das Super-User-Kennwort sollte nur erfahrenen UNIX-Benutzern bekannt sein.

Eine Aufrechterhaltung der Systemzuverlässigkeit ist die Hauptaufgabe eines Systemverwalters; demgegenüber kann das Erstellen von Sicherheitskopien zur alltäglichen Kleinarbeit gezählt werden. In diesem Kapitel wird nicht erläutert, wie man mögliche Probleme mit dem Dateisystem lösen kann oder wie man eine optimale Strategie für Sicherheitskopien entwickelt. Das muß man vielmehr durch den Umgang mit dem System lernen. Sicherheitskopien eines Dateisystems verringern den Schaden bei einem Datenverlust. Der Systemverwalter kann außerdem Dateisysteme rekonstruieren. Dazu bedarf es Sicherheitskopien des Dateisystems. Ziel dieses Kapitels ist es, einige der Prozeduren und Hilfsprogramme für den Systemverwalter aufzuzeigen.

18.1 Sicherheit

Die Sicherheit eines Rechnersystems wird auf der Basis der Zuverlässigkeit in Notsituationen gemessen. Sollte ein System unerwartet zusammenbrechen, sollten Dateien verlorengehen oder auch Dateizugriffsrechte aufgehoben werden, dann gilt es als instabil. Ein arbeitsfähiges System arbeitet zuverlässig, erhält und schützt die Dateien aller Benutzer. Sicherheit ist allerdings ein relatives Kriterium; es wurde bis jetzt noch kein ausfallsicheres Rechnersystem installiert.

Die Zuverlässigkeit von UNIX (seine Absturzsicherheit) ist relativ hoch. UNIX Systeme, die aus den Standard-Software-Moduln erzeugt wurden, laufen oft mehrere Monate ohne Systemzusammenbruch. Angesichts der Zuverlässigkeit der Rechner-Hardware ist das ein gutes Zeichen für die Zuverlässigkeit der Systemsoftware. UNIX Systeme, die aus den Standard-Software-Moduln und anderen (lokal veränderten) Moduln zusammengesetzt wurden, sind gewöhnlich weniger zuverlässig.

UNIX ist kein störungsfreies Betriebssystem. Die neueren Entwicklungen von UNIX umfassen z.B. ein Systemlogbuch und können Hinweise auf Fehlfunktionen geben, bevor diese ernsthafter Natur werden.

Es gibt drei Hauptgründe, warum Rechnersysteme Datenverluste hinnehmen müssen: Hardwarefehler, Fehler in der Betriebssystem-Software und Benutzerfehler. Hardwarefehler treten immer wieder auf, Fehler im Betriebssystem können Probleme aufwerfen, und Fehler von Benutzern sind ein alltägliches Vorkommnis. Das Ziel der Rechnerhersteller und der Betriebssystem-Entwicklern ist die Minimierung der Systemfehler durch Hardware oder Software. Zumindest aber wird versucht, daß die Verluste bei Systemfehlern gering gehalten werden könnne. Ein Paradoxon des UNIX Systems ist, daß aus Sicht des Benutzers alle Ein-/Ausgabe-Aktivitäten synchron, aus der Sicht des Systems aber gepuffert und asynchron ablaufen. Der Nachteil der Datenpufferung durch den Systemkern ist, daß beim plötzlichen Stillstand des Rechners Daten verloren gehen. Dieser Verlust ist natürlich nicht erwünscht, aber leider auch nicht zu vermeiden, wenn man die Effizienz des Systems erhalten möchte.

UNIX kann Dateien und Betriebsmittel gegen mißbräuchlichen Zugriff schützen, damit im Mehrbenutzerbetrieb eine Beeinträchtigung der anderen Benutzer unterbleibt. Einige einfache Vorkehrungen aller Benutzer können Probleme verhindern.

Unter UNIX kann ein Benutzer den Stillstand des Systems erreichen, indem er Betriebsmittel an sich zieht (Prozeßtabelleneinträge, Plattenplatz usw). Prozeßtabelleneinträge geben Auskunft über alle Vorgänge. Daher ist es sinnvoll, bei Systemabbrüchen diese Tabelle bei der Fehlersuche zu berücksichtigen. Die meisten Fehler, die zu Betriebssystemproblemen führen, werden von Programmen, die ein Benutzer gestartet hat, ausgelöst. In der Prozeßtabelle kann daher ein Hinweis auf die Fehlerursache gefunden werden.

Es gibt mehrere Vorgehensweisen, um die Sicherheit des Systems zu gewährleisten. Die Anzahl der Benutzer, die das Kennwort des Super-Users kennen und benutzen, sollte möglichst klein sein. Man sollte außerdem den Zugriff auf die Systemkonsole für den Normalbenutzer unterbinden und nie die Systemkonsole (oder ein anderes Terminal) unbeaufsichtigt lassen, während man unter den Zugriffsrechten des Systemverwalters eingeloggt ist.

Man sollte Benutzer ebenfalls davon abhalten, Programme, die im privilegierten Modus laufen, einzubringen. Der einfachste Weg, das Sicherheitssystem von UNIX zu umgehen, ist die Benutzung eines privilegierten su-Programms, das keine Kennworteingabe verlangt. Programme, die zu root gehören und im set user id-Modus sind (su, mail usw.), sind dazu geeignet. Bei diesen Programmen sollte kein Schreibrecht gesetzt sein, damit ein normaler Benutzer sie nicht ändern kann. Das find-Kommando kann zum Auffinden solcher Programme benutzt werden.

18.2 su - Super-User

Der Super-User ist der Benutzer mit den umfassendsten Zugriffsrechten. Er kann viele Aktionen ausführen, die anderen Benutzern verwehrt sind. Die meisten dieser Operationen, die nachfolgend in diesem Kapitel beschrieben sind, müssen vom Super-User aufgerufen werden. Zum Beispiel können normale Benutzer das date-Kommando zum Ausgeben des Datums benutzen, aber nur der Systemverwalter kann mit date das Datum auch setzen.

Ein Benutzer ist an die Dateizugriffsrechte gebunden, nicht so der Systemverwalter. Er kann den Modus jeder Datei ändern und auf jede Datei zugreifen. Nachlässig ausgeführte Kommandos unter Zugriffsrechten des Systemverwalters können großen Schaden anrichten, da für sie die normalen Einschränkungen nicht gelten. Die Privilegien eines Systemverwalters sollten auf einige vertrauenswürdige Personen beschränkt sein.

Es gibt zwei Wege, Systemverwaltungsrechte zu erhalten. Auf der einen Seite kann man sich als "root" einloggen; als zweiter Weg bietet sich an, sich als normaler Benutzer einzuloggen und das su-Kommando auszuführen. In jedem Fall fragt das System nach der Angabe des Systemverwalterkennwortes. Wenn man das korrekte Kennwort eingibt, erscheint ein anderer Prompt auf der nächsten Terminalzeile (meistens ein Doppelkreuz). Zur Beendigung der Arbeit als Systemverwalter sollte man Control-D eingeben; wenn man als "root" eingeloggt war, hat man sich auf diese Weise ausgeloggt; hat man das su-Kommando benutzt, gelangt man zu seiner Ausgangsposition zurück.

18.3 mount und umount - Dateisysteme anbinden und abtrennen

Die Kommandos mount und umount dienen der Kontrolle der logischen Verbindung von Speicherplattenplatz und Dateisystem. Bevor diese beiden Kommandos weiter erläutert werden können, müssen Begriffe erklärt werden. Ein Dateisystem ist eine Sammlung von Dateien und Directories. Kleine Platten (wie Floppy Disks) enthalten gewöhnlich ein einzelnes Dateisystem. Große Platten sind meist in mehrere Bereiche unterteilt, wobei jeder Bereich ein Dateisystem enthält. Obwohl die meisten Systemverwalter zur besseren Systemkontrolle eindeutige Gliederungen und Aufteilungen des verfügbaren Speicherplatzes bevorzugen, kann UNIX ohne eine Unterteilung der Speicherplatte arbeiten.

Booten heißt der Prozeß des Ladens des UNIX-Kerns in den Speicher, so daß Operationen beginnen können. Die Einzelheiten des Bootens sind von System zu System unterschiedlich, auf allen Systemen ist aber das Ergebnis, daß der UNIX-Kern (meistens in der Datei '/unix' gespeichert) vom root-Dateisystem in den Speicher geladen wurde. Das root-Dateisystem enthält die wichtigsten UNIX-Hilfsprogramme und -Dateien. Nach Beendigung des Bootens kann lediglich auf die Dateien des root-Dateisystems zugegriffen werden.

Das mount-Kommando wird benutzt, um den UNIX-Kern von der Existenz eines Dateisystems zu unterrichten, das in das zugreifbare Dateisystem eingefügt werden soll. Dieser Vorgang wird das Anmelden eines Dateisystems genannt. Ein bestehendes Dateisystem, das aber nicht in die zugreifbare Struktur eingebunden ist, wird als abgemeldetes (engl. unmounted) (oder nicht angemeldetes) Dateisystem bezeichnet; ein Dateisystem, das in diese Struktur eingetragen ist, ist ein angemeldetes (engl. mounted) Dateisystem.

Nicht angemeldete Dateisysteme werden angemeldet, indem eine logische Verbindung zu einer zugreifbaren Directory geschaffen wird. Gewöhnlich ist die Directory leer und nur für diesen Zweck vorhanden. Auf einem kleineren System sei zum Beispiel das root-Dateisystem in der Gerätedatei '/dev/rk0' enthalten. Dies enthält die Datei '/unix' und die Directories '/usr', '/etc', '/dev' und '/bin'. Die Directory '/dev' enthält alle Spezialdateien für die E/A-Gerätedateien, die Directory '/bin' enthält die am häufigsten benutzten Kommandos, die Directory '/etc' enthält Dateien zur Systeminitialisierung und -verwaltung, und die Directory '/usr' ist leer. Die Dateien in dem Dateisystem unter '/dev/rk1' können an die leere Directory '/usr' angebunden werden. Das Kommando dazu lautet:

```
/etc/mount /dev/rk1 /usr
```

(das mount-Kommando ist in der Directory '/etc' gespeichert. In einigen Systemen enthält der Suchpfad des Super-Users die Directory '/etc', so daß der Name 'mount' statt '/etc/mount' angegeben werden kann). Als erstes Argument des mount-Kommandos (/dev/rk1) muß der Name eines speziellen Gerätes, das ein Dateisystem enthält, angegeben werden. Das zweite Argument (/usr) ist der Name der Directory, über die auf die Dateien des angemeldeten Dateisystems zugegriffen werden soll. Sofort nach dem Booten erscheint das Dateisystem wie in Bild 18.1. Bild 18.2 zeigt das Dateisystem, nachdem es logisch erweitert wurde, indem das Gerät '/dev/rk1' unter der Directory '/usr' angemeldet wurde.

Es ist möglich, ein Dateisystem so anzumelden, daß seine Dateien

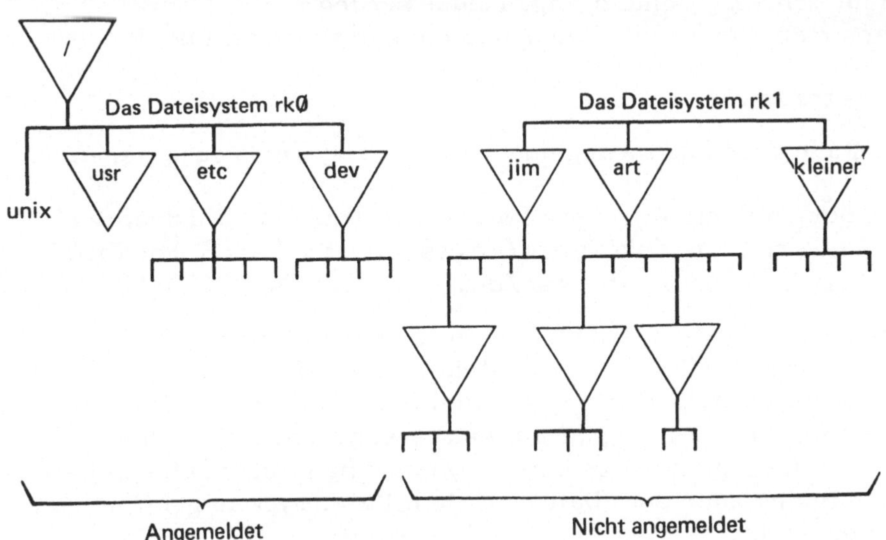

Bild 18.1: Die Dateisysteme rk0 und rk1, bevor rk1 angemeldet ist.

und Directories zwar gelesen, aber nicht beschrieben werden können.
Dies wird oft benutzt, um sicherzustellen, daß Sicherheitskopien beim
Auslesen nicht zerstört werden können. Wenn ein Dateisystem lese-
und schreibberechtigt angemeldet ist, werden die Zugriffsdaten der
Datei bei jedem Zugriff geändert, auch wenn die Datei nicht explizit
beschrieben wird. Das schreibgeschützte Anmelden eines Dateisystem
verhindert diese Eintragungen; man sollte also ein Dateisystem
schreibgeschützt anmelden, wenn man die Zugriffsdaten unverändert
belassen möchte. Das Kommando

```
/etc/mount /dev/rk2 /mnt -r
```

meldet das Dateisystem auf dem Gerät '/dev/rk2' unter der Directory
'/mnt' schreibgeschützt an.

Der UNIX-Kern kennt normalerweise keine Schreibschutzschalter
oder -mechanismen an Platten oder Bändern. Wenn man ein Dateisystem logisch ungeschützt anmeldet und danach den Schreibschutzschalter des Gerätes bedient, erscheint jedesmal dann eine Flut
von Fehlermeldungen, wenn auf eine Datei dieses Dateisystems
zugegriffen werden soll. Die Fehlermeldungen rühren daher, daß das
System versucht, die Zugriffsdaten neu zu setzen, der Schreibschutz
des Gerätes dies aber verhindert. Wenn man den Schreibschutzschalter bei Plattenlaufwerken benutzt, muß das Dateisystem
auch logisch schreibgeschützt angemeldet sein. Das root-Dateisystem
kann nie schreibgeschützt angemeldet werden.

Wenn man das mount-Kommando ohne Argumente aufruft

```
/etc/mount
```

werden alle gegenwärtig angemeldeten Dateisysteme ausgegeben:

```
/dev/rk0 on /    read/write on Thu Dec 3 19:08:21
/dev/rk1 on /usr read/write on Thu Dec 3 19:09:03
/dev/rk2 on /mnt read/only on Thu Dec 3 19:10:55
```

Das root-Dateisystem, '/dev/rk0' in diesem Beispiel, kann nie abgemeldet werden. Alle anderen Dateisysteme können abgemeldet werden, vorausgesetzt, daß im Moment der Abmeldung nicht auf sie
zugegriffen wird. Ein Zugriff auf ein Dateisystem besteht immer dann,
wenn sich die gegenwärtige Directory eines Benutzers auf dem Dateisystem befindet oder eine Datei auf dem Datemsystem geöffnet wurde.
Das Kommando

```
/etc/umount /dev/rk1
```

versucht das Dateisystem '/dev/rk1' abzumelden. Findet zum

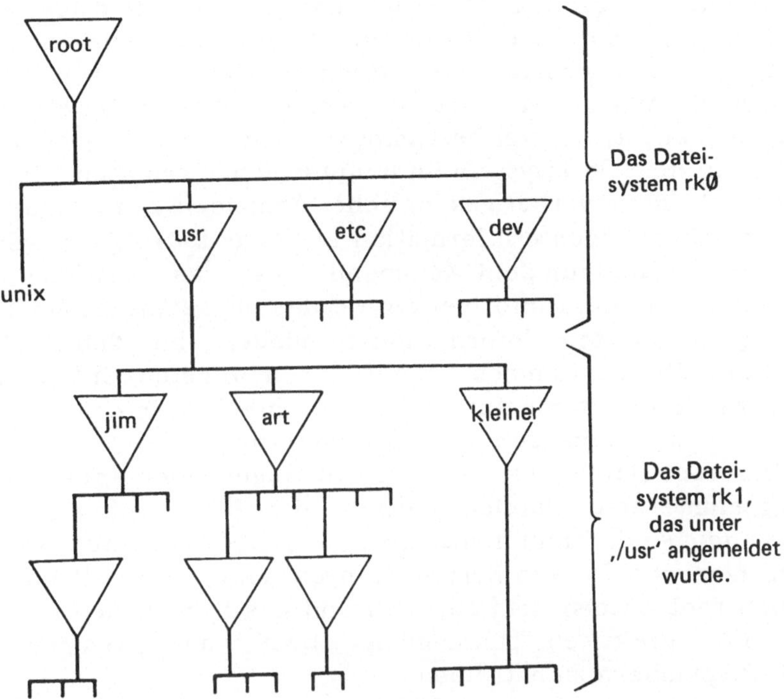

Bild 18.2: Die Dateisysteme rk0 und rk1, nachdem rk1 unter '/usr' angemeldet ist.

Zeitpunkt der Ausführung des umount-Kommandos ein Zugriff auf das Dateisystem statt, dann wird das Kommando melden, daß das Dateisystem "beschäftigt" ist ("device busy"). In diesem Fall kann man nur warten, bis keine Zugriffe mehr auf das Dateisystem stattfinden, und es dann abmelden. Gelegentlich hat ein herumirrender, eigentlich beendeter Prozeß noch eine offene Datei im Dateisystem zurückgelassen. Gerade dieses Dateisystem möchte man abmelden. Wenn man den Prozeß nicht abbrechen kann, kann aber das Dateisystem nicht abgemeldet werden. Die einzige Lösung ist das Ausschalten des Systems und ein erneuter Systemstart.

Wenn man Daten von einem Externspeicher lesen muß, der kein gültiges Dateisystem enthält, kann man über die Spezialdatei der Platte die Daten lesen, ohne sie als Dateisystem anmelden zu müssen. Das Anmelden eines Dateisystems ist eine Operation, die das bereits zugreifbare Dateisystem logisch erweitert. Daher müssen alle Speichermedien, die zu dem bestehenden Dateisystem angemeldet werden sollen, bereits ein gültiges UNIX-Dateisystem enthalten. Obwohl Dateisysteme auf Bändern gespeichert sein können, werden sie gewöhnlich wie große Dateien behandelt, ohne angemeldet zu werden.

Wenn man ein Dateisystem angemeldet hat, muß man aufpassen, daß man das physikalische Medium (die Platte) nicht vor dem logischen Abmelden des Dateisystems entfernt. Wenn ein Dateisystem angemeldet ist, werden bestimmte Informationen über die Dateipositionen in dem Dateisystem im Hauptspeicher gehalten. Das Entfernen der Platte ohne vorheriges logisches Abmelden kann dazu führen, daß die speicherresidente Information über das Dateisystem verlorengeht. Ein Zweck des umount-Kommandos ist das Herausschreiben der speicherresidenten Information auf das physikalische Medium, so daß die gespeicherten Informationen wieder mit dem tatsächlichen Zustand übereinstimmen. Einer der häufigsten Gründe für inkonsistente Dateisysteme unter UNIX ist ein Fehler in der Reihenfolge der Aktionen zum Abmelden eines Dateisystems.

Das root-Dateisystem kann nicht abgemeldet werden, weil es die Programme und Dateien enthält, die für die Systemoperationen notwendig sind. Wann immer man das root-Dateisystem wechseln muß, muß man das System herunterfahren, eine andere Platte mit einem neuen root-Dateisystem einlegen und das System neu starten. Es ist deshalb praktisch unmöglich, UNIX mit weniger als zwei Externspeichern zu betreiben.

Wenn man eine mount-Operation ausführt, wird die Information über die Anmeldung an zwei Stellen hinterlegt. Der UNIX-Kern enthält eine speicherresidente Tabelle der angemeldeten Dateisysteme, in der die Daten des Dateisystems eingetragen werden. Unglücklicherweise enthält UNIX aber keinen Systemaufruf, der es erlaubt, den Inhalt der internen mount-Tabelle vom Programm aus zu lesen. Da es somit nicht möglich ist, die angemeldeten Dateisysteme durch ein Programm anzeigen zu lassen, schreibt das mount-Kommando beim Anmelden eines weiteren Dateisystems die Information über das Dateisystem in eine normale Plattendatei (meist '/etc/mnttab') unter dem root-Dateisystem. Prinzipiell arbeitet dieses System zufriedenstellend, aber es kann passieren, daß die Datenangaben nicht übereinstimmen. Mit Eingabe des Kommandos

```
/etc/mount
```

werden alle Daten der Externspeicher ausgegeben. Gelegentlich enthält die interne mount-Tabelle andere Informationen. Diese Unstimmigkeit bleibt bis zum nächsten Booten erhalten.

18.4 sync – Systempuffer ausschreiben

Das sync-Kommando überträgt die speicherresidente Information über die Dateisysteme auf die entsprechenden Speichergeräte. Man sollte

sync immer ausführen, bevor man das System unterbricht. Um sicher-
zugehen, sollte man sync zweimal aufrufen. Die Beendigung des sync-
Kommandos ist keine Garantie dafür, daß alle Daten tatsächlich auf
Platte geschrieben wurden. Nach der Ausführung des sync-Komman-
dos sollte man warten, bis das Schreiben und Lesen zur Platte aufhört
(angenommen, man sitzt an der Konsole), und dann das System anhalten.

Man sollte das sync-Kommando jedesmal dann ausführen, wenn man
einen Systemzusammenbruch befürchtet.

Nach einer Reparatur der Freispeicherliste (engl. free list) mit den
Kommandos 'icheck' und 'fsck' darf das sync-Kommando nicht ausge-
führt werden, da in diesem Fall die Daten über das Dateisystem im
Hauptspeicher ungültig sind.

18.5 mknod - Spezialdateien erzeugen

Unter UNIX stellen Spezialdateien die Verbindung zwischen einem
E/A-Gerät und dem Betriebssystem her. Es gibt zwei verschiedene
Schnittstellen zu Peripheriegeräten: die blockorientierte Schnittstelle
und die zeichenorientierte Schnittstelle. Die blockorientierte
Schnittstelle liefert Daten in Blöcken zu 512 Byte an die Peripherie
und wird meist bei Platten und Bändern benutzt. Die zeichen-
orientierte Schnittstelle wird hauptsächlich benutzt, um Daten
Zeichen für Zeichen an die Peripherie (Terminals, Drucker,
Lochstreifenleser und ähnliche Geräte) zu übergeben. Platten und
Bänder verfügen gewöhnlich über beide Schnittstellen, wobei die
zeichenorientierte Schnittstelle (engl. raw interface) von vielen der
Systemverwaltungsprogramme benutzt wird.

Üblicherweise werden die Spezialdateien bei der Systemgenerierung
oder bei Änderungen der Hardware-Konfiguration erzeugt. Die Spezialdateien stehen gewöhnlich in der Directory '/dev'. Wenn man das
Kommando

```
ls -l /dev
```

eingibt, erhält man eine Liste der Spezialdateien. Das Modusfeld
beginnt bei allen Spezialdateien entweder mit einem "b" für eine
blockstrukturierte Spezialdatei oder mit einem "c" für zeichenorientierte Spezialdateien (engl. block special file und character special file). Hier ist eine verkürzte Liste der Spezialdateien eines Sy-

stems:

```
crw--w--w- 1  bin/sys  0,  0  Jan 8 09:13  console
crw-rw---- 1  bin/sys  3,  1  Jan 8 09:13  kmem
c-w--w---- 1  bin/sys  5,  0  Jan 8 09:13  lp
crw-rw---- 1  bin/sys  3,  0  Jan 8 09:13  mem
brw-rw---- 1  bin/sys  1,  0  Jan 8 09:13  mt0
crw-rw-rw- 1  bin/sys  3,  2  Jan 8 09:13  null
brw-rw---- 1  bin/sys  2,  0  Jan 8 09:13  rk0
brw-rw---- 1  bin/sys  2,  1  Jan 8 09:13  rk1
crw-rw---- 1  bin/sys  4,  0  Jan 8 09:13  rmt0
crw-rw---- 1  bin/sys  6,  0  Jan 8 09:13  rrk0
crw-rw---- 1  bin/sys  6,  1  Jan 8 09:13  rrk1
crw--w--w- 1  bin/sys  1,  0  Jan 8 09:13  tty
crw--w--w- 1  bin/sys  0,  1  Jan 8 09:13  tty1
crw--w--w- 1  bin/sys  0,  2  Jan 8 09:13  tty2
crw--w--w- 1  bin/sys  0,  3  Jan 8 09:13  tty3
```

In einer langformatigen Auflistung normaler Dateien ist die Größe in
Bytes nach dem Namen des Benutzers oder der Gruppe aufgeführt.
Eine Spezialdatei stellt eine Verbindung zu einem Gerät zur Verfügung
und enthält keine Daten. Statt der Länge wird daher die
Hauptgerätenummer und die Untergerätenummer angegeben.

Die Hauptgerätenummer zeigt den Typ der mit der Datei verbundenen Hardware an. Die folgende Tabelle zeigt die Hauptgerätenummer der block- und zeichenorientierten Spezialdateien:

```
Hauptgerätenummer        Dateien
--------------------------------------------------------

Zeichenorientierte Spezialdateien

0        console, tty1, tty2, tty3
1        tty
3        mem, kmem, null
4        rmt0
5        lp
6        rrk0, rrk1

Blockorientierte Spezialdateien

1        mnt0
2        rk0, rk1
```

Der Tabelle läßt sich entnehmen, daß es mehrere Schnittstellen unter

einer Hauptgerätenummer geben kann. Die vier Kommunikations-
leitungen (console, tty1, tty2, tty3) haben alle die Hauptgerätenum-
mer 0. Dies bedeutet, daß es im Rechner vier identische Hardware-
Bausteine gibt, um die vier Schnittstellen zu bedienen. Um die vier
Leitungen unterscheiden zu können, haben die entsprechenden vier
Spezialdateien eine unterschiedliche Untergerätenummer (von Null bis
Drei). Die Untergerätenummer bestimmt, welches Gerät von mehreren
identischen Geräten gemeint ist.

Bis jetzt wurde die Hauptgerätenummer und die Untergerätenummer lediglich von existierenden Dateien ausgegeben. Dies hilft aber
nicht, wenn noch keine Spezialdateien existieren. Um eine Spezialdatei einzurichten, muß man die Erzeugungsdatei des Systems durchsuchen (oft 'conf.c'). Sobald man die Hauptgerätenummer und
Untergerätenummer kennt, kann man mit dem mknod-Kommando die
Spezialdatei einrichten. Um eine Spezialdatei für einen
Lochstreifenleser einzurichten, sieht man in der Erzeugungsdatei des
Systems (s. Tabelle) nach, um die Hauptgerätenummer (7) und die
Untergerätenummer (0, es gibt nur einen Lochstreifenleser)
herauszufinden. Das Kommando

```
/etc/mknod /dev/pt c 7 0
```

erzeugt die Spezialdatei '/dev/pt' für den Lochstreifenleser.

Auf Systemen mit benannten Pipes (fifos, first in first out) kann
man mit mknod zusätzlich auch Pipes erzeugen. Das Kommando

```
/etc/mknod /dev/fifo1 p
```

erzeugt die fifo '/dev/fifo1'.

18.6 df - Der freie Plattenplatz

Das df-Kommando (engl. disk free) gibt den verfügbaren Platten-
speicherplatz der angebundenen Dateisysteme aus. Die Angaben
enthalten die Anzahl der freien Blöcke und die der freien Inodes. Das
Kommando

```
df /dev/rp3
```

gibt den freien Platz unter '/dev/rp3' aus.

```
/tmp on /dev/rp3 456 blocks 345 inodes
```

Dieselbe Auflistung kann man mit dem Kommando

```
df /tmp
```

erzielen, da df als Argument sowohl ein Dateisystem (wie /dev/rp3),
als auch den Namen der Directory, an der das Dateisystem angebunden ist, akzeptiert. Eine Namensangabe einer Directory ist für das
Kommando nicht ausreichend, es muß eine Plattenregion an dieser
Directory angebunden sein.

Man kann df auch ohne Argumente aufrufen. In diesem Fall wird
der freie Platz aller angebundenen Dateisysteme ausgegeben.

Der Systemverwalter sollte df ablaufen lassen, um den freien Platz
aller Dateisysteme zu kontrollieren. Einige Betriebssystemkerne
benötigen 20 bis 30 Prozent freien Platz, andere nur 5 bis 10 Prozent.
Einige Systeme stellen einzelnen Nutzern nur eine bestimmte Menge
Plattenplatz zur Verfügung. Das du-Kommando kann zur Überprüfung
des verbrauchten Platzes benutzt werden (s. Abschnitt 7.16).

Einzelne Benutzer, die sehr große Dateien anlegen wollen, sollten df
ausführen, um zu überprüfen, ob genügend Platz vorhanden ist. Zum
Ausführen von df braucht man nicht die Zugriffsrechte des Systemverwalters.

18.7 volcopy, labelit, dump, restor, cpio - Sicherheitskopien

Zum Erstellen der Sicherheitskopien in regelmäßigen Abständen kann
man verschiedene Hilfsprogramme heranziehen. Mit den Sicherheitskopien aller Programme kann man verlorene Daten- und Pro-
grammbestände wieder rekonstruieren. Werden Sicherheitskopien selten angefertigt, sind die gesicherten Daten meist veraltet. Demgegenüber kann häufiges Kopieren auf der anderen Seite die normalen Systemoperationen behindern. Jeder Systemverwalter muß einen Weg
finden, der abhängig von der Datenverlustrate, dem Wert der Daten
und dem Aufwand, mit dem die Kopien angelegt werden, am
günstigsten ist. Zudem muß die Lösung die vorhandene Hardware
berücksichtigen. Bei wenig Platten müssen die Benutzer während der
gesamten Kopierarbeit vom System ausgeschlossen sein. Je mehr
Hardware-Einheiten vorhanden sind, desto kürzer wird die Zeit, die das
System (oder ein Teil davon) während des Anlegens der Sicherheitskopien nicht benutzt werden kann.

UNIX bietet drei Vorgehensweisen zum Anfertigen der
Sicherheitskopien an, das volcopy/labelit-Verfahren, das
dump/restor-Verfahren und das cpio-Programm.

Das volcopy-Programm kopiert vollständige Dateisysteme. volcopy
überprüft gewissenhaft die mit labelit angebrachten Marken auf dem
Dateisystem, um festzustellen, ob die richtigen Geräte während der
Kopieroperation angebunden sind.

Das dump-Programm führt die Kopierarbeit auf vorgegebenen
Dateidaten aus. Es werden nur die Dateien, die nach einem be-

stimmten Datum verändert wurden, gesichert. Das restor-Programm untersucht die Dumps des dump-Programms, um einzelne Dateien oder ganze Dateisysteme zu rekonstruieren.

Das cpio-Programm erzeugt eine große Datei, die ein Abbild eines vollständigen (oder Teils eines) Dateisystems darstellt.

Ein Vorteil des volcopy-Verfahrens ist, daß das Dateisystem insgesamt gesichert wird. Dies trägt zu größerer Sicherheit bei. Ein weiterer Vorteil liegt in der freien Wahl des Ausgabemediums der zu speichernden Daten, es kann sowohl eine Platte als auch ein Band benutzt werden. Eine schnelle Platte-zu-Platte-Kopieroperation ist zu bevorzugen. Zusätzlich kann man mit volcopy gesicherte Dateien relativ einfach rekonstruieren. Da ein gesamtes Dateisystem gesichert wurde, kann man das gesicherte Dateisystem anmelden und sowohl eine Datei zurückkopieren als auch das Dateisystem vollständig zurückkopieren, um ein vollständiges Dateisystem zu rekonstruieren. volcopy-Kopien von Platte auf Band sind für die Langzeitarchivierung gut geeignet. Der Einsatz von volcopy ist nicht zum täglichen Sichern der Dateien zu benutzen, da das Löschen einer einzelnen Datei relativ schwierig ist.

Der Vorteil einer auf der Zeitabfrage beruhenden eingeschränkten Sicherung mit dem dump-System liegt darin begründet, daß weniger Daten übertragen werden müssen, da nur die kürzlich geänderten Dateien gesichert werden. Der Zeitaufwand für das Kopieren ist damit relativ kurz. Ein Nachteil des dump/restor-Verfahrens ist allerdings, daß die Kopien nur auf Bändern abgelegt werden können. Kopien von Platte zu Platte müssen mit volcopy erstellt werden. Die Wiederbeschaffung verlorener Daten mit restor ist etwas umständlich, da bei großem Datenbestand die Suche nach Dateien zeitraubend ist. Das Wiederherstellen ganzer Dateisysteme ist ebenfalls schwierig, da die Kopie eines Dateisystems meist auf mehrere Bänder verteilt ist.

Das cpio-Programm ist ein sehr bequemer Weg, ein Dateisystem auf einem Band zu sichern. cpio erzeugt eine riesige Datei, die ein Abbild eines ganzen Dateisystems enthält. cpio kann auch einzelne Dateien aus Bibliotheken herauskopieren, eine Eigenschaft, die es dem volcopy-Verfahren mit Bändern überlegen macht. Das find-Programm hat eine Option, die cpio automatisch zum Anlegen von Kopien aufruft.

18.8 dd - Dateien umformatieren

Der Datentransfer zwischen Rechnern unter UNIX und anderen Betriebssystemen erfolgt üblicherweise über Magnetband. Das Hauptproblem besteht dabei in der Umformung des fremden Formats in das UNIX-Format. Lochkartendaten zum Beispiel werden oft von einem Großrechner an UNIX übergeben. Sie werden auf Band in Blöcken zu 80 Zeichen abgespeichert. Um diese Daten im UNIX System

benutzen zu können, müssen sie ASCII-kodiert sein (die meisten Loch-
karten sind EBCDIC-kodiert) und jede Zeile mit einem Newline
abgeschlossen werden.

Diese Umformungen werden unter UNIX vom dd-Programm
abgewickelt. In den frühen Versionen des Systems wurde dd auch für
das Anlegen von Sicherheitskopien benutzt, da es ein sehr effektives
Verfahren war, Daten von einem Dateisystem in ein anderes oder auf
ein Band zu kopieren. In Version 7 von UNIX haben volcopy und dump
das Programm dd für das Anlegen der Sicherheitskopien abgelöst, es
wird aber weiterhin für Umformungen benutzt.

18.9 fsck, fsdb - Dateisysteme überprüfen

Früher oder später treten in jedem Dateisystem Fehler auf; die
Reparatur muß der Systemverwalter übernehmen. Für ein Versagen
eines Dateisystems gibt es viele Gründe, von Hardwarefehlern über
andere Unregelmäßigkeiten, zum Beispiel Problemen mit Platten, bis
hin zu unkorrektem Abschalten des Rechners. Zerstörte Dateisysteme
sollten sofort instandgesetzt werden, um den Datenverlust so
geringfügig wie möglich zu halten. Gelegentlich ist ein Dateisystem so
funktionsuntüchtig, daß es neu von der Sicherheitskopie aufgebaut
werden muß.

Ein Dateisystem ist wie ein allgemeines Inhaltsverzeichnis aufgebaut. In einem mit Fehlern behafteten Dateisystem trifft man
entweder zuwenig oder zuviel Daten an; eine Reparatur behebt diese
Unstimmigkeiten. Dateisysteme sollten nach jeder Systempause neu
überprüft werden. Bei Fehlern sollte ein Neuaufbau erfolgen.

Es gab in Version 6 des UNIX Systems mehrere Programme (icheck,
dcheck, check, ncheck und fcheck) zur Überprüfung und Reparatur
der Dateisysteme. Diese Programme wurden in Version 7 durch das
fsck-Programm ersetzt. Zusätzlich gibt es in Version 7 noch das fsdb-
Programm sowohl zur Fehlerkorrektur als auch für einfache Repara-
turarbeiten am Dateisystem.

Jede Überprüfung oder Reparatur eines Dateisystems sollte nur auf
einem isolierten (oder nicht benutzten) Dateisystem ausgeführt werden. Die Reparatur des Dateisystems ohne fsck ist besonders
schwierig, da man mehrere Programme einsetzen kann und so ein
gutes Urteilsvermögen braucht, um die Fehler des Dateisystems reparieren zu können. Die Benutzung von fsck ist sehr viel einfacher zu
handhaben, da fsck Lösungswege und Aktionen vorschlägt, wenn es
Probleme im Dateisystem entdeckt. In den meisten Fällen sollte man
diesen Vorschlägen folgen, es sei denn, man weiß genug über das
Dateisystem, um fsdb benutzen zu können.

Das Durchführen einer Reparatur am Dateisystem ist nur dann
sinnvoll, wenn man das Format des UNIX-Dateisystems versteht. Mit

fsck kann man nicht mehr benötigte Dateien vom übrigen System iso-
lieren. Das Abtrennen ist einfach durchzuführen, es führt aber meist
zum Verlust der Daten und gelegentlich gar zu umfangreichen Ver-
lusten. Ein gutes Dateisicherungssystem verhindert den Datenverlust.

Es kann eintreten, daß sich der Name einer Datei vom Dateiinhalt
gelöst hat. Dies ist möglich, weil unter UNIX die Namen der Dateien in
den Directories gespeichert werden und die restlichen Informationen
über die Datei in einer Struktur, den Inodes, vorliegen. Dateien ohne
Namen werden verwaiste Dateien genannt. Das fsck-Programm versucht solche Dateien in der Directory 'lost+found' abzulegen. Man
sollte die Directory 'lost+found' in der root-Directory des Dateisystems
anlegen, bevor man fsck ausführt. In dieser Directory-Datei müssen
genügend freie Plätze vorhanden sein, die man notfalls durch Kopieren
und nachfolgendes Löschen einiger Dateien erreicht. Die freien Plätze
sind notwendig, weil zum Zeitpunkt der Ausführung von fsck keine
Veränderungen der Dateigrößen vorgenommen werden dürfen. Wenn
die Directory 'lost+found' nicht existiert, werden die verwaisten
Dateien gelöscht. In der Directory 'lost+found' trägt fsck für die
Dateien Nummern statt der richtigen Namen ein. Man sollte den
Namen über den Inhalt der Datei bestimmen und sie dann entweder
dem rechtmäßigen Eigentümer zurückgeben oder sie löschen.

Das Kommando

    fsck

überprüft alle Dateisysteme, die in der Datei '/etc/checklist' angegeben sind. Gewöhnlich enthält '/etc/checklist' eine Liste aller aktiven
Dateisysteme. Man kann ein einzelnes Dateisystem überprüfen, indem
man den Namen des Dateisystems als Argument an fsck übergibt:

    fsck /dev/rk2

Jedes Dateisystem enhält eine Liste der freien Blöcke. Wenn eine
Datei erzeugt wird, werden die benötigten Datenblöcke aus dieser Liste
zusammengesucht. Gelegentlich ist diese Liste inkonsistent; so sind
freie Blöcke u.U. nicht in der Liste und manchmal sind benutzte
Blöcke auch in der Liste enthalten. Die Option "-s" von fsck erneuert
die Liste der freien Blöcke (Freispeicherliste, engl. free list). Das Kommando

    fsck -s /dev/rk2

erneuert die Liste der freien Blöcke für /dev/rk2. Wenn man die
Freispeicherliste eines angebundenen Dateisystems erneuert
(meistens des root-Dateisystems), muß man sofort danach einen Neu-
start durchführen. Das sofortige Anhalten des Rechners (ohne die üb-

liche sync-Operation) verhindert, daß der UNIX-Kern die alte (falsche) Freispeicherliste auf die Platte schreibt. Gewöhnlich fragt fsck bei Entdeckung eines Fehlers auch nach, ob es die free list erneuern soll.

18.10 cron - Programme zu vorgegebener Zeit starten

Das Programm cron wird benutzt, um Programme zeitgerecht auszuführen. cron wird gewöhnlich kurz nach dem Systemstart gestartet (es sollte nur ein cron-Prozeß auf einem System laufen). cron liest Kommandos aus der Datei '/usr/lib/crontab'. Jede dieser Dateizeile beschreibt ein Kommando und die Zeit oder Zeitangaben, zu denen das Kommando gestartet werden soll.

Da cron die Datei laufend untersucht, kann man die Angaben in der Datei auch während des aktuellen Betriebs ändern. Die Änderungen werden ab der nächsten Überprüfung durch cron beachtet.

Die Einträge in dieser Datei bestehen aus fünf Feldern, die die Zeit beschreiben, zu der ein Kommando gestartet werden soll, gefolgt von dem auszuführenden Kommando. In der Reihenfolge beschreiben die fünf Felder die Minute (0-59), die Stunden (0-23), die Tage des Monats (1-31), die Monate des Jahres (1-12) und die Tage der Woche (0-6, mit Sonntag als Null). Die Zeitfelder werden durch Leerzeichen oder Tabs getrennt.

Die folgende Zeile in der cron-Datei löst einen Prozeß aus, der das Datum alle 10 Minuten auf die Konsole schreibt.

```
0,10,20,30,40,50 * * * * date > /dev/console
```

Die die Zeit repräsentierenden Nummern können sein: entweder eine Nummer in dem beschriebenen Bereich oder eine Liste von Nummern, die durch Kommata getrennt sind (siehe Beispiel), oder zwei Nummern, die mit einem Bindestrich verbunden sind und einen Zeitbereich darstellen, oder ein Stern, der alle im betreffenden Bereich liegenden Werte darstellt. Das Kommando zum Ausgeben das Datums auf der Konsole alle Stunde wochentags von 6 bis 10 Uhr morgens ist

```
0 6-10 * * 1-5 date > /dev/console
```

cron wird oft eingesetzt, um Programme in den frühen Morgenstunden laufen zu lassen oder um periodische Abrechnungen auszuführen. Einige Systeme benutzen cron, um die Ausführung von Programmen während der Hauptbetriebszeiten des Systems zu verhindern, um so die Antwortzeiten während des Normalbetriebs nicht übermäßig anwachsen zu lassen.

18.11 fifo-Dateien

Mit fifo-Dateien werden Daten von einem Programm an ein anderes Programm gesendet. Im Normalfall schreibt ein Programm in eine fifo-Datei und ein anderes liest daraus. fifo erstellt einen Verbindungskanal zwischen zwei Programmen. Daten werden in der fifo nur für die kurze Zeit zwischen dem Schreiben des einen Programms und dem Lesen des anderen Programms gespeichert. fifos sind nur auf einigen UNIX Systemen vorhanden.

fifo-Dateien sind ähnlich strukturiert wie UNIX-Pipes. Der Vorteil der fifos ist, das zwei nicht zusammenhängende Programme über sie kommunizieren können. Pipes erfordern, daß die Subprozesse auf jeder Seite der Pipe denselben Vorgängerprozeß haben. Gewöhnlich ist dieser Vorgängerprozeß die Shell. Eine fifo wird benutzt, wenn es nicht möglich oder unbequem ist, daß beide Prozesse denselben Vorgängerprozeß haben.

fifos können mit dem mknod-Kommando (engl. make node, s. Abschnitt 18.5) erzeugt werden. fifos unterliegen denselben Zugriffsbestimmungen wie alle anderen auch. Man muß eine fifo erzeugen, bevor man sie benutzt. Das folgende Kommando liest zum Beispiel Daten von der Kommunikationsleitung '/dev/tty99' und schreibt sie in die fifo 'fifo1.tel':

```
cat < /dev/tty99 > fifo1.tel
```

Existiert 'fifo1.tel' beim Aufruf des Kommandos nicht, dann erzeugt die Shell eine normale Datei mit dem Namen 'fifo1.tel', um die Ausgabe des cat-Kommandos zu speichern. Ein Kommando könnte Information aus einer fifo mittels Umlenkung der Eingabe lesen:

```
sh < fifo1.tel
```

In diesen beiden Beispielen wurde die E/A-Umlenkung der Shell benutzt, um auf die fifo zuzugreifen.

18.12 Das Sticky-Bit

Normale Dateien werden nicht kontinuierlich - d.h. ohne Unterbrechung, in einem Stück - auf der Platte gespeichert. Sie werden in Blöcke aufgeteilt gespeichert. Da nicht immer genügend freie Blöcke hintereinander zur Verfügung stehen, ist es normal, daß die Blöcke einer Datei auf der Platte an verschiedenen Plätzen verstreut abgelegt werden. Beim Zugriff auf die Daten einer Datei müssen die einzelnen Blöcke der Datei erst zusammengesucht werden. Wenn man eine Datei auf dem Terminal ausgibt, fällt der Mehraufwand des Systems zum

Auffinden der Dateiblöcke nicht auf, da diese Anforderung an die Datei mit den E/A-Anforderungen der anderen Benutzer vermischt ist. Wenn das System die Datei aber zur Ausführung lädt, kann der Mehraufwand nachvollzogen werden. Der Sticky-Modus hilft, diesen Mehraufwand für häufig benutzte Programme zu reduzieren.

Wenn ein Programm kurz von der Ausführung ausgenommen ist, kann das System das Programm zeitweilig auf Platte auslagern. Dieser Prozeß heißt swappen. Der temporäre Speicherplatz der Platte (der Swap-Bereich) ist fortlaufend organisiert, so daß schnell auf ihn zugegriffen werden kann. Unter UNIX kann einer Datei ein spezieller Modus zugewiesen werden, so daß ein ausführbares Abbild des Programms im temporären Speicher zwischengespeichert wird, wenn das Programm nicht ausgeführt wird. Da das Programm im Swap-Bereich festgehalten wird, heißt dieser Modus sticky mode und das kontrollierende Bit Sticky-Bit.

Nur wenige Programme sollten ein Sticky-Bit haben, da der Swap-Bereich begrenzt ist (viele Sticky-Programme würden ihn schnell ausfüllen und auch überfüllen). Häufig benutzte Programme (wie der Editor, ls oder cat) haben oft den Sticky-Modus. Auf großen Systemen, die mehr temporären Speicherplatz zur Verfügung stellen, können auch mehr und umfangreichere Programme mit dem Sticky-Bit versehen werden. Auf kleinen Systemen mit beschränktem Plattenplatz sollte das Sticky-Bit selten benutzt werden.

Der Sticky-Modus kann einer Datei nur vom Systemverwalter zugewiesen werden. Benutzer können ihre eigenen Dateien nicht mit dem Sticky-Bit versehen. Der Sticky-Modus wird durch das Zeichen "t" in der letzten Position des Typ/Modus-Feldes der Datei in der langformatigen Auflistung von ls angezeigt.

18.13 Set-User-Id

Gelegentlich kommt das System der Zugriffsrechte auf Dateien und Directories unter UNIX mit zulässigen Zugriffsanforderungen in Konflikt. Ein klassisches Beispiel ist eine Anforderung von Spielprogrammen. Viele Spielprogramme benutzen eine Datei, die nichtöffentliche Daten über Spielzüge enthält. In einem Abenteuerspiel befindet sich zum Beispiel die Liste der Meldungen in einer solchen Datei, die vor neugierigen Spielern verborgen bleiben sollte. Da Spielern unter UNIX normalerweise der Zugriff auf diese Datei verwehrt sein sollte, können sie das Spiel aber regelgerecht nicht ausführen.

Mit dem Set-User-Id-Modus (Setze Identität des Eigentümers) löst man das Problem. Wenn eine Datei den Set-User-Id-Modus trägt, erhält bei Ausführung des Programms der Ausführende alle Rechte des Eigentümers der Datei. Wenn man nicht spielt, kann man auf die geschützte Datei nicht zugreifen, wenn man aber spielt, d.h. das Programm ausführt, hat man die Zugriffsrechte des Eigentümers des Spiels. Solange man spielt, wird jeder Zugriff von den Regeln des Spiels kontrolliert. Es ist Aufgabe des Spiels, die Einhaltung der Regeln zu garantieren.

Der Eigentümer einer Datei kann den Set-User-Id-Modus für eigene Dateien setzen. Der Set-User-Id-Modus wird durch ein "s" anstelle der Ausführungsrechte des Eigentümers im Typ/Modus-Feld der langformatigen Auflistung von ls angezeigt.

Der Set-Group-Id-Modus erlaubt, daß ausführende Benutzer dieselben Rechte wie die Gruppe einer Datei erhalten. Der Set-Group-Id-Modus wird ähnlich wie der Set-User-Id-Modus durch ein "s" an der Stelle der Ausführungsrechte der Gruppe der Datei angezeigt.

KAPITEL
19

Der UNIX-Kern

Der Kern von UNIX ist das Kernstück des Betriebssystems. Der Kern überwacht die Prozesse, stellt Speicher und Plattenplatz bereit, kontrolliert die Übertragung zwischen dem Hauptspeicher und den Peripheriegeräten und erfüllt die Anforderungen der Prozesse an das Gesamtsystem. In diesem Kapitel wird den Kern betrachtet, um die Frage "Wie funktioniert UNIX tatsächlich?" teilweise zu beantworten. Einige der spezielleren Informationen, die in diesem Kapitel beschrieben sind, müssen nicht auf alle UNIX-Systeme zutreffen.

Die meisten Informationen in diesem Kapitel haben einen direkten Bezug auf die Tätigkeiten eines Systemverwalters und der Systemprogrammierer. Die eher theoretischen Aspekte von UNIX, die Vermeidung von Blockierungen (engl. dead locks), die Verfahrensweise des wechselseitigen Ausschlusses usw. sind in den Veröffentlichungen von Ritchie und Thompson schon ausführlich beschrieben.

Der UNIX-Kern ist der speicherresidente Teil des Betriebssystems. Verglichen mit anderen Betriebssystemen stellt der UNIX-Kern wenig Dienstleistungen zur Verfügung. Der Kern führt keine Anweisungen des Benutzers direkt aus; zwischen Betriebssystemkern und Benutzer "agieren" die Hilfsprogramme; alle Tätigkeiten, alle Aktionen werden über Hilfsprogramme ausgeführt. Diese Vorgehensweise hat sich unter UNIX gut bewährt, denn ein Hilfsprogramm ist leichter zu schreiben, leichter zu warten und eher für mehrere Zwecke zu benutzen als der UNIX-Kern selbst, und es ist leicht, ein neues Hilfsprogramm auch noch nach Jahren hinzuzufügen.

Der UNIX-Kern enthält ungefähr 10000 Zeilen C-Quellkode und um die 1000 Zeilen Assembler-Kode. Ein Programm dieser Größe kann von einer Person verstanden und gewartet werden. Viele Systeme werden mit ihrem Quelltext ausgeliefert. Es erlaubt Programmierern, das System zu studieren, zu verstehen und u.U. zu verändern. Im Gegensatz dazu sind die meisten anderen Betriebssysteme zu umfangreich, um von einer Person gewartet werden zu können. Zudem können die meisten anderen Betriebssysteme nicht verändert werden, da der Quelltext nicht freigegeben wurde.

19.1 Überblick

Der Kern von UNIX besteht aus zwei Bereichen: der Prozeßverwaltung und der Geräteverwaltung. Die Prozeßverwaltung stellt Betriebsmittel zur Verfügung, überwacht Prozesse und erfüllt Prozeßanforderungen; die Geräteverwaltung überwacht die Übertragung von Daten zwischen dem Hauptspeicher und den Peripheriegeräten. Einer der großen Vorteile von UNIX ist die Tatsache, daß selbst unterschiedlichste Rechner fast identische Prozeßverwaltungsabschnitte benutzen.

Die Geräteverwaltung eines Rechners enthält für jedes angeschlossene Peripheriegerät ein eigenständiges Modul. Jeder neue E/A-Gerätetyp erfordert, daß ein solches Programmodul zum Geräteverwaltungsabschnitt hinzugefügt werden muß. Wann immer UNIX auf einen anderen Rechnertyp übertragen wird, muß die Geräteverwaltung gänzlich neugeschrieben werden, da unterschiedliche Rechner meistens andere Peripheriegeräte mit unterschiedlichen Kontrollprinzipien haben.

Der Konfigurationsprozeß von UNIX für eine Rechnerkonfiguration heißt Systemerzeugung (oder Systemgenerierung). Die Hauptarbeit bei der Systemerzeugung ist die Erstellung einer Liste, die die genaue Hardware-Umgebung beschreibt und die Voreinstellungen für das System beschreibt.

Der UNIX-Kern verwaltet mehrere wichtige Tabellen, die die Aktionen der untereinander verwobenen Betriebssystemaktivitäten koordinieren. Tatsächlich ist UNIX ein gutes Beispiel für ein Programm, bei dem die Daten das Programm strukturieren. Das Verständnis von UNIX beginnt mit dem Verständnis der Informationstabellen, die der Kern verwaltet. Die meiste Arbeit des Kerns besteht im Ändern und Durchsuchen der Tabellen. Die folgenden Abschnitte dieses Kapitels beschreiben die wichtigsten Funktionen des Kerns und die Informationstabellen.

19.2 User-Modus und Kernel-Modus

Zu jedem Zeitpunkt führt ein Rechner entweder ein Benutzerprogramm (einen Prozeß) oder einen Systemkode aus (das Wort Prozeß wird für Einträge in der Prozeßtabelle des Kerns reserviert). Der Rechner ist im User-Modus (Benutzermodus), wenn er Instruktionen eines Benutzerprozesses ausführt, und im Kernel-Modus (Systemmodus), wenn er Instruktionen des Kerns ausführt. Einige Rechner haben verschiedene Hardware-Privilegien für den Kernel-Modus (z.B. PDP-11), andere Rechner unterstützen diese zwei Modi nicht (z.B. Z-80); das Unterscheidungsmerkmal ist in jedem Fall die Quelle der Instruktionen, nicht das Privilegniveau der Hardware.

Zu den verschiedenen Mechanismen, die zu einem Wechsel vom User-Modus zum Kernel-Modus führen, gehört als wichtigster die Systemuhr. Sie unterbricht die laufende Aktion periodisch (meistens sechzigmal in der Sekunde). Eine Unterbrechung ist ein Hardware-Signal, das den Rechner in eine spezielle Software-Routine umlenken kann, und das führt dazu, daß während der Behandlungsroutine der Systemuhr die Prozeßprioritäten neu berechnet werden, und der Wechsel auf einen anderen Prozeß ermöglicht wird.

Wenn ein Benutzerprogramm eine Dienstleistung des Betriebssystems in Anspruch nehmen möchte, führt es einen Systemaufruf aus. Die Implementierungsdetails der Systemaufrufe sind von der Rechnerarchitektur abhängig, das sofortige Ergebnis ist aber in jedem Fall der Wechsel vom User-Modus in den Kernel-Modus. Systemaufrufe, die E/A-Operationen ausführen, bewirken häufig eine Stillegung des aufrufenden Prozesses bis zur vollständigen Übertragung der Daten. Solange die Übertragung nicht abgeschlossen ist, wird ein anderer Benutzerprozeß ausgeführt. Die natürlichen E/A-Anforderungen der Programme steuern oft ebenfalls den Zeitteilungsmechanismus.

Die Serviceanforderungen der E/A-Peripherie können ebenfalls einen Wechsel vom User-Modus in den System-Modus bewirken. E/A-Peripheriegerate haben Antwortzeiten, die sehr viel größer sind als die normale Instruktionsausführungsdauer des Rechners. Dies variiert von einer Rechnerarchitektur zur anderen, auf den meisten Rechnern gibt es aber eine Unterbrechung nach jeder beendeten Übertragung. Zu verschiedenen Zeiten ist eine Übertragung entweder 512 Bytes, ein Byte oder eine variabellange Kette von Bytes. Die Übertragungsbeendigung führt zur Behandlung der Unterbrechung, bei der verschiedene Statuselemente in Tabellen gesetzt und eventuell eine weitere Übertragung initiiert werden.

19.3 Scheduling und Swapping

In einem Time-Sharing-System "streiten" die Prozesse um die CPU-Zeit. Unter dem Wort Scheduling versteht man das Verfahren, durch das entschieden wird, welcher der konkurrierenden Benutzerprozesse als nächster ausgeführt werden soll. Das Scheduling ist das Schlüsselelement eines Time-Sharing-Systems. Dabei wird der gerade aktive Prozeß stillgelegt und zu einem späteren Zeitpunkt wieder aktiviert. In den meisten Time-Sharing-Systemen, so z.B. unter UNIX, geschieht dieses Stillegen/Wiederbeleben mehrmals in einer Sekunde, so daß für den Benutzer der Eindruck entsteht, daß der Rechner mehrere Funktionen gleichzeitig ausführt.

Zu einem Zeitpunkt ist aber immer nur ein Benutzerprozeß aktiv, alle anderen Benutzerprozesse sind stillgelegt. Man kann die Menge der stillgelegten Prozesse in zwei Gruppen unterteilen: in jene, die bereit, und in solche, die blockiert sind. Ein blockierter Prozeß "schläft", bis ein Ereignis eintritt. Gewöhnlich ist dieses Ereignis die Beendigung einer E/A-Anforderung, obwohl Prozesse auch warten können auf

(1) die Beendigung gestarteter Subprozesse,

(2) den Ablauf einer bestimmten Zeitdauer oder

(3) Signale von anderen Prozessen. Wenn das Ereignis eintritt, wird der schlafende Prozeß "aufgeweckt". Das Aufwachen eines Prozesses markiert ihn als bereit; es bedeutet nicht, daß der Prozeß sofort weiter ausgeführt wird.

Die Benutzerprozesse befinden sich im Hauptspeicher, und die Aufgabe des Schedulers (dem für das Scheduling verantwortlichen Programmstück) ist es nun, den auszuführenden Prozeß aus der Menge der speicherresidenten Prozesse auszuwählen. Unglücklicherweise sind die Hauptspeicher moderner Rechner nicht groß genug, um die typische Anzahl der unter UNIX aktiven Prozesse speichern zu können. Dies wird dadurch gelöst, daß einige der stillgelegten Prozesse auf die Platte ausgelagert werden. Dieser Vorgang heißt swappen. Ein Prozeß, der auf die Platte ausgelagert ist, muß erst wieder eingelagert (in den Speicher zurückgeholt) werden, bevor er ausgeführt werden kann. Das Scheduling-System ist dann für zwei Dinge verantwortlich: die Auswahl, welcher Prozeß ausgeführt werden soll, und die Entscheidung, welche Prozesse ausgelagert werden müssen.

Eine sehr einfache Erklärung für die Funktion eines Time-Sharing-Systems ist, daß die verfügbare Zeit in eine Anzahl von Scheiben eingeteilt wird, und diese Zeitscheiben den einzelnen Prozessen zugeordnet werden. Prozesse, die auf die Erledigung ihrer E/A-Anforderungen warten, können ihr Zeitscheibe natürlich nicht ausnutzen. Um solche Prozesse nicht zu benachteiligen, berechnet UNIX dynamisch die Prozeßpriorität, um festzustellen, welcher inaktive, aber bereite Prozeß ausgeführt werden soll, sobald der gerade aktive Prozeß stillgelegt wird.

Prozesse, die viel Ausführungszeit angesammelt haben, erhalten eine niedrigere Priorität zugeteilt als Prozesse, die bis zu dem Zeitpunkt selten ausgeführt wurden. Prozesse, die gerade wieder eingelagert wurden oder auf E/A warten, wurden über längere Zeit nicht ausgeführt und haben daher eine relativ hohe Priorität. Es ist für einen Benutzerprozeß ebenfalls möglich, einen Systemaufruf auszuführen, der die durchschnittliche Priorität absenkt. Normale Benutzerprozesse können ihre Priorität nur senken, Prozesse des Super-Users können sie auch erhöhen.

Das Ergebnis dieser Arbeitszeitberechnung der benutzten CPU-Zeit pro Prozeß hat für das Betriebssystem erhebliche Vorteile. Es gibt immer wieder Prozesse, die sehr E/A-abhängig sind. Zugleich werden auch rechenintensive Prozesse gestartet. Da die E/A-Geräte in der Regel langsam arbeiten - im Vergleich zur Verarbeitungsgeschwindigkeit der CPU - kann der Scheduler diese beiden Prozeßgruppen ohne große gegenseitige Beeinträchtigung swappen. Damit wird erreicht, daß der Prozessor immer "belegt" ist.

UNIX beachtet einen stillgelegten Prozeß kaum. Das hat großen Einfluß auf die Systemprogrammierung. Unter UNIX werden Programme geschrieben, die eine Aufgabe gut ausführen. Komplizierte Aufgaben werden von mehreren kleinen, zusammenarbeitenden Programmen gelöst. Gerade nicht benötigte Programmteile werden stillgelegt. Der geringe Mehraufwand zur Beachtung stillgelegter Prozesse hat die Auslagerung vieler "Betriebssystem"-Funktionen in normale Dateien erst ermöglicht. Betrachtet man zum Beispiel das getty-Programm, das eine login-Meldung auf die Kommunikationsleitung schreibt und darauf wartet, daß der Benutzer sich einloggt, so gibt es einen (meistens stillgelegten) getty-Prozeß für jede Kommunikationsleitung, die nicht bereits von einem eingeloggten Benutzer verwendet wird. Viele Systeme haben 50 bis 100 solcher getty-Prozesse. Die Betreuung der stillgelegten Prozesse in dieser Art hat erst besondere Bedeutung für die Systemverwaltung.

19.4 Prozesse

UNIX unterstützt zwei besondere Vorstellungen: zum einen, daß das Dateisystem "Plätze" hat, und zweitens, daß Prozesse "Leben" haben. Die starke Verbindung von Directories mit "Plätzen" ermöglicht das Verständnis des Dateisystems. Ähnlich erleichtert die Illusion, daß Prozesse "Leben" haben und etwas Nützliches tun können, das Verständnis und die Kontrolle von Prozessen. Man sagt, daß die Shell ein Programm ausführt, der Editor eine Textdatei erzeugt, das ls-Programm den Inhalt einer Directory ausgibt. Alle diese Prozesse werden beschrieben, so als ob sie aktive, wirkliche Organismen wären. Das Leben, das Prozessen verliehen wird, ist eine bequeme Illusion.

Die Idee eines Prozesses ist das fundamentale Organisationskonzept von UNIX. Auch wenn die Instruktionen von der CPU ausgeführt und im Speicher gelagert werden, obwohl Platten und Bänder sich sehr schnell drehen, spricht man doch von einem arbeitenden Prozeß und ignoriert, daß der Rechner in Wirklichkeit die Arbeit erledigt.

Der Kern von UNIX besteht, damit die Anforderungen der Prozesse erfüllt werden können. Vom Standpunkt eines Prozesses aus sind die Operationen des Kerns unerheblich, beim Programmieren zu vernachlässigen; vom Blickpunkt des Kerns aus sind Prozesse lediglich katalogisierte Datenstrukturen, die nach gewissen Regeln verändert werden.

Die nachfolgende Beschreibung von Prozessen mag ungewöhnlich erscheinen, da der Blickwinkel von innen heraus Prozesse als Daten ausgibt.

Ein Prozeß ist ein Programm im Zustand der Ausführung. Für jedes gegebene Programm gibt es zu einem bestimmten Zeitpunkt keinen, einen oder mehrere laufende Prozesse. In diesem Kapitel soll der Begriff Prozeß für die Einträge in der Prozeßtabelle des UNIX-Kerns gelten. Die Aktivitäten des UNIX-Kerns sind somit als Prozeß ausgeschlossen.

Die wesentliche Information über Prozesse ist an zwei Stellen notiert: in der Prozeßtabelle (engl. process table) und der Benutzertabelle (engl. user table, per process data segment). Die Prozeßtabelle ist Teil des Hauptspeichers. Sie enthält einen Eintrag für jeden Prozeß; jeder Eintrag beschreibt den Zustand des jeweiligen Prozesses. Die Zustandsinformation beinhaltet die Speicherposition des Prozesses (die Speicheradresse oder ausgelagerte Adresse), die Größe des Prozesses, seine Identifikationsnummer und die Identifikationsnummer des Benutzers, der den Prozeß gestartet hat. Jedes System wird mit einer bestimmten Anzahl von Plätzen in der Prozeßtabelle erzeugt, jeder Prozeß benötigt einen Platz und es ist möglich, daß mehr Prozesse existieren, als Plätze in der Prozeßtabelle vorhanden sind.

Weniger wichtige Informationen über die Prozesse sind in der Benutzertabelle enthalten. Eine Benutzertabelle wird für jeden aktiven Prozeß angelegt, und nur auf die User-Tabelle des aktiven Prozesses können die Routinen des Kerns direkt zugreifen (s. Bild 19.1A und 19.1B).

Die Prozeßtabelle wird während aller Lebensphasen eines Prozesses benutzt. Das Erzeugen eines Prozesses umfaßt die Initialisierung eines Eintrags in der Prozeßtabelle, die einer User-Tabelle und die Erzeugung der wirklichen Instruktionen und Daten für den Prozeß. Wenn ein Prozeß seinen Zustand ändert (aktiv, bereit, ausgelagert, eingelagert usw.) oder ein Signal erhält, beziehen sich alle Aktionen auf die Prozeßtabelle. Wenn ein Prozeß stirbt, wird der Eintrag in der Prozeßtabelle freigegeben.

Die Prozeßtabelle muß immer speicherresident bleiben, damit der Systemkern während eines Lebenszyklusses eines Prozesses auf diese wichtigen Informationen, solange der Prozeß ausgelagert ist, auch zugreifen kann. Viele Ereignisse, die einen Prozeß betreffen, geschehen, wenn der Prozeß nicht aktiv ist. So "schläft" ein Prozeß zum Beispiel, solange er auf E/A wartet. Die Beendigung der angeforderten E/A führt zum "Aufwachen" des Prozesses und zu seiner Markierung als bereit zur Ausführung stehender Prozeß. In der Prozeßtabelle steht die Information, was getan werden soll, wenn der Prozeß aktiviert wird, an welcher Stelle des Swap-Bereiches er steht usw.

Der Kern legt für jeden aktiven Prozeß eine User-Tabelle an. Die

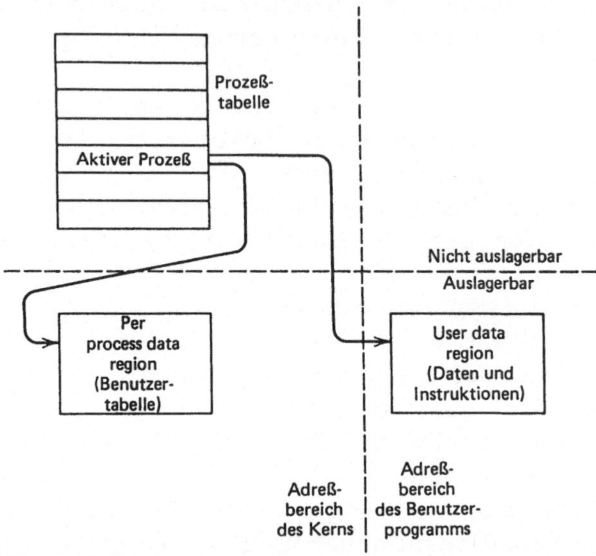

Bild 19.1A: Die Datenstrukturen zur Verwaltung normaler Prozesse.

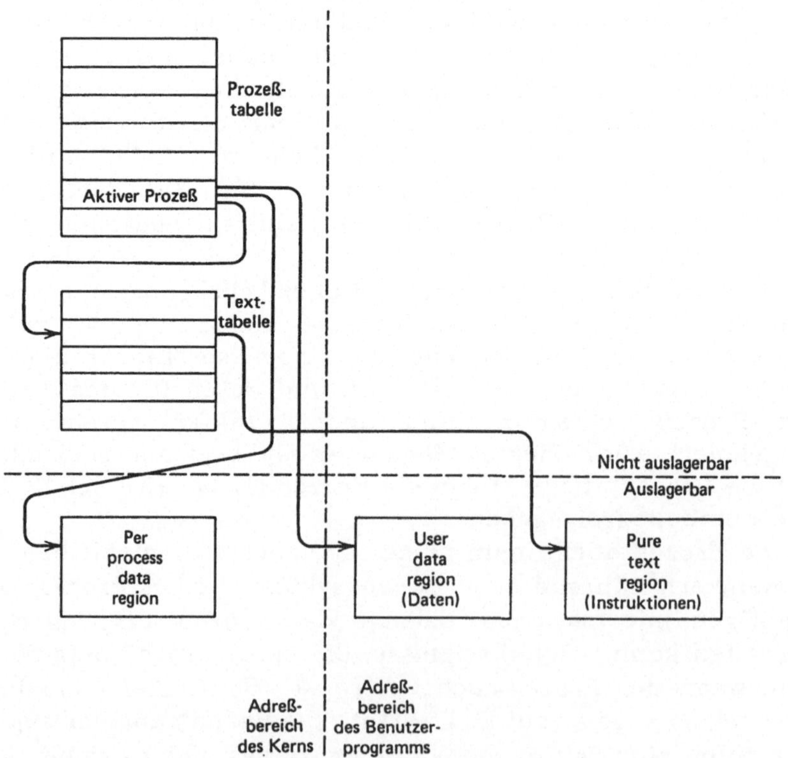

Bild 19.1B: Die Datenstrukturen zur Verwaltung reiner Prozesse.

User-Tabelle enthält Informationen, die verfügbar sein müssen, wenn der Prozeß arbeitet. Solange er stillgelegt ist, wird weder auf seine User-Tabelle zugegriffen, noch wird sie geändert. Die User-Tabelle ist Teil der Datenregion des Prozesses und wird mit dem Rest des Prozeßabbildes zusammen ausgelagert.

Die meisten in der User-Struktur enthaltenen Informationen beschreiben den gegenwärtigen Zustand des Prozesses. Die Angaben enthalten zum Beispiel die Benutzer- und Gruppenidentifikationsnummer zur Feststellung der Zugriffsrechte, Zeiger in die Dateitabelle des Systems (s. Abschnitt 19.6) für alle offenen Dateien des Prozesses, einen Zeiger auf den Eintrag der gegenwärtigen Directory (s. Abschnitt 19.6) in der Inode-Tabelle und eine Liste der Antworten auf verschiedene Signale.

Die gegenwärtige Information über einen Prozeß kann sehr einfach verändert werden. Wenn der Prozeß den chdir-Systemaufruf ausführt, wird der Wert des Zeigers auf den Inode der gegenwärtigen Directory geändert. Wenn ein Prozeß ein bestimmtes Signal ignorieren möchte, wird der entsprechende Eintrag in der Antwortenliste auf Null gesetzt. Die meisten Veränderungen der Information in der User-Tabelle sind so einfach, daß man annehmen könnte, daß das Programm statt des Kerns die Änderungen selbst ausführen sollte. Zum Teil werden diese einfachen Änderungen aufgrund der Einheitlichkeit vom Kern ausgeführt, der wichtigste Grund ist aber die Unversehrtheit des Systems. Auf einem Rechner mit Speicherschutz ist auf die User-Tabelle für einen Prozeß (außer über Systemaufrufe) nicht zugreifbar, obwohl sie zum Prozeßabbild gehört.

Einige der meistbenutzten Programme, wie die Shell oder getty, werden meistens von mehreren Benutzern gleichzeitig ausgeführt. Jeder Prozeß muß eine eigene Kopie des variablen Teils des Prozeßabbildes haben, der feste Teil aber, der Programmtext, kann von allen mitbenutzt werden. Damit ein Programm auf diese Weise von mehreren Benutzern ausgeführt werden kann, muß es mit einer speziellen Option übersetzt werden. Der Compiler sorgt dann dafür, daß der variable und der feste Teil des Prozeßabbildes streng getrennt sind. Die Mehrfachbenutzung des Programmtextes erlaubt UNIX eine effektive Ausnutzung des Hauptspeichers. Um sich alle Textsegmente zu merken, hält der Kern eine Texttabelle aufrecht. Wenn ein Programm Programmtext mitbenutzt, verweist der Prozeßtabelleneintrag in die Texttabelle und die Texttabelle auf die effektive Speicherposition des Prozeßtextes.

Die zwei Systemaufrufe, die Prozesse ausführen, um neue Prozesse zu erzeugen, sind fork und exec. Der fork-Systemaufruf wird von einem Prozeß zum Erzeugen einer identischen Kopie verwendet. fork ist der einzige Mechanismus unter UNIX, der die Anzahl der Prozesse erhöht. Nach fork gibt es zwei Prozesse, einen Vorgänger-(Vater-) und einen Sub-(Kind-)prozeß. Der Hauptunterschied zwischen den beiden Prozessen besteht in den unterschiedlichen Prozeßidentifikationsnummern und verschiedenen Vorgänger-Prozeßidentifikationsnummern. Die beiden Prozesse teilen die offenen Dateien und jeder Prozeß ist in der Lage, festzustellen, ob er Vorgänger- oder Subprozeß ist.

Der Systemaufruf exec dient der Umwandlung des aufrufenden Prozesses in einen neuen Prozeß. Die Anzahl der Prozesse im System wird dadurch nicht verändert, nur der Charakter des aufrufenden Prozesses ändert sich. Nach einem exec-Systemaufruf bleibt die Prozeßidentifikationsnummer erhalten und die offenen Dateien weiterhin offen. Mit exec werden Prozesse verkettet.

fork, gefolgt vom Kommando exec, wird häufig von Prozessen ausgeführt, um einen Subprozeß mit einer neuen Identität zu erzeugen. Diese Kommandofolge wird von der Shell jedesmal benutzt, wenn sie ein Programm für den Benutzer ausführt. Der wait-Systemaufruf wird üblicherweise in Verbindung mit fork und exec benutzt. Der wait-Systemaufruf erlaubt einem Prozeß auf die Beendigung eines von ihm gestarteten Subprozesses zu warten. Dies wird von der Shell eingesetzt, wenn sie einen Prozeß im Vordergrund ausführt. Die Shell ruft fork auf, der Subprozeß ruft exec auf, um die Identität zu ändern, und der Vorgängerprozeß wartet auf die Beendigung des Subprozesses. Wenn der Subprozeß stirbt, gibt der Vorgängerprozeß einen neuen Prompt aus und wartet auf das nächste Kommando. Die Shell führt Prozesse im Hintergrund aus, indem sie die wait-Phase wegläßt.

19.5 Booten, Prozeß 0, Prozeß 1

Was passiert eigentlich beim Starten des Systems, beim Starten des Kerns? Um in den oben beschriebenen Zustand zu gelangen, müssen unterschiedliche Operationen ausgeführt werden. Wenn der erste Prozeß initialisiert wird, läuft das System bereits normal und arbeitet nach den Regeln, die durch die Systemaufrufe festgelegt sind.

Das Laden des Systemabbildes in den Speicher und der Beginn der Ausführung nennt man booten. Gebootet wird jedesmal, wenn das System zum ersten Mal nach dem Anschalten der Rechner-Hardware gestartet wird. Gebootet wird auch, wenn das System abstürzt oder interne Stockungen auftreten.

Das Booten durchläuft mehrere Phasen. In der ersten Phase sorgt die Rechner-Hardware dafür, daß der erste Block auf der Platte im Bootstrap-Laufwerk in den Speicher geladen und ausgeführt wird. Wie man in den nächsten Abschnitten sehen wird, ist der erste Block in jedem Dateisystem für spezielle Aufgaben reserviert, meist für ein kurzes Bootstrap-Ladeprogramm. Man muß daher zum Booten eine bootbare Platte (eine Platte mit einem gültigen Ladeprogramm im ersten Block) im Bootstrap-Laufwerk haben.

Der Zweck des kurzen Ladeprogramms ist das Aufsuchen und Laden der Datei 'unix' in der root-Directory ('/unix'). Die Datei '/unix' enthält die Maschineninstruktionen für den Betriebssystemkern. Sie wird durch Übersetzen und Zusammenbinden der Betriebssystemquellen erzeugt. Die zweite Phase der Boot-Prozedur beginnt, sobald die Datei '/unix' in den Speicher geladen und mit ihrer Ausführung begonnen wurde.

Als erstes initialisiert der Kern einige Hardware-Schnittstellen. Auf Maschinen mit Speicherverwaltungs-Hardware muß die Speicherverwaltung initialisiert werden, und auf allen Systemen muß die Uhr initialisiert werden. Der Kern initialisiert auch einige Datenstrukturen, den Vorrat an Blockpuffern, den Vorrat der Zeichenlisten, den Vorrat der Inode-Puffer und die Variable, die die Größe des Hauptspeichers anzeigt.

Nach diesen ersten Initialisierungen beginnt der Kern mit der Initialisierung von Prozeß 0. Prozesse werden normalerweise über fork erzeugt. Das System wird angewiesen, eine Kopie des aufrufenden Prozesses anzufertigen. Natürlich kann diese Methode nicht für den ersten Prozeß, Prozeß 0, angewendet werden. Der Kern erzeugt Prozeß 0 durch Anlegen einer per-user-data-structure und richtet Zeiger auf diese Datenstruktur an der ersten Position in der Prozeßtabelle ein. Prozeß 0 ist aus mehreren Gründen anders als andere Prozesse. Zum einen gibt es für Prozeß 0 kein Kodesegment; er besteht lediglich aus der per-user-data-structure. Zum anderen enthalten alle anderen Prozesse einen Kode, der ausgeführt wird; es gibt Abbilder, die durch Übersetzung und nachfolgende Ausführung eines Programms entstehen. Prozeß 0 ist lediglich eine per-user-data-structure, die vom Kern benutzt wird, er hat kein Abbild. Außerdem wird Prozeß 0 von den anderen Prozessen unterschiedlich erzeugt und ist während der gesamten Systemlaufzeit speicherresident. Schließlich ist Prozeß 0 ein Systemprozeß; er ist ausschließlich aktiv, wenn der Prozessor im Kernel-Modus ist. Prozeß 0 wird als Prozeß bezeichnet, weil er in der Prozeßtabelle des Kerns aufgeführt ist. Man sollte sich merken, daß Prozeß 0 nur eine Datenstruktur des Kerns ist, nicht ein Prozeß in der normalen Bedeutung des Wortes.

Nachdem Prozeß 0 erzeugt und initialisiert ist, erzeugt das System Prozeß 1 durch Kopieren von Prozeß 0. Die Kopie von Prozeß 0 wird durch eine ähnliche Prozedur angelegt, die ausgeführt wird, wenn ein Benutzerprogramm fork ausführt. Obwohl Prozeß 1 direkt durch den Systemkern erzeugt wurde, wurde für die Erzeugung das normale Prozeßerzeugungsschema angewendet.

Zuerst ist Prozeß 1 eine exakte Kopie von Prozeß 0; er hat keine Koderegion. Der erste Schritt nach der Erzeugung von Prozeß 1 ist die Vergrößerung von Prozeß 1. Die Größe von Prozeß 1 wird durch dieselben Anweisungen vergrößert, die ausgeführt werden, wenn ein Prozeß den break-Systemaufruf (zum Vergrößern des bereitgestellten Speicherbereiches) ausführt. Wieder wurde Prozeß 1 abweichend behandelt, wenn auch nach denselben Regeln, denen ein normales Programm, das einen Systemaufruf ausführt, unterworfen wird. Bis zu diesem Punkt werden weder Prozeß 0 noch Prozeß 1 ausgeführt.

Das dritte Ereignis in der Erzeugung eines lauffähigen Prozeß 1 ist das Kopieren eines sehr einfachen Programms in die neu erzeugte Koderegion. Das kopierte Programm enthält hauptsächlich Maschineninstruktionen, um einen exec-Systemaufruf zum Ausführen des Programms '/etc/init' auszuführen.

Zu diesem Zeitpunkt ist die Initialisierung der Prozesse 0 und 1 in den wichtigsten Teilen abgeschlossen. Prozeß 0 ist eine per-user-data-structure, die vom Kern während des Scheduling und der Prozeßverwaltungsoperationen benutzt wird. Prozeß 1 ist ein lebensfähiges Abbild, das von einer Übersetzung eines Programms stammen könnte, obwohl es direkt vom Kern erzeugt wurde.

Sobald der UNIX-Kern eine notwendige Datenregion (Prozeß 0) und einen lebensfähigen ersten Prozeß (Prozeß 1) initialisiert hat, wird im weiteren nach dem üblichen Scheduling-Verfahren verfahren.

Die Initialisierung des Kerns ist zu diesem Zeitpunkt abgeschlossen, die Initialisierung des Systems hingegen hat gerade erst begonnen. Der Rest dieses Abschnitts enthält eine Beschreibung der ersten Ereignisse nach dem Starten des Systems.

Der Scheduler trifft die Entscheidung, welcher Prozeß ausgeführt werden soll, und welcher Prozeß ein- oder ausgelagert werden muß. Beim ersten Aufruf des Schedulers ist die Entscheidung sehr einfach, da es keinen Prozeß gibt, der geswappt werden muß, und nur einen Prozeß gibt, der auf seine Ausführung wartet (Prozeß 1). Die Ausführung von Prozeß 1 führt sofort zum exec-Systemaufruf, welcher den ursprünglichen Kode mit dem Kode aus der Datei '/etc/init' überlagert. Wegen der Herkunft seines Kodes wird Prozeß 1 oftmals auch als init-Prozeß bezeichnet.

Der init-Prozeß erzeugt die UNIX-Prozeßstruktur. Die erzeugte Struktur wird unterschieden in den single-user-mode (Einbenutzer-Modus) und den multi-user-mode (Mehrbenutzer-Modus). Im single-user-mode wird eine Shell mit der Konsole verbunden und ihr der Status des Systemverwalters zugeordnet. Außer der Konsole ist in diesem Modus keine andere Kommunikationsleitung aktiv. Der single-user-mode wird benutzt, um den Zugang zum Rechner zu beschränken und so Operationen wie das Überprüfen und Reparieren des Dateisystems durchführen zu können.

Am Ende des single-user-modes baut der init-Prozeß die multi-user-Struktur auf. Dabei wird für jede aktive Kommunikationsleitung ein getty-Prozeß (getty wird in den nächsten Abschnitten erläutert) und eine Shell erzeugt, die die Kommandos in der Datei '/etc/rc' ausführt. Diese Datei enthält ein Shell-Skript zum Anmelden von Dateisystemen, zum Starten von Prozessen, zur Überwachung bestimmter Abläufe, zum Löschen veralteter temporärer Dateien und zum Starten der Abrechnungsprogramme. Der Inhalt der Datei '/etc/rc' spiegelt die lokalen Besonderheiten einer Installation wider.

Der init-Prozeß schläft solange, bis einer der von ihm gestarteten getty-Prozesse beendet wird. Der Prozeß erzeugt sofort einen weiteren getty-Prozeß für die unüberwachte Leitung und wartet dann wieder auf das Ende eines der getty-Prozesse. init erzeugt somit nicht nur die multi-user-Prozeßstruktur, sondern sorgt auch für deren Aufrechterhaltung (s. Bild 19.2).

Der letzte Teil der Systeminitialisierung ist das getty-Programm. Jeder getty-Prozeß wartet auf eine Eingabe über die Kommunikationsleitung. Nachdem die ersten Zeichen eingegeben wurden, setzt getty einige grundlegende Einstellungen für das Leitungsprotokoll und führt über exec das login-Programm aus, das die Überprüfung des Kennwortes übernimmt. Wenn das Kennwort korrekt eingegeben wurde, ruft das login-Programm über exec die Shell auf, die die Kommandos des Benutzers ausführt. Wenn die Shell beendet wird, wacht das init-Programm (der einzige noch existierende Vorgängerprozeß) auf und erzeugt ein neues getty-Programm, das auf ein weiteres login wartet (Bild 19.3).

19.6 Das Dateisystem

Das hierarchische Dateisystem ist eine der wichtigsten UNIX-Eigenschaften. Die grundlegendste Funktion jedes Dateisystems ist die Unterteilung des verfügbaren Speicherplatzes der Platten und Bänder in Dateien. In vielen Dateisystemen gibt es unterschiedliche Dateitypen mit unterschiedlichen Zugriffsmethoden. Unter UNIX sind alle Dateien eine Folge von Bytes. Manchmal werden zwar Dateien als Textdateien oder Binärdateien bezeichnet, diese Unterscheidung betrifft aber den Inhalt der Datei, nicht ihre Struktur oder die Zugriffsmethode.

Aus der Sicht des Benutzers ist eine Directory eine Gruppe von Dateien. In einigen Betriebssystemen (anders als unter UNIX) sind alle Dateien in einer Directory enthalten. Andere Betriebssysteme unterteilen die Platte in eine Anzahl von Directories und verschicken jede Datei in eine dieser Directories. Beide Methoden erzeugen ein flaches Dateisystem. Man kann zwar mit einem flachen Dateisystem arbeiten, es ist aber nicht möglich, Dateien aufgrund besonderer Eigenschaften von anderen Dateien zu trennen, da alle Dateien in der gleichen Directory gespeichert sind.

UNIX unterhält ein hierarchisches Dateisystem. Dateien werden nicht in einer Ebene, sondern in verschiedenen Ebenen gespeichert.

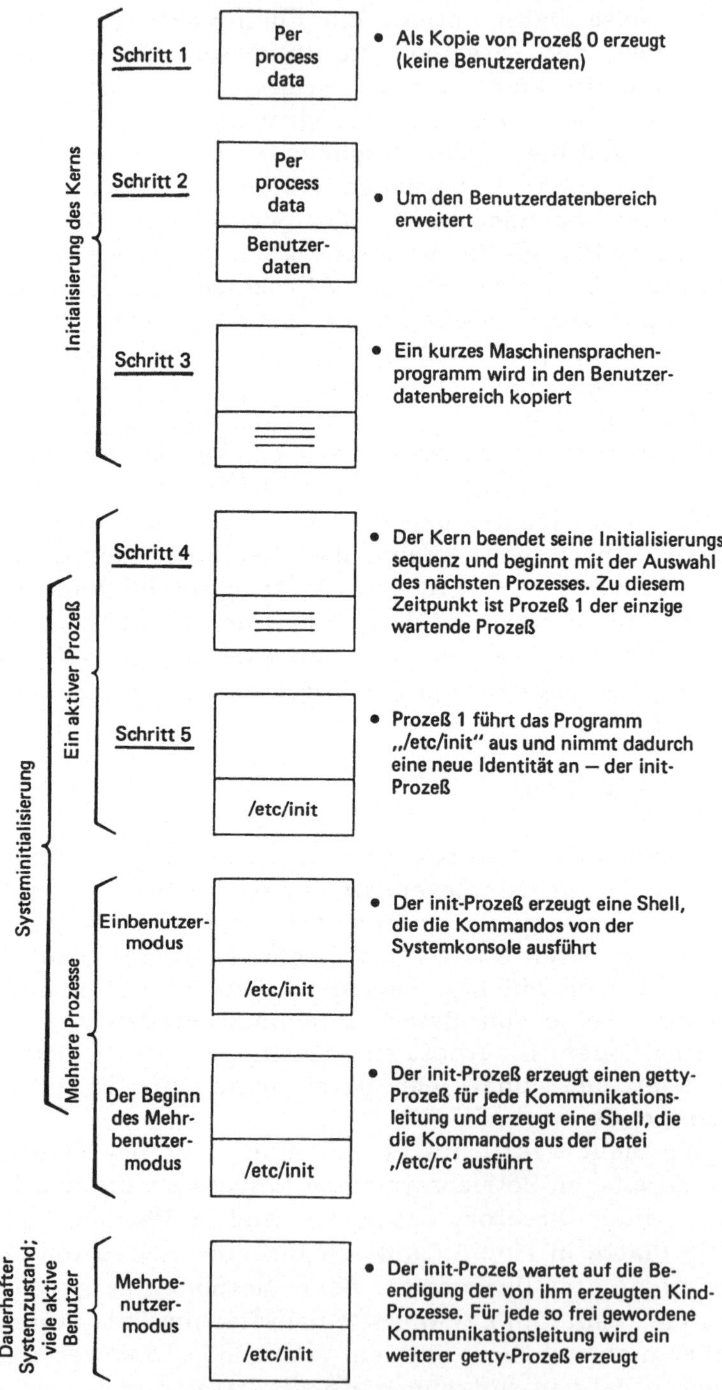

Bild 19.2: Der Lebenszyklus von Prozeß 1.

Das Dateisystem unterstützt zudem die Vorstellung, daß es im Dateisystem "Plätze" gibt.

In flachen Dateisystemen ist die Directory die hauptsächliche Organisationsstruktur des Systems; sie enthält alle Informationen über die Dateien, ihre Namen, Längen, Speicherpositionen, Zugriffsdaten, Modi und Typen. Da Directories in flachen Dateisystemen alle wichtigen Dateiinformationen enthalten, werden sie vom Betriebssystem geschützt. Unter UNIX sind Directories Dateien, die von jedem Programm gelesen werden können. Zudem enthält unter UNIX eine Directory nicht alle Informationen über eine Datei, sondern lediglich zwei Informationen: den Namen der Datei und eine Nummer, die der Kern benutzt, um auf die versteckte Struktur des Dateisystems zuzugreifen.

Der für den Benutzer nicht zu erkennende Teil des UNIX-Dateisystems ist der Inode (engl. für Informationsknoten). Für jede Datei gibt es einen Inode. Der Inode enthält die Speicherposition der Datei, ihre Länge, die Zugriffsrechte, die relevanten Daten, den Eigentümer und ähnliches. Der UNIX-Benutzer hat mit den Inodes nichts zu tun, der Systemverwalter muß hingegen ihre Struktur kennen, um sie

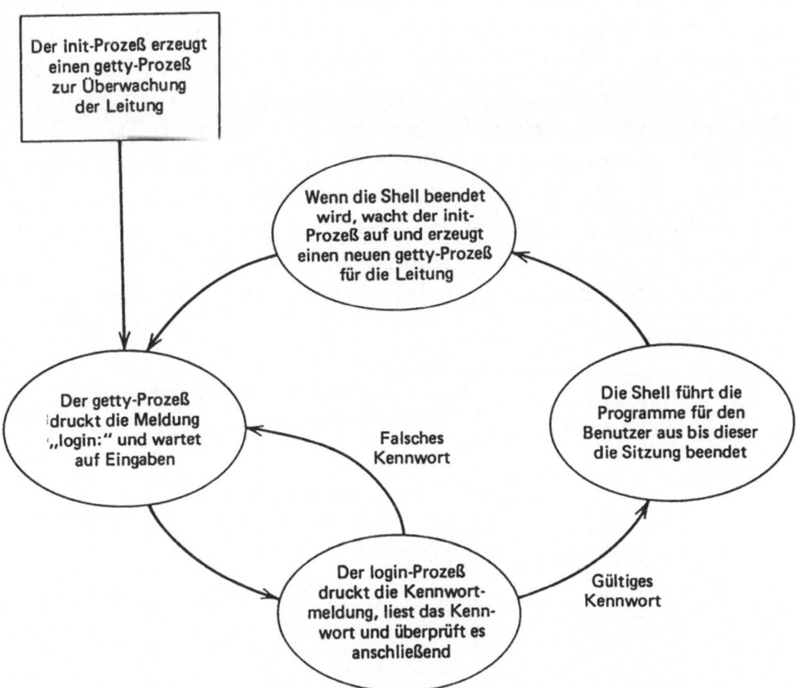

Bild 19.3: Der Ereigniszyklus jeder Kommunikationsleitung.

gegebenenfalls reparieren zu können.

Der Aufbau jedes UNIX-Dateisystems ist in Bild 19.4 zu sehen. Im folgenden werden die Dateisystemstrukturen beschrieben, so wie sie auf der Platte gespeichert sind. Weiterhin werden die Strukturen erläutert, die der Kern im Hauptspeicher hält. Der erste Block jedes Dateisystems (der Block mit der Nummer 0) ist der Boot-Block. Bei Dateisystemen, die in das Bootstrapping einbezogen sind, enthält der erste Block ein kurzes Bootstrap-Programm. Dieses Programm liest einen längeren Bootstrap oder den UNIX-Kern selbst. Die Details des Bootstrapping sind systemabhängig. In Dateisystemen, die nicht in den Bootstrap-Vorgang einbezogen sind, wird der Boot-Block meist nicht benutzt.

Der zweite Block (der Block mit der Nummer 1) eines Dateisystems ist der Dateisystemkopf (auch Superblock genannt). Der Superblock enthält eine Reihe von Informationen über das Dateisystem. Als wichtigste Information enthält er die Größe des Dateisystems, die Anzahl der Inodes des Dateisystems und verschiedene Parameter der Freispeicherliste. Wenn ein Dateisystem mit dem mount-Kommando angemeldet wird, wird ein Eintrag in der internen mount-Tabelle des Kerns angelegt und der Superblock des Dateisystems in einen der Puffer des Kerns gelesen. Der Kern muß die Superblöcke aller angemeldeten Dateisysteme direkt lesen können, da er ständig die Informationen aus diesen Blöcken benötigt, um auf die Dateien und Inodes des Dateisystems zugreifen zu können.

Die Inodes sind in einem Dateisystem ab dem dritten Block (dem Block mit der Nummer 2) gespeichert. Unterschiedlich umfangreiche Dateisysteme enthalten eine unterschiedliche Anzahl von Inodes; die genaue Anzahl der Inodes ist im Dateisystemkopf angegeben. Jeder Inode ist über seine Nummer identifizierbar, da die Liste der Inodes eines Dateisystems hintereinander gespeichert ist, und jeder Inode

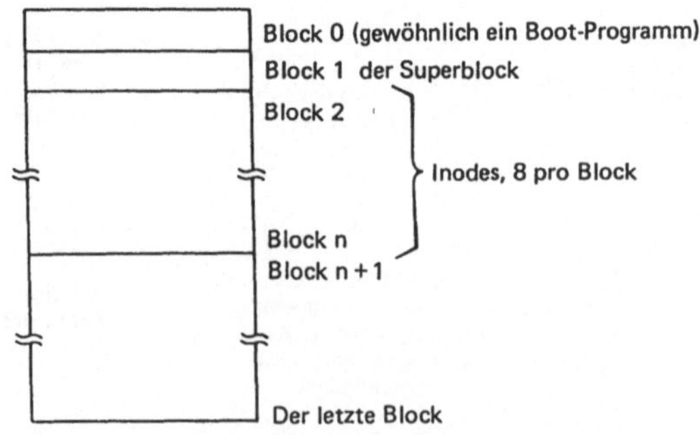

Bild 19.4: Die Struktur eines Dateisystems.

dieselbe Länge hat.

Jede Datei ist durch einen Inode definiert, der alle vom System über die Datei gehaltenen Daten enthält. Der Inode enthält den Modus und Typ der Datei, ihre Länge, die Identifikationsnummer des Eigentümers und der Gruppe, die Speicherposition und die Zeiten, wann die Datei erzeugt wurde, sie zuletzt verändert wurde, und wann der letzte Zugriff erfolgte. Der Name einer Datei ist nicht im Inode gespeichert, er steht in der Directory.

Die Speicherposition der Datei, die im Inode gespeichert ist, muß genauer erläutert werden. Das UNIX-System speichert für jede Datei eine Liste der Dateiblöcke. Andere Betriebssysteme notieren die Nummer des ersten und des letzten Dateiblocks und speichern die Daten zwischen diesen beiden Blöcken kontinuierlich ab. Der Nachteil eines solchen Verfahrens liegt darin, daß der Umfang einer Datei durch den ersten Plattenblock der nachfolgenden Datei begrenzt ist und nicht durch den insgesamt verfügbaren Plattenplatz. Die einzelnen freien Blöcke können zwar durch eine aufwendige Umordnung der verwendeten Blöcke zu einem großen freien Bereich zusammenfügt werden. Da aber diese Sortierung nur erfolgen kann, solange währenddessen keine Dateizugriffe auftreten, muß für die benötigte Zeit der Zugang zur Platte gesperrt werden. Durch Verwendung einer Liste der Dateiblöcke vermeidet UNIX das Problem kontinuierlicher Dateisysteme. Die Dateiblöcke können physikalisch an unterschiedlichen Positionen auf der Platte gespeichert sein, logisch sind sie jedoch in einer langen Kette miteinander verbunden.

Der Schlüssel zu den Speicherpositionen der Dateiblöcke ist eine Liste von 13 Blocknummern, die im Inode gespeichert ist. Die ersten zehn dieser Blocknummern bestimmen die ersten zehn Dateiblöcke. Wenn eine Datei nur vier Blöcke lang ist, dann enthalten die ersten vier Einträge die Nummern der benutzten Blöcke und die restlichen neun Einträge eine Null. Wenn eine Datei länger ist als zehn Blöcke (oder 5120 Bytes), dann wird der elfte Block benutzt, um einen Plattenblock zu bestimmen, der eine Liste der Blocknummern der nächsten 128 Blöcke der Datei enthält. Dieser Block heißt indirekter Block. Für Dateien, die mehr als 138 Blöcke (128 + 10 Blöcke = 70656 Bytes) umfassen, enthält der zwölfte Eintrag in der Inode-Liste die Nummer eines Blocks, der die Nummern von 128 indirekten Blöcken enthält. Dieser Block heißt doppelt indirekter Block. Für Dateien, die mehr als 16522 Blöcke (10 + 128 + 128*128 Blöcke = 8459264 Bytes) umfassen, enthält der dreizehnte Eintrag in der Inode-Liste die Nummer eines dreifach indirekten Blocks. Die maximale Anzahl von Dateiblöcken unter UNIX ist also 10 + 128 + 128*128 + 128*128*128 oder 2113674 Blöcke oder 1082201088 Bytes (s. Bild 19.5).

Um die Daten einer sehr umfangreichen Datei lesen zu können, müssen wesentlich mehr Blöcke gelesen werden als dies für eine wenig

umfangreiche Datei der Fall ist. Das Lesen der indirekten Blöcke zum
Auffinden der konkreten Dateiblöcke ist der geringe Preis für die Mög-

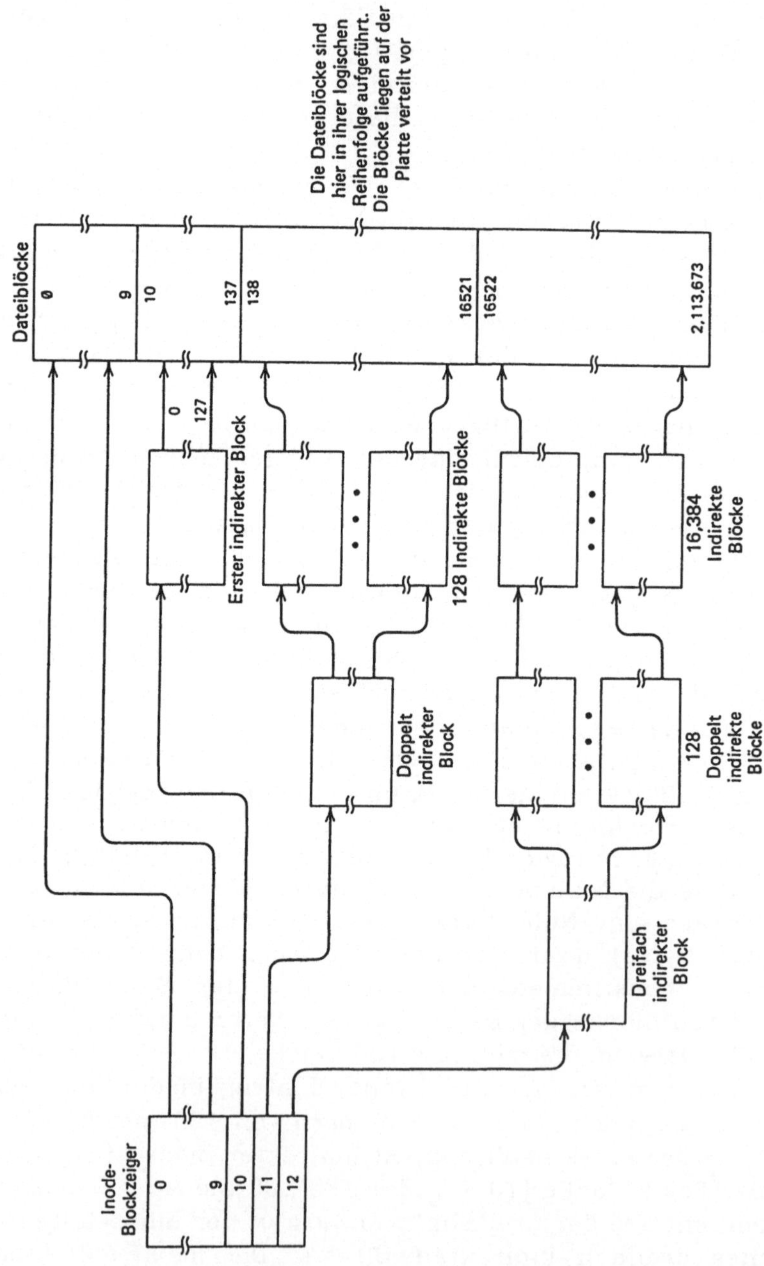

Bild 19.5: Die Umwandlung der Blockverweise in den Inodes in Blocknummern der Dateiblöcke.

lichkeit sehr umfangreicher Dateien. Um zum Beispiel eine Datei von 10000 Blöcken zu lesen, muß das System die 10000 Dateiblöcke, einen doppelt indirekten Block und 79 einfach indirekte Blöcke lesen.

Directories sind Dateien, die eine Liste von Dateinamen und zugehörigen Inode-Nummern enthalten. UNIX beschränkt den Zugriff auf Directory-Dateien für Programme auf das Lesen, um zu verhindern, daß die Struktur des Dateisystems zerstört wird; zum Löschen oder Erzeugen einer Datei muß das Programm einen Systemaufruf zum Beschreiben der Directory-Datei ausführen. Jede Directory ist genau wie jede andere Datei durch einen Inode definiert. Die einzelnen Einträge in einer Directory-Datei sind 16 Bytes lang; die ersten 14 Bytes enthalten jeweils den Dateinamen und die restlichen zwei Bytes die Inode-Nummer.

Die ersten beiden Einträge in jeder Directory sind '.' und '..'. Der Eintrag '.' enthält die Inode-Nummer der gegenwärtigen Directory und der Eintrag '..' die der Vorgänger-Directory (in der root-Directory verweisen sowohl '.' als auch '..' auf die root-Directory, da diese keinen Vorgänger hat). Beide Einträge werden vom System beim Anlegen der Directory erzeugt, und können vom Benutzer nicht direkt gelöscht werden. Eine Directory wird als "leer" bezeichnet, wenn sie nur die Dateien '.' und '..' enthält.

Ein Pfad durch das Dateisystem ist vom Kern aus betrachtet ein steter Wechsel zwischen Directories und Inodes. Der Pfad '../a/b' führt zum Vorgänger der gegenwärtigen Directory, der Unterdirectory 'a' des Vorgängers und schließlich zur Datei 'b' in der Directory 'a'. Um einem Pfad zu folgen, führt das System folgende Schritte aus:

1. Hole den Inode der gegenwärtigen Directory (Der Inode-Zeiger der gegenwärtigen Directory ist in der User-Struktur).

2. Benutze die Daten im Inode der gegenwärtigen Directory, um die gegenwärtige Directory zu lesen, den Namen '..' zu suchen und dessen Inode-Nummer abzuliefern.

3. Hole den Inode für '..'.

4. Benutze die Daten im Inode der Datei '..', um die Vorgänger-Directory zu lesen, den Namen 'a' zu suchen und die Inode-Nummer der Datei zurückzugeben.

5. Hole den Inode für 'a'.

6. Benutze die Daten im Inode der Directory-Datei 'a', um die Directory 'a' zu lesen, sie nach dem Namen 'b' zu durchsuchen und die Inode-Nummer der Datei zurückzugeben.

7. Hole den Inode für 'b'.

8. Greife auf die Datei 'b' zu.

Dieses kleine Beispiel verdeutlicht gut die auszuführenden Operationen für das Verfolgen eines Pfadnamens unter UNIX. (s. Bild 19.6). In einem flachen Dateisystem wäre zwar die Suche nach einer Datei sehr viel einfacher, die zusätzliche Arbeit, die ein hierarchisches Dateisystem erfordert, wird aber durch die Vorteile des Systems wieder ausgeglichen. Auf der anderen Seite wird relativ selten ein

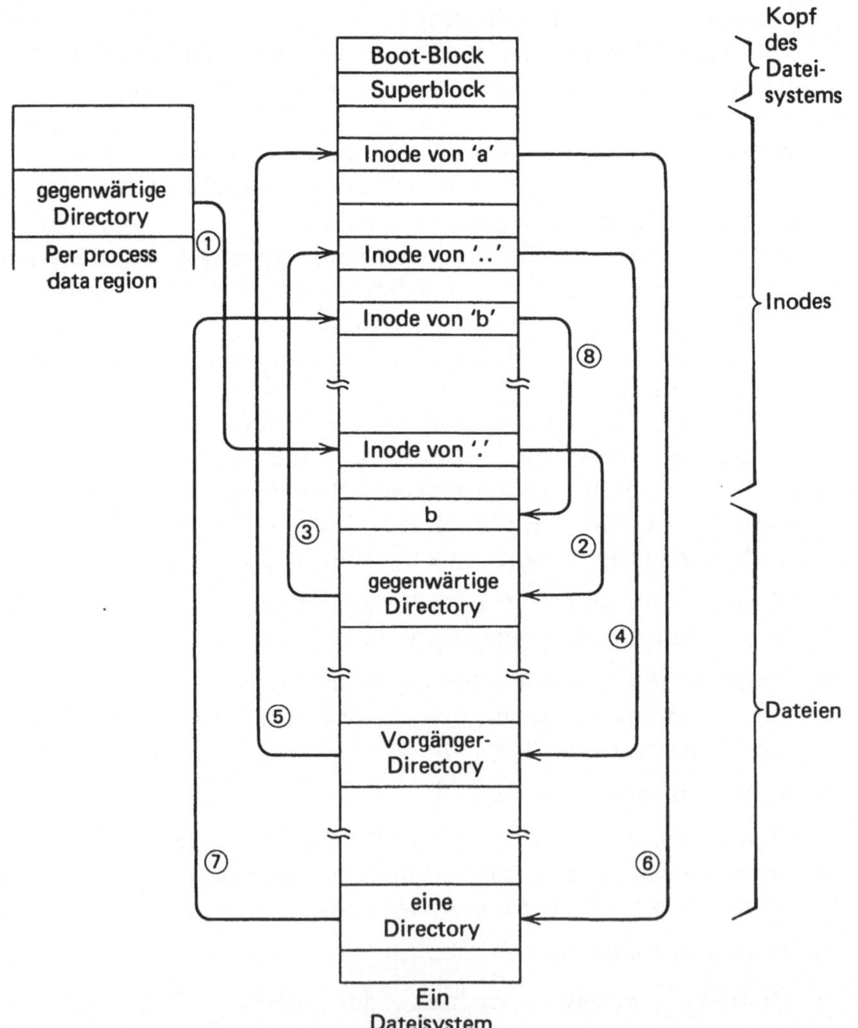

Bild 19.6: Das Verfolgen eines Pfadnamens. Die acht Schritte (s. Text) zum Verfolgen des Pfadnamens '../a/b' sind dargestellt.

Pfad verfolgt, meist wird auf eine bereits aufgefundene Datei zugegriffen.

Bis jetzt wurden nur die Teile des Dateisystems beschrieben, die auf der Platte gespeichert sind und die die Dateisystemstruktur darstellen: der Superblock, die Inodes, die Directory-Dateien, die normalen Dateien und die Spezialdateien. Sie werden vom Kern manipuliert, wenn ein Programm eine Änderung anfordert, können aber auch direkt manipuliert werden, um z.B. mit fsck oder fsbd eine zerstörte Inode-Struktur zu reparieren. Es gibt jedoch noch weitere Datenstrukturen, die für den Datenzugriff benötigt werden und vom Kern im Hauptspeicher gespeichert werden (s. Bild 19.7).

Zwei der vom Kern gehaltenen Strukturen im Hauptspeicher wurden bereits erwähnt: der Superblock jedes angemeldeten Dateisystems und eine Tabelle von Inodes. Der Superblock wird im Speicher gehalten, da er verschiedene Schlüsselparameter des Dateisystems enthält, als wichtigsten die Speicherposition der Liste der freien Blöcke. Jeder Eintrag der Inode-Tabelle des Kerns enthält die Schlüsselinformation für den Zugriff auf eine Datei, den Modus der Datei und die Speicherposition der Blöcke der Datei.

Eine weitere Tabelle des Kerns zum Zugriff auf Dateien wurde noch nicht beschrieben: die Dateitabelle. Jeder Eintrag in der Dateitabelle enthält einen Zeiger auf einen bestimmten Eintrag in der Inode-Tabelle und einen Lese-/Schreibzeiger für die Datei. Der per-user-data-Bereich jedes Prozesses enthält Zeiger in diese Dateitabelle für jede geöffnete Datei, die Dateitabelle verweist in die Inode-Tabelle, und die Inode-Tabelle führt letztendlich zur Datei.

Dieses Verfahren sieht im ersten Augenblick kompliziert aus; der per-process-data-Bereich könnte Zeiger enthalten, die direkt in die Inode-Tabelle zeigen. Die zusätzlichen Lese-/Schreibzeiger, die durch die Dateitabelle zur Verfügung gestellt werden, sind die Begründung für diese Tabelle. Wenn ein Prozeß mit geöffneten Dateien fork ausführt, teilen sich die beiden entstandenen Prozesse die einzelnen Lese-/Schreibzeiger (in der Dateitabelle) auf eine Datei. Diese Eigenschaft wird zum Beispiel oft von der Shell benutzt. Wenn die Shell ein Programm ausführen will, ruft sie fork auf, führt exec aus und wartet auf die Beendigung des erzeugten Prozesses. Zwischenzeitig liest der neue Prozeß von der Standard-Eingabe und schreibt auf die Standard-Ausgabe. Der Umstand, daß sich die Shell und der Subprozeß den Lese-/Schreibzeiger auf die Standard-Eingabe und Standard-Ausgabe teilen, bewirkt, daß der Lese-/Schreibzeiger richtig positioniert ist, wenn der Prozeß beendet ist, und die Shell die Kontrolle zurückgewinnt.

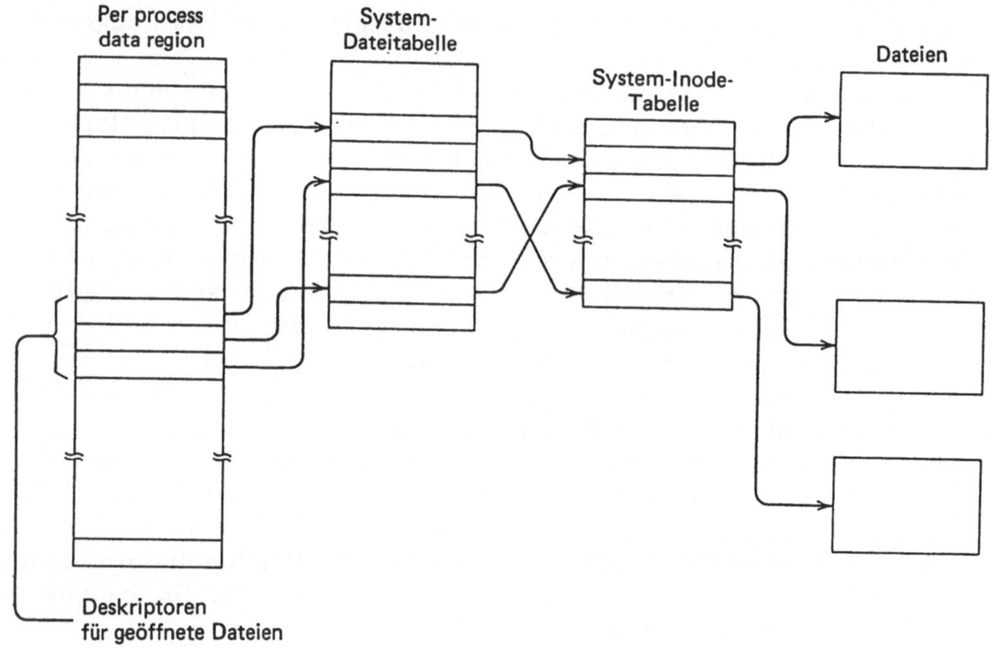

Bild 19.7: Die Datenstrukturen des Kerns für den Dateizugriff.

19.7 Peripherie

Mit dem Begriff Peripherie wird ein Gerät bezeichnet, vom dem Eingaben gelesen oder auf das Ausgaben geschrieben werden. Platten, Bänder, Kommunikationsleitungen, Kartenleser und Drucker sind typische Peripherieeinheiten. UNIX enthält zwei Strategien, um auf die Peripherie zuzugreifen: das blockorientierte E/A-System und das zeichenorientierte E/A-System. Das Blockmodell wird für Geräte benutzt, die als Folge von Blöcken (512 Bytes) adressiert werden können, also Geräte wie Platten- und Bandstationen.

Der Vorteil des Blockmodells liegt in der reduzierten E/A-Belastung, die durch die Pufferung des Kerns erreicht wird. Der Kern unterhält eine Reihe von Puffern, die jedesmal durchsucht werden, wenn ein Programm eine Übertragung (Ein- oder Ausgabe) anfordert. Wird der benötigte Block nicht bereits in einem Puffer gespeichert, dann gibt das System einen Puffer frei und überträgt den benötigten Block zwischen dem Puffer und der Peripherie. Häufig benötigte Blöcke können so in einem der Puffer gespeichert werden und verringern die E/A-Belastung.

Das Zeichenmodell wird für alle Geräte benutzt, die nicht in das Blockmodell passen. Gewöhnlich wird das Zeichenmodell für Kommunikationsleitungen, Drucker, Lochstreifen- und Kartenleser und ähnliches benutzt. Die Geräte, die über das Blockmodell angesprochen werden, können meist auch über eine zeichenstruktrierte Schnittstelle benutzt werden. Über diesen Zugang wird die E/A-Pufferung des Kerns umgangen.

Der Zugriff auf zeichenstrukturierte Geräte, die lediglich ein Zeichen verarbeiten können, wird vom Kern in Zeichenlisten gepuffert, während der Zugriff auf zeichenstrukturierte Geräte, die größere Einheiten (meistens Blöcke) übertragen, vom Kern nicht gepuffert wird.

Bei der Entwicklung des E/A-Teils eines Betriebssystems treten zwei Probleme auf. Das erste Problem besteht darin, daß jede Peripherie eine etwas andere Verwaltungstechnik erfordert. Alle diese verschiedenen Techniken müssen im Betriebssystem programmiert sein. Das zweite Problem ist die Tatsache, daß die Peripherie der meisten Rechner laufend umarrangiert wird. Das Betriebssystem muß jedesmal verändert werden, wenn ein Peripheriegerät hinzugefügt oder weggenommen wird. Diese beiden Probleme sind unter UNIX gelöst, indem einzelne Software-Moduln (die Gerätetreiber) für jeden Typ von Peripherie und eine Tabelle der logischen Verknüpfungen des Kerns und den verschiedenen Gerätetreibern benutzt werden.

Als Treiber bezeichnet man die Menge von Subroutinen, die innerhalb des Betriebssystems zur Überwachung der Datenübertragung zwischen dem Rechner und einem Peripherietyp arbeiten. Für UNIX ist eine große Zahl von Treibern für die üblichen Peripherieeinheiten verfügbar.

Die Hauptaufgabe der Systemkonfiguration ist das Anbinden der richtigen Treiber. Es gibt verschiedene Verfahrensweisen, um ein Betriebssystem neu zu konfigurieren. Der Kern des UNIX-Betriebssystems wird neu konfiguriert, indem mehrere Schlüsselmoduln geändert und neu übersetzt werden. UNIX benutzt zwei Tabellen, cdevsw und bdevsw, um den Prozeß der E/A-Konfiguration zu überwachen. Diese Tabellen sind in einer Datei 'conf.c' enthalten. Unter einigen Systemen steht ein Programm config zur Verfügung, das automatisch eine Datei 'conf.c' für die vorhandene Hardware-Konfiguration erstellt. Neben den Tabellen cdevsw und bdevsw enthält 'conf.c' mehrere Parameter, die verschiedene Betriebsmittel kontrollieren (z.B. die Anzahl der Puffer des Kerns, die Größe des Swap-Bereichs, die Länge bestimmter Tabellen).

Das Kernstück der Datei 'conf.c' ist ein Strukturenpaar, cdevsw und bdevsw. Diese beiden Strukturen sind der Schlüssel zur Fähigkeit von UNIX, sich leicht unterschiedlichen Hardware-Konfigurationen durch Einsetzen verschiedener Treibermoduln anzupassen.

Die cdevsw-Tabelle ist die Verbindung zwischen den Treibermoduln für zeichenorientierte E/A-Geräte und dem Kern. Jeder Eintrag in der Tabelle wird benutzt, um das System logisch mit den einer bestimmten Hauptgerätenummer zugeordneten Treibern zu verbinden. Der erste

Eintrag (mit der Nummer 0) in der cdevsw-Tabelle wird für zeichenstrukturierte E/A-Geräte mit der Hauptgerätenummer Null benutzt, der nächste Eintrag für die der Hauptgerätenummer Eins usw. Wenn man mit dem mknod-Kommando eine Spezialdatei anlegen möchte, muß man diese Tabelle untersuchen, um die benötigten Informationen zu erhalten.

Jeder Eintrag in der cdevsw-Tabelle definiert die Adressen der Treiberroutinen zum Öffnen, Schließen, Lesen, Schreiben und Kontrollieren des Übertragungsmodus eines Gerätes. Die Routinen zum Öffnen und Schließen führen alle speziellen Verarbeitungen aus, die vor und nach einer Datenübertragung benötigt werden. Die open-Routine (Routine zum Öffnen) für eine Telefonleitung zum Beispiel wartet auf ein Läuten und antwortet dann; die close-Routine (Routine zum Schließen) der Leitung wird die Leitung unterbrechen. Die read- und write-Routinen (zum Lesen und Schreiben) werden vom Kern zum Datentransfer von und zu einem Gerät aufgerufen. Die read- und write-Routinen werden in Verbindung mit Unterbrechungsroutinen benutzt, die die Datenübertragung überwachen. Die Kontrollroutinen werden auf Kommunikationsleitungen benutzt, um einen Kanal an ein Terminal oder Leitungsprotokoll anzupassen. Die Kontrollroutine wird nur für solche zeichenstrukturierte Geräte benutzt, die Zeichen an Rechnerterminals senden.

Die Treiber unter UNIX sind so geschrieben, daß ein Treiberprogramm die Anforderungen für mehrere Einheiten eines Hardwaretyps erfüllen kann. Zum Beispiel wird auf einem PDP-11-Rechner eine Schnittstelle namens KL11 für die Zeichenübertragung an ein einzelnes Terminal benutzt. Selbst wenn der Rechner mehrere KL11 Hardware-Schnittstellen hat, wird nur ein KL11-Treiberprogramm benötigt. Um die Schnittstellen zu unterscheiden, wird der Treiberroutine eine Nummer übergeben, die Untergerätenummer, anhand der die zu benutzende Schnittstelleneinheit erkannt wird. Die Interpretation der Untergerätenummer bleibt dem einzelnen Treibermodul überlassen. Bei Treibern wie dem KL11-Treiber gibt die Untergerätenummer an, welche KL11-Einheit angesprochen werden soll. Andere Treiber benutzen die Untergerätenummer zum Beispiel zur Feststellung der Schreibdichte bei Magnetbändern oder als Anzeige, ob das Band beim Schließen zurückgespult werden soll.

Der Name der Treiberroutinen beginnt mit einer vereinheitlichten zwei Zeichen langen Zeichenfolge, die auf die angeschlossene Hardware-Schnittstelle hindeutet. Zum Beispiel benutzen die Treiberroutinen für die Digital Equipment Corporation DL11 serielle Leitungsschnittstelle die Zeichenfolge "kl" (da die Schnittstelle früher KL11 hieß). Die Zeile in der cdevsw-Tabelle, die die Schnittstelle des Kerns

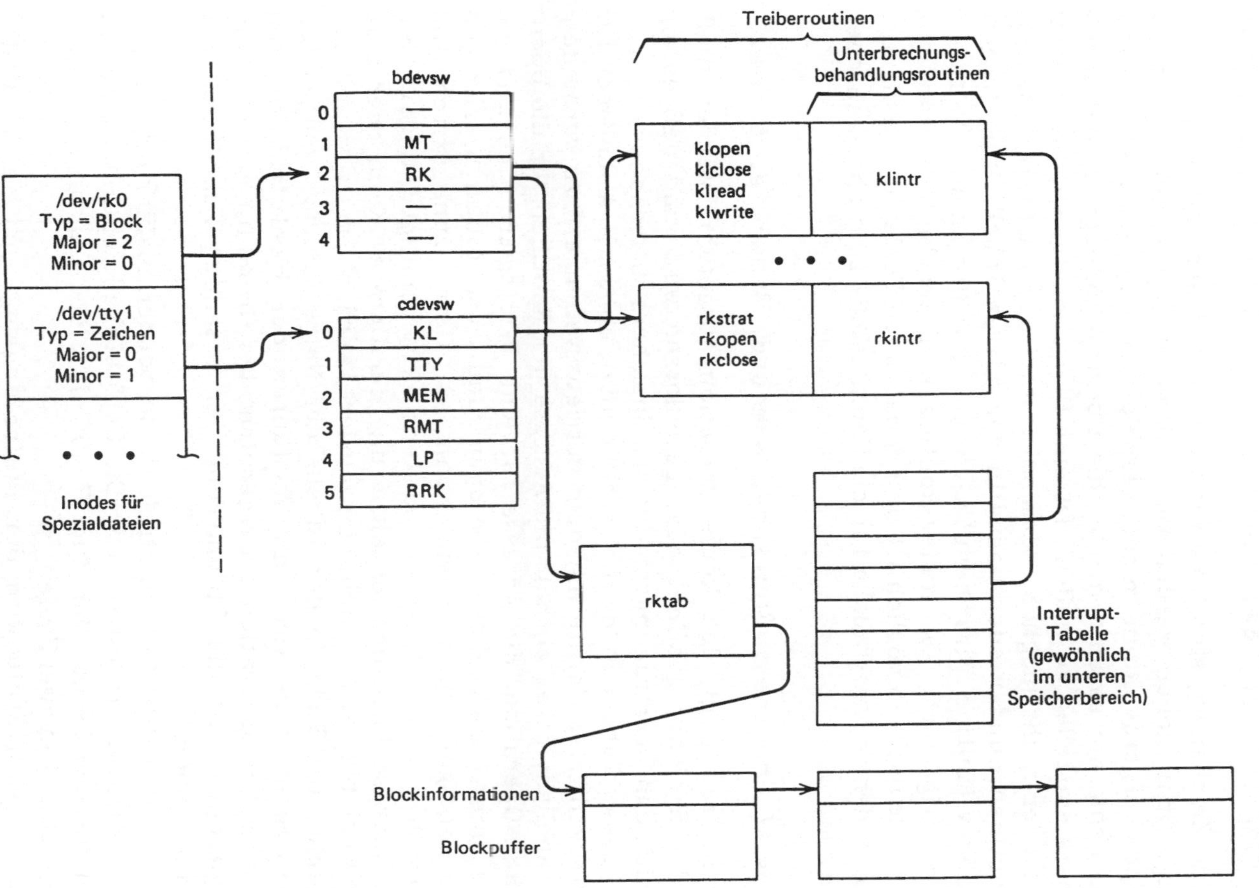

Bild 19.8: Die Datenstrukturen des Kerns zum Zugriff auf E/A-Geräte.

zum KL-Treiber definiert, lautet

```
/*0*/ &klopen, &klclose, &klread, &klwrite, &klsgtty,
```

(Das Und-Zeichen (&) steht in C für die Adresse eines Objektes).

Einige Operationen werden für bestimmte Geräte nicht benötigt; das Speichergerät kann nicht geschlossen und geöffnet werden, ebenso wenig wie es Sinn macht, die Übertragungseigenschaften des Speichers einstellen zu wollen. Ist eine Operation für ein Gerät nicht erlaubt oder nicht möglich, dann wird statt der Treiberroutine eine der Routinen nulldev oder nodev in der cdevsw-Tabelle eingetragen. Die nulldev-Routine wird benutzt, wenn eine bestimmte Operation nicht benötigt wird. Die nodev-Routine wird verwendet, wenn eine Operation logisch unmöglich ist und somit einen Fehler darstellt. Der Eintrag in der cdevsw-Tabelle für die Schnittstelle zum physikalischen Speicher lautet

```
/*8*/ &nulldev, &nulldev, &mmread, &mmwrite, &nodev,
```

Dieser Eintrag zeigt, daß keine Operation ausgeführt werden muß, wenn der Speicher geöffnet oder geschlossen wird, und daß es ein Fehler ist, den Übertragungsmodus des Speichers zu verändern.

Die bdevsw-Tabelle in 'conf.c' wird benutzt, um die E/A-Routinen für blockstrukturierte Geräte mit dem Betriebssystemkern zu verbinden. Jeder Tabelleneintrag enthält die Adresse der Routinen für die open- und close-Operation, die Adresse für eine Strategieroutine und die Adresse einer Gerätetabelle. Die open- und close-Routinen erledigen die notwendigen Operationen, wenn ein Gerät zum ersten Mal angesprochen wird und werden meistens nicht benötigt (nulldev). Sie dienen hauptsächlich der Initialisierung der Geräte. Kann oder muß ein bestimmtes Gerät nicht initialisiert werden, so wird an der entsprechenden Stelle in der Tabelle der Name "nulldev" eingesetzt. Die Strategieroutine wird zum Ausführen der blockstrukturierten Lese- und Schreiboperationen aufgerufen. Der Grund für eine einzelne Strategieroutine ist die Optimierung der gesamten Zugriffszeit für Platte und Bänder.

Die Gerätetabelle ist der zentrale Punkt bei der Ausführung von E/A auf blockstrukturierten Geräten. Die Gerätetabelle enthält Zeiger zu Puffern für das Gerät. Der Zugriff auf ein blockstrukturiertes E/A-Gerät geschieht in zwei Stufen.

In der ersten Stufe wird der Puffer angelegt und der Kopf des Puffers initialisiert. Der Kopf enthält die Nummer des geladenen Blocks eines Gerätes sowie zahlreiche Flaggen und Zeiger zu anderen Köpfen und einen Zeiger auf den Datenpuffer. Die zweite Stufe besteht aus der physikalischen Übertragung der Daten zwischen dem Puffer und dem Gerät. Die Reihenfolge der Übertragung zwischen Puffer und Gerät muß nicht die Reihenfolge sein, in der die Anforderungen gestellt werden.

Viele der an UNIX angeschlossenen Peripherien benutzen Unterbrechungstechniken zur Datenübertragung. Eine Hardware-Unterbrechung ist ein elektrisches Signal, das bewirkt, daß der Prozessor ungeachtet seiner gegenwärtigen Operation die Verarbeitung anhält und eine Unterbrechungsbehandlungsroutine ausführt. Diese Routine erledigt die dringendsten Anforderungen der Peripherie (wie das Rücksetzen der Unterberechungsflagge) und gibt die Kontrolle dann an das unterbrochene Programm zurück. Zeichenstrukturierte Geräte veranlassen eine Unterbrechung einmal pro Zeichen, gelegentlich einmal pro Zeile oder einmal pro Datenblock; blockstrukturierte Geräte veranlassen eine Unterbrechung einmal pro Datenblock.

Ein Interrupt-Handler (eine die Unterbrechung behandelnde Routine) ist Teil eines Gerätetreibers und führt die Überwachung der Datenübertragung von und zu unterbrechungsgesteuerter Peripherie aus. Diese Routine wird aktiviert, wenn die E/A-Schnittstellen-Hardware ein Unterbrechungssignal erzeugt. In PDP-11-Rechnersystemen müssen die Adressen der Programme zur Unterbrechungsbehandlung an festgelegten Speicherpositionen im unteren Speicherbereich gelagert sein. Die Speicherpositionen für die Adressen werden durch Optionen bestimmt, die auf der Schnittstellenplatine gesetzt werden. Verschiedene Rechner verwenden unterschiedliche Techniken zum Zusammenführen bestimmter Interrupt-Handler und Unterbrechungen von bestimmten Klassen von E/A-Geräten. Da die PDP-11 die Adressen im unteren Speicherbereich lagert, benutzt UNIX auf PDP-11-Rechnern eine Assembler-Datei 'low.s', in der die Adressen der Interrupt-Handler eingetragen sind.

Gekürztes UNIX Manual

Dieses gekürzte UNIX System Manual enthält Beschreibungen der 40 meistbenutzten Hilfsprogramme:

at	file	mv	sort
cat	find	nice	spell
cd	grep	nohup	stty
chmod	kill	od	tail
chown,chgrp	ln	passwd	tee
cp	lpr	pr	time
crypt	ls	ps	tty
date	man	pwd	wc
diff	mail	rm	who
echo	mkdir	rmdir	write

Viele UNIX-Kommandos weichen auf verschiedenen Installationen von den hier beschriebenen Beschreibungen ab. Wenn es Unterschiede zwischen der Benutzung hier und der Benutzung auf der von Ihnen benutzten Rechenanlage gibt, sollten Sie das zur Verfügung stehende Manual zu Rate ziehen. Von einigen Kommandos existieren verschiedene Versionen. Dies wurde berücksichtigt. Es sind z.T. unterschiedliche Versionen erläutert.

Dieses Kurzmanual folgt im Aufbau dem ursprünglichen UNIX-Manual. In den Synopsen umfassen eckige Klammern optionale Argumente. Fortsetzungspunkte (...) folgen auf Argumente, die wiederholt werden können. Für jedes Kommando sind Beispiele angeführt. Die Beispiele sind entsprechend ihres Leistungsumfangs angeordnet. Die ersten Beispiele sind einfach, bei den weiteren nimmt die Schwierigkeit zu.

AT

NAME
at - Programme später ausführen

SYNOPSE
at zeit [datum] [datei]

BESCHREIBUNG
Das at-Programm wird benutzt, um Programme zu einem vorgegebenen Zeitpunkt auszuführen. at legt eine Kopie der Datei (oder
der Standard-Eingabe, wenn keine Datei angegeben ist) an und
sorgt dafür, daß die Datei zum angegebenen Zeitpunkt ausgeführt
wird. Wenn das Programm ausgeführt wird, wird es in der gegenwärtigen Directory mit allen Umgebungsvariablen des Zeitpunkts des
at-Aufrufs aufgerufen. Die Umgebung zur Ausführungszeit des
Kommandos ist also identisch mit der Umgebung zum Zeitpunkt des
at-Aufrufs.

Das zeit-Argument des Kommandos at besteht aus einer bis zu
vier Ziffern langen Zahl, die mit einem "a" für vormittags (engl. AM),
einem "p" für nachmittags (engl. PM), einem "n" für mittags (engl.
noon) oder einem "m" für mitternachts (engl. midnight) abgeschlossen werden kann. Wenn die Länge des zeit-Arguments kleiner oder
gleich zwei ist, nimmt at an, daß es sich um eine Stundenangabe
handelt. Ist das zeit-Argument länger, geht at davon aus, daß
sowohl die Stunde als auch die Minute angegeben ist, zu der das
Kommando gestartet werden soll. Das at-Programm geht von einer
24-Stunden-Uhr aus, solange keiner der oben erwähnten Buchstaben auf die Zeitangabe folgt.

Das optionale datum-Argument hat eine der beiden Formen:
entweder enthält es eine Monatsnummer, gefolgt von einer
Tagesnummer, oder es handelt sich um einen Tag in einer Woche.
Steht nach dem Tag der Woche das Wort "week", wird das Kommando erst in der nächsten Woche zur angegebenen Zeit ausgeführt.
Man kann die Monats- oder Tagesnamen abkürzen.

BEISPIELE
Führe das Shell-Programm 'nroffbuch.sh' am Dienstag (engl. tues-

day) um zwei Uhr morgens aus:

```
at 2 tues nroffbuch.sh
```

Führe das Shell-Programm 'kmds.sh' am zweiten Januar um drei Uhr nachmittags aus:

```
at 3p jan 2 kmds.sh
```

oder

```
at 15 jan 2 kmds.sh
```

Führe das Shell-Programm 'kmds.sh' Freitag (engl. friday) in einer Woche um Mitternacht aus:

```
at 12m fri week kmds.sh
```

BEMERKUNGEN

Wenn man die Belastung des Systems verringern möchte, ist es besser, große Programme mit dem at-Programm in den frühen Morgenstunden auszuführen, statt sie während der Hauptbelastungszeit mit dem nice-Kommando (mit verringerter Priorität) auszuführen.

CAT

NAME

cat - verknüpfe und drucke Dateien

SYNOPSE

cat [-u] datei ...

BESCHREIBUNG

Das cat-Programm kann für zwei Aufgaben eingesetzt werden: zum Ausgeben der Dateien auf dem Terminal, und zum Zusammenfügen mehrerer Dateien zu einer Datei mittels Umlenkung der Ausgabe. Die Option "-u" unterdrückt die von cat normalerweise ausgeführte Blockpufferung.

Wenn man cat benutzt, um Dateien aneinanderzuhängen, ist es ungünstig, als Ausgabedatei eine der Eingabedateien zu verwenden.

Die Kommandos "cat a b > a" und "cat a b > b" arbeiten nicht so, wie man erwartet.

BEISPIELE

Drucke die Datei 'ch3' auf dem Terminal aus:

```
cat ch3
```

Gebe mehrere Dateien auf dem Terminal aus:

```
cat ch1 ch2 ch3 ch4
```

Vereinige mehrere Dateien zur Datei 'ch1-4':

```
cat ch1 ch2 ch3 ch4 > ch1-4
```

Erzeuge eine leere Datei 'Datei.neu':

```
cat /dev/null/ > Datei.neu
```

CD

NAME

cd - wechsele in eine neue Arbeitsdirectory (Working-Directory)

SYNOPSE

cd [directory]

BESCHREIBUNG

Das cd-Kommando wird zum Wechseln in eine andere Directory benutzt.

BEISPIELE

Wechsel in die Directory '/usr/bin':

```
cd /usr/bin
```

Wechsel in die Vorgänger-Directory der gegenwärtigen Directory:

```
cd ..
```

Kehre in die Home-Directory zurück:

    cd

BEMERKUNGEN

Auf älteren Systemen heißt das cd-Kommando chdir. Das chdir-Kommando verlangt immer einen Directory-Namen, da es den Namen der Home-Directory nicht kennt.

CHMOD

NAME

chmod - ändere den Zugriffsmodus einer Datei

SYNOPSE

chmod modus datei ...

BESCHREIBUNG

Das chmod-Kommando wird zum Ändern der Zugriffsrechte auf Dateien oder Directories benutzt. Wie im Abschnitt 6.5 erläutert, gibt es drei Zugriffssorten auf eine Datei (Lesen, Schreiben, Ausführen) und drei Klassen von Benutzern (Eigentümer, Gruppe, Andere).

Der symbolische Modus ist gewöhnlich aus drei Teilen zusammengesetzt:

    "Wer" "Operator" "Recht"

Die folgende Tabelle enthält die Kodierung zur Erzeugung des symbolischen Modus:

Wer	Operator
u | Eigentümer (user)	- | entziehe Recht
g | Gruppe (group)	+ | füge ein Recht hinzu
o | Andere (others)	= | weise Recht zu
a | Alle (all, ugo)	

Rechte
----
r   lesen (read)
w   schreiben (write)
x   ausführen (execute)
s   set-user-(group)-id-Modus
t   save-text-(oder Sticky)-Modus
u   die gegenwärtigen Rechte des Eigentümers
g   die gegenwärtigen Rechte der Gruppe
o   die gegenwärtigen Rechte der Anderen

Nur der Eigentümer der Datei und der Super-User können den Modus einer Datei ändern. Die set-user-id- und set-group-id-Modi und der Sticky-Modus werden vom Systemverwalter oder System-programmierern benutzt (sie werden hier nicht erläutert).

Die Modi können auch absolut angegeben werden. In diesem Fall steht anstelle des symbolischen Modus eine oktale Zahl. Die abso-lute Form wird hier ebenfalls nicht beschrieben, sie sollte im UNIX-Manual nachgelesen werden.

BEISPIELE

Erlaube allgemeines Leserecht für die Datei 'arli':

```
chmod a+r arli
```

oder, da "a" der implizite Wer-Teil des symbolischen Modus ist:

```
chmod +r arli
```

Setze die Rechte der Gruppe und aller anderen für die Datei 'britt' auf denselben Wert wie die gegenwärtigen Eigentümerrechte:

```
chmod go=u britt
```

Entziehe allen Benutzern, außer dem Eigentümer, die Lese- und Schreibrechte für die Datei 'neuesSys':

```
chmod go-rw neuesSys
```

Erlaube das Lesen und Schreiben, aber nicht das Ausführen für alle Benutzerklassen der Datei 'pzeit' und 'qzeit':

```
chmod a=rw pzeit qzeit
```

Mache die Datei 'loeschepunkto.sh' ausführbar:

```
chmod +x loeschepunkto.sh
```

Verhindere die Erzeugung einer Datei in der gegenwärtigen Directory:

```
chmod a-w .
```

CHOWN, CHGRP

NAME
chown, chgrp - ändere die Zugehörigkeit einer Datei

SYNOPSE
chown neuerbesitzer datei ...
chgrp neuegruppe datei ...

BESCHREIBUNG
Mit den Kommandos chown und chgrp werden die Eigentumsrechte einer Datei geändert. Sie werden hauptsächlich benutzt, um anderen Benutzern Dateien zu überlassen. Die neuen Eigentumsrechte werden nur dann gesetzt, wenn die Datei dem das Kommando ausführenden Benutzer gehört. Lediglich der Systemverwalter ist von dieser Regel ausgenommen. Er kann jede Datei jedem beliebigen Benutzer übereignen.

Die Benutzernamen sind gewöhnlich in der Datei '/etc/passwd' gespeichert, die Gruppennamen in der Datei '/etc/group'.

BEISPIELE
Ändere den Eigentümer der Datei 'tagebuch' in "ralf":

```
chown ralf tagebuch
```

Ändere den Eigentümer aller Dateien mit der Dateinamenergänzung ".n" in "horst":

```
chown horst *.n
```

Übereigne alle Dateien, deren Namen mit dem Buchstaben "ch" beginnen, der Gruppe "prolog":

```
chgrp prolog ch*
```

CP

NAME

cp - kopiere Dateien

SYNOPSE

cp datei1 datei2
cp datei ... directory

BESCHREIBUNG

In seiner einfachsten Form fertigt cp eine Kopie von der Datei
'datei1' unter dem Namen 'datei2' an. Der Inhalt der 'datei1' wird
von der Operation nicht berührt. Wenn die 'datei2' bereits existiert,
bleiben ihre Dateiangaben und Modi unverändert, sonst wird der Eigentümer und Modus von 'datei1' kopiert.

Die zweite Befehlsform (in der obigen Synopse) kopiert die Datei
oder Dateien in die angegebene Directory unter Beibehaltung der
ursprünglichen Dateinamen.

BEISPIELE

Kopiere die Datei 'boell.kritik' nach 'grass.kritik':

```
cp boell.kritik grass.kritik
```

Kopiere alle Dateien aus der Unterdirectory 'literatur' in die Unterdirectory 'verrisse':

```
cp literatur/* verrisse
```

Kopiere alle Dateien mit der Dateinamenergänzung ".kritik" in der
gegenwärtigen Directory in die Unterdirectory 'verrisse':

```
cp *.kritik verrisse
```

CRYPT

NAME
crypt - verschlüssele Dateien

SYNOPSE
crypt [kennwort]

BESCHREIBUNG
Das Programm crypt verschlüsselt Dateien. Der Schutz von Dateien mit dem Zugriffsrechte-System (s. chmod) erlaubt einen gewissen Grad an Sicherheit unter UNIX. Verschlüsselte Dateien sind jedoch besser geschützt als Dateien, die über die Zugriffsrechte gesichert sind. Der Verschlüsselungsmechanismus wird von einem Kennwort gesteuert. Dasselbe Kennwort wird zum Ver- und Entschlüsseln benutzt. Wenn das Kennwort nicht als Argument angegeben wird, fragt das crypt-Programm unter Abschaltung der Zeichenausgabe ein Kennwort nach. crypt liest von der Standard-Eingabe und schreibt auf die Standard-Ausgabe.

BEISPIELE
Verschlüssele die Datei 'tagebuch', schreibe die verschlüsselte Version nach 'tagebuch.cry' und lösche die ursprüngliche Datei:

```
crypt abrakadabra < tagebuch > tagebuch.cry ; rm tageb
```

Gebe die ursprüngliche Form (die unverschlüsselte) von 'tagebuch' auf dem Terminal aus:

```
crypt abrakadabra < tagebuch.cry
```

Erstelle die ursprüngliche Form aus 'tagebuch.cry' und lege sie in 'tagebuch' ab:

```
crypt abrakadabra < tagebuch.cry > tagebuch
```

In allen Beispielen wurde das Kennwort als Kommandozeilenargument angegeben. Alternativ dazu hätte es weggelassen werden können, und crypt hätte es nachgefragt.

DATE

NAME
date - drucke und setze das Datum und die Zeit

SYNOPSE
date [mmddhhmm[yy]]

BESCHREIBUNG
Das date-Kommando wird zur Ausgabe des Datums und der Zeit
benutzt. Der Systemverwalter ist zusätzlich in der Lage, mit dem
optionalen Argument das Datum und die Zeit zu setzen. Das Argument gibt den Monat (engl. month, 01-12), den Tag des Monats
(engl. day, 01-31), die Stunde (engl. hour, 00-23), die Minute (00-59)
und optional die letzten beiden Ziffern des Jahres (engl. year) an.

BEISPIELE
Gebe das Datum aus:

```
date
```

Setze das Datum auf den 21 Januar 1980 9 Uhr 15:

```
date 0121091280
```

BEMERKUNGEN
Zum Setzen des Datums muß man die Zugriffsrechte des Systemverwalters haben.

DIFF

NAME
diff - finde die Unterschiede in Textdateien

SYNOPSE

diff [-efbh] datei1 datei2

BESCHREIBUNG

Mit dem Programm diff können zwei Textdateien verglichen werden. diff kann in einer Pipe benutzt werden, indem einer der Dateinamen weggelassen wird, und stattdessen der spezielle Name "-" angegeben wird. Wenn sich die beiden Dateien unterscheiden, gibt diff gewöhnlich eine Zeile aus, die ein Editor-Kommando enthält (um anzuzeigen, welche Zeilen sich unterscheiden), gefolgt von den betroffenen Zeilen beider Dateien.

Die folgenden drei Pseudo-Editor-Kommandos werden von diff ausgegeben:

n1 a n3, n4

in datei1 fehlen einige der Zeilen, die in datei2 enthalten sind. Der Unterschied kann beseitigt werden, indem die Zeilen n3 bis n4 aus datei2 in datei1 hinter Zeile n1 eingefügt werden.

n1, n2 d n3

datei1 enthält Zeilen, die in datei2 fehlen. Nach dem Löschen der Zeilen n1 bis n2 der datei1 sind beide Dateien wieder gleich. Alternativ dazu können die Zeilen n1 bis n2 aus datei1 auch hinter die Zeile n3 der datei2 kopiert werden.

n1, n2 c n3, n4

datei1 und datei2 unterscheiden sich in einem Bereich. Der Unterschied besteht aber nicht darin, daß Zeilen zusätzlich in einer der beiden Dateien vorkommen, sondern daß in dem angegebenen Bereich Text steht, zu dem es keine Entsprechung in der anderen Datei gibt.

Bei allen drei Pseudo-Editor-Kommandos gilt, daß bei Gleichheit von n1 und n2 (oder n3 und n4) nur eine Zahl ausgegeben wird. Nach den Pseudo-Kommandos werden die betroffenen Zeilen der Dateien ausgegeben. Am Anfang der Zeilen der datei1 steht ein "<", am Anfang der Zeilen der datei2 das Zeichen ">".

Das diff-Kommando erlaubt vier Optionen:

-e   Erzeuge eine Datei, in der Kommandos für den Standard-UNIX-Editor stehen (ein Editor-Skript), mithilfe derer der Editor aus der datei1 die datei2 erstellen würde.

-f   Erzeuge ein ähnliches Skript, aber in umgekehrter Reihenfolge. Die mit dieser Option erstellte Kommandodatei kann nicht als Eingabe für den Standard-Editor benutzt werden.

-h   Führe die Vergleiche auf Dateien unbegrenzter Länge aus. diff ist mit der "-h"-Option nicht in der Lage, zu resynchronisieren. Zusätzlich stehen die Optionen "-e" und "-f" nicht zur Verfügung.

-b   Ignoriere die Unterschiede, die durch Leerzeichen (oder Tabs) entstanden sind.

BEISPIELE

Vergleiche die Dateien 'bemerk.a' und 'bemerk.alt':

```
diff bemerk.a bemerk.alt
```

Gebe ein Editor-Skript aus, so daß 'bemerk.alt' aus 'bemerk.a' zurückgewonnen werden kann:

```
diff -e bemerk.a bemerk.alt
```

Irgendwann wurde die Datei 'lsdat' mit dem Kommando "ls > lsdat" erzeugt. Um festzustellen, ob die Directory noch denselben Inhalt hat wie zu dem Zeitpunkt, als 'lsdat' erzeugt wurde, wird 'lsdat' mit dem gegenwärtigen Inhalt der Directory verglichen:

```
ls | diff - lsdat
```

ECHO

NAME

echo - wiederhole die Argumente der Kommandozeile

SYNOPSE

echo [argumente]

BESCHREIBUNG

Das echo-Kommando kopiert seine Argumente auf die Standard-Ausgabe. echo wird für verschiedene Zwecke benutzt: zur Ausgabe von Meldungen in Shell-Kommandodateien, zum Einfügen kleinerer Mengen bekannter Daten sowohl in eine Pipe als auch in eine Datei, zum Darstellen des Wertes einer Shell-Variablen und um zu sehen, wie die Shell Argumente der Kommandozeile verändert.

BEISPIELE

Gebe die Meldung "Hallo" auf dem Terminal aus:

```
echo Hallo
```

Schreibe der Meldung "Verarbeitung beendet" in die Datei 'vmeldung':

```
echo Verarbeitung beendet > vmeldung
```

Zeige den Wert der Shell-Variablen $PATH:

```
echo $PATH
```

Problem: Wenn man das Kommando "expr \(5 + 7 \) * 3" eingibt, erwartet man das Ergebnis "36", statt dessen erscheint eine nicht entschlüsselbare Fehlermeldung.

Lösung: Verwendet man das echo-Kommando, kann man sehen, welche Argumente das expr-Kommando wirklich erhält:

```
echo \( 5 + 7 \) * 3
```

Die Ausgabe löst das Problem - der Stern als "Wildcard"-Zeichen wird zu einer Liste der Dateien in der gegenwärtigen Directory expandiert. Dies wird durch den Dateinamenerzeugungsprozeß der Shell bewirkt. Der Stern muß mit dem Fluchtsymbol (\) versehen werden, um nichtexpandiert an das expr-Programm übergeben zu werden. Die richtige Eingabe lautet somit "expr \(5 + 7 \) * 3".

FILE

NAME
file - bestimme den Typ einer gegebenen Datei

SYNOPSE
file dateiname ...

BESCHREIBUNG
Mit dem Kommando file wird der Typ der angegebenen Dateien bestimmt. Für Directory- und Spezialdateien ist das file-Kommando exakt; bei anderen Dateitypen kann das file-Kommando den Dateityp nur ungefähr schätzen. Für normale Dateien, die ASCII-Text enthalten, versucht das file-Kommando die Sprache zu bestimmen; das Ergebnis ist meist korrekt. Für normale Dateien, die binäre Information enthalten, bestimmt das file-Kommando, ob es sich um eine Objektdatei, eine Bibliothek, eine cpio-Urbilddatei oder eine andere Datei handelt. Dateien, die nicht unter diese Kategorien fallen, werden gewöhnlich als "Data" klassifiziert.

BEISPIELE
Bestimme die Dateitypen aller Dateien in der gegenwärtigen Directory:

```
file *
```

Bestimme die Dateitypen aller Dateien in der Directory '/usr/bin':

```
file /usr/bin/*
```

Bestimme den Typ der Datei 'unb':

```
file unb
```

===============================

FIND

NAME

find - suche Dateien in einem Unterbaum

SYNOPSE

find pfadname ... bedingung ...

BESCHREIBUNG

Das find-Kommando durchsucht die durch die Pfadnamen angegebenen Unterbäume des Dateisystems nach Dateien, die die spezi-
fizierte Bedingung erfüllen. Mindestens ein Pfad (meist '.', das ist
die gegenwärtige oder Arbeitsdirectory) und eine Bedingung müssen
angegeben werden. Folgende Bedingungen können angegeben werden:

-atime n

> Diese Bedingung ist erfüllt, wenn auf die betrachtete
> Datei in den letzten n Tagen zugegriffen wurde.

-exec kommando

> Bestimmt ein auszuführendes Kommando. Das Ende des
> Kommandos wird durch ein mit dem Fluchtsymbol (\)
> versehenes Semikolon angezeigt. Im Kommando wird
> das Argument '{}' durch den gegenwärtigen Pfadnamen
> ersetzt.

-group gruppenname

> Definiert die Gruppenzugehörigkeit einer Datei.

-links n

> Spezifiziert die Anzahl der Verweise auf eine Datei.

-mtime n

> Diese Bedingung ist erfüllt, wenn die betrachtete Datei
> in den letzten n Tagen modifiziert wurde.

-name dateiname

> Spezifiziert einen Dateinamen unter Benutzung der üb-
> lichen Shell-Metazeichen. Die Metazeichen müssen mit
> dem Fluchtsymbol versehen sein, um an das find-Kom-

mando weitergereicht werden zu können.

-newer datei

Gibt an, daß die untersuchten Dateien jünger als die angegebene Datei sein müssen.

-ok kommando

Das Kommando entspricht dem Befehl exec mit der Eigenheit, daß das auszuführende Kommando von einem Fragezeichen gefolgt auf dem Terminal erscheint und nur dann ausgeführt wird, wenn als Eingabe "yes" erfolgt.

-print

Der vollständige Pfadname der gefundenen Datei wird ausgegeben.

-size n

Definiert die Größe einer Datei in Blöcken.

-type c

Spezifiziert einen Dateityp: f für eine normale Datei, d für eine Directory, c für eine zeichenorientierte Spezialdatei, b für eine blockorientierte Spezialdatei und p für eine Pipe.

-user benutzername

Definiert den Eigentümer einer Datei.

Die Bedingungen können durch runde Klammern gruppiert werden, eine Bedingung kann mit dem Ausrufezeichen negiert werden.

In Bedingungen, die ein numerisches Argument (-links, -size, -atime und -mtime) anführen, bedeutet eine Nummer mit einem Minuszeichen weniger als n, eine Nummer mit einem Pluszeichen mehr als n und eine Nummer ohne Vorzeichen genau n. Solange nicht der logische OR-Operator "-o" verwendet wird, werden zwei benachbarte Bedingungen mit einem logischen UND verknüpft.

Eine Menge von Bedingungen mit dem find-Kommando anzugeben kann schwierig und kompliziert sein. UNIX-Benutzer, die nur gelegentlich unter UNIX arbeiten, sollten eine Bedingung zusammen mit -print benutzen, um die Namen der gefundenen Dateien anzuzeigen, oder -exec (-ok), um einfache Kommandos mit den gefundenen Dateien ausführen zu lassen. Das Durchsuchen des gesamten Dateisystems dauert bei großen Systemen sehr lange - man sollte die Suche daher auf einen Unterbaum beschränken.

BEISPIELE

Drucke alle Dateien im gegenwärtigen Unterbaum aus:

```
find . -print
```

Dieselbe Ausgabe kann mit folgendem Kommando erreicht werden:

```
find . -exec echo {} \;
```

Gib alle Dateien aus, die dem Benutzer peter gehören und die im Unterbaum /usa/maria gespeichert sind (die Groß- und Kleinschreibung ist signifikant):

```
find /usa/maria -user peter -print
```

Gib alle Dateien aus, die im Unterbaum /usa/peter gespeichert sind und den Benutzern paul oder maria gehören:

```
find /usa/peter \( -user paul -o -user maria \) -print
```

Gib alle normalen Dateien im gesamten Dateisystem mit zwei oder mehr Verweisen aus:

```
find / -type f -links +1 -print
```

Finde alle Dateien im Dateisystem, die größer sind als 100 Blöcke, und liste sie mit dem ls-Kommando auf:

```
find / -size +100 -exec ls -l {} \;
```

Gib alle Dateien im Dateisystem aus, auf die in den letzten 100 Tagen nicht zugegriffen wurde:

```
find / -atime +100 -print
```

Finde alle Spezialdateien in den Unterbäumen "/usr" und "/usr1" und gib ihren Namen aus:

```
find /usr /usr1 \( -type b -o -type c \) -print
```

Gib alle Dateien im gegenwärtigen Unterbaum mit der Dateinamenergänzung ".c" aus:

```
find . -name \*.c -print
```

GREP

NAME
grep - durchsuche Dateien nach Zeichenketten

SYNOPSE
grep [optionen] ausdruck [datei ...]

BESCHREIBUNG
Das Programm grep durchsucht die angegebenen Dateien (oder die Standard-Eingabe) nach Zeichenketten. Der Text wird durch das Argument ausdruck angegeben, das aus einem regulären Ausdruck besteht.

Ohne Optionen gibt das grep-Kommando jede Zeile der Eingabe aus, die eine auf den Ausdruck passende Zeichenkette enthält. Folgende Optionen können angegeben werden:

-c   Gib statt der gefundenen Zeilen nur deren Anzahl aus.

-e ausdruck
    Dies entspricht dem ausdruck-Argument. Da der Ausdruck jedoch explizit durch die Option " c" eingeleitet wird, sind führende Bindestriche in ausdruck erlaubt (Normale Ausdrücke müssen ansonsten mit einem vom Bindestrich unterschiedlichen Zeichen beginnen).

-k   Normalerweise wird vor der gefundenen Zeile der Dateiname ausgegeben, wenn mehrere Dateien durchsucht werden. Die Option "-k" veranlaßt, daß der Dateiname nicht ausgegeben wird.

-l   Gib nur die Namen der Dateien aus, in denen eine auf den Ausdruck passende Zeichenkette gefunden wurde.

-s   Zeige durch den exit-Status an, ob passende Zeichenketten gefunden wurden. Es wird keine Ausgabe erzeugt. Shell-Programmierer verwenden diesen Parameter häufig.

-v   Gib die Zeilen aus, die nicht den Ausdruck enthalten.

-y   Kleinbuchstaben in dem Ausdruck passen sowohl auf Groß-, als auch auf Kleinbuchstaben in der Datei.

-n   Nummeriere die Ausgabezeilen.

BEISPIELE

Drucke alle Zeilen, in denen die Zeichenkette "NWorte" enthalten ist, der Dateien, deren Name mit "kap" beginnt:

```
grep NWorte kap*
```

Drucke die Anzahl der Zeilen, die das Wort "NWorte" enthalten, der Dateien, deren Name mit "kap" beginnt:

```
grep -c NWorte kap*
```

Gib eine Liste aller Dateien in der gegenwärtigen Directory aus, die das Wort "Abschnitt" enthalten:

```
grep -l Abschnitt *
```

Gib die Zeilen aus den Dateien 'rbg.c' und 'nsv.c' mit ihrer Zeilennummer versehen aus, in denen die Zeichenkette "WZaehler" vorkommt:

```
grep -n WZaehler rgb.c nsv.c
```

Drucke alle Zeilen in der Datei 'kmds.sh', die keine Bindestriche enthalten:

```
grep -v -e - kmds.sh
```

Stelle fest, ob jemand auf der Terminalleitung tty30 eingeloggt ist:

```
who | grep tty30
```

KILL

NAME

kill - sende ein Signal an einen Prozeß

SYNOPSE

kill [-signalnummer] prozessid

BESCHREIBUNG

Das kill-Kommando wird zum Abbruch von Hintergrundprozessen eingesetzt. Um einen Prozeß abzubrechen, muß man die Prozeßidentifikationsnummer wissen, "Eigentümer" des Prozesses oder Systemverwalter sein. Man kann die Prozeßidentifikationsnummer eines Prozesses mit dem ps-Kommando herausfinden oder sich die Nummer merken, die die Shell ausgibt, wenn man den Prozeß im Hintergrund startet.

kill sendet gewöhnlich das Signal mit der Nummer 15, das ist das Abbruchsignal, an den Zielprozeß. Es kann vorkommen, daß auch mit dem kill-Befehl der entsprechende Prozeß nicht beendet wird, da der Prozeß das Signal ignoriert oder abfängt. Eine sehr nützliche Signalnummer ist 9, eine Form des Abbruchsignals, die weder abgefangen, noch ignoriert werden kann.

BEISPIELE

Beende Prozeß 4711:

```
kill 4711
```

Sende Signal 3 (das quit-Signal) an Prozeß 333. Dieses quit-Signal bewirkt gewöhnlich den Abbruch mit gleichzeitigem Anlegen einer Kopie des Prozesses, die zur Fehlerkorrektur verwendet werden kann (diese Kopie wird als "core dump" bezeichnet).

```
kill -3 333
```

LN

NAME

ln - erzeuge einen zweiten Namen für eine bereits existierende Datei

SYNOPSE

ln datei1 [datei2]

BESCHREIBUNG

Das ln-Kommando wird zur Namensvergabe für eine existierende
Datei benutzt. Der Dateiinhalt ist dadurch unter zwei Dateinamen
zugreifbar. Der technische Name für die Bildung eines Pseudonyms
ist linking (engl. verweisen), daher der Name ln für dieses Kommando. Wenn sowohl datei1 als auch datei2 angegeben werden, wird
datei2 der zweite Name für datei1. Wenn datei2 nicht angegeben
wird, dann wird das Pseudonym in der gegenwärtigen Directory
erzeugt, mit demselben Namen wie der letzte Teil des Pfadnamens,
der datei1 beschreibt.

Wenn eine Datei zwei (oder mehr) Namen besitzt, kann man beide
Namen gleichberechtigt benutzen. Obwohl es mehrere Namen gibt,
existiert nur eine Ausführung des Dateiinhalts.

BEISPIELE

Erzeuge das Pseudonym 'BourneShell' für die Datei 'Version7Shell':

```
ln Version7Shell BourneShell
```

Erzeuge das Pseudonym 'Gletscher' in der gegenwärtigen Directory
für die Datei 'Gletscher' in einer beliebigen Directory:

```
ln ../Berge/Alpen/Gletscher
```

LPR

NAME
lpr - drucke Dateien

SYNOPSE
lpr [optionen] [datei ...]

BESCHREIBUNG
Das lpr-Programm wird zur Ausgabe von Dateien auf dem Drucker
benutzt. Da der Drucker nur von einem Benutzer belegt werden
kann, spoolt das lpr-Programm die Druckanforderungen in einer
Warteschlange. Für das Ausdrucken wird gesorgt. Ohne Dateian-
gabe liest lpr den zu druckenden Text von der Standard-Eingabe.
lpr kann als Endglied in einer Pipe benutzt werden.

lpr verändert den Dateitext nicht; wenn man den Text mit Kopf-
und Fußzeilen oder auf Seiten verteilt formatieren möchte, muß
man den Text mit dem pr-Kommando vorher verarbeiten.

Rechner mit mehreren Druckern haben gewöhnlich verschiedene
Versionen von lpr, eine für jeden Drucker. Die verschiedenen Versionen heißen oft ähnlich wie lpr: vpr, npr, dpr, ppr usw.

Die folgenden Optionen sind verfügbar:

-c   Lege eine Kopie der Datei an, um zu verhindern, daß
        irgendwelche Änderungen auf ihr ausgeführt werden.

-m   Löse eine Meldung über das mail-Programm aus, wenn
        der Ausdruck beendet ist.

-n   Löse keine Meldung über das mail-Programm aus, wenn
        der Ausdruck beendet ist. Dies ist die Voreinstellung.

-r   Lösche die Datei, nachdem sie in die Warteschlange
        eingereiht ist.

BEISPIELE
Drucke 'meinedok' auf dem Drucker:

```
lpr meinedok
```

Drucke die Version von 'meinedok' mit Überschrift auf dem

Drucker, und melde das Druckende über das mail-Programm:

```
pr meinedok | lpr -m
```

<hr>

LS

NAME

ls - liste den Inhalt von Directories aus

SYNOPSE

ls [-ltasdriu] [name ...]

BESCHREIBUNG

Das ls-Kommando wird zur Ausgabe der Namen und anderer Informationen der Dateien einer oder mehrerer Directories benutzt. Über die Optionen kann festgelegt werden, welche Informationen zusätzlich zum Namen ausgegeben werden sollen. Die Namen können entweder Dateinamen oder Directories sein. Für jede angegebene Datei wird die geforderte Information ausgegeben. Wenn die Datei nicht existiert, wird nur eine kurze Meldung ausgegeben. Für jede angegebene Directory wird die geforderte Information für jede Datei in der Directory ausgegeben. Das Kommando

```
ls .
```

entspricht dem Kommando

```
ls
```

Die Dateiliste ist meist alphabetisch geordnet. Dateien, deren Name mit einem Punkt beginnt, werden nicht mitausgegeben. Die folgenden Optionen werden mit dem Befehl ls benutzt:

-l   Erzeuge eine langformatige Auflistung (s. Kapitel 7).

-t   Sortiere die Liste entsprechend dem Veränderungsdatum.

-a   Liste sämtliche Dateien in der angegebenen Directory
        auf.

-s   Drucke die Dateigröße in Blöcken aus.

-d   Liste für jede angegebene Directory die Informationen
        über die Directory-Datei aus.

-r   Drehe die Reihenfolge der Ausgabe um.

-i   Liste die Inode-Nummern der Dateien aus.

-u   Benutze als Ordnungsschema zur Reihenfolge der Aus-
        gabe die Zugriffsdaten beim Sortieren oder bei der lang-
        formatigen Auflistung der Dateien.

BEISPIELE

Liste die Dateien in der gegenwärtigen Directory auf:

```
ls
```

Liste die Dateien in der Directory '/etc' auf:

```
ls /etc
```

Überprüfe, ob die Datei '/usr/paul/otto' existiert:

```
ls /usr/paul/otto
```

Liste die Größe der Datei '/etc/passwd' in Blöcken:

```
ls -s /etc/passwd
```

Gib die Inode-Nummer der Datei '/etc/passwd' aus:

```
ls -i /etc/passwd
```

Liste die Dateien in der gegenwärtigen Directory aus, auch die,
deren Namen mit einem Punkt beginnen:

```
ls -a
```

Liste die Dateien in der Directory '/bin' entsprechend der
Veränderungsdaten, mit den neuesten Veränderungsdaten zuerst, sortiert:

```
ls -t /bin
```

Gib eine Liste der Dateien in der gegenwärtigen Directory aus, die mit ".dok" enden. Die Liste soll so sortiert sein, daß die Datei mit dem am weitesten zurückliegenden Veränderungsdatum an erster Stelle steht:

    ls -rt *.dok

Liste alle Dateien in der gegenwärtigen Directory aus, die mit "kap" beginnen. Die Liste soll so sortiert sein, daß sie der umgekehrten alphabetischen Reihenfolge entspricht:

    ls -r kap*

Gib alle Dateien der Vorgänger-Directory der gegenwärtigen Directory in einer langformatigen Liste aus:

    ls -l ..

Gib die Vorgänger-Directory der gegenwärtigen Directory in einer langformatigen Liste aus. Die Option "-d" bewirkt, daß die Information über die Directory-Datei statt der Information über die Dateien in der Directory ausgegeben wird:

    ls -ld ..

BEMERKUNGEN

Viele Installationen des Betriebssystems UNIX haben das Kommando ls mit weiteren Option versehen. Das UNIX-Manual enthält die Dokumentation der Veränderungen.

MAIL

NAME

mail - sende Meldungen an einen spezifizierten Benutzer oder lese die eigene Post

SYNOPSE

mail benutzername ...
mail [-rpq] [-f maildatei]

BESCHREIBUNG

Wenn Benutzernamen als Argument angegeben werden, wird die Post an die angegeben Benutzer geschickt (erstes Kommando in der Synopse). In allen anderen Fällen wird mail benutzt, um die eigene Post zu lesen.

mail bezieht die zu übersendende Meldung von der Standard-Eingabe. Man kann eine Meldung im voraus mit dem Texteditor erzeugen und sie mittels Umlenkung der Standard-Eingabe übergeben oder die Meldung interaktiv eingeben und mit einem Control-D (EOF, Ende der Datei) abschließen. Wenn der angegebene Benutzer nicht angetroffen wird, weil man zum Beispiel seinen Namen falsch geschrieben hat, wird die Meldung in der Datei 'dead.letter' gespeichert, um sie mit korrektem Benutzernamen später nochmal abzuschicken.

Das mail-Kommando arbeitet anders, wenn man die eigene Post lesen will. Wenn man sich einloggt, meldet die Shell, ob Post da ist. Es erscheint die Meldung "you have mail". mail akzeptiert vier Optionen:

-f maildatei
> Benutze als Quelle der Post die angegebene Datei; normalerweise ist die Datei in der Directory '/usr/mail' gespeichert.

-p
> Drucke alle Meldungen ohne Unterbrechung Pause aus; normalerweise wird jede Meldung einzeln ausgedruckt und danach gefragt, was mit der Meldung geschehen soll.

-q
> Normalerweise bewirkt eine Unterbrechung, daß mail die Ausgabe der gegenwärtigen Meldung beendet. Wenn die Option "-q" angegeben wird, beendet man mail mit einer Unterbrechung.

-r
> Drucke die älteste Meldung zuerst; normalerweise wird die neuste Meldung zuerst ausgegeben.

mail verweilt normalerweise nach der Ausgabe einer Meldung und wartet auf eine Kommandoeingabe. Die folgenden Kommandos können verwendet werden:

<Newline> oder +
> Drucke die nächste Meldung.

d   Lösche die Meldung.

m Benutzername
   Sende die Meldung an den angegebenen Benutzer
   weiter.

p   Drucke die Meldung nochmal.

s [datei]
   Sichere die Meldung in ¯der angegebenen Datei
   (oder 'mbox', wenn keine Datei angegeben wird).
   Um die Meldung später identifizieren zu können,
   wird noch ein Kopf vor die Meldung geschrieben.

w [datei]
   Sichere die Meldung in der angegebenen Datei,
   aber ohne den Kopf.

-    Gehe zur letzten Meldung zurück.

<Control-D> oder q
   Lege die nichtgelöschte Post in den Briefkasten
   zurück und terminiere.

?   Liste die Hilfestellung aus (Einige Installationen
   benutzen stattdessen einen Stern).

Man kann die gewöhnlich lesen, ohne eine der Option anzugeben. Dann muß mit <Newline> und "d" die weitere Verwendung bestimmt werden.

BEISPIELE

Sende den Benutzern peter, paul und maria die Meldung aus
der Datei 'BankUeberfall':

```
mail peter paul maria < BankUeberfall
```

Lies die eigene Post:

```
mail
```

Zum Löschen einer Meldung ist "d" einzugeben, zum
Weiterblättern Return.

MAN

NAME

man - drucke die Einträge des UNIX-Manuals aus

SYNOPSE

man [-optionen] [abschnitt] titel

BESCHREIBUNG

Das Kommando man wird eingesetzt, um Einträge des UNIX-Manuals zu finden und auszugeben. Es wird hauptsächlich von Benutzern verwendet, die schnell einen Befehl oder eine Befehlsvariante nachschlagen wollen, wenn das Manual selbst nicht verfügbar ist. Der Systemverwalter benutzt das man-Programm, um Manualkopien den Benutzern anzufertigen. Ein gedrucktes Manual ist bequemer zu benutzen, aber es ist nicht so aktuell wie der Einsatz des man-Kommandos direkt im Dialog mit dem Computersystem.

Das Kommando man erkennt verschiedene Optionen:

-t   Erzeuge die Ausgabe mit dem troff-Formatierer für die nachfolgende Ausgabe auf einer Lichtsatzmaschine.

-n   Erzeuge die Ausgabe mit dem nroff-Formatierer für die Standard-Ausgabe.

-e   Benutze eqn (oder neqn, wenn die Option "-n" gesetzt ist) als zusätzliche Textverarbeitungsstufe.

-w   Gib die Pfadnamen der Manualeinträge aus, ohne die Einträge selbst auszugeben.

Mit dem Argument abschnitt wird festgelegt, in welchem Teil des Manuals gesucht werden soll. Einträge, die Kommandos beschreiben, finden Sie im Abschnitt 1. Wenn dieses Argument weggelassen wird, werden alle acht Abschnitte des Manuals durchsucht.

BEISPIELE

Liste den Manualeintrag für das ls-Kommando auf dem Terminal aus:

```
man -n ls
```

Drucke den Eintrag für kill:

```
man -n kill
```

Bei Eingabe dieses Kommandos werden zwei Einträge ausgegeben: der Eintrag des kill-Kommandos im Abschnitt 1 des UNIX-Manuals und der Eintrag für den kill-Systemaufruf im Abschnitt 2 des UNIX-Manuals. Wenn man nur den Eintrag des kill-Kommandos erhalten möchte, kann man folgenden Befehl verwenden:

```
man -n 1 kill
```

Drucke den Pfadnamen der kill-Einträge aus:

```
man -d kill
```

BEMERKUNGEN

Das man-Kommando, das bei AT&T eingesetzt wird, benutzt andere Option als die aufgeführten, diese werden außerhalb des Bell-Systems verwendet.

====================

MKDIR

NAME

mkdir - erzeuge eine neue Directory

SYNOPSE

mkdir directoryname ...

BESCHREIBUNG

Mit dem Kommando mkdir werden die Verzeichnisse erzeugt. Man braucht dazu die Schreiberlaubnis in der Vorgänger-Directory der zu erzeugenden Directory.

Die Directory-Einträge '.' und '..' werden automatisch

erzeugt, wenn die Directory-Datei angelegt wird.

BEISPIELE
Erzeuge eine Unterdirectory 'neueunterdir':

```
mkdir neueunterdir
```

Erzeuge eine Directory '/usa/kc/spiele/backgammon':

```
mkdir /usa/kc/spiele/backgammon
```

MV

NAME
mv - verschiebe Dateien oder ändere den Dateinamen

SYNOPSE
mv datei1 datei2
mv datei ... directory

BESCHREIBUNG
Das Kommando mv wird zur Dateiverwaltung benutzt. In der einfachsten Form ändert das mv-Kommando den Namen einer Datei. Man kann mv auch verwenden, um eine oder mehrere Dateien von einer Directory in eine andere zu verschieben. Bewegungen in einem Dateisystem sind in Wirklichkeit nur Umbenennungsoperationen. Bewegungen von einem Dateisystem in ein anderes stellen in Realität eine Übertragung der Datei dar.

Bei Verwendung des Kommandos in der Form mv datei1 datei2 wird datei1 in datei2 umbenannt. Im Fall, daß datei2 eine Directory ist, wird datei1 in diese Directory verschoben. Bei Angabe von mehr als zwei Dateinamen muß die letzte Datei eine Directory sein. In diesem Fall werden die normalen Dateien in diese Directory verschoben. Die Dateinamen bleiben erhalten.

Wenn datei2 bereits existiert und schreibgeschützt ist, gibt mv den Zugriffsmodus der Datei an und liest eine Zeile von der Standard-Eingabe. Enthält diese Zeile eine andere Zeichenkette als "y" (für yes), dann erfolgt keine Verschiebung, sondern die alte Datei bleibt erhalten. Wenn datei2 bereits existiert, aber nicht schreibgeschützt ist, wird sie von mv durch datei1 ersetzt.

BEISPIELE

Ändere die Datei 'neueskap' in 'alteskap' um:

```
mv neueskap alteskap
```

Verschiebe die Datei 'rjstat' aus der gegenwärtigen Directory in die Unterdirectory 'rjdateien':

```
mv rjstat rjdateien
```

Verschiebe die Datei 'ddstat' in die Unterdirectory 'rjdateien' und benenne sie in 'xddstat' um:

```
mv ddstat rjdateien/xddstat
```

Verschiebe alle Dateien aus der Unterdirectory 'rjdateien' in die Unterdirectory 'alterj' der Vorgänger-Directory der gegenwärtigen Directory:

```
mv rjdateien/* ../alterj
```

NICE

NAME

nice - führe das Kommando mit niedriger Priorität aus

SYNOPSE

nice [-absenkung] kommando [argumente]

BESCHREIBUNG

Mit dem Kommando nice wird die Priorität eines Prozesses abgesenkt und dadurch die Anforderungen des Prozesses an das System verringert. nice wird für zeitraubende Hintergrundprozesse eingesetzt. Damit wird verhindert, daß die Antwortzeiten des Systems sich verlängern.

Das Argument zur Angabe einer niedrigen Priorität wird benutzt, um den Grad der Zurückstufung anzugeben. Die niedrigste Priorität, die unter UNIX erreicht werden kann, wird mit Eingabe der Zahl 19 erreicht. Eine kaum spürbare Reduktion wird mit Angabe des Wertes 1 erzielt. Wenn kein Wert angegeben wird, beträgt der Wert automatisch 10.

Während Normalbenutzer die Priorität ihrer Prozesse lediglich reduzieren können, kann der Systenverwalter Kommandos auch mit höherer Priorität laufen lassen, indem er einen negativen Wert angibt.

BEISPIELE

Führe den Prozeß 'grosserjob' im Hintergrund mit niedriger Priorität aus:

```
nice grosserjob
```

Führe 'grosserjob' mit minimaler Priorität aus:

```
nice -19 grosserjob
```

Führe einen Prozeß 'wichtigerjob' mit maximaler Priorität aus:

```
nice --19 wichtigerjob
```

Man muß Systemverwalter sein, um einen negativen Wert zur Prioritätsverwendung angeben zu können.

BEMERKUNGEN

Alle Prozesse unter UNIX streiten um die Betriebsmittel, selbst wenn sie mit niedriger Priorität laufen. Die Prozessausführung zu Zeiten, in denen das System wenig belastet ist (s. at-Kommando), ist ein guter Weg, die Systembelastung zu verringern.

NOHUP

NAME

nohup - führe ein Programm vom Benutzer losgebunden aus

SYNOPSE

nohup kommando [argumente]

BESCHREIBUNG

Normalerweise erhält jedes Kommando, daß man im Hintergrund gestartet hat, das Signal hangup (Signal zur Beendigung der Prozessausführung), wenn man sich ausloggt. Die meisten Programme enden, sobald sie das hangup-Signal empfangen. Mit dem Kommando nohup werden Prozesse so initialisiert, daß sie die Signale hangup und quit ignorieren. Jedes Kommando, das mit nohup im Hintergrund ausgeführt wird, wird beim Beenden der Arbeitssitzung nicht unterbrochen.

nohup lenkt die Standard-Ausgabe in die Datei 'nohup.out' um, sofern man nicht selbst die Standard-Ausgabe in eine andere Datei umlenkt. Kommandos, die mit nohup im Hintergrund laufen, sollten keine Eingaben vom Terminal erwarten, da in den meisten Fällen nicht erkennbar ist, ob eine Eingabe vom gerade aktiven Vordergrundprozeß oder vom mit nohup gestarteten Hintergrundprozeß erfragt wurde.

BEISPIELE

Verarbeite eine Datei mit nroff im Hintergrund, so daß man sich ausloggen kann, während die Verarbeitung geschieht:

```
nohup nroff -ms kap?.n > kaps.nr &
```

OD

NAME

od - erzeuge einen Dateidump

SYNOPSE

od [format][datei][startpos]

BESCHREIBUNG

Das od-Programm (oktaler Dump) wird zum Dumpen der angegebenen Datei (oder der Standard-Eingabe, wenn keine Datei angegeben ist) eingesetzt. Das Argument format erlaubt

die Angabe, ob der Dump in oktalen Worten (implizit), oktalen
Bytes, ASCII-Bytes, hexadezimalen Worten oder dezimalen Worten erzeugt werden soll. Der Dateidump wird normalerweise
von Anfang an ausgegeben, wenn kein startpos-Argument
angegeben ist.

Die format-Argumente kontrollieren das Ausgabezahlensy-
stem sowie die Größe der jeweils umzuwandelnden Datenein-
heiten. Die folgenden Argumente werden erkannt:

-b   Gib jeden Bytewert oktal aus.

-c   Gib jeden Bytewert in der ASCII-Kodierung oder als
        Ersatzdarstellung aus.

-d   Gib jeden Wortwert (zwei Bytes) dezimal aus.

-o   Gib jeden Wortwert oktal aus.

-x   Gib jeden Wortwert hexadezimal aus.

Wenn Bytes als ASCII-Kodes interpretiert werden, tauchen für
einige Zeichen, die nicht dargestellt werden können, deren
Ersatzdarstellungen auf. Die folgenden Symbole sind die
Ersatzdarstellungen für die am häufigsten vorkommenden
ASCII-Kodes, die nicht dargestellt werden können:

\0   Null

\b   Backspace

\f   Formfeed

\n   Newline

\r   Carriage Return

\t   Tab

(Das Fluchtsymbol (\) deutet an, daß die Zeichen keine abso-
luten Zeichen, sondern nur Platzhalter sind.) Während der
ASCII-Interpretation werden Bytes, deren ASCII-Kode nicht
dargestellt werden kann und die nicht in der obigen Liste
enthalten sind, durch eine dreistellige oktale Nummer dargestellt.

Das Argument startpos dient der Abstandskontrolle des
Dumpbeginns vom Anfang der Datei; von der aus der Dump
begonnen werden soll. Um eine Fehlinterpretation der Kom-
mandoargumente zu vermeiden, muß die Position mit einem
Pluszeichen beginnen, wenn kein Dateiname angegeben wird.
Im anderen Fall kann die Anfangsposition als Zahl ohne
Vorzeichen angegeben werden. Die Anfangsposition wird als

eine oktale Nummer interpretiert, sofern kein Punkt am Ende steht. Die Startposition "10" wird interpretiert als dezimal 8, wohingegen "10." als dezimal 10 interpretiert wird. Wenn die Startposition von einem "b" gefolgt wird, interpretiert od den Wert als Anzahl der zu überspringenden Blöcke zu je 512 Byte. Die Startposition 20 wird als dezimal 16 Bytes interpretiert, während 20b als dezimal 16 Blöcke interpretiert wird.

BEISPIELE

Erstelle einen Dump von der Datei 'a.out' in oktalem Wortformat:

```
od a.out
```

oder

```
od -o a.out
```

Erstelle einen Dump von 'a.out' in oktalem Byteformat:

```
od -b a.out
```

Erstelle einen Dump von 'a.out' ab Block 10 (dezimal) in hexadezimalem Wortformat:

```
od -x a.out 10.b
```

oder

```
od -x a.out 12b
```

Erstelle einen Dump von 'a.out' in dezimalem Format ab dem sechzehnten Byte:

```
od -d a.out 16.
```

PASSWD

NAME

passwd - ändere das Kennwort für das login

SYNOPSE

passwd [Name]

BESCHREIBUNG

Das passwd-Kommando wird von normalen Benutzern zum Ändern ihres login-Kennwortes verwendet, von Super-User auch zum Ändern des Kennwortes normaler Benutzer. Wenn passwd von einem normalen Benutzer aufgerufen wird, fragt es zunächst nach dem alten Kennwort, um zu überprüfen, ob der berechtigte Benutzer das Kennwort ändert. Danach fragt es zweimal nach einem neuen Kennwort. Die zweite Abfrage dient der Überprüfung, ob das neue Kennwort korrekt eingegeben wurde. Die Ausgabe der eingegebenen Zeichen wird während der Kennwortangabe abgeschaltet, um zu gewährleisten, daß kein zweiter das Kennwort sehen kann.

Der Super-User benutzt passwd, um ein Kennwort zu initialisieren, wenn er eine Abrechnungsnummer einrichtet. Eine verschlüsselte Version aller Kennwörter ist in der Datei '/etc/passwd' enthalten.

BEISPIELE

Ändere das login-Kennwort:

```
passwd
```

PR

NAME

pr - Dateien betitelt, formatiert und paginiert ausgeben

SYNOPSE

pr [optionen][datei ...]

BESCHREIBUNG

Das pr-Kommando wird gewöhnlich benutzt, um Dateien zum Ausdrucken vorzubereiten. pr versieht Dateien mit Kopf- und Fußzeilen, unterteilt eine Datei in Spalten und paßt sie an verschiedene Seitenlängen und Weiten an. Wird keine Option angegeben, dann erzeugt pr eine einspaltige Ausgabe mit 66 Zeilen pro Seite, einer kurzen Überschrift und einer Endanzeige. Wenn keine Datei angegeben ist, verarbeitet pr die Eingabe der Standard-Eingabe. Die Standardüberschrift enthält das Datum, den Namen der Datei und die Seitennummer. Wenn die Ausgabe von pr an ein Terminal umgeleitet wird, werden Meldungen während der Ausgabe unterdrückt.

Die folgenden Optionen kontrollieren das Format der Ausgabe:

-h   Benutze das folgende Argument anstelle des Dateinamens in der Überschrift.

-ln   Erzeuge Seiten, die n Zeilen lang sind. Der Vorgabewert ist auf 66 Zeilen festgesetzt.

-m   Drucke alle Dateien gleichzeitig, jeder Dateiausdruck in einer Spalte.

-n   Erzeuge eine n spaltige Ausgabe. Der Vorgabewert ist eine einspaltige Ausgabe.

+n   Beginne die Ausgabe auf Seite n. Im Normalfall beginnt pr den Druck auf Seite 1.

-sc   Bei mehrspaltiger Ausgabe werden die Spalten mit dem Zeichen c (normalerweise dem Tab) getrennt (statt Leerzeichen). Wenn c fehlt, wird das Tab-Zeichen als Trennzeichen benutzt.

-t   Unterdrücke die Seitenüberschrift.

-wn   Bei mehrspaltiger Ausgabe wird als Seitenweite n
      benutzt, statt der voreingestellten 72 Zeichen.

BEISPIELE

Drucke eine Datei in konventionellem Format auf dem
Drucker aus:

```
pr meinedat | lpr
```

Bereite die Ausgabe des ls-Programms für eine mehrspaltige
Ausgabe vor (die Seitenüberschrift wird nicht ausgegeben):

```
ls | pr -6t
```

Drucke 'meinedat', beginnend auf Seite 10 und speichere die
Ausgabe in der Datei 'meinedat.neu':

```
pr +10 meinedat > meinedat.neu
```

BEMERKUNGEN

Viele UNIX-Installationen bieten Erweiterungen des pr-Kommandos an; es können verschiedene zusätzliche Optionen
eingesetzt werden.

PS

NAME

ps - drucke die Statusinformation über Prozesse

SYNOPSE

ps [optionen] prozessid

BESCHREIBUNG

Das ps-Kommando wird benötigt, um Auskunft über die
aktiven Prozesse zu geben. Die Funktion des Kommandos ps
für Prozesse entspricht der Funktion des Kommandos ls für
Dateien. Ohne Optionsangabe gibt das ps-Kommando die
Informationen über alle Prozesse des Benutzers aus: die mit
dem Prozeß verbundene tty-Nummer, die Prozeßnummer, die

aufgelaufene Ausführungszeit und die ungefähre Kommandozeile (zur Identifikation von Hintergrundprozessen). Die
Optionen zur Spezifikationen des ps-Kommandos sind:

-a   Drucke die Information über alle Prozesse mit der
      zugehörigen tty-Nummer aus.

-k   Benutze die Information aus der Datei
      '/usr/sys/core' für die Untersuchung. Diese
      Option wird oft von Systemverwaltern nach einem
      Systemabsturz eingesetzt; diese Option wird nor-
      malerweise nicht verwendet. Option nicht.

-l   Erzeuge eine langformatige Ausgabe. Die meisten
      Angaben, die mit dieser Option ausgegeben werden,
      sind für die meisten Benutzer ohne Nutzen.

nummer
      Wenn eine Prozeßnummer angegeben wird, wird die
      Auskunft über diesen Prozeß gegeben.

-x   Drucke alles über die Prozesse aus, die nicht mit
      einem tty verbunden sind.

BEISPIELE

Erzeuge eine Liste der eigenen Prozesse:

    ps

Erzeuge eine langformatige Liste der Angaben über die
eigenen Prozesse:

    ps −l

Erzeuge eine Liste aller Prozesse auf dem System:

    ps −ax

Drucke Angaben über den Prozeß 4711:

    ps 4711

BEMERKUNGEN

Im UNIX-Manual wird das Format der langen Auflistung des
ps-Kommandos ausführlich beschrieben. Das ps-Kommando
wird unter verschiedenen Systemen mit unterschiedlichen
Optionen zur Benutzung angegeben.

PWD

NAME
pwd - drucke den Namen der Arbeitsdirectory

SYNOPSE
pwd

BESCHREIBUNG
Das pwd-Kommando gibt den vollen Pfadnamen der gegenwärtigen Directory (der Arbeitsdirectory) aus.

BEISPIELE
Drucke den Namen der Arbeitsdirectory aus:

    pwd

RM

NAME
rm - lösche Dateien

SYNOPSE
rm [-fri] datei ...

BESCHREIBUNG
Das rm-Kommando wird zum Dateilöschen benutzt. Um eine Datei löschen zu können, benötigt man das Schreibrecht für die die Datei enthaltende Directory, jedoch keine Schreiberlaubnis für die Datei. Wenn man kein Schreibrecht für die Datei hat, dann gibt rm den Modus der Datei aus und wartet auf die Eingabe "y" oder "n", um bestätigt zu bekommen, daß die Datei wirklich gelöscht werden soll.

Drei Optionen sind erlaubt:

-f   Lösche die Dateien ohne Modusausgabe, falls kein Schreibrecht besteht. Die übliche Zustimmung zum Löschen geschützter Dateien entfällt.

-i   Frage bei jeder zu löschenden Datei nach, ob sie wirklich gelöscht werden soll. Gültige Antworten sind "y" und "n".

-r   Lösche den gesamten Unterbaum des Dateisystems von der angegebenen Directory aus (dem datei-Argument). Die oberste Directory, deren Dateien, Unterdirectories usw. werden alle gelöscht. Die Optionen "-i" und "-r" können in einem Befehl benutzt werden, um die rekursive Löschung kontrollierter zu gestalten.

BEISPIELE

Lösche die Datei 'abm.dok':

```
rm abm.dok
```

Lösche mehrere Dateien:

```
rm Pest Blattern Husten
```

Lösche alle Dateien in der Unterdirectory 'Krankheiten':

```
rm Krankheiten/*
```

Lösche alle Dateien aus der Unterdirectory 'Krankheiten' mit Löschbestätigung:

```
rm -i Krankheiten/*
```

Lösche alle Dateien aus der Unterdirectory 'Steuern', ohne Rücksicht auf schreibgeschützte Dateien:

```
rm -f Steuern/*
```

Lösche den Unterbaum, der mit der Directory '/usa/kc/litdok' anfängt:

```
rm -r /usa/kc/litdok
```

RMDIR

NAME
rmdir - lösche Directories

SYNOPSE
rmdir directory ...

BESCHREIBUNG
Das rmdir-Kommando wird zum Löschen leerer Directories verwendet. Nach Definition ist eine Directory leer, wenn sie lediglich die Einträge '.' und '..' enthält. Um ein Inhaltsverzeichnis einer Directory zu erhalten, sollte man das Kommando

```
ls -a directory
```

einsetzen. Sollten nur die beiden Einträge '.' und '..' existieren, ist die Directory leer. Um eine Directory zu löschen, muß man Schreibrecht in der Vorgänger-Directory der zu löschenden Directory besitzen.

BEISPIELE
Lösche die Directory '/usa/kc/spiele/backgammon':

```
rmdir /usa/kc/spiele/backgammon
```

Lösche die Directory 'sortiersh':

```
rmdir sortiersh
```

SORT

NAME

sort - sortiere und/oder vermenge Dateien

SYNOPSE

```
sort [-cmu][-tc][-bdfinr][+pos1 [-pos2]] ...\
     [-o ausgabe][datei ... ]
```

BESCHREIBUNG

Das sort-Programm sortiert die Zeilen der Eingabedatei und schreibt die neu angeordneten Zeilenfolgen auf die Standard-Ausgabe oder die Ausgabedatei, falls die Option "-o" benutzt wurde. Der Sortierschlüssel ist die ganze Zeile, d.h. sämtliche Zeichen der Zeile werden für die Sortierung betrachtet. Wenn jedoch die Positionsoption benutzt wird, ist der betrachtete Bereich auf die angegebenen Zeilenfelder eingeschränkt. Es können mehrere Positionsoptionen zur Festlegung mehrerer Sortierschlüssel angegeben werden; diese weiteren Zeilenfelder werden jedoch nur dann betrachtet, wenn die vorhergehenden Felder keine Sortierung ergeben. Als letzte Unterscheidung werden Zeilen, die in den angegebenen Zeilenfeldern übereinstimmend sind, über die gesamte Zeilenlänge verglichen.

Die folgenden fünf Optionen dienen der Kontrolle des sort-Programms (die sechs zusätzlichen Sortieroptionen werden etwas später erläutert):

-c Überprüfe die Eingabedatei nach den angegebenen Sortierregeln. Es wird eine Ausgabe erzeugt, wenn die Datei nicht korrekt sortiert ist.

-m Vermenge die Eingabedateien. Die Eingabedateien sollten bereits sortiert sein.

-o ausgabe
 Die Ausgabe wird in die angegebene Datei geschrieben, nicht auf die Standard-Ausgabe.

-tc   Das Zeichen c dient zur Feldbegrenzung. Leerzeichen (oder Tabs) sind normalerweise die Feld-
trennzeichen.

-u   Unterdrücke alle bis auf eine Zeile. Für diese
Option gilt als Gleichheit der Zeilen, daß sie an
allen Sortierschlüsselpositionen gleich sind. Felder
außerhalb der Sortierschlüssel sowie zu ignorie-
rende Zeichen (s. Optionen "-b" und "-c") werden
nicht herangezogen.

Wird keine Position angegeben, gilt die gesamte Zeile als
Sortierschlüssel. Mit der Positionsanzeige +pos1 wird der
Sortierprozeß erst ab der angegebenen Position beginnen. Mit
einer zweiten Positionsanzeige (-pos2) wird das Ende des Sor-
tierfeldes angegeben. Ohne Angabe für -pos2 endet der
Sortierschlüssel am Zeilenende. Eine Positionsanzeige hat die
Form "m.n"; "m" ist die Anzahl der zu überspringenden Felder
vom Beginn der Zeile und "n" die Anzahl der Zeichen, die noch
weiter zu überspringen sind. Die Positionsanzeige "+5.2"
bedeutet also, das ein Sortierschlüssel erst beginnt, nachdem
die ersten fünf Felder und zwei weitere Zeichen übersprungen
wurden. Die Positionsanzeige "-0.2" bedeutet, daß ein Sortierschlüssel nach Überspringen von null Feldern und zwei Zeichen aufhört. Wenn der Teil "n" der Positionsanzeige weggelassen wird, bedeutet dies null Zeichen.

Es gibt sechs Sortieroptionen, die die Sortierung kontrollieren. Wenn diese sechs Optionen vor einer Positionsanzeige
erscheinen, gelten sie als globale Optionen. Die sechs
Sortierschlüssel können ebenfalls nach einer Positionsanzeige
angegeben werden, um die standardmäßige Sortierung des
festgelegten Feldes zu ändern.

-b   Lasse führende Leerzeichen und Tabs bei den Feldvergleichen außer Acht.

-d   Führe eine lexikalische Sortierung statt ASCII
durch. Lediglich Buchstaben, Ziffern und Leerzeichen werden bei den Feldvergleichen benutzt.

-f   Wandele Großbuchstaben bei Feldvergleichen in
Kleinbuchstaben um. Die Ausgabe zeigt den ursprünglich angegebenen Buchstaben.

-i   Führe die nicht numerischen Sortierungen nur
über den Zeichen aus, deren ASCII-Kodierung im
Bereich der Werte 32 bis 126 liegen. In diesem
Bereich sind alle Groß- und Kleinbuchstaben,

Ziffern und Satzzeichen.

-n   Führe numerische Vergleiche aus. Eine Zahl darf führende Leerzeichen, ein Minuszeichen und null oder mehrere Ziffern mit einem Dezimalpunkt umfassen. Die Sortierung erfolgt gemäß des Nummernwertes, nicht anhand der lexikalischen Reihenfolge des ASCII-Zeichensatzes.

-r   Sortiere in umgekehrter Reihenfolge. Normalerweise wird in aufsteigender Reihenfolge sortiert.

BEISPIELE

Für die ersten Beispiele sind in der Datei 'tdata' die folgenden vier Worte in vier Zeilen enthalten: "apfel", "Birne", "apfel" und "Apfel". Diese Datei ist so konstruiert, daß mit ihr auch das schwere Sortierproblem gleicher Eingaben erfaßt werden kann.

Sortiere 'tdata' und schreibe die Ausgabe in die Datei 'tdata1':

```
sort -o tdata1 tdata
```

Die Sortierung ergibt die Reihenfolge "Apfel", "Birne", "apfel", "apfel", da im ASCII-Zeichensatz Großbuchstaben vor Kleinbuchstaben stehen.

Sortiere 'tdata' ohne Berücksichtigung der Schreibweise:

```
sort -f tdata
```

Die Reihenfolge ist nun "Apfel", "apfel", "apfel", "Birne". Die drei ersten Worte werden als gleich erkannt. Sie werden anhand jeder Position in der Zeile sortiert.

Sortiere 'tdata' und lösche alle folgenden Zeilen, die identisch sind:

```
sort -u tdata
```

Die neue Reihenfolge ist "Apfel", "Birne", "apfel".

Sortiere 'tdata' ohne Berücksichtigung der Groß/Kleinschreibung, lösche alle Zeilen, die gleich sind, und gib die Zeilen der gleichlautenden aus, die die Großbuchstaben enthalten:

```
sort -f tdata | sort -muf
```

Die erste Sortierung ordnet die Zeilen entsprechend des

ASCII-Kodes, während die zweite Sortierung die bereits sortierten Daten zusammenfaßt und alle doppelten Zeilen löscht. Das Löschen doppelter Zeilen ändert nichts an der Reihenfolge, so daß man vorhersagen kann, welche Zeilen weggeworfen werden (die doppelten), falls die Option "-u" angegeben ist, und die Zeilen aus der gleichen Datei stammen. Die ausgegebene Reihenfolge ist "Apfel", "Birne".

Sortiere 'tdata', und lösche doppelt vorkommende Wörter. Wenn ein Wort sowohl groß als auch klein geschrieben vorkommt, sollte die großgeschriebene Version der kleingeschriebenen folgen:

```
sort -u +0f +0r tdata
```

Diese Sortierung wird mit zwei Sortiervorgängen durchgeführt. Jeder Sortierschlüssel umfaßt eine Zeile. Der zweite Sortiervorgang wird nur benutzt, um identische Einträge nach der ersten Sortierung nochmals zu sortieren. In diesem Beispiel werden die drei Begriffe Apfel in der ersten Sortierung durch die Option "-f" als gleich erkannt. Der zweite Schlüssel gibt an, daß umgekehrt sortiert werden soll (die Option "-r"), so daß das großgeschriebene Wort Apfel nach den kleingeschriebenen erscheint. Die Option "-u" löscht das zweite kleingeschriebene Wort "apfel". Die Reihenfolge ist nun "apfel", "Apfel", "Birne".

Für die folgenden Beispiele enthält die Datei 'nums' die folgenden drei Zeilen: "ab: 40", "cd:-20" und "ab:.30".

Sortiere 'nums' lexikalisch:

```
sort -d nums
```

Die Reihenfolge ist "ab: 40", "ab:.30" und "cd:-20". Der Doppelpunkt, der Bindestrich, der Punkt und das Pluszeichen werden bei diesem Sortiervorgang außer Acht gelassen.

Sortiere 'nums' nach dem zweiten Feld (Felder werden durch einen Doppelpunkt getrennt):

```
sort -t: +1 nums
```

Die Reihenfolge ist nun "ab: 40", "cd:-20", "ab:.30", da der ASCII-Kode des Leerzeichens vor dem des Bindestrichs und dieser wiederum vor dem des Punktes steht.

Sortiere 'nums' nach dem Wert des zweiten Feldes:

```
sort -t: +1n nums
```

Die Reihenfolge ist "cd:-20", "ab:.30", "ab: 40".

Sortiere 'nums' zunächst nach dem ersten Feld, und als nächstes nach der umgekehrten numerischen Reihenfolge des zweiten Feldes:

```
sort -t: +0 -1 +1rn nums
```

═══════════════════════

SPELL

NAME
spell - überprüfe die Rechtschreibung in Textdateien

SYNOPSE
spell [optionen][datei ...]

BESCHREIBUNG
Das Programm spell überprüft alle Wörter einer Datei (oder der Standard-Eingabe, falls keine Datei angegeben wurde), ob sie im Lexikon enthalten sind. Alle Wörter, die nicht im Lexikon stehen oder nicht von den vorhandenen Wörtern durch Beugung oder durch Hinzufügen von Vor- oder Nachsilben ableitbar sind, werden als mögliche Rechtschreibefehler ausgegeben. Einige der von spell ausgegebenen Wörter können korrekt sein; andere, tatsächlich falsch geschriebene Wörter werden von spell nicht angezweifelt. Das Programm kann eine Hilfe beim Auffinden vieler Rechtschreibfehler sein, obwohl nur wenige fehlerhafte Worte aufgefunden werden.

spell erlaubt drei Optionen:

-b   Überprüfe auf britische Schreibweise.

-v   Drucke alle Wörter, die nicht im Lexikon vorhanden sind, zusammen mit den Ableitungen aus.

-x   Drucke alle möglichen Wortstämme eines Wortes aus.

Diese Optionen werden von den meisten Benutzern selten verwendet.

BEISPIELE

Überprüfe eine Reihe von Dateien auf Rechtschreibfehler:

```
spell xydoks?
```

Überprüfe die britische Schreibweise in den angegebenen Dateien:

```
spell -b xydoks?
```

BEMERKUNGEN

Das spell-Programm arbeitet standardmäßig mit einem englischen bzw. amerikanischen Wörterbuch. Es kann daher für deutsche Texte nur in geringem Umfang eingesetzt werden. Die Option "-b" sollte für deutsche Texte ohne Bedeutung sein.

STTY

NAME

stty - setze oder drucke die Terminal-Optionen

SYNOPSE

stty [optionen]

BESCHREIBUNG

Das stty-Kommando wird benutzt, um verschiedene Optionen zu kontrollieren, so daß das System das angegebene Terminal korrekt bedienen kann. Die Vielzahl der auf dem Markt erhältlichen Terminaltypen erfordert ein Kommando wie stty zum Einstellen der Gerätebesonderheiten. Die andere Aufgabe des stty-Kommandos ist es, dem Benutzer die Möglichkeit zu geben, die UNIX-Eigenschaften, wie das Lösch- und das Abbruchzeichen, ausnutzen und deren Wert frei wählen zu können. Wenn das Kommando stty ohne Argumente aufgerufen wird, gibt es einige der gegenwärtigen Einstellungen aus.

stty ist ein maschinenabhängiges Hilfsprogramm. Die Angabe der Optionen gilt für die Version 7 des UNIX Systems auf der Minicomputerserie von DEC. Andere Rechner haben ande-

re Vorgaben. Andere Parameter können immer wieder angetroffen werden.

Die folgenden Optionen werden am häufigsten zum Anpassen des Systems an das Terminal benutzt:

even (-even)
> Ermögliche (unterdrücke) gerade Parität bei serieller Übertragung.

odd (-odd)
> Ermögliche (unterdrücke) ungerade Parität bei serieller Übertragung. Beide Paritätsangaben sind nicht möglich (lediglich eine der beiden sollte gesetzt sein).

raw (-raw)
> Ermögliche (unterdrücke) den Eingabemodus raw. Im raw-Modus führt das System keinerlei Eingabe-verarbeitung durch, insbesondere werden die Lösch-, Abbruch-, Unterbrechungs-, quit- und EOF-Zeichen ohne Veränderung an den aktiven Prozeß weitergereicht. Alle Zeichen werden mit Paritätsbit übergeben. Der voreingestellte Ter-minaleingabemodus ist normalerweise "-raw".

cooked
> Siehe -raw.

cbreak
> Die Eingabezeichen können gelesen werden, sobald sie getippt sind. Die Lösch- und Abbruchzeichen sind ohne Auswirkung, das Unterbrechungs-, quit-und EOF-Zeichen haben die gewünschte Auswir-kung.

-cbreak
> Die Eingabezeichen sind erst nach Eingabe eines Newline (oder Return) für den aktiven Prozeß verfügbar. Die Lösch-, Abbruch-, Unterbrechungs-, quit- und EOF-Zeichen haben die gewünschte Auswirkung. Dieser Modus wird für die meisten Terminals als Voreinstellung benutzt.

-nl   Erlaube entweder Carriage Return oder Newline als Eingabezeilenende.

nl   Erlaube nur Newline als Eingabezeilenende.

echo (-echo)
    Gib jedes Zeichen nach seiner Eingabe (nicht)
    wieder aus. Der Modus -echo wird für die Kenn-
    worteingabe eingestellt. Für Terminals, die intern
    jedes eingegebene Zeichen auf dem Bildschirm dar-
    stellen, sollte dieser Modus ebenfalls eingestellt
    sein.

lcase (-lcase)
    Überführe (oder nicht) die Großbuchstaben der
    Eingabe in Kleinbuchstaben und umgekehrt. Der
    lcase-Modus wird nur auf Terminals benutzt, die
    keine Kleinbuchstaben haben; der Modus -lcase
    wird auf den meisten Terminals benutzt, die sowohl
    Klein- als auch Großbuchstaben haben.

tabs (-tabs)
    Übertrage Tabulatorzeichen (oder ersetze sie in
    der Ausgabe durch Leerzeichen). Die Option -tabs
    wird auf Terminals benutzt, die nicht wissen, wie
    Tabs expandiert werden, die tabs-Option auf den
    wissenden Terminals.

ek   Belege das Löschzeichen (engl. erase character)
    mit # und das Abbruchzeichen (engl. kill charac-
    ter) mit @.

erase c
    Belege das Löschzeichen mit c (c steht für ein
    beliebiges Zeichen auf der Tastatur). Ein Control-
    Zeichen kann durch ein führendes Hütchen
    angegeben werden (das Hütchen muß mit einem
    Fluchtsymbol (\) versehen werden, um von der
    Shell nicht als Pipe-Verbindung interpretiert zu
    werden).

kill c
    Belege das Abbruchzeichen mit c.

cr0 cr1 cr2 cr3
    Setze die Verzögerung nach jeder Return-Eingabe
    (0, 0.08, 0.16 und 0 Sekunden). Einige Terminals
    erfordern eine kurze Verzögerung, wenn sie ein
    Carriage Return erhalten. Die meisten Terminals
    benutzen die cr0-Einstellung.

nl0 nl1 nl2 nl3
: Setze die Verzögerung nach jeder Newline-Eingabe (0, x, 0.1 und 0 Sekunden). Die Verzögerungseinstellung nl1 ist spaltenabhängig und wird gelegentlich für Drucker-Terminals benutzt.

tab0 tab1 tab2 tab3
: Setze die Verzögerung bei Tabulatorsprüngen (Tabs); bei tab0 tritt keine Verzögerung ein, bei tab1 eine spaltenabhängige Verzögerung und bei tab2 wird eine 0.1 Sekunden lange Verzögerung angehängt. Bei der Einstellung tab3 wird - wie bei der Option -tab - jeder Tabulatorabstand durch Leerzeichen ersetzt.

ff0 ff1
: Setze die Verzögerung bei Formfeed (Seitenvorschub) auf 0 oder 2 Sekunden.

bs0 bs1
: Setze die Verzögerung bei Eingabe von Backspace auf 0 oder 0.05 Sekunden.

0
: Unterbreche die Dataphone-Verbindung sofort.

50 75 110 134 150 200 300 600 1200 1800 2400 4800 9600
: Setze die Übertragungsgeschwindigkeit (Baud Rate).

BEISPIELE

Drucke die gegenwärtigen Einstellungen aus:

```
stty
```

Setze die Übertragungsgeschwindigkeit auf den Wert 300 Baud:

```
stty 300
```

Belege das Löschzeichen mit dem Wert Control-h:

```
stty erase \^h
```

Belege das Abbruchzeichen mit dem Wert Control-u:

```
stty kill \^u
```

Ersetze Tabulatorzeichen durch Leerzeichen:

```
stty -tabs
```

Setze das Löschzeichen auf den Wert # und das Abbruchzeichen auf den Wert @:

```
stty ek
```

TAIL

NAME

tail - drucke die letzten Zeilen einer Textdatei aus

SYNOPSE

tail [startpos][datei]

BESCHREIBUNG

Das tail-Programm gibt den letzten Teil der angegebenen Datei oder der Standard-Eingabe aus. Wenn keine Startposition angegeben wird, dann gibt tail meist die letzten zehn Zeilen einer Datei aus.

Das Argument startpos ändert die voreingestellte Anzahl der auszugebenden Zeilen. Wenn das Argument startpos mit einem Minuszeichen versehen ist, dann wird der Ausdruckbeginn vom Ende der Datei errechnet. Wenn es mit einem Pluszeichen eingeleitet wird, errechnet sich der Beginn des Druckens vom Dateianfang. Die Position des Ausdruckbeginns kann in Einheiten von Zeilen, Blöcken (512 Bytes) oder Zeichen angegeben werden (durch l, b oder c). Wenn keine Angabe erfolgt, werden automatisch Zeilen angenommen.

BEISPIELE

Drucke die letzten paar Zeilen der Datei 'woerter.1' aus:

```
tail woerter.1
```

Drucke die letzten 200 Zeichen der Datei 'woerter.1':

```
tail -200c woerter.1
```

Drucke alle Zeilen der Datei 'bell.5.1984' ab der fünfhundertsten Zeile aus:

```
tail +500 bell.5.1984
```

Drucke die letzten 23 Zeilen einer langformatigen Auflistung der Dateien der Directory '/bin':

```
ls -l /bin | tail -23l
```

===

TEE

NAME
tee - speichere eine Kopie der Standard-Eingabe in einer Datei

SYNOPSE
tee [-i][-a][datei ...]

BESCHREIBUNG
Das tee-Programm speichert die Standard-Eingabe in einer Datei und gibt sie gleichzeitig wieder aus. tee wird gewöhnlich benutzt, wenn man die Ausgabe eines Programms in einer Datei abspeichern und gleichzeitig am Bildschirm verfolgen möchte. Man kann tee auch in Pipelines verwenden, um die ansonsten nicht sichtbaren Zwischenausgaben der Verarbeitung abzuspeichern.

Die Option "-i" veranlaßt, daß tee Unterbrechungen nicht anerkennt. "-a" bewirkt, daß tee die Ausgabe an die Ausgabedatei anhängt, statt diese zu überschreiben.

BEISPIELE
Speichere die Ausgabe des spell-Programms in einer Datei, und stelle sie gleichzeitig auf dem Terminal dar:

```
spell kap1.dok | tee kap1.fehler
```

Speichere die Ausgabe des Programms wc, hänge sie an eine andere Datei an, und stelle sie auf dem Bildschirm dar:

```
wc kap1.dok | tee -a kap1.log | tee kap1.fehler
```

TIME

NAME
time - überwache einen Prozeß

SYNOPSE
time kommando [argumente]

BESCHREIBUNG
Das Kommando time ermöglicht festzustellen, wie lange ein Prozeß gedauert hat. Wenn der Prozeß beendet wird, gibt das time-Programm die gesamte benötigte Zeit, die tatsächliche Ausführungszeit des Prozesses und die Systembelegungszeit des Prozesses aus. Die vergangene Zeit ist auf die Sekunde genau, die Ausführungs- und Systemzeit in sechzigstel Sekunden gemessen. Die Zeitangaben variieren je nach Belastung des Systems.

BEISPIELE
Überwache das who-Kommando:

```
time who
```

Überwache das ls-Programm, das eine langformatige Auflistung der Directory '/bin' erstellt:

```
time ls /bin
```

TTY

NAME
tty - drucke den Namen der mit dem Terminal verbundenen Spezialdatei aus

SYNOPSE
tty

BESCHREIBUNG
Das tty-Kommando druckt den Namen der Spezialdatei aus,
die als Standard-Eingabe dient. Wenn die Standard-Eingabe
keine Datei ist, dann gibt tty eine Meldung aus, die lauten
kann: "not a tty".

BEISPIELE
Drucke den Namen der Spezialdatei des Terminals aus:

```
tty
```

WC

NAME
wc - zähle die Worte, Zeilen und Zeichen der angegebenen
Dateien

SYNOPSE
wc [-lwc][datei ...]

BESCHREIBUNG
Das wc-Programm zählt Texteinheiten in Textdateien. wc
ermöglicht die Ausgabe der Zeilen, Wörter und Zeichen in der
Eingabedatei (oder der Standard-Eingabe, falls keine Datei
angegeben ist). Die Option weist wc an, entweder Wörter (-w),
Zeilen (-l) oder Zeichen (-c) zu zählen.

BEISPIELE
Zähle die Zeilen, Wörter und Zeichen in der Datei 'meinedok':

```
wc meinedok
```

Der Befehl kann auch lauten:

```
wc -lwc meinedok
```

Zähle die Wörter in 'meinedok':

```
wc -w meinedok
```

Zähle die Dateinamen in der gegenwärtigen Directory:

```
ls | wc -l
```

===========

WHO

NAME

who - liste alle aktiven Benutzer des Systems auf

SYNOPSE

who

BESCHREIBUNG

Das Kommando who erstellt eine Liste der Personen, die gerade im System eingeloggt sind. Die Liste enthält den login-Namen, die Einlogzeit und die Terminalangabe des Benutzers.

Das spezielle Kommando "who am.i" ("whoami" auf einigen Systemen) gibt gewöhnlich den eigenen login-Namen an.

BEISPIELE

Liste alle zur Zeit eingeloggten Benutzer auf:

```
who
```

Gib den eigenen login-Namen aus:

```
who am i
```

═══════════════════

WRITE

NAME
write - führe eine zeichenorientierte Kommunikation durch

SYNOPSE
write benutzer [ttyname]

BESCHREIBUNG
Das Kommando write initiiert (oder beantwortet) eine Konversation mit anderen Systembenutzern. Um eine Konversation mit den Benutzer "peter" zu beginnen, gibt man das Kommando

```
write peter
```

ein. Benutzernamen können entweder mit dem who-Kommando oder mit Hilfe der Datei '/etc/passwd' herausgefunden werden. Wenn peter auf mehreren Terminals eingeloggt ist, dann kann man das Kommando

```
write peter tty50
```

zur Konversation mit peter benutzen, der über die Terminalleitung '/dev/tty50' eingeloggt ist.

Nach der Kommandoeingabe erscheint eine Meldung, die lauten kann: "Message from ralf on tty30" auf dem Terminal des Benutzers peter. peter sollte in diesem Fall seine gegenwärtige Aktivität unterbrechen und das Kommando

```
write ralf
```

ausführen, um die Verbindung endgültig zu etablieren. An diesem Punkt wird alles, was peter oder ralf eingeben, auf den Terminals abgebildet. Es sollte immer nur ein Teilnehmer eine Eingabe vornehmen. Gewöhnlich fängt der, der die Verbindung erstellt hat, mit der Eingabe an und beendet seine Meldung mit "o" für "over". Alle Meldungen sollten mit "o" abgeschlossen werden. Am Ende der Konversation sollte man "oo" für "over and out" und Control-D zum Programmabbruch eingeben.

Glossar

In diesem Glossar sind die englischen Begriffe mit den entsprechenden deutschen Worten aufgelistet, um eventuelle Mißverständnisse bei der Verwendung der im Buch auftretenden Begriffe auszuschließen.

Abbruchzeichen (kill character) Das Abbruchzeichen erlaubt dem Benutzer, den Inhalt der gegenwärtigen Kommandozeile zu löschen. Das Abbruchzeichen ist im Normalfall mit dem at-Zeichen belegt (@); es kann jederzeit mit dem stty-Kommando geändert werden.

Absturz (crash) Eine unerwartete Ausführungsunterbrechung durch den Rechner (Fehlfunktion der Hardware oder Software).

Akustikkoppler (acoustic coupler) Signalwandler; siehe auch unter Modem.

Anwählstation (dial-up terminal) Ein Terminal, das über das öffentliche Telefonnetz mit einem Rechner verbunden ist.

Anwendungsprogramm (application program) Ein Computerprogramm für eine spezielle Aufgabe, z.B. ein Abrechnungsprogramm.

Argument, Parameter (argument) Zusätzliche Kommandoinformationen, die an ein Programm übergeben werden. Der Kommandoname und die Argumente werden durch Leerzeichen und/oder Tabs voneinander getrennt. Argumente werden üblicherweise benutzt, um die Aktionen eines Kommando zu spezifizieren.

ASCII American Standard Code for Information Interchange. Ein Standard-Kode zur Datenrepräsentation, der von den meisten Rechnern und Datenterminals benutzt wird.

Assembler (assembly language) Eine Programmiersprache, die die Möglichkeiten des Prozessors widerspiegelt. Anders als bei prozessorunabhängigen Programmiersprachen wie Pascal oder C kann der Programmkode meist nicht auf Rechenanlagen benutzt werden, die auf einem anderen Prozessor aufgebaut sind. Assembler-Programme werden gelegentlich benutzt, wenn besonders effiziente Routinen gebraucht werden. Der Nachteil der Assembler-Programmierung ist, daß größere Programme lediglich grob strukturiert werden können, und sie im Vergleich zu höheren Programmiersprachen viele Einzelbefehle enthalten.

Ausführen (execute) Der Prozeß der Abarbeitung der Instruktionen aus einer normalen Datei.

Ausführungsrecht (execution permission) Für normale Dateien ist das Ausführungsrecht ein Zugriffsmodus, der erlaubt, daß man die Datei ausführen kann. Für Directory-Dateien bedeutet das Ausführungsrecht, daß die Directory zur Erfüllung eines Pfadnamens durchsucht werden darf.

Ausführungszeit (execution time) Die Zeit, die der Rechner benötigt, um ein gegebenes Kommando zu bearbeiten.

Ausloggen (logout) Der Vorgang der Mitteilung an das System, daß der Benutzer aus dem System austritt und keine weiteren Anforderungen mehr stellt.

Bandlaufwerk (tape drive) Ein Typ eines Massenspeichers, der Magnetbänder zur Speicherung der Information benutzt.

Batch-Verarbeitung (batch processing) Eine nicht interaktive Form der Datenverarbeitung. In einem Batch-System wird die Ausführung eines Programms vom Benutzer angefordert und diese Anforderung vom Betriebssystem in eine Ausführungsschlange eingereiht. Dieser Mechanismus kann zu merklichen Verzögerungen (oft Stunden) zwischen dem Zeitpunkt der Anforderung und der effektiven Ausführung führen, da das Betriebssystem versucht, die Maschine optimal auszulasten.

Baud-Rate (baud rate) Die Übertragungsgeschwindigkeit zwischen Rechnern und/oder Kommunikationsgeräten oder Einrichtungen, gemessen als Bits pro Sekunde. Die Baud-Rate dividiert durch zehn ist die ungefähre Anzahl der Zeichen, die in einer Sekunde übertragen werden.

Bedingungsoperator (conditional) Ein programmiersprachliches Konstrukt, welches bewirkt, daß eine Anweisung (oder Anweisungen) nur unter bestimmten Bedingungen ausgeführt wird.

Benannte Pipe (named pipe) Siehe fifo.

Benutzer (user) Jemand, der das UNIX System benutzt.

Betriebssystem (operating system) Ein Programm zur Verwaltung der Betriebsmittel eines Rechners. Betriebssysteme erleichtern die Haushaltungsaufgabe wie Ein-/Ausgaberoutinen, der Prozeßverwaltung und des Dateisystems.

Bildschirm-Terminal (display terminal) Ein Terminal, das eine CRT als Ausgabegerät benutzt.

'/bin' Auf den meisten UNIX Systemen ist dies die Directory, die die am häufigsten benutzten Kommandos enthält.

Binär (binary) Ein Zahlensystem zur Basis 2. Die einzigen Ziffern in einem Binärsystem sind 0 und 1. Ein solches Zahlensystem ist für Rechner wichtig, da Computer aus logischen Elementen aufgebaut sind, die zwei Zustände kennen, an oder aus (oder Null oder Eins).

Binärdatei (binary file) Dateien, die Kodes außerhalb des ASCII-Bereiches beinhalten. Binärdateien können alle 256 verschiedenen Werte eines Bytes verwenden. Unglücklicherweise können Binärdateien nicht auf das Terminal ausgegeben werden, da die meisten der 256 Werte keinem druckbaren ASCII-Zeichen entsprechen. Binäre Dateien können mit dem Programm od untersucht werden, wobei die binären Kodes in druckbare ASCII-Darstellungen übertragen werden.

Bit (bit) Eine binäre Ziffer, die kleinste Dateneinheit.

Bit-Bucket (bit bucket) Das Bit-Bucket ist eine Spezialdatei namens '/dev/null'. Im Computerjargon steht Bit-Bucket für eine Platz, an den Ausgaben gesendet werden können, um die Ausgaben wegzuwerfen, oder von dem Eingaben bezogen werden können, um keine Eingaben zu beziehen. Siehe Null-Gerät.

Blockorientierte Spezialdatei (block special file) Eine Spezialdatei, die eine Schnittstelle zu einem Gerät darstellt, das ein Dateisystem unterstützen kann.

Bourne-Shell Die Shell der Version 7 des UNIX Systems. Benannt nach ihrem Autor S.R. Bourne. Siehe Shell.

Break-Taste (break key) Eine Taste der Tastatur, die einen unmißverständlichen Kode an den angeschlossenen Rechner sendet. Während des login-Prozesses kann die Break-Taste das UNIX System veranlassen, seine Kommunikationsgeschwindigkeit zu ändern, um sich mit dem Terminal zu synchronisieren.

Bug (bug) Ein Fehler in einem Computerprogramm oder der Rechner-Hardware.

Byte (byte) Eine bestimmte Anzahl von Bits (meistens acht). Die meisten Massenspeicher und E/A-Geräte, die heute erhältlich sind, sind so ausgelegt, daß sie 8-Bit-Folgen übertragen können.

Control-D (control-d) Siehe EOF-Zeichen.

Control-Zeichen (control character) Control-Zeichen sind im Text eingebettet und steuern bestimmte Funktionen wie die Cursor-Bewegungen oder Druckerfunktionen. Ein Control-Zeichen wird am Terminal eingetippt, indem man die Control-Taste (CTRL) gedrückt hält und ein alphabetisches Zeichen tippt.

CPU (central processing unit, CPU) Die Kontroll- und Recheneinheit eines Rechners.

CRT (cathode ray tube) Ein Bildschirm, auf dem Information dargestellt werden kann.

Cursor (cursor) Ein spezielles Symbol auf dem Terminal, welches die Position anzeigt, an der das nächste Zeichen erscheinen wird. Der Cursor ist gewöhnlich ein kleiner Kasten oder ein Unterstreichungs-Zeichen, das eventuell blinkt.

Datei (file) Eine mit einem Namen versehene Ansammlung von Information. Dateien werden normalerweise in Massenspeichern gelagert und im UNIX System in Gruppen, den Directories, zusammengefaßt.

Dateiname (filename) Der Name, der zur Identifizierung einer bestimmten Datei benutzt wird.

Dateinamenerzeugung (filename generation) Das Verfahren, nach dem die Shell Worte der Kommandozeile in eine entsprechende Liste von Dateinamen expandiert. Enthält zum Beispiel eine Directory die Dateien 'x.dok' und 'nm.dok', dann expandiert der Dateinamenerzeugungsprozeß das Wort "*.dok" in eine Liste 'nm.dok' und 'x.dok'.

Dateisystem (file system) Die Ansammlung von Dateien und Dateiverwaltungsstrukturen (Inodes) in einem Massenspeicher. Im UNIX System ist das Dateisystem hierarchisch.

Daten (data) Die grundlegenden Elemente einer Information, die vom Rechner erzeugt oder verarbeitet werden kann.

Datenverarbeitung (data processing) Die Verwendung einer Maschine (meistens eines Rechners) zur Manipulation von Information. Der Begriff Datenverarbeitung beinhaltet Aktivitäten mithilfe eines Computers.

'/dev' Die Directory im UNIX System, in der Spezialdateien normalerweise gespeichert sind.

Dialog (dialogue) Ein Informationsaustausch zwischen einem Nutzer und dem UNIX System. Im üblichen UNIX-Dialog schreibt die

Shell einen Prompt aus, der Benutzer gibt ein Kommando gefolgt von einem Return ein, das Kommando wird ausgeführt und die Shell gibt ein neues Prompt aus.

Directory (directory) Eine Gruppe von Dateien. Directories werden benutzt, um das Dateisystem zu organisieren und strukturieren. Ohne die durch das hierarchische Directory-System zur Verfügung gestellte Organisation wäre es sehr schwer, die Vielzahl der Dateien einer typischen UNIX-Installation zu verwalten. Das ls-Kommando wird benutzt, um die Dateien in einer Directory aufzulisten. Wenn man sich zum ersten Mal auf dem System einloggt, ist man in seiner Home-Directory. Man kann mit dem cd-Kommando in eine andere Directory wechseln und sich den Namen einer Directory mit dem pwd-Kommando ausgeben lassen.

Druckendes Terminal (printing terminal) Ein Rechnerterminal, das für Ausgaben einen Druckmechanismus benutzt. Während der Begriff Drucker meistens benutzt wird, um ein für gedruckte Ausgaben optimiertes Gerät zu bezeichnen, wird der Begriff druckendes Terminal verwendet, um ein druckendes Gerät zu beschreiben, das optimiert wurde, um mit einem Computer zu arbeiten.

Drucker (printer) Ein Gerät, das an ein Computersystem angeschlossen ist, um gedruckte Ausgaben zu erzeugen.

E/A (I/O) Ein allgemeiner Begriff, der die Übertragung von Information zwischen einem Rechner und der Peripherie wie Massenspeichern, Terminals und Druckern beschreibt.

E/A-Gerät (I/O device) Ein Peripheriegerät, zu dem Information übertragen werden kann (z.B. ein Drucker, ein Terminal, eine Platte usw). Im UNIX System werden E/A-Geräte über Spezialdateien angesprochen.

Echo (echoing) Die Wiederholung der eingetippten Zeichen durch das UNIX System. Die eingetippten Zeichen werden normalerweise an das UNIX System gesendet und dann zurückgeschickt, um auf dem Terminal zu erscheinen. Das Echo ist gelegentlich ausgeschaltet (z.B. wenn man sein login-Kennwort eingibt).

Editieren (edit) Das Ändern von Information, oftmals das Ändern eines Textes mit einem Texteditor.

Editor (editor) Siehe Texteditor.

Einbenutzer (single user) Die Fähigkeit, nur einen Benutzer zur Zeit zu unterstützen. Im UNIX System wird der Einbenutzer-Modus kurz nach dem Hochfahren des Systems betreten und meistens für

Reparaturen am Dateisystem oder anderer Aufgaben verwendet, die den alleinigen Besitz des Rechners für eine Person erfordern. Selbst wenn das UNIX System im Einbenutzer-Modus läuft, kann es mehrere Prozesse gleichzeitig laufen lassen (Multiprogramming).

Einloggen (login) Das Abprüfen der Benutzerberechtigung und das Einrichten der individuellen Benutzerumgebung durch das Betriebssystem.

Elektronische Post (electronic mail) Ein System, das Informationen (Memos, Botschaften, Briefe usw.) an andere Benutzer des Systems oder anderer Systeme verschickt.

EOF-Zeichen (end of file character, EOF) Control-D ist das Zeichen des UNIX Systems für das Ende einer Datei. Man kann Control-D durch gleichzeitiges Drücken der Control-Taste und des Buchstabens "d" eingeben. Da die Shell normalerweise mit der Verarbeitung aufhört, wenn sie an das Ende einer Datei gelangt, ist dies ein Weg, um sich aus dem UNIX System auszuloggen.

Erlaubnis (permission) Der Zugriffsmodus einer Datei. Siehe Zugriffsmodus.

'/etc' Die UNIX-Directory, die verschiedene Datei enthält, die für die Systemverwaltung benötigt werden.

'/etc/passwd' Die UNIX-Datei, die die wichtigsten login-Informationen (das Kennwort, den login-Namen, die Benutzernummer, die Home-Directory und den Namen der Shell) für jeden Benutzer des Systems enthält.

Fehlermeldung (diagnostic) Eine Meldung eines Programms, oftmals zur Darstellung eines Fehlers oder eines Problems im Programm oder in der Umgebung des Programms.

Festverdrahtetes Terminal (hardwired terminal) Ein Terminal, das an einen Rechner über fest installierte Kabel angeschlossen ist.

fifo (fifo) fifo steht für first in first out (zuerst rein zuerst raus). Im UNIX System ist eine fifo eine benannte permanente Pipe. Eine fifo erlaubt es zwei nicht zusammengehörigen Programmen, über eine Pipe-Verbindung Informationen auszutauschen. Normalerweise arbeiten Pipes nur für zusammenhängende Prozesse. fifos gibt es nicht auf allen Systemen.

Filter (filter) Ein Programm, das seine Information von der Standard-Eingabe liest und sein Ergebnis auf die Standard-Ausgabe schreibt.

Flagge (flag) Siehe Option.

Gegenwärtige Directory (current directory) Die Directory, in der die Dateien ohne Angabe eines Pfadnamens zugreifbar sind. Zu jedem Zeitpunkt der Arbeit unter UNIX existiert eine gegenwärtige Directory; ihr Name kann mit dem pwd-Kommando ausgegeben werden. Man kann die gegenwärtige Directory mit dem cd-Kommando ändern.

Gegenwärtiger Unterbaum (current subtree) Der Unterbaum, der in der gegenwärtigen Directory beginnt. Der gegenwärtige Unterbaum besteht aus der gegenwärtigen Directory, allen ihren Dateien und Unterdirectories, deren Dateien und Unterdirectories usw.

Grafik (graphics) Der Gebrauch von Diagrammen und anderen bildlichen Darstellungen.

Gruppe (group) Im UNIX-System können mehrere Benutzer zu einer Gruppe zusammengefaßt werden. Die Gruppenmitglieder genießen meist größere Zugriffsrechte auf die Dateien der anderen Mitglieder als die restlichen Benutzer. Die Gruppenzugriffsrechte können für jede Datei individuell eingestellt werden.

Hardware (hardware) Die mechanischen und elektronischen Teile eines Rechnersystems.

Hexadezimales Zahlensystem (hexadecimal radix) Ein Zahlensystem zur Basis 16. Die Ziffern sind 0, 1, 2, 3, 4, 5, 6, 7, 8, 9, A, B, C, D, E und F.

Hierarchie (hierarchy) Jedes System von Personen oder Dingen, die aufgereiht oder sortiert werden können. Das UNIX-Dateisystem ist hierarchisch aufgebaut.

Hilfsprogramm (utility) Eine Standard-Routine zur Ausführung einer Verarbeitungsaufgabe, deren Daten nicht im vornherein festgelegt sind.

Hintergrundprozeß (background process) Ein Prozeß, der nicht der interaktiven Kontrolle durch den Benutzer unterliegt. Während der Ausführung eines Hintergrundprozesses können andere Anforderungen interaktiv eingegeben werden. Auf jedem System existieren einige Hintergrundprozesse, die Systemverwaltungsaufgaben erfüllen. Zusätzlich können von jedem Benutzer eigene Hintergrundprozesse ausgeführt werden.

Hochfahren (booting) Der Prozeß des Startens des Systems.

Hochsprache (high level language) Ein allgemeiner Begriff für Programmiersprachen, die von der Verarbeitung des Rechners abstrahieren. Im Gegensatz dazu steht eine Assembler-Sprache, die direkt von der Rechnerarchitektur abhängt. C und Pascal (auch FORTRAN und BASIC) sind Beispiele für eine Hochsprache.

Home-Directory (home directory) Die Directory, in der sich der Benutzer nach Beendigung des login-Prozesses befindet.

Inode (inode) Die interne Struktur zur Verwaltung der Dateien im UNIX System. Inodes enthalten alle Informationen über eine Datei, ihren Modus, Typ, Eigentümer und ihre Speicherposition. Der Name der Datei ist nicht im Inode gespeichert. Eine Tabelle der Inodes ist nahe dem Anfang eines jeden Dateisystems gespeichert.

Interaktives Rechnersystem (interactive computer system) Ein System, das einen Informationsaustausch zwischen einem Benutzer und dem Rechner erlaubt.

i-Nummer (i-number) Eine Nummer, die einen bestimmten Inode in einem Dateisystem beschreibt.

Kennwort (password) Eine einzigartige Folge von Zeichen, die der Benutzer während des Identifikationsprozesses beim Einloggen eingibt.

Kern (kernel) Der speicherresidente Teil des UNIX-Betriebssystems, der alle Funktionen enthält, die sofort und häufig benötigt werden. Der Kern überwacht die E/A-Übertragungen, verwaltet und kontrolliert die Hardware und teilt die Benutzerprozesse für die Ausführung ein. Der UNIX-Kern wird aus etwa 10000 Zeilen C-Quellkode und ungefähr 1000 Zeilen Assembler-Kode übersetzt. Im UNIX System enthält der Kern relativ wenig Funktionen (verglichen mit anderen Betriebssystemen), so daß die fehlenden Funktionen auf bequemere Weise durch einzelne Hilfsprogramme zur Verfügung gestellt werden können.

Kommando (command) Eine Anweisung an das System, eine bestimmte Aufgabe auszuführen. Einige Kommandos werden von der Shell intern abgearbeitet, die meisten Kommandos beinhalten jedoch die Ausführung eines Programms.

Kommandodatei (command file) Eine normale Datei, die Shell-Kommandos enthält. Der Begriff Kommandodatei wird benutzt, wenn eine Datei nur ein oder relativ wenig Kommandos enthält; der Begriff Shell-Programm wird benutzt, wenn viele Kommandos oder die Schleifen und Bedingungsoperatoren der Shell verwendet werden.

Kommandointerpreter (command interpreter) Der Teil eines Betriebssystems, der die Kommandos des Benutzers entschlüsselt und
ausführt. Der UNIX-Kommandointerpreter heißt Shell.

Kommandoname (command name) Das erste Wort eines Kommandos.
Die weiteren Worte des Kommandoaufrufs heißen die Argumente
oder Parameter. Manchmal wird der Kommandoname auch als
nulltes Argument bezeichnet, da die folgenden Argumente bei
Eins beginnend fortlaufend numeriert werden.

Konkatenieren (concatenate) Das Aneinanderkleben mehrerer
Dateien, je eine zur Zeit. Diese Operation wird gewöhnlich vom
cat-Programm ausgeführt.

Kontextsuche (context search) Die Suche nach einem bestimmten
Textstück in einer gegebenen Datei durch Angabe eines Textmusters. Man kann eine Kontextsuche mit dem Editor oder dem
grep-Kommando ausführen.

Kopf (header) Ein Satz von Informationen am Anfang einer Datei, der
die Größe, die Speicherposition usw. der nachfolgenden Daten
einer Datei beschreibt.

Leere Zeichenkette (null string) Eine Zeichenkette, die keinen Text
enthält. Die Länge einer leeren Zeichenkette ist null.

Lesen (read) Der Vorgang der Informationsaneignung, gewöhnlich von
einer Datei oder einem E/A-Gerät.

Leserecht (read permission) Das Recht, mittels eines Programms den
Inhalt einer Datei zu lesen.

Löschzeichen (erase character) Das Löschzeichen löscht bereits
getippte Zeichen auf der gegenwärtigen Eingabezeile. Es ist mit
dem Doppelkreuz (#) vorbelegt, kann aber mit dem stty-Kommando geändert werden.

login-Directory (login directory) Siehe Home-Directory.

login-Name (login name) Der während des Einloggens vom Benutzer
verwendete Name.

Makropaket (macro package) Im UNIX System wird der Begriff Makropaket üblicherweise benutzt, um eine Menge höherer nroff/troff
-Formatierungskommandos zu beschreiben. Die in nroff/troff
eingebauten Kommandos sind sehr niedrig angesiedelt und unbequem; Makropakete stellen einen bequemeren Satz von Textverarbeitungsfunktionen zur Verfügung.

Markieren, Quotieren (quotation) Der Vorgang, durch den Metasymbole
ihre besondere Bedeutung verlieren.

Maschinensprache (machine language) Die eingebaute Sprache eines Rechners.

Massenspeicher (mass storage device) Ein Gerät zur Speicherung großer Mengen von Information; gewöhnlich eine Platte, ein Band oder eine Cassette. Die in einem Massenspeicher gelagerte Information ist für die CPU zugreifbar, auch wenn die Zugriffszeiten größer sind als die für Information im Hauptspeicher. Information wird in den meisten Massenspeichern magnetisch gespeichert. Ein Massenspeicher heißt auch Sekundärspeicher.

Mehrbenutzer (multiuser) Die Fähigkeit, mehrere Benutzer gleichzeitig zu bedienen.

Metazeichen, Metasymbol (metacharacter) Zeichen der Tastatur, die in bestimmten Situationen eine besondere Bedeutung haben. Der Stern (*) kann z.B. für eine beliebige Zeichenmenge als Platzhalter benutzt werden, wenn man ihn in einem Shell-Kommando wie "ls *.c" verwendet. Wenn man ein Metazeichen ohne seine besondere Bedeutung benutzen möchte, muß man es markieren (s. Markieren, Quotieren).

Modem (modulator - demodulator) Ein Gerät, das Datensignale aus einer Form, die in Rechnern benutzt wird, in eine Form umwandelt, die über größere Entfernungen verwendet werden kann (meistens über Telefonleitungen).

motd (message of the day) Eine Textdatei ('/etc/motd'), in der der Systemverwalter aktuelle Meldungen unterbringt. Auf den meisten Systemen wird diese Datei beim Einloggen ausgedruckt.

Multiprogramming (multiprogramming) Die Fähigkeit, mehrere Programme oder Routinen gleichzeitig auf einem einzelnen Rechner laufen zu lassen.

Normale Datei (ordinary file) Normale Dateien werden zur Speicherung von Daten benutzt. Sie enthalten oft Programme, Dokumente, Briefe, Datenbasen und andere Information.

Null (null) Ein oft verwendeter Begriff, um die Leere oder Nichtexistenz einer Sache anzuzeigen.

Null-Gerät (null device) Das Null-Gerät des UNIX Systems heißt '/dev/null'. Wenn man Ausgaben in das Null-Gerät umleitet, werden sie weggeworfen; wenn Eingaben vom Null-Gerät gelesen werden, erreicht man sofort das Ende der Datei. Ausgaben werden gelegentlich auf das Null-Gerät geschrieben, um sie wegzuwerfen und Eingaben werden gelegentlich vom Null-Gerät gelesen, um nichts zu lesen (s. Bit-Bucket).

Nulltes Argument (zeroth argument) Siehe Kommandoname.

Objektdatei (object file) Eine Datei, die Maschineninstruktionen enthält, die vom Rechner ausgeführt werden können. Im UNIX System ist eine Objektdatei das Ergebnis einer Übersetzung.

Oktales Zahlensystem (octal radix) Ein Zahlensystem zur Basis 8 mit den Ziffern 0, 1, 2, 3, 4, 5, 6 und 7.

Option (option) Ein Argument, das die Operationen eines Kommandos ändert. Gewöhnlich sind Optionen einzelne Zeichen, die von einem Bindestrich angeführt werden. In dem Shell-Kommando "ps -l" z.B ist der Buchstabe "l" eine Option, die ps anweist, eine langformatige Liste der Prozesse statt der üblichen kurzen Liste auszugeben.

Permutierter Index (permuted index) Ein Schlüsselwortverzeichnis, das benutzt wird, um Einträge im UNIX-Manual aufzufinden.

Pfadname (pathname) Ein Pfad durch das Dateisystem, der zu einer Datei führt. Er wird gebildet, indem Directory-Namen mit einem "/" getrennt hintereinander aufgeführt werden. Der Pfadname '/usr/bin/lex' bezeichnet z.B. einen Pfad, der in der root-Directory beginnt und durch die Directories 'usr' und 'bin' zur Datei 'lex' führt.

Pipe (pipe) Eine Verbindung zwischen der Standard-Ausgabe eines Programms und der Standard-Eingabe eines anderen Programms. Die Shell erzeugt z.B. eine Pipe zwischen dem ls-Kommando und dem wc-Kommando in dem Shell-Kommando "ls | wc".

Pipeline (pipeline) Eine Gruppe von Kommandos, die mit Pipe-Verbindungen zusammengebunden sind.

Pipe-Verbinder (pipe fitting) Ein spezielles Zeichen ("|" oder "^"), das eine Pipe-Verbindung bewirkt.

Platte (disk) Das Medium, das in einem Plattenlaufwerk benutzt wird. Platten sind meistens Scheiben, die mit einem magnetischen Material beschichtet sind. Platten werden unterschieden in feste und flexible Platten (Floppy), abhängig von der Elastizität der Scheibe. Feste Platten haben gewöhnlich eine höhere Speicherkapazität als flexible Platten.

Plattendatei (disk file) Eine benannte Sammlung von Information, die in einem Massenspeicher gelagert ist. Plattendateien heißen nichtflüchtig, da sie selbst dann gespeichert bleiben, wenn die Versorgungsspannung abbricht.

Plattenlaufwerk (disk drive) Ein Gerät, das zur Speicherung von

Information ein rotierendes magnetisches Medium (eine Platte) benutzt; ein Typ eines Massenspeichers.

Post (mail) Siehe Elektronische Post.

Primärspeicher (primary store) Siehe Speicher.

'.profile' Eine Kommandodatei, die in der Home-Directory eines Benutzers liegen kann. Wenn es diese Datei in der Home-Directory gibt, führt die Shell die in ihr enthaltenen Kommandos bei jedem Einloggen aus, bevor sie interaktive Eingaben annimmt. Die Kommandos in der Datei '.profile' werden oft verwendet, um Initialisierungen bestimmter Shell-Variablen (z.B. des Suchpfades), die Einstellung des Terminal-Handlers usw. durchzuführen.

Programm (program) Eine Folge von Rechnerinstruktionen zur Ausführung einer bestimmten Funktion.

Programmiersprache C (C-language) Eine allgemeine Programmiersprache, die bevorzugte Sprache des UNIX Systems. Sie ist keine sehr hohe Sprache, wird aber aufgrund der Kürze ihrer Ausdrücke, dem Fehlen von Restriktionen und ihrer allgemeinen Anwendbarkeit hoch gelobt. Die Sprache C wurde von Dennis Ritchie entwickelt.

Prompt (prompt) Eine Meldung, die von einem Programm ausgegeben wird, um anzuzeigen, daß das Programm bereit ist, ein weiteres Kommando vom Benutzer anzunehmen. Der Prompt der Shell kann über die Shell-Variable $PS1 gesetzt werden. Der Standard-Prompt der Shell ist auf den meisten Systemen entweder ein Doppelkreuz, ein Prozent oder ein Dollarzeichen.

Prozeß (process) Ein Programm, das ausgeführt wird. Ein Eintrag in der Prozeßtabelle des Systems.

Prozeßidentifikationsnummer (process identification number) Jedem Prozeß im UNIX System wird eine einzigartige Nummer zugeordnet, anhand derer der Prozeß identifiziert werden kann. Die Prozeßidentifikationsnummern der gegenwärtig existierenden Prozesse können mit dem ps-Kommando ausgegeben werden. Wenn man einen Prozeß im Hintergrund ausführt, gibt die Shell beim Starten des Prozesses dessen Prozeßidentifikationsnummer aus.

Puffer (buffer) Eine Stelle, an der Information kurzzeitig zwischengespeichert werden kann.

Quellkode (source code) Die Textversion eines Programms. Ein Übersetzer formt den Quellkode in Objektkode um.

Regulärer Ausdruck (regular expression) Die Beschreibung einer Menge von Zeichenketten.

Schreiben (write) Das Senden von Daten in eine Datei oder an ein E/A-Gerät.

Schreibrecht (write permission) Das Recht, mittels eines Programms den Inhalt einer Datei zu verändern.

Sekundärspeicher (secondary store) Siehe Massenspeicher.

Shell (shell) Eine Kommando-/Programmiersprache, die eine Schnittstelle zum UNIX-Betriebssystem darstellt. Als Kommandosprache akzeptiert sie interaktiv Kommandos und sorgt für die Ausführung der geforderten Aktion. Als Programmiersprache enthält sie Kontrollstrukturen und Zeichenkettenvariablen. Das die Shell implementierende Programm heißt '/bin/sh'.

Shell-Programm (shell program) Ein Programm, das in der Shell-Programmiersprache geschrieben ist. Shell-Programme können zwar interaktiv geschrieben und sofort ausgeführt werden, die meisten Shell-Programme sind jedoch in normalen Dateien gespeichert.

Software (software) Programme und Programmierhilfen, die auf einem für den Computer zugreifbaren Medium gespeichert sind.

Speicher, Hauptspeicher (memory) Ein Gerät, in das Information hineinkopiert, gespeichert und herausgeholt werden kann. Gewöhnlich bezieht sich der Begriff Speicher auf den Hauptspeicher eines Computers. Der Hauptspeicher ist ein elektronisches Gerät, das in der Lage ist, mittelgroße Mengen von Information abzuspeichern, auf die die CPU sehr schnell zugreifen kann. Der Hauptspeicher heißt auch Primärspeicher.

Spezialdatei (special file) Spezialdateien werden im UNIX System benutzt, um eine Schnittstelle zu E/A-Geräten herzustellen. Jedes UNIX System enthält zumindest eine Spezialdatei für jedes E/A-Gerät, das an den Rechner angeschlossen ist. Auf Spezialdateien kann über die gleichen Techniken wie auf normale Dateien zugegriffen werden. Spezialdateien werden üblicherweise in der Directory '/dev' gelagert und es gibt sie in zwei Ausführungen, als blockorientierte Spezialdateien für Geräte, die Dateisysteme unterhalten können, und als zeichenorientierte Spezialdateien für alle anderen.

Standard-Ausgabe (standard output) Die Stelle, an die viele Programme ihre Textausgaben schreiben. Siehe Umlenkung der Ausgabe.

Standard-E/A (standard I/O) Viele Programme müssen Kommandos und Daten vom Benutzer lesen, Meldungen an den Benutzer ausgeben und Fehlermeldungen schreiben. Der Shell stellt daher drei Standard-E/A-Verbindungen für jedes Programm bereit, die Standard-Eingabe, die Standard-Ausgabe und die Standard-Fehlerausgabe. Die Standard-Kanäle sind gewöhnlich mit dem Terminal des Benutzers verbunden, können aber mittels Umlenkung neu zugewiesen werden.

Standard-Eingabe (standard input) Die Quelle der Eingabe für viele Programme. Siehe Umlenkung der Eingabe.

Standard-Fehlerausgabe (standard error) Die Stelle, an die viele Programme Fehlermeldungen schreiben.

Suchpfad (search string) Die UNIX-Shell unterhält einen Suchpfad, der die Shell anweist, in bestimmten Directories nach jedem eingegebenen Kommando zu suchen. Der Suchpfad enthält gewöhnlich die gegenwärtige Directory und die Directories '/bin' und '/usr/bin'. Der Suchpfad kann durch Neubelegung der Variablen $PATH verändert werden.

Super-User (superuser) Ein spezieller, besonders privilegierter Benutzer, der im UNIX System existiert, um Systemverwaltern die Möglichkeit zu geben, bestimmte Funktionen auszuführen, die den normalen Benutzern verwehrt sind. Der Super-User ist nicht an das übliche Zugriffsrechtesystem gebunden.

Swap-Bereich (swap space) Ein Bereich auf einem Massenspeicher, in dem Prozesse beim Swappen gespeichert werden.

Swappen, Ein-/Auslagern (swapping) Gelegentlich werden mehr Prozesse ausgeführt, als im Hauptspeicher gehalten werden können. In solchen Situationen werden die überzähligen Prozesse kurzzeitig auf einem Massenspeicher gelagert. Dieser Prozeß heißt swappen, das Übertragen des Prozesses vom Hauptspeicher zum Massenspeicher heißt Auslagern, die umgekehrte Richtung Einlagern.

Syntax (syntax) Die Regeln, die die Bildung eines Satzes in einer Sprache bestimmen. Bei Computern wird der Begriff Syntax benutzt, um die Regeln zu beschreiben, die zur Bildung einer korrekten (gültigen) Anweisung in einer Kommando- oder Programmiersprache verwendet werden.

System (system) Eine Zusammenstellung von Einzelheiten, die geordnet eine Organisation ergeben.

Systemaufruf (system call) Eine Anforderung eines aktiven Prozesses an den Kern des UNIX Systems. Das UNIX System enthält Systemaufrufe zur Ausführung von E/A, zur Kontrolle, Koordination und Erzeugung von Prozessen und zum Lesen oder Setzen verschiedener Statuselemente des Systems.

Terminal (terminal) Ein E/A-Gerät, das eine Schreibmaschinentastatur und entweder einen Bildschirm oder Drucker enthält. Terminals sind üblicherweise an einen Rechner angeschlossen und erlauben die Interaktion mit dem Computer.

Textdatei (text file) Eine Datei, die ausschließlich ASCII-Zeichen enthält.

Texteditor (text editor) Ein allgemein anwendbares Programm zur Erstellung von Textdateien. Ein Texteditor erlaubt die Eingabe und Korrektur von Text. Die meisten Editoren enthalten Kommandos zur Lokalisierung bestimmter Zeilen oder Worte im Text und erlauben, Textzeilen hinzuzufügen, zu löschen, zu ändern oder auszugeben.

Textformatierer (text formatter) Ein Programm, um Text für eine endgültige Veröffentlichung vorzubereiten. Die Formatierung gleicht Ränder aus, legt Tabellen an, kontrolliert die Wort- und Zeilenzwischenräume, erzeugt Titel und ähnliches. Die grundlegenden Textformatierer des UNIX Systems sind nroff, troff, eqn, neqn und tbl.

Textverarbeitung (word processing) Ein allgemeiner Begriff zur Beschreibung der Erstellung von Dokumenten mithilfe eines Computers. Die Komponenten eines Textverarbeitungssystems sind meist ein Texteditor und ein Textformatierungsprogramm.

Timesharing (time sharing) Eine Technik, die entwickelt wurde, um die Betriebsmittel eines Rechners zwischen mehreren Benutzern aufzuteilen, so daß die Illusion des exklusiven Besitzes des Rechners entsteht. Dies wird dadurch erreicht, daß sehr schnell von einer Aufgabe zur nächsten umgeschaltet wird, und so alle Aktivitäten als gleichzeitig erscheinen.

Übersetzer (compiler) Ein Programm, das ein in einer Textdatei gespeichertes Programm in Maschineninstruktionen übersetzt. Das übersetzte Programm kann ausgeführt werden. Im UNIX System wird die Ausgabe des Übersetzers (die erzeugten Maschineninstruktionen) eine Objektdatei genannt.

Umlenkung der Ausgabe (output redirection) Die von der Shell durchgeführte Neuzuweisung der Standard-Ausgabe auf eine Datei. Siehe Standard-Ausgabe.

Umlenkung der Eingabe (input redirection) Die von der Shell durchgeführte Neuzuweisung der Standard-Eingabe auf eine Datei.
Siehe Standard-Eingabe.

UNIX-Manual (UNIX Programmer's Manual, UPM) Auch UNIX User's
Manual. Das UPM beschreibt die speziellen Fähigkeiten des UNIX
Systems. Für jede Version des UNIX Systems gibt es ein
entsprechendes Manual.

Unterbaum (subtree) Ein Zweig des UNIX-Dateisystems.

Unterdirectory (subdirectory) Eine Directory unter einer anderen
Directory in der Dateisystemhierarchie. Die Directory '/usr/bin'
ist z.B. eine Unterdirectory der Directory '/usr'.

'/usr' Eine allgemein zugängliche Directory; der Unterbaum, der die
meiste UNIX-Software und Dokumentation enthält.

'/usr/bin' Eine Directory, in der gewöhnlich die weniger häufig
benutzten UNIX-Hilfsprogramme gespeichert werden.

Variable (variable) Ein Symbol, dessen Wert geändert werden kann.
Bei Variablen der Shell muß, außer bei Zuweisungen, vor dem
Namen der Variablen ein Dollarzeichen stehen. $PATH, $PS1 und
$TERM sind einige Shell-Variablen.

Vordergrundprozeß (foreground process) Ein Prozeß, der vom
Benutzer interaktiv kontrolliert werden kann. Es kann zwar
mehrere Hintergrundprozesse zur gleichen Zeit geben, jedoch
nur einen Vordergrundprozeß.

Zeichen (character) Die den Tasten eines Rechnerterminals entsprechenden Symbole (inklusive aller alphanumerischen, Punktions-
und anderer spezieller Symbole). Zeichen werden gewöhnlich in
einem Byte abgespeichert.

Zeichenorientierte Spezialdatei (character special file) Eine Spezialdatei, die eine Schnittstelle zu einem E/A-Gerät darstellt. Die
zeichenorientierte Schnittstelle wird für Geräte benutzt, die
keine Dateisysteme unterstützen können, sowie als alternative
Schnittstelle zu solchen Spezialdateien, die es können.

Zugriffsmodus, Zugriffsprivileg (access mode, access privilege) Die
Information über die Zugriffsrechte auf eine Datei. Unter UNIX
können Dateien vom Eigentümer der Datei, der Gruppe oder
anderen gelesen, beschrieben oder ausgeführt werden. Der Zugriffsmodus beschreibt die erlaubten Operationen (Lesen,
Schreiben, Ausführen) für die drei Gruppen (Eigentümer, Gruppe,
andere).

Index

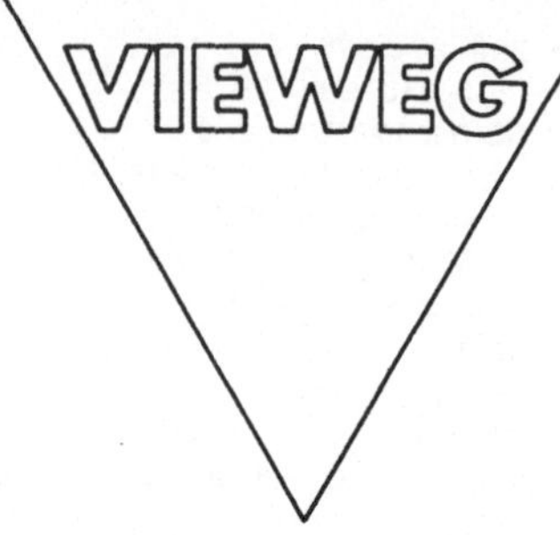

Ex-C-ellent

Das Microsoft®-Handbuch
für den fortgeschrittenen C-Programmierer
von Augie Hansen

Aus dem Amerikanischen übersetzt von Andreas Dripke, Michael Krause und Angelika Schätzel. 1988. VI, 267 Seiten. 18,5 x 23,5 cm. Gebunden.

Dieses Buch wendet sich an den fortgeschrittenen C-Programmierer, der hilfreiche Tools und Utility-Programme einsetzen möchte. Die vorgestellten Programme sind so aufgebaut, daß die einzelnen Module vielfältig genutzt werden können.

Das Buch gliedert sich in 5 Teile:

Teil 1 gibt Auskünfte über den C-Compiler und den Ansi-Standard; ferner zu DOS- und BIOS-Interrupts.

Teil 2 stellt Standardbibliotheken sowie die automatische Programmkonfigurierung vor.

Teil 3 zeigt dateiorientierte Programme, die z. B. der Anzeige von ASCII- und Nicht-ASCII-Dateien dienen.

Teil 4 zeigt bildschirmorientierte Programme. Dabei geht es um Bildschirmpuffer und Benutzung des Einheitentreibers ANSI.SYS.

Teil 5 enthält die notwendigen Informationen über die verschiedenen C-Compiler sowie weitere Anhänge zur schnellen Orientierung.

Die Software zum Buch:

Zwei 5 1/4"-Disketten für den IBM PC und Kompatible für Microsoft C, Versionen 4.0, 5.0 oder Quick-C unter MS-DOS.